ZHENGMIANZHANCHAN

YUANGUOMINDANGJIANGLINGKANGRIZHANZHENGQINLI

正面战场
远征印缅抗战

原国民党将领抗日战争亲历记

杜聿明　宋希濂等著

中国文史出版社

目　录

前　　言

　　抗日战争是中国人民一百年来第一次彻底打败帝国主义侵略的民族解放战争，是反法西斯第二次世界大战的重要组成部分，在中国和世界的历史进程中都占有重要地位。为取得抗日战争的胜利，全国军民浴血战斗，英勇牺牲，为国家、为民族立下了不朽的功勋。为了全面反映抗日战争的概貌，为史学工作者提供研究资料，特将全国政协和各地政协征集的原国民党将领回忆抗日战争的文章，经过审慎的选择和核实，汇编成《正面战场·原国民党将领抗日战争亲历记》丛书。本书是丛书中之一部。

　　反法西斯第二次世界大战发展到珍珠港事件，国际上法西斯阵营和反法西斯阵营变得更加泾渭分明。从此，英美两国和中国在共同抗日的基础上结成了联盟，我国人民的抗日战争和世界各国人民的反法西斯战争也就汇合在一起。中国远征军就是在这一历史背景下组成并派赴缅甸作战的。

　　中国远征军是根据一九四一年十二月二十三日《中英共同防御滇缅路协定》而组成的，随即深入缅甸与日本侵略军作战。一九四二年三月，远征军在缅南同古遭日军重兵围攻，激战十二昼夜始突围北撤。此后连发皆北，至八月初分头撤至印度和滇西集结，整个缅甸及怒江以西的部分国土遂落入敌手。此次战役，远征军损失惨重。特别是在撤退途中，山高林密，蚊蚋成群，给养困难，疫疠丛生，部队大量减员，由出征时的十万兵员，减至最后的四万人左右，在撤退中损失人数竟大大超过作

1

战中伤亡人数。远征军之所以遭此惨败，是指挥系统凌乱无能和盟国之间彼此观望不前所造成的。

自缅甸撤至印度境内的远征军，陆续向兰姆伽集中，接受美国的装备和训练，同时成立了以史迪威为总指挥的中国驻印军总指挥部，以代替开始时的中国远征军第一路司令长官司令部。以后又陆续补充一部分中国军队空运至印度参加训练，全部美械装备，先后成立了新一军和新六军。一九四三年春，中美工兵部队自印入缅修筑中印公路。十月，中国驻印军开始向侵缅日军实行反攻。经过一年多英勇顽强的连续作战，中国驻印军终于赢得了胡康河谷战斗、孟拱河谷战斗以及密支那、八莫等战役的巨大胜利，并乘胜向滇西畹町推进。

从缅甸撤至滇西的远征军，经过整顿、补充和训练，于一九四三年四月成立中国远征军司令长官司令部，下辖第十一、第二十两个集团军和直属第八军，并得到了美械装备。一九四四年五月远征军强渡怒江开始反攻，激战八个月，连克腾冲、松山、龙陵、芒市等重要城市，于一九四五年一月下旬与中国驻印军在畹町会师。

中国远征军和驻印军克服了征途的险阻和日军的顽抗，终于取得了反攻作战的胜利。这一胜利完全打通了中印公路，解除了日军对中国战场西侧的威胁，打破了日军对英国援华物资的封锁，也牵制了大量的日军兵力，从而减轻了盟国在太平洋战场上的压力，为世界反法西斯战争的胜利做出了不可磨灭的贡献。

这次胜利是中国远征军以充沛的爱国主义热情，为正义而战，始终保持着旺盛士气和坚强斗志的结果。他们常常处于泥泞崎岖的境地，强攻工事坚固的敌阵，数以万计的中华儿女为此献出了宝贵的生命。他们为中华民族立下了不朽的功勋，并在国际上博得了崇高的荣誉。当然，这次胜利也是同中国人民、印缅人民和爱国华侨的热情支持以及盟国的物资援助分不开的。在远征部队反攻之前，盟国之间虽然存在着错综复杂的矛盾，但在共同对敌的作战部署和指挥方面，在部队的训练和装备方面，特别是在空军的协同作战方面，已经做了长时间的准备，这无疑是取得这次胜利的一个重要因素。

为了尊重历史事实和原作者的本意，我们对这些回忆文章基本保持原状，只是对个别不妥当的词句和段落，作了一些必要的修改和删节。文中对于事件发生的日期，我们均采用中国时间。

由于编者水平有限，书中难免有疏漏和错误之处，希望读者批评指正。

编　者

第一章

概　述

中国远征军入缅对日作战述略

杜聿明[※]

中国远征军组织的由来

中国远征军是根据一九四一年成立的中英军事同盟而组织的。一九三九年欧洲第二次世界大战爆发，第二年六月四日，英法军在敦刻尔克弃甲丢盔大溃败之后，英伦三岛岌岌可危。英国希图凭借中国人民长期抗战的伟大力量，支援它在远东殖民地特别是缅（缅甸）、印（印度）、马（马来亚）方面的军事，以挽救远东大后方的危机。同时，在中国方面，为了要取得抗战最后的胜利，当时也必须确保滇缅路这条最后的国际交通运输线。因此，自一九四〇年十月起，英国首先开放封锁已久的滇缅路，接着酝酿中英军事同盟。一九四一年春，英国邀请"中国缅印马军事考察团"到缅甸、印度、马来亚作军事考察。以后几经协商，才在同年十二月二十三日签订《中英共同防御滇缅路协定》，成立中英军事同盟。

根据"中国缅印马军事考察团"的意见，中英军事同盟本来早应成立，中国军队及早开入缅甸布防。可是英方迟迟不决，直到一九四二年二月，中国军队才先后动员入缅；三月十二日，即仰光失守后第四日，才正式成立"中国远征军第一路司令长官司令部"（原定第二路在越南方面，但因以后情况变化未成事实），指挥三个军在缅甸与英军并肩作战。这就是本文所称的中国远征军。

中国远征军随着当时情况的发展分为前后两个阶段和三种不同任务、

※ 作者当时系中国远征军第一路司令长官部副司令兼第五军军长。

不同作战地区的组织。前一阶段，自一九四一年十二月十一日中国军队动员入缅开始，属于中国远征军第一路司令长官司令部指挥范围。第一次入缅失败后退入印度的部分军队改称为"中国驻印军总指挥部"，简称"驻印军"或"中国驻印军"；另一部分军队退至本国境内怒江东岸，连同以后新增加的部队，到一九四三年春重新成立"中国远征军司令长官司令部"，此为后一阶段。但一般都称"远征军"，以致历史资料中经常混淆不清。特别是这三种任务不同的部队在三个战区作战，又统归史迪威①指挥，更易造成错觉。

现在我把中国远征军前后两个阶段、三种情况的实际组织分述如次：

第一阶段，可以概括为自珍珠港事变、日寇侵缅至中国出兵远征的时期。

时间：自一九四一年十二月十一日中国远征军开始入缅起，至一九四二年八月间。

地点：包括缅甸境内同古（即东瓜）、叶达西（即叶带西）、斯瓦、仁安羌（即彦南阳）、乔克巴当、棠吉（即东枝、棠古）、腊戍、曼德勒（即瓦城）及中缅边境惠通桥诸战役及失败后分头撤退的地点。

部队番号及指挥官：中国远征军第一路司令长官部司令长官卫立煌（未到任），由我代理，继任罗卓英，副司令长官是我；第五军军长也是我兼，第二〇〇师师长戴安澜，新编第二十二师师长廖耀湘，第九十六师师长余韶，游击司令（即第五军新兵训练处）黄翔；第六军军长甘丽初，第四十九师师长彭璧生，第九十三师师长吕国铨，暂编第五十五师师长陈勉吾；第六十六军军长张轸，新编第三十八师师长孙立人，新编第二十八师师长刘伯龙，新编第二十九师师长马维骥。

第二阶段：可以概括为准备反攻及打通中印公路（亦称史迪威公路）时期。在这一阶段中又分为两个方面：

印度方面：

时间：自一九四二年八月，中国远征军第一路司令长官部及新编第二十二师、新编第三十八师等部队退入印度至一九四五年日本投降止。

---

① 史迪威（一八八三——九四六），美国佛罗里达州人。一九三五年任美国驻华大使馆武官，一九四一年任美军第三军团司令，一九四二年任中印缅战区美军中将司令并兼任中国战区总司令蒋介石的参谋长，一九四四年被召回国，任美国陆军地面部队司令等职。

地点：包括中缅印边境孟拱、密支那、八莫及畹町会师、打通中印公路诸战役。

部队番号及指挥官：中国驻印军总指挥部总指挥史迪威兼，副总指挥郑洞国（前为罗卓英）；新编第一军军长郑洞国，继任孙立人；新编第三十师师长胡素，继任唐守治；新编第三十八师师长孙立人，继任李鸿；第五十师师长潘裕昆；新编第六军军长廖耀湘；新编第二十二师师长李涛；第十四师师长龙天武①。

中国方面：

时间：自一九四三年四月前后至一九四五年三月前后。

地点：包括中缅边境松山、腾冲、龙陵、畹町会师诸战役。

部队番号及指挥官：远征军司令长官司令部司令长官陈诚，继任卫立煌，副司令长官黄琪翔；第十一集团军总司令宋希濂，第二军军长王凌云，第六军军长黄杰，第七十一军军长钟彬，第五军第二〇〇师师长高吉人；第二十集团军总司令霍揆彰，第五十三军军长周福成，第五十四军军长阙汉骞；直属部队，第八军军长何绍周。

本文所述，只是远征军第一阶段一些惨痛的回忆。

远征以前种种

修筑滇缅公路和铁路

抗日战争初期，日本军国主义者蔑视中国人民英勇无敌的力量，满以为在短期内完全可以使中国屈膝；哪知打了一年、两年、三年，伟大的中国抗日军民不但没有屈服，反而愈战愈强，正循着毛泽东主席在七七事变后指出的"抗日战争是持久战，最后胜利是中国的"这个方向发展。这时日军又妄想从沿海包围截断我国际交通线，迫使蒋介石投降，于一九三九年冬在广西钦州、防城登陆，侵占南宁，截断我通越南海防

---

① 一九四二年冬季，史迪威想控制中国军队，驻印军团营长以上干部一律由美军官担任，蒋介石不予承认；以后史又控告罗卓英十大无能，企图以此为撤换中国将领的开端。经过数月的矛盾斗争，蒋介石才以撤换罗卓英为条件，进一步巩固中国驻印军的建制，改为新编第一军，以郑洞国为军长。至一九四四年春，另由国内调新编第三十师、第十四师、第五十师入印，扩编新编第一军、新编第六军两个军。这时调升郑洞国为副总指挥并成立副总指挥部。

的国际交通线；一九四〇年九月侵入越南。至此，我滇越路国际交通线即被截断，可依靠的只有滇缅路了。

早在一九三八年春，我国即开始修筑滇缅公路，于是年十二月间初步通车，以后陆续加以修筑，成为支援中国抗战的一条重要的交通动脉。可是通车不久，即被英国殖民主义者不断留难，甚至在一九四〇年七月十八日，英、日正式成立封锁滇缅路协定，自是日起英国封锁滇缅路三个月，到十月才又开放。

虽然我们祖国抗日战争的胜利，主要是靠人民群众的不可战胜的力量，可是也不能全无外援。外援的最可靠的力量是苏联，而且苏联是抗日一开始首先援助中国抗日的社会主义国家。但蒋介石只相信他自己和依靠资本主义国家。记得在一九四〇年底有一次"官邸"会报中，蒋介石对一位交通部次长（姓名已忘记）说："苏联担任的西北运输工作应全部停止。"这位次长吞吞吐吐地说，新疆尚有许多物资未曾运完，而且都是急需的。蒋介石一听，怒气冲冲地命令他："你照我的意思办不会错，你不要再想运了，再这样下去，都成他们（指中共及苏联）的世界了。"我当时听到有些诧异，觉得苏联援助我国抗日的飞机、坦克、枪炮等都需要大量的油料、弹药补充，为什么要停运呢？特别是我所带第五军的坦克等装备迫切需要苏联的补充。可是慑于蒋介石的淫威，始终未敢出声。

蒋介石坚决站在反共反苏的立场，断然拒绝苏联的援助。他集中全力经营滇缅公路，任命宋子良为滇缅运输总局局长，设立许多汽车保养站。集中主要车辆担任运输。由于宋子良搞得一塌糊涂，以后改由交通部部长俞飞鹏亲自兼任总局长，后来并有美国人参加整顿，也都不见起色。一九四一年春，又发行修筑滇缅铁路公债一千万美元，发动当地民众日夜赶修路基，很快即将大部路基修好。昆安（昆明至安宁）段于一九四一年四月通车。

修筑这段铁路时，当地人民激于民族义愤，情绪非常高涨，参加筑路的工农劳动人民极为踊跃，有许多还是由原来津浦、平汉等铁路撤退下来的老工人。修筑这条公路和铁路对于抗日战争起了一些作用。

蒋、龙各有打算

在蒋介石集中全力经营这条国际路线时，他同统治云南的龙云发生了尖锐的矛盾。蒋、龙各有打算。蒋介石企图利用抗日之机，处心积虑

"统一"云南；而龙云则处处防备蒋介石的这一手，坚持其独揽云南政治、经济、军事大权的局面。关于云南的政治，蒋介石不能过问；经济方面，一直到一九四一年前后，云南仍使用它自行发行的"滇币"；军事上则中央军不能入境。

这时蒋介石的政治手腕是：一面派中央大员如宋子文等人向龙云多方疏通、拉拢；一面以准备远征为理由，将他的嫡系部队先后向滇黔、滇川、滇康边境集中。计先后集中的部队有：

滇黔边境：在兴仁、兴义附近整训的为第六军甘丽初部三个师（第四十九师、第九十三师、暂编第五十五师）；在安顺、盘县附近整训的为第五军杜聿明所部三个师（新编第二十二师、第九十六师、第二○○师）及机械化部队。

滇川边境：在泸州、叙永附近整训的为第七十一军钟彬部两个师（第八十七、第八十八师）；另有新编第二十九师马维骥部。

滇康边境：在西昌、会理附近为第七十一军第三十六师。

滇桂边境：为第五十四军黄维（以后为阙汉骞）部的第十四师、第五十师、第一九八师。

川黔境内：为第二军王凌云部的第九师、第七十六师、第三十三师；税警总团孙立人部（一九四一年底编为新三十八师），新编第二十八师刘伯龙部——这两个单位以后编为第六十六军，属张轸部。（远征以后增调的部队未列入。）

以上部队大概是自一九四○年九月间日寇侵入越南时即开始集中，但因蒋、龙间的矛盾，长期未能入滇。一直到一九四一年中英军事同盟酝酿期间，准备双方协力保全滇缅路及仰光国际交通线，蒋、龙之间经过长期曲折的商讨，这年秋冬间，第六军第四十九师彭璧生部先开赴滇缅路担任护路，第五军也开入云南杨林、沾益、曲靖等处。不久蒋介石在云南成立军事委员会驻滇参谋团，以林蔚任团长；并成立昆明防守司令部，以我兼任司令。接着第六军第九十三师陆续开往车里、佛海布防。至十二月间，又将新编第二十八师、新编第二十九师、新编第三十八师三个师编为第六十六军，以张轸任军长，准备参加缅甸远征。

中国缅印马军事考察团

英国是一个老牌的帝国主义、殖民主义国家，十分自高自大。它向来惯用两面手法控制欧洲大陆，挑拨战争，自己从中渔利，这是它的拿手好戏。在第一次世界大战后不久，英国为了同法国争夺欧洲霸权，就逐渐支持德国法西斯主义，并妄图怂恿希特勒进攻苏联。玩火者必自焚，希特勒并未完全依照张伯伦的意图首先进攻苏联，在并吞了一系列小国之后，于一九四〇年先下手进攻法国。五月十日张伯伦垮台，六月四日，英法军在敦刻尔克丢盔弃甲大溃退，伦敦一时张皇失措。可是英国并未接受这一教训，对日本法西斯主义的侵略并未提高警惕，也没有积极在缅甸布防，反而幻想继续用两面手法敷衍日本，以保全它在远东殖民地的大后方。七月十八日，同日本正式成立封锁滇缅路三个月的协定。但日本法西斯主义者并未因英国的拉拢而放弃它独霸亚洲的野心，相反地正是通过这一协定，看破英国的弱点，于九月间侵入越南，并与泰国签订友好条约，直接威胁马来亚、新加坡、缅甸等英国殖民地。

这时英国看到中国抗战以来愈战愈强，而且八路军的游击战深入晋冀鲁豫敌人的大后方，建立抗日政权，不断打击敌人，收复失地。英国认为这是了不起的抗日力量，较之英法在欧洲战场上的狼狈处境，真是不可同日而语。于是英国对中国的态度开始转变，首先于一九四〇年十月间重开滇缅路，接着派了一些在敦刻尔克撤退下来的残兵败将来中国学习游击战（当然，他们在中国的政府军中是学不到人民的游击战的）。一九四一年一月，英政府又任命丹尼斯少将为驻重庆陆军武官，开始和中国酝酿中英军事同盟。第一个步骤是通过中国对缅印马的军事考察，两国共同商定保全缅甸的具体军事计划。经过协商，"中国缅印马军事考察团"于一九四一年一月间组成。考察团的成员如下：

团长商震，副团长林蔚。团员：陆军杜聿明、侯腾、冯衍、唐保黄、刘方榘，空军王×赞，海军周应聪，外交郑康祺，秘书刘耀汉。考察团于同年二月初出发，到缅甸、印度、马来亚考察约三个月之久，搜集有关缅印马经济政治军事资料，编成《中国缅印马军事考察团报告书》，计三十余万言（有油印本），其中最主要的是中、英、缅甸共同防御计划草案。

这个草案是根据缅、马地形交通，及估计日寇战略战术而拟定的。我们当时根据日本军国主义已经吃了中国人的苦头的情况，及其政略、战略、战术上的特性，妄图独霸亚洲的野心，同时并考虑到英国军队不堪一击的情况，认为日本对于中国的国际交通线——滇缅公路，将不是从中国境内截断，而是配合它对亚洲的政治战略整个策划；一旦日寇与英国开火，势必先击败英军，进而侵占马来亚、缅甸。这样，日寇既击败英军而夺了它的殖民地，又可以封锁中国，获得一箭双雕的效果。但是由于当时中国在政治上和经济上很大程度上依赖英国，因而就不敢正面向英方提出上述判断，而只能含糊其辞。草案的内容略如下述：

一、敌情判断

（一）敌情：日寇陆军既具优势，又有作战经验，以日军侵占越南并与泰国成立友好条约的情况来判断，它已在积极准备向英国挑衅。一旦日寇发动侵略缅马军事，可能以海军、空军掩护陆军沿泰马交界进军，先侵占马来亚、新加坡，然后乘战胜之余威回师北上，进攻缅甸。敌人可能使用兵力三至五个师团和优势的空军与海军。

（二）地形：中、缅、老（老挝）边境车里、临江一带山峦重叠，交通不便，易守难攻；而且瘴气特甚，对于大兵团尤其现代化部队运动限制很大。缅泰交界景东以南，经登劳山脉，亘萨尔温江下游至毛淡棉（即摩尔门）一带，虽有崇山峻岭和萨尔温江之险，但景东、克耶邦特别是毛淡棉附近，皆有公路与泰国境内公路相衔接，为可攻可守的决战地带。

二、共同防御意见

（一）中英两军为确保仰光海港之目的，应集结主力在缅泰边境毛淡棉、登劳山脉及景东以南地区，预先构筑阵地，采取决战防御，并将重点指向毛淡棉方面。另以一小部在中缅边境车里、临江间担任持久防御。以一部配合舰艇在仰光及仰光海面警戒。

（二）指导要领：1. 中英两军在车里、临江以南，亘景东以南克耶邦缅泰国境至毛淡棉一带，构筑纵深的据点式堡垒群阵地，吸引敌人于我主力阵地前，以强大之火力摧毁敌人之攻击，不失时机转移攻势，将敌人包围歼灭于我主阵地前，再一举出击来侵之敌。2. 敌人主力如从中央来犯，我利用既设阵地消耗敌人至一定程度，由景东及毛淡棉两翼先击破敌人，将其包围而歼灭之。3. 敌人主力如由毛淡棉附近来犯，我军应利用萨尔温江天险及据点工事，吸引敌人于我主阵地前，以强大之火力摧毁敌人攻势，配合我左翼部队击破一部敌人，将敌人主力包围于毛淡棉海岸附近，而歼灭之。4. 敌人主力如由景东来犯，我军应吸引敌人于山岳地带内，以正规战与游击战并用，竭力迟滞敌人，主力从毛淡棉附近出击，先击溃敌之一部，截断敌人后路，包围而歼灭之。

（三）兵力部署：1. 预定英缅军二至三个师，中国三至五个军。2. 布置中英两军主力（二至三个军）于毛淡棉、克耶邦、景东间地区，并在毛淡棉附近形成重点，构筑半永久性的纵深据点式堡垒群，形成坚固的主阵地带，在主阵地前选择要点，构筑据点式前进阵地，吸引敌人于我主阵地前，以强大之火力摧毁敌人攻势，不失时机转移攻势，将敌人包围歼灭于我主阵地前。3. 以一小部（一团至一个师）位置于景东亘临江、车里以南地区，构成据点式野战堡垒群，形成纵深的主阵地带，在主阵地前构筑星罗棋布的前进阵地，采用游击战与阵地战相配合的战略战术。依据中缅交界山岳地带的特性，以主阵地为根据地，用一小部兵力警戒，以大部兵力担任游击，适时深入泰缅境内袭击敌人后方。4. 仰光及仰光海面由英军及舰艇担任警戒。5. 控制强大机动性预备队（一个半军至两个半军）于同古（即东瓜）、平满纳（即平马纳）、瓢背、麦克提拉（即敏铁拉）间地区，不失时机增援第一线与敌决战。6. 其他：构筑工事材料及交通、通信器材等由英方筹备；详细作战部署待双方政府协商后另行拟定。

中国这个意见是在缅甸考察之后所拟的初稿，以后又经过部分的修改补充，接着我们到了马来亚，见了英国当时驻新加坡总督波普汉，谈到这个问题。波普汉很同意中国军事考察团的意见，希望商震抄一份初稿给他。可是商震的英文是半瓶醋，只是唯唯答应，并未明白对方的要求。因为商直接与波普汉谈话，秘书刘耀汉正闹情绪，也未提醒商注意。两天后，波普汉请吃饭，又问到这件事，商瞠目不知如何回答，反问刘耀汉，刘才说有这回事。商这时显得十分尴尬，马上表示道歉，并补抄一份送给波普汉。这说明商震为个人出风头，在正式外交谈话中不用秘书翻译，既违外交惯例，又把事情弄错；而刘则为个人情绪，故意让商在外交上丢脸。

可是英国除少数人如波普汉、丹尼斯①之外，对于当时局势的看法与中国大有出入。他们幻想以大英帝国的招牌吓唬日本。他们说英国有雄厚的力量，认为日寇不敢轻易向他们挑衅；如果日寇要截断滇缅路的话，必然先从中缅或中老（老挝）边境发难，而不会随便向缅甸冒进。

因此，当一九四一年夏中国正式提出中英缅共同防御意见书时，英国仍然坚持它的谬见，一再强调中国应在中老、中缅边境布防，以防止日寇截断滇缅路，而不允许中国军队及早入缅布防。同时英国心中也明

---

① 作者注：英驻华武官丹尼斯少将主张中国远征军及早入缅作战，曾经昆明飞腊戌与英军司令胡敦有所商讨；二月底由腊戌飞昆转渝，所乘飞机在昆明机场失事，丹尼斯坠死。

白：日寇一旦侵袭它的远东殖民地，它没有任何的防御能力，所以也不敢正面否定中国提出的意见，只是强调时机未到，不同意中国军队先行入缅。然而英国又不得不借中英合作的声势，进一步唬住日本，于是一九四一年十二月下旬成立中英军事同盟，签订了中英共同防御滇缅路的协定。

中英共同作战的准备

中国方面：中国在这期间（一九四一年六月至十二月间）对中英共同防御滇缅路，做了必要的准备：一、成立军事委员会驻滇参谋团，以林蔚为团长，萧毅肃为参谋处长，及参谋若干人，策划中英有关作战的一切业务。二、先准备三个军（即第五军、第六军、第六十六军）动员入缅，与英军并肩作战，详细位置已如前述。三、对远征各军充实装备，如第五军成立炮兵团等，并令加紧训练。四、其他集中滇川、滇康、滇黔边境各部队，亦在暗中准备动员（详见前述）。五、其他炮、工、通、辎等部队，亦做了必要的准备。但对于缅甸境内的交通运输、通信补给等则完全依靠英方，毫无准备。

英国方面：一、任命胡敦为英缅军总司令。二、增加兵力。一九四一年春，中国军事考察团在缅甸考察时，英国在缅甸仅有英缅军第一师，而且尚未装备训练完成。到珍珠港事变前后，除这一个师装备完成之外，并增加了英印军第十七师、英澳军第六十三旅及英装甲第七旅（坦克一百五十辆），并有炮兵、空军等部队。三、对缅泰边境防御工事、交通、通信等完全无准备，但对于主副食、医药等有一定的准备。

在缅作战概要

中国远征军入缅作战，由于中、英、美三方矛盾重重，是一个极其复杂的过程。自一九四一年十二月八日珍珠港事变后，同月十一日第一次下动员令起，至一九四二年二月十六日远征军正式动员，这两个多月期间，时而动员入缅，时而停止待命，时而准备东调，反反复复，捉摸不定，坐使仰光沦陷，失去了保全仰光国际交通线的机遇。而入缅后，指挥多次变动，系统紊乱，权限不明，各有所私，加之指挥无能，部队战力悬殊等，既未能适时适地集中主力与敌决战，以期收复仰光，又未能退而凭据险要，与敌作持久战，保全我腊戌的物资。东拉西扯，一无所成，徒使将士浴血，丧师辱国，回想起来，实深愧痛！

但我远征军激于民族义愤，同仇敌忾，士气旺盛，转战东西南北，与敌搏斗，也有不少可歌可泣的事迹。本文只将在缅作战比较有计划的、激烈的、时间较长的、有意义的、关键性的战斗，如同古战斗、斯瓦逐次抵抗战、仁安羌解英军之围、乔克巴当大上英军之当等等，加以概略地叙述。

反复的动员，凌乱的指挥

一、动员方面

第一次动员：一九四一年十二月十一日，蒋介石令第六军第九十三师开车里，第六军第四十九师以一个加强团开畹町，归英缅军总司令胡敦指挥，准备开景东。十六日，令第五军、第六军动员入缅，协同英军作战。十二月二十六日，当第五军先头部队到达保山附近时，又以奉令"英方表示第五军及第六军主力（欠第九十三师及第四十九师之一团）暂时毋庸入缅"而中止。十二月二十九日，又令第五军毋庸入缅，必要时须向东转运。

第二次动员：一九四二年二月一日，令第六军集中芒市、遮放、龙陵，候英方派车接运入缅。

第三次动员：一九四二年二月十六日，又奉令："据英代表请求，仰光情况紧急，请速派第五军入缅；所有野炮、战防炮均应随同出发，装甲兵团先做出发准备。"

二、指挥方面

一九四一年十二月二十二日，蒋介石令第五、六两军入缅，归我（时任第五军军长）指挥。

一九四二年二月一日，令第六军入缅部队归甘丽初军长指挥，至于该军受何人指挥，另有命令。二日，令第六军入缅后归英方指挥。二十五日，令第五、六两军入缅作战，着由我统一指挥，我仍归胡敦指挥。

二月二十五日，蒋介石亲到昆明下达命令，指挥部署。三月一日，蒋介石亲赴腊戍指挥。三日，蒋在腊戍面谕参谋团指导入缅军之作战行动，并与英方会商。四日，蒋面对我说："你归史迪威将军指挥。"并说对史迪威将军要绝对服从。我反问："如果史迪威的命令不符合你的决策时，应如何办？"蒋说："你打电报向我请示再说。"蒋回重庆后有些不放心，又给我一封亲笔信，指明必须绝对服从史迪威的重要性。

同年三月八日，腊戍会报英方通知，英政府已任命亚历山大接替胡敦的英缅总司令，胡敦任参谋长。十一日令第五军、第六军统归中国战区参谋长史迪威指挥，但未规定史迪威与亚历山大相互间的地位。十二日，腊戍会报，英方提出史迪威指挥第五、六两军，与亚历山大之间的指挥系统不明。同日，特派卫立煌为远征军第一路司令长官，我为副司令长官，在卫未到任以前准由我代理，也未规定司令长官与史迪威参谋长相互间的地位。十七日，亚历山大由渝飞回腊戍，转回梅苗。二十八日，林蔚到梅苗，据亚历山大面告："在渝已决定，以本人为在缅作战的中英联合军最高指挥官，史迪威将军受本人之指挥。"但参谋团及各部队始终未奉到此项命令。四月二日，改派罗卓英为远征军第一路司令长官，仍未规定罗长官与史迪威参谋长相互间的地位。

同年四月五日，蒋介石带罗卓英到腊戍。六日到梅苗，亲自指挥部署，决定平满纳会战，增调第六十六军入缅；并召见同古突围的第二〇〇师师长戴安澜，与他同住一晚，予以慰勉。八日，蒋约我和戴同他巡视曼德勒。蒋介石看到从梅苗到曼德勒间汤彭山脉一带，山峦重叠，十分险要，便对我说："平满纳会战十分重要，必须鼓励将士一举击破日寇，进而收复仰光。万一寇后续部队增加，我军也不要勉强决战，退一步准备曼德勒会战，或把住这个山口（指梅苗、曼德勒间）与敌作持久战。"我当时很同意蒋介石的这个指示。回梅苗后，他又叮嘱我要服从史迪威和罗卓英的命令。我因同古战斗曾和史迪威争吵，满肚怨气，对蒋说："如照史迪威的命令，第二〇〇师早已断送了，他既不了解中国军队的情况，也可以说不懂战术。"蒋拦住我的话说："我知道的，以后有罗长官在，他会了解的。"九日，蒋介石回国，以后关于中国远征军的指挥，即由史迪威、罗卓英完全负责。

缅人的态度，缅甸的形势

缅甸各族人民六十多年在英帝国主义统治下，深受殖民主义者奴役的痛苦，要求民族独立自由的思想日益增长。当时缅文报主笔宇克孟先生谈到对中国远征军的感想时说："缅甸人不愿做亡国奴，无论日本用什么方式都打动不了缅甸人，缅甸人真诚欢迎中国军队。"他又说："我们一家三口都在抗日，我用笔，儿子用枪，我的太太每天为国运而祈祷。"他还写过不少赞扬中国远征军的社论，这是缅甸人民的主导思想。可是蒋介石为了讨好英帝国主义，对于缅甸人民的民族独立运动，毫未表明态度，更谈不到支援缅甸人民。于是缅甸除先进分子积极支援中国远征军抗日外，一般都抱着观望的态度。而反动党则为日本所利用，甘做缅奸，到处进行破坏活动。同时缅甸人民普遍仇视英军，遇机即杀，造成当时缅战中极其错综复杂的情况。如不是广大爱国华侨积极援助，我军就不免要全军覆没了。

缅甸按山川河流及政治经济情况分为两部分：曼德勒以北为上缅甸，重镇为曼德勒（即瓦城）；以南为下缅甸，重镇为仰光。上缅甸西有那加山脉，中为明克山脉，东南为汤彭山脉；下缅甸西有阿拉干山脉，中为勃固山脉，东有蓬隆山，与泰国毗连者为登劳山脉。全境三条主要河流，即伊洛瓦底江、色当河（亦称西当河、锡当河）、萨尔温江，南北贯通全境；铁路公路南北贯通，并与我滇缅路相衔接。瓦城为上缅甸政治中心，握交通之枢纽，扼水陆之总汇，为历史上兵家必争之地。其东汤彭山脉与登劳山脉间密林丛生，为现代反侵略战争进行游击战的最好根据地。

下缅甸以仰光为咽喉，为新兴的商港，有现代化的港口设备，为我抗战物资供应的最后一个国际海港，也是我远征军必争的要地。

胡康地区，包括那加山以东大洛盆地及新平阳盆地，都是原始森林，古木参天，不见天日，中国历来叫作野人山。其中河流交错，雨季泛滥，水势汹涌，舟船难通，因之有"绝地"之称。每逢雨季，不仅用兵困难，即民间交通亦多断绝；可是到了旱季，河川变为通道，除亲敦河外，一般都可徒步通行。

中印缅交界的气候，可分为雨旱两季，自五月下旬起至十月间为雨季，天气较凉，潮湿极重，蚊虫、蚂蟥很多，瘴气特甚。十一月以后至次年五月中旬为旱季，天气多风，极少下雨。十二月间风势较大，一月以后逐渐转热，经常在华氏一百二十度左右。

总起来说，缅甸形势是口小，肚大，尾巴尖。仰光为全缅门户，同古、普罗美都是要隘，瓦城为四战之地，八莫、密支那为最后屏障，而棠吉、梅苗又为腊戍的屏障；屏障一倒，不仅缅甸自身无以立足，中缅边境物资汇集的腊戍、畹町也就危险了。

敌友我的军事布置

一九四二年三月十八日，在同古以南约五十公里的皮尤，及其南十二公里的大桥附近序战开始前，敌友我三方的军事布置如下：

一、敌情：日本第十五军饭田祥二郎所部第三十三师团在普罗美以南地区；第五十五师团在同古以南地区；第十八师团在泰国景迈附近，一部主力于四月初增援斯瓦战斗；第五十六师团判断将由仰光登陆，当时行动未明，以后集结于同古。至于空军和炮兵、战车的情况，当时均不明。

二、友军：英缅军总司令亚历山大所部英缅军第一师（欠第十三旅）、英印军第十七师、英澳军第六十三旅、英装甲车第七旅，均在普罗美方面。英缅军第一师第十三旅在景东、毛奇方面。英空军飞机共四十五架，在马格威尔。

三、中国远征军：中国远征军第一路司令长官部所属部队第五军骑兵团附属工兵一部，在皮尤河附近，第二〇〇师在同古（配属炮兵部队未到），新编第二十二师、第九十六师，由芒市于六日开始以汽车运输；第六军所属第四十九师、暂编第五十五师、第九十三师在景东、毛奇一带；第六十六军所属新编第三十八师、新编第二十九师、新编第二十八师，此时尚未动员；炮兵为第五军炮兵团及炮兵第十三团第一营，空军为美空军志愿队。

同古战斗

一、皮尤河前哨战

我远征军先遣第二〇〇师附骑兵团及工兵团的一部，先头部队于一九四二年三月八日到达同古。九日，接收英军防务。十一日，骑兵团附工兵一部、步兵一连，推进至皮尤河及其南十二公里处担任警戒，由骑兵团副团长黄行宪指挥。骑兵团团长林承熙，鉴于英军与敌作战月余，尚不明了当面的敌情，想到前哨部队的最主要任务就是搜索敌情，应该设法获得敌人的有关文件。他根据连日侦悉日寇大胆追击英军的战术，在皮尤河南十二公里处，先构筑假阵地，又在皮尤河南岸构筑埋伏狙击阵地，皮尤河北岸构筑主警戒阵地，并准备好皮尤河大桥下的爆破工作，等待敌人行至北端，即用电气导火爆炸。所有阵地都伪装得十分巧妙，不易被敌人发现。

三月十八日，英缅军全部撤退，日寇跟踪追击，到达皮尤河南十二公里处，与我发生了激烈的前哨战，这样就掩护了英军脱离敌人，安全撤退。当时从敌人尸体的符号，发现当面之敌为第五十五师团。我前哨连当日达成任务后，即在黑夜撤退，埋伏于皮尤河南岸两侧，准备狙击冒进之敌。

十九日晨，敌果然采取追击英军的姿态，以一大队轻快部队冒进，不知在皮尤河岸已踏入我远征军前进部队预设的埋伏阵地。当敌军用汽车数辆行至桥北端时（桥长二百余公尺），全桥轰然陷落（英军在皮尤河以南桥梁皆未破坏，故敌人有此冒进），敌车尽覆。但敌兵仍下车企图顽强挣扎，后续车辆霎时拥塞于南岸公路上。这时我军枪声四起，埋伏的机枪从尾到头，反复射击，打得敌人落花流水，向公路两侧逃窜。企图顽抗的敌人，多被智勇双全的我军王若坤排长予以消灭。敌后援不济，大部被歼，仅有少数向森林内逃窜。我军搜索敌人尸体，发现击毙敌人中有联络军官一员，名机部一经。虏获地图、日记、望远镜、文件、武器、车辆甚多。证明从泰马入缅之敌为第十五军的两个师团，是从泰国经毛淡棉进犯缅甸的；中路仰曼公路为敌第五十五师团，其进入仰光向西路普罗美英军进攻之敌为第三十三师团；东路敌为第十八师团，尚在泰国景迈及毛淡棉间。敌原企图分三路向曼德勒进攻。又知这天被我消灭之敌为一一二联队的一小队午后敌人增加兵力，并以步炮联合向我皮尤警戒阵地进攻。这时我骑兵团已完成任务，转移至后方既设阵地，皮尤河岸仅留少数狙击兵，迟滞敌人前进。战斗至深夜，撤回既设阵地。

二、同古激战十二天

我当时明了敌情及敌人整个战斗计划后，判断当面之敌最多不会超过两个师团（虽认为敌第十八师团主力有增加中路的可能，但尚未料到敌在仰光登陆之第五十六师团），就下决心照蒋介石指示，集中我军主力，击破当面敌人，进而协同英军收复仰光。我即亲赴同古，指导第二〇〇师固守同古，掩护我军主力集中。史迪威也同意我的意见。于是，我在前方积极准备同古会战，史迪威在后方与英方交涉，调度部队集中，预定五日至七日开始向敌军攻击。

三月二十日起，同古序战开始。敌自前日受我伏击后，行动极为谨慎。先头以步骑联合五六百人，向我军广正面搜索前进。当其发现我军在鄂克春有既设前进阵地，随即展开一联队附山炮四门，向我攻击。

二十一日，敌增炮二门，共为六门，向我整日攻击，敌机并更番轰炸同古，我军勇猛还击，敌伤亡三百余人，攻击顿挫。我亦伤亡一百四十余人，但阵地屹然未动。

二十二日，敌再向我鄂克春阵地进攻未逞，一部企图迂回，亦被击退。全日炮战激烈，入夜沉静。

二十三日，敌增至两联队（第一一二及第一四三联队），炮十二门，以战车、装甲车掩护向我鄂克春阵地攻击，炮火猛烈；敌机二十余架这一天就投弹六次。我以步骑配合向敌侧反击，结果毁敌战车、装甲各二辆，汽车七辆，敌向南窜逃。下午八九时，敌再向我攻击，阵地被突破一部，彻夜对战。

二十四日，敌炮空联合向我阵地猛攻，另一部敌五六百人附小炮数门，由同古以西向同古以北飞机场迂回。同古机场北部由我工兵团警戒，正在破坏铁路，团长李树正仓皇失措，向后撤退；仅第二○○师第五九八团的一营与敌激战，午后五时，放弃机场退守同古。是晚，戴师长调整部署，将鄂克春、坦塔宾前进阵地放弃，集结该师主力保卫同古。

二十五日拂晓，敌步炮空联合三面围攻同古，我军沉着坚守，并以火烧森林阻敌前进。敌机三十余架更番轰炸同古，一般建筑多被炸毁。但我军利用阵地，伤亡甚微。入晚我各部队不断以小部队袭敌，有断续小战斗。

二十六日，发现敌占同古机场后，敌第五十五师团以工兵及骑兵守备，另以一部挺进至南阳车站，占领阵地。

这一天，敌以三个联队（第一一二、第一四三、第一四四）围攻同古，主力指向同古西北角攻击。该处我第二○○师第六○○团阵地被突破，我军遂退守同古铁路以东，继续抵抗。是日，敌我争夺战甚烈，双方伤亡较大。

二十七日，敌主力继续进攻同古，因敌我短兵相接，敌人炮火失效，我官兵沉着固守，敌伤亡较重。我第二○○师第五九九团伤亡亦大。午后敌一部向北推进，与我新编第二十二师在克永冈附近发生遭遇战，双方彻夜对峙。

二十八日，敌人在同古以北要点构筑阵地，企图以一部对叶带西（叶达西）方面取守势，阻我新编第二十二师攻击；集中主力先消灭我第二○○师，并放射糜烂性毒气。敌我反复冲杀，我伤亡虽重，但士气旺盛。迄晚，城内阵地仍未动摇。敌并化装成英缅军及缅甸土人驱牛车暗带械弹，企图混入同古城内，里应外合，均被我第二○○师查出消灭。至晚清理战场，计虏获迫击炮七门、步枪百余支、机枪六挺及防毒面具等甚多。

是夜十一时，戴师长坐镇桥东司令部，被由同古东南迂回的敌军越过色当河东岸来袭，与第五九九团第三营特务连发生混战。激战至二十九日拂晓后，即与城内部队通信中断；同古城内我守军第二○○师步兵指挥官郑庭笈听到桥东战斗激烈，立即派第五九八团的一部对敌东西夹攻。午后，已将敌压迫于大桥东南对峙，并与第五九九团第三营取得联系，逐渐恢复掌握。

同日（二十八日），我叶达西集中的新编第二十二师主力及炮兵战车各一部（只有轻战车，炮战车尚在腊戍待运），为了解救第二〇〇师，向南猛攻。至午后，攻占南阳车站四周及部分建筑物，战车并将敌炮兵阵地摧毁，获山炮一门及弹药文件甚多。但南阳车站坚固建筑物中的敌人，仍顽强抵抗，迄未肃清。

二十九日，我新编第二十二师向南阳车站继续攻击，敌军增援，以步炮联合反攻，敌我战斗竟日，均无进展。同日，我游击司令黄翔，令补充第二团的一部由南阳车站以西勃固山脉森林内迂回至同古附近，有一连曾一度进入永克冈机场。这一天，同古西、南、北之敌，被我军攻击牵制，对同古攻击减轻，仅有炮战。大桥以东之敌，仍对戴师攻击甚烈，似有断我同古后路、包围歼灭我第二〇〇师的企图。

三、放弃同古

在这期间（三月十八日至三十日）全般情况是这样的：

（一）三月十四日，由仰光登陆的日军后续部队约一师团（以后证明为第五十六师团①），行动尚未判明。在泰国境内的第十八师团，既未向景东方面进攻，即有经毛淡棉入缅的可能（以后证明其主力加入中路战斗）。

（二）东路景东、毛奇方面：我第六军在景东、毛奇方面无大小战斗；景迈方面之敌，正向景东抢修公路。

（三）西路普罗美方面：英军正面仅有小接触。三月二十九日，英军应史迪威的要求（这是合理的），在普罗美南向少数日寇攻击。英装甲部队进入庞得后，即被敌军在斯维当截断后路，英军仓皇撤回普罗美。

（四）英空军于二十一日被敌机完全毁灭。美空军志愿队虽经协定自二十七日起协同我新编第二十二师攻敌，但直至三十日从未出现。

除以上情况外，我第五军第九十六师、战车炮兵等部队尚需一周以后始能集中（以后实际到四月十五日才集中完毕），而第六十六军何时集中，尚难预料。第二〇〇师已在同古连续战斗十二日，补给中断，加以

---

① 作者注：林蔚报告判断为第三十三师团，从皮尤房获文件中证明第三十三师团是从泰马边境入缅的。

日寇顽强坚守既得据点，我军攻击亦非一举可以夺取（根据昆仑关作战经验）。在此形势下，我军既不能迅速集中主力与敌决战，以解同古之围，而旷日持久，仰光登陆之敌势必参加同古战斗，坐使第二〇〇师被敌歼灭。如此，则我远征军将被敌人各个击破，有全军覆没之虞。因此，我决心令第二〇〇师于二十九日晚突围，以保全我军战力，准备在另一时间、另一地点与敌决战。

当时史迪威坚决反对，仍坚持以不足的兵力向敌攻击，双方争执甚烈，竟至闹翻。史迪威坚不放弃他的错误主张（其实是想个人出风头），竟以服从命令来威胁我，并派他的参谋窦尔恩监督我实施他的攻击命令。我以这个问题关系远征军存亡，并未受他的威胁，另令新编第二十二师于三十日向南阳车站之敌佯攻，牵制敌人；令第二〇〇师于二十九日夜经同古以东突围，主力撤出同古后，即将大桥破坏。

第二〇〇师从同古撤退，可以说是有计划的主动的撤退。撤退时，同古城内部队接到戴师长命令，由步兵指挥官郑庭笈指挥。撤退前，对敌实施佯攻，撤退后，仍留少数部队牵制敌人。到三十日拂晓，我大队已经安全渡过色当河，而敌人仍围住这个空城，步炮空联合向城内大举进攻，弹如雨下。我最后牵制敌人的小部队也就在这个时候安全渡河。敌军继续前进，才发现同古是一座空城。我第二〇〇师却连伤兵都未丢失，全师归队（当时伙食担一度走错路失去联络，以后亦全部归队）。

同古战斗，第二〇〇师是完成了任务的，战术战斗都比较成功。我远征军既不能适时适地集中主力与敌决战，那么予敌以一定打击之后放弃同古，保持战力，选择另一有利时机，再集中主力与敌决战，这是合乎战略、战术原则的。

遗憾的是，同古会战未成，放弃控制毛奇公路的要镇，既不能达到收复仰光的目的，反使敌人从毛奇公路向我军大后方腊戍长驱直入，这当然是错误的。但这种错误是英方另有阴谋，故意耽误运输。我统帅部一切依赖英方，咎由自取，而不该把一切责任委之于前方部队长的。

斯瓦逐次抵抗战斗

一九四二年三月三十日晨，第二〇〇师突围后，当晚令新编第二十二师以一营在叶达西占领前进阵地，掩护主力在斯瓦河南北岸构筑逐次抵抗阵地，三十一日下达正式命令。这一战斗的目的是掩护主力集中，准备平满纳会战（结果平满纳会而未战，是因东西两路告急，棠吉、瓦城动摇之故）。其所以称为逐次抵抗战斗（或称狙击战斗），是根据当前地形（斯瓦至平满纳为隘路）、敌我战术特点、缅甸交通运输腐化、主力集中无法预计，以及同古被围的教训等等，确定我军掩护部队不必固守一地，利用隘路预设纵深阵地，逐次抵抗优势敌人的攻击。在诱敌深入我阵地内，尚未立足时，埋藏的地雷炸弹一起爆发，两侧埋伏狙击兵配合我正面部队，一举反击消灭敌人。我军这种阵地，定要虚虚实实，使敌人捉摸不清。经过一两次打击后，敌军就裹足不敢急进了。因此，新编第二十二师牵制敌人达半月之久（连南阳车站攻击约二十一日之久），其间激烈战斗亦达十二日之多，使敌人伤亡惨重，寸步难行。我军则达到以少胜众、以劣制优的目的。

当时敌我使用兵力如次：

敌方：第五十五师团三个联队，第十八师团两个联队，山野炮二营，重炮一营，空军飞机数十架，战车若干。

我方：第五军新编第二十二师三个团，战车一部，山炮一营，游击支队新兵训练处两个团。

从四月一日至四日，新编第二十二师一部与敌第五十五师团一部对峙于叶达西以南南阳车站间，仅有小部队搜索战斗及断续炮战。

四月五日至十日，敌第五十五师团以步炮战车联合，全力向我新编第二十二师猛攻，我军按照预定计划，在斯瓦阵地以南完成任务，并予敌以沉重打击。敌伤亡甚众，始终没有摸清我军虚实战法。

这期间，我第五军军部便衣侦探马玉山伪装缅甸人，为敌第五十五师团司令部挑水打杂。一天，他发现敌人办公桌上有地图一幅，绘有部队番号位置，他立刻烧好一壶水，乘敌人吃饭时送进办公室，将地图偷出，星夜跑回平满纳。我亲眼看到是日军地图，并注明新增第十八师团第五十六及第一二四两联队，山炮、重炮各一营，当即转知前方注意。

四月十一日至十六日，敌增援部队更番进攻，炮空轰炸更为猛烈，并不断轰炸平满纳。新编第二十二师应用虚虚实实的埋伏狙击，并进行游击战，给敌人以极大打击。至十六日晚，我军安全进入平满纳既设阵地。

在这期间，我游击司令黄翔派队在勃固山脉内，神出鬼没地往来穿梭，扰乱敌人后方的交通运输，并袭击同古机场；四月七日前，侦知敌人从仰光向同古方面增加三千余人。可惜团长王肇中经验不够，所部官兵又多属新兵，扰乱敌人的次数不多，严重的打击更谈不到。但以后从各方对照，他们所得情报和第一线部队发现敌人的文件基本上是符合的。

是役我军战术运用灵活，使敌人捉摸不定，伤亡较大。敌军第五十五师团已十分残破，不得不增加第十八师团作为主力；我新编第二十二师也伤亡一千五百余人。

东西两路相继败退

东路毛奇方面十八日以前仅有敌人一个联队，十八日敌侦知我放弃平满纳会战计划后，始将集中同古之第五十六师团主力转用于毛奇方面。十九日，巴拉克发现敌战车运输车四百辆。当日我暂编第五师即失去联络。二十日罗衣考失守。二十三日，敌进入棠吉，随即东犯，罗列姆（雷列姆）当日失陷。我第六军兵力分割使用，一营一团被敌各个击破。而最恶劣的是，一经与敌接触即离开公路，各级指挥官失掉掌握，以致腊戍门户大开，敌人得以长驱直入。景东方面，则始终未与敌人接触。

英军在这期间已全部集结于西路。英军士无斗志，一经与敌接触即行溃退，四月一日放弃普罗美，六日放弃阿兰庙（亚兰谬），以后逐日撤退不停。四月十三日，英军要求中国军队在英军方面的沙斯瓦、唐德文伊、马格威接防，掩护英军撤退。这等于全部向我交防，而毫未提及英军以后的任务。到十七日英军在仁安羌的一师及装甲旅七千余人，被敌人一个大队包围，实为战史中的最大笑话。

我新编第二十二师自三月二十六日与敌接触以来，至四月十六日，共与敌战斗二十一日之久。我军先攻继守，用逐次抵抗战术与优势之敌（先后五个联队）连续激战达十二日，不但达到了掩护主力的任务，而且以消耗战打击敌人，引敌深入到对我有利的决战地区。可以说，这在我军抗日远征史上也是罕见的战例。

仁安羌解英军之围

当四月十八日晨我远征军中路放弃平满纳会战时，正是西路英军第一师及装甲第七旅在仁安羌被围的第二日。这时我第六十六军新编三十八师主力已到达乔克巴当，第一一三团孙继光部星夜用汽车运送到英军被围前线。到后发现敌人仅有一个大队，我军立即迂回至仁安羌以北大桥附近，截断英军后路。而英缅军第一师及装甲第七旅共七千多人，辎重车百余辆，竟至束手无策。经我军猛烈攻击，至午时即将顽敌击退，英军全部解围。

我远征军的这一英勇行动，轰动英伦三岛，以后英方曾发给新编第三十八师师长孙立人、团长孙继光及营长多人勋章。

放弃平满纳会战

四月十八日，放弃平满纳会战，是因西路英军退于仁安羌以北（在平满纳右后方约二百公里），而东路罗衣考方面的暂编第五十五师已失联络，棠吉告急，我中路军有被东西两路敌人截断包围歼灭的危险。当时，参谋团团长林蔚提出两种意见：1. 贯彻平满纳会战，努力击破敌军一路，以解除我军危局；2. 彻底脱出敌之包围圈，一举退守曼德勒东北，再增调兵力，重新部署作战。他并星夜派侯代表到瓢背通知罗卓英（因当时电话不通）。史迪威与罗卓英虽接受了第二种意见，可是他们的决心、处置并不彻底。史、罗命令要旨如下：1. 放弃平满纳会战，改守梅克提拉、敏扬之线，准备曼德勒会战；2. 令第六十六军刘师固守瓦城，先一步占领敏扬、棠沙，对西南警戒；3. 令第六十六军孙师前方两团逐次阻敌，会合于乔克巴当，以棠沙为后路，节节阻敌前进；4. 令第五军先抽第二〇〇师回占梅克提拉、瓢背一线，掩护主力转进；5. 以第九十六师在平满纳坚强抵抗当面之敌；6. 该军以棠吉为后方，准备在梅克提拉、他希、带侧打击北犯之敌（按此令漏掉对第二十二师行动之规定）。

史、罗这个计划将第五军、第六十六军（欠一师）分布于长达三百余公里之平（平满纳）曼（曼德勒）公路上，既不能攻，亦不能守，我极端反对。当时命令要旨是由电话中传达，我说要么在平满纳打下去，要么退守棠吉、梅苗，我不同意这样分散兵力，被敌人各个击破。在电话中相持不下，最后罗拿出他的威风说："不接受命令决不许可。"我一看表，快四点钟了，再拖下去，各部部队攻击开始，与敌胶着更不好办。于是接受了罗的命令，下令放弃平满纳会战。

放弃平满纳会战曾是中国远征军失败后争论的一个中心问题，但我始终认为应否会战须根据具体的时间、地点、条件，放弃这一会战，虽然有些可惜，但尚不是中国远征军惨败的关键。我下令后，即赶赴瓢背，向罗卓英陈述以后作战的意见。大意说：既因东西两路吃紧，放弃已有准备的平满纳会战，那就必须集中兵力保全腊戍的两大门户——棠吉和梅苗，不应再作无准备的曼德勒会战。当时罗曾同意考虑我的意见。

乔克巴当上大当

到四月十九日午后，史迪威、罗卓英忽然变更计划，既未进一步作合理的部署，反而将我军进一步分散使用。他们说，乔克巴当西南发现敌军三千人，令第二〇〇师开乔克巴当向敌攻击。当时我根据摩托化骑兵搜集的报告说，我新编第三十八师尚在仁安羌，乔克巴当并无敌情。史、罗坚持认为英方情报确实，非去不可。我坚决反对，并力陈利害，说明即使有敌情也不应置棠吉之危急而不顾。这时罗已唯史迪威之命是从，完全拒绝我的意见。我警告罗："如果出此决策（其实是下策）的话，我不能负责。"罗现出窘态，他的参谋长杨业孔和处事局的一个参事（记不清姓名）出来帮腔，力劝我遵照"命令"。史见我仍坚持保卫棠吉、梅苗的意见，他便反唇相讥说："中国军队吃饭不打仗吗？"我也回敬说："我吃的是中国饭，而不是吃英国饭。"如此大闹一阵，我仍抑制着自己的愤怒，再向史、罗申述说："即使乔克巴当发现敌人，以新编第三十八师掩护英军撤退已可安全无虞，我军应顾全大局，不要前门拒狼，后门进虎，致使我军一败涂地。"史、罗仍无动于衷。我无可奈何，只得忍辱负重，一面接受史、罗的命令，但又声明如再侦察无敌情，仍不能去；一面吩咐戴师长："除先开一团外，其余等我从梅苗回来，再决定行动。"

二十日，得我骑兵再度往乔克巴当搜索的情报，仍无任何敌情，只有大批英军零零散散在我新编第三十八师掩护之下狼狈溃退。我得到这一真实情报后，为了我军的最后命运，再亲赴长官部向罗报告。不料罗已先到梅苗参谋团去了。罗去时交代他的参谋长杨业孔对我说："乔克巴当之敌不堪一击，必须先击破乔克巴当之敌，再作第二步计划。"他坚持将第二〇〇师向乔克巴当运送，否则以抗命论。我觉得他们已不可理喻，急驰梅苗，向林蔚陈述意见。约在午夜十二时前后，途中遇见罗卓英（距梅苗约八英里处）。罗说："你不必去了，现在照你的意见，第二〇〇师不去乔克巴当，改调棠吉。"他并不安地说："我于本日午前，已直接令第二〇〇师于黄昏前集结乔克巴当以东，向敌攻击。不知现在情况如何？"我说："乔克巴当确无敌情，我只要二〇〇师去一团，如果你有直接命令的话，可能主力已到乔克巴当了。"罗这时有些张皇，拉着我上车同他一路回去。我觉得既然如此，争取时间要紧，已无再见林蔚的必要，于是同罗一路赶回。在车中，罗对我说："东路罗衣考已失守，暂编第五十五师情况不明，敌人正向棠吉、罗列姆前进中。"我说："这是可以预料到的。乔克巴当我们上了英国人的当。我认为目前必须集中第五军主力第二○○师和新编第二十二师，与敌人争夺棠吉；否则棠吉不保，腊成危急。"我并力述棠吉、梅苗是我腊成、畹町的门户，必须以最大决心保全棠吉，如敌已占领，必须以全力攻克；如我先敌占领，则必须顽强狙击北犯之敌，使我军主力集中梅苗、棠吉间，与敌作持久战；第九十六师掩护主力集中后，也要归还建制。罗这时并未否认我的意见，也未说明他以后的全盘计划，只说："只要你带第二○○师把棠吉控制，我就有办法准备曼德勒会战。"我觉得罗在现实情况面前，也许会改变他要在曼德勒会战的梦想，所以决心率第二○○师先将棠吉占领，再以事实转变罗的错误见解。

二十一日十二时前后，我返回梅克提拉司令部，即作重新部署，将已运到乔克巴当的第二○○师主力（两个团）及骑兵团，改向棠吉运输，并先遣骑兵团向棠吉方面搜索敌情。同时，我将集中主力于梅苗、棠吉间与敌作持久战的意见，电告蒋介石，但始终未得蒋的复电。

其实史、罗这时仍然决心将第二○○师、新编第二十二师、新编第三十八师，皆使用于乔克巴当方面，第六十六军及直属部队和新编第二十八师也向曼德勒方面运输。而这种毫无军事常识的改变处置，据说是"自四月十八日变更决心后，与史迪威参谋长同亚历山大总司令所商决者"。其理由为"彼时我如不去，则英军要走"。继知并无目标后，史、罗又改定措施如下：1. 新编第二十二师在梅克提拉不开；2. 第二○○师仍开乔克巴当附近，以一部搜索敌情，以主力控制待机，并支援新编第三十八师行动。

二十日下午，得知罗衣考方面十分紧急，遂又决定：1. 新编第二十二师附战车及战防炮各一部，由廖师长率领，增援第六军方面（但须待第二○○师运输完毕后乃有汽车，而火车又不可靠）。2. 第二○○师到达乔克巴当后，如敌情不急，则待第三十八师集结站稳后，即开回梅克提拉。3. 预定第二○○师须于二十一日运完，以便迅速输送新编第二十二师（共汽车百余辆）。

参谋团看到史、罗以上的处置后，极为不安，用电话通知侯代表，立刻派员赶往皎克西，征求罗卓英的意见。即：1. 可否立即停止第二○○师之运输，并改运棠吉。2. 可否令新编第二十八师只留一团守曼德勒，而令刘伯龙率师主力或一团由火车运回细包，并连同第六十六军将到腊成之军直属部队（工兵营、战防炮营、特务营等）归一人指挥；再由汽车向罗列姆方向运送，以期与新编第二十二师夹攻北进之敌，并掩护极为空虚的腊戍根据地。

罗卓英的处置是：1. 对参谋团第一项意见，立令杜副长官率第二〇〇师及特种兵半部，由汽车开回；并指挥甘军准备迎击攘田、罗衣考北进之敌。2. 对于参谋团第二项意见，认为不必如此处理。

以上事实，可以看出史、罗是一直坚持错误，对于腊戍的门户棠吉的重要性，始终未认识，也不了解第六军的战力脆弱。他们始而坚持将第二〇〇师运到乔克巴当后，再运新编第二十二师到棠吉。继而同我在途中商决将第二〇〇师改运棠吉，最后参谋团来人商讨时，亦只承认我率第二〇〇师到棠吉，而把原与参谋团决定调新编第二十二师到棠吉之事，既不告诉我，亦不回答参谋团。因之参谋团认为第五军主力第二〇〇师及新编第二十二师皆到棠吉，而实则只有第二〇〇师及特种部队一部。谓为欺上瞒下，贻误戎机，亦不为过。

棠吉攻克，又转皎克西

四月二十一日午后，第五军第二〇〇师及军直属部队一部，奉命由西路乔克巴当调回梅克提拉，转向棠吉运输（三百多公里，加上空车放乔克巴当百余公里，共计五百多公里行程），进击由罗衣考北进之敌，往返之间延误三日，将士疲于奔命，而战局已陷于危殆。

二十三日午后，我先遣骑兵团及第二〇〇师一部到达距棠吉约十五公里的黑河，即与敌人遭遇，我骑兵团对敌猛烈袭击，将敌击退。进展至距棠吉约九公里附近，又发现敌前进阵地，至晚攻占并接近棠吉敌人阵地，准备明日开始攻击。

二十四日拂晓，我第二〇〇师向棠吉攻击前进，进展迅速。至午，我已攻占西南北三面高地，继续突入市区与敌巷战，争夺至晚十一时，克复棠吉。敌大部东窜，仅有一小部尚在棠吉东南隘路附近坚固建筑物内顽抗。

二十五日，敌增援部队向我反攻，棠吉东方及西北高地得而复失，至晚即将敌人击退。棠吉东南隘路凭险据守之敌亦将肃清。

这时我的决心是：继续肃清隘路之敌，向罗列姆攻击前进，以断绝腊戍北犯敌人的后路。同时林蔚也来电谓"腊戍之安危，系于吾兄一身，望不顾一切，星夜向敌攻击"云云。

我正在部署间，罗卓英连来四道命令，着将已攻克之棠吉，除留第二〇〇师向棠吉以东罗列姆攻击外，其直属部队一部、新编第二十二师、第九十六师均向曼德勒集结，准备"会战"。虽经我一再去电申述棠吉的重要性，必须以第五军主力控制棠吉东西南北隘路以解腊戍之危，皆未蒙罗采纳。他仍坚持其谬见，勒令我必须立刻返回曼德勒。我迫于命令，不得不从，于是星夜急返皎克西。二十六日，又将已攻克之棠吉放弃。

二十七日，我到皎克西后，问罗为什么改变决心，罗拿出蒋介石四月二十四日"手启"电给我看，其中要点是："腊戍应有紧急处置，万一腊戍不守，则第五军、第六十六军应以密支那为后方，第六军应以景东为后方。"

蒋介石这一指示，虽然着重于保卫腊戍，但有"万一"云云，又给史、罗死钻这个空子，不考虑全盘情况，不顾腊戍的安危，断章取义选择了符合他们个人企图的部分——以八莫、密支那为后方，所以才一再电令我回曼德勒的。

这时我对蒋介石的电令也深感不快：第一，自罗、史到后，有关作战部署，蒋对我无直接指示；第二，我二十一日陈述集中主力于梅苗、棠吉间作持久战的意见，蒋始终未复，不知他的意图；第三，我认为蒋二十四日"手启"电是未了解棠吉第二〇〇师的战绩，决心变得过早，给史、罗钻了空子，转发命令来威胁我；第四，到这时已将我军弄得一塌糊涂，很难挽回危局。总之，我认为蒋介石太相信史、罗，已将战局搞坏，再向他们说话也无济于事。于是我抱定丢车上山的决心，听他去吧！

当日，我看到罗卓英下达曼德勒会战命令中，并未规定战车、骑兵、工兵、辎重、汽车等部队的任务，认为曼德勒会战是史、罗的梦想，一旦吃紧又会逃走，于是即令胡献群团长指挥这些部队即日经腊戍回国，于二十八日前均安全通过腊戍。

这时，我军各路情况如次：

西路英缅军第一师及装甲第七旅自仁安羌解围后，即在我新编第三十八师掩护下，逐渐向曼德勒及以西地区撤退。二十一日，退宾河北岸。二十三日，退乔克巴当。二十六日，基本上撤至曼德勒以西。当面之敌自发现我新增部队以来，未敢冒进，甚至由五月二十日至三十日曼德勒撤退期间，基本上与我军无重大战斗。

中路自十八日起，敌第五十五师团和第十八师团主力及重炮战车、空军向我第五军第九十六师猛攻。该师利用既设阵地，逐次抵抗，与敌作战八日。平满纳以北至梅克提拉间，地形多开阔平坦，很少隘要可以利用，该师在第五军中又属战力较弱的部队，可是士气旺盛，仍能予敌以严重的打击。该师伤亡甚重，凌则民团长阵亡。该师始终未被优势的敌人击破，诚如林蔚所说，"该师战斗成绩及指挥技术则均属可观"，"惜苦战结果，所取得之宝贵时间（八天），我军主力既未用于保护腊戍之门户，又未集中击破任何一方之敌"。

东路在十八日以前，仅有敌一联队与我第六军暂编第五十五师接触。十九日，发现巴拉克附近有敌运输车及战车四百辆。二十日罗衣考失陷，暂编第五十五师与军部失去联络，棠吉门户大开。二十三日，敌占棠吉，复犯罗列姆。二十五日，我第二〇〇师克复棠吉，二十六日又自动放弃。敌看破我军弱点，以轻快部队用日行百公里的速度，大胆向腊戍前进。至二十九日，腊戍即陷敌手。

这里可以看出：由仰光登陆增援之敌第五十六师团，早在同古集中，其所以在四月十八日以前未敢以主力向毛奇方面前进者，一方面是侦察我军情况及准备工作，而主要的则是准备策应对我中路军的攻势。四月十八日，我军放弃平满纳会战，敌人才大胆向棠吉、罗列姆、腊戍包围前进。

惨败后的总退却

当四月二十七日罗卓英下达曼德勒会战命令的时候，西路英军已全部退至伊洛瓦底江以西，正准备向印度英普哈尔撤退，我新编第三十八师直接担任英印军的撤退掩护。中路我新编第二十二师的一部，在他希以北三十公里处的温丁与敌对峙。东路我第二〇〇师正向罗列姆攻击前进中，第六军已全部离开公路，向萨尔温江以东撤退中。敌人先头已到达细包以南大桥附近，腊戍十分危急。

罗卓英当时的兵力部署：以新编第二十八师四个营守曼德勒核心，以新编第三十八师守瓦城以西伊洛瓦底江的北岸（弯曲部），以新编第二十二师及第九十六师分防瓦城以南小河之线。

敌占领腊戍后，二十九日，敌一部附战车由细包回窜曼德勒。这时罗卓英张皇失措，再不叫嚷"曼德勒会战"了。三十日，他急令瓦城各部队，向伊洛瓦底江西岸撤退（因东岸道路不良），续向八莫、密支那后撤。从此，我中国远征军就陷入了惨败的境地。

西路我军自四月二十七日前后，即由孟尼瓦（曼德勒西，铁路终点）

向印度英普哈尔撤退，所有武器车辆全部遗弃。至五月三日前后，在孟尼瓦附近与敌小有接触后，即无消息。

东路第六军在二十五日以后即向景东方向撤退。敌先头卡车约百辆，已到腊戍南一百一十英里之孔海坪，二十六日午后六时，即到达细包东南之南海附近，与新编第二十二师第八十二团接触。二十七日，我放弃细包。二十八日，敌向腊戍新编第二十九师攻击，当晚腊戍失守。三十日，新二十九师在新维布防，五月一日即失守。五月二日，贵街失守，一〇五英里通密支那、八莫的公路开放。三日，敌攻陷畹町，分兵进占八莫。四日，敌向惠通桥急进。当时参谋团控制着战车部队，竟不知使用战车逐次抵抗，阻击敌人，反令与敌战斗，又在芒市附近破坏一连战车以阻塞道路。他们对于武器运用毫无常识，可以想见。五日上午，敌进至惠通桥，与我第三十六师先头部队接触。当时惠通桥已被破坏，敌由上游渡河，与第三十六师后续部队发生激战。六、七、八日这三天，敌我仍在惠通桥东岸激战。八莫之敌于八日进占密支那。九日，惠通桥东岸之敌被击回西岸。十日，敌占腾冲。

中路我军于五月一日全部撤完，并将伊江大桥破坏。史、罗原计划退过伊江后，利用火车由密曼铁路向八莫撤退。不料史、罗乘第一列火车从斯威堡开出二里即碰车，竟日修通后，开至坎巴拉车站，以后再无车可开。此后第五军直属部队第二〇〇师、第九十六师，及第六十六军新编第三十八师，即徒步轮流掩护撤退；部分以汽车分段利用牛车道转运。八日，到卡萨南印岛时，始悉史、罗已于三日前，丢下部队只身逃往印度。我派参谋长罗又伦追赶，亦未追到。罗并来电，令全部向英普哈尔东一百五十公里之温藻撤退；同时又奉蒋介石七日令，向密支那、片马转进，勿再犹豫停顿。我召集各部队长及参谋长商讨后，决心按照蒋介石命令向国境撤退，当时各将领均无异议。

九日，卡萨发现敌人。这时仅有孙师先到卡萨掩护的一个团，余师虽到，而廖师、孙师主力尚需一天半始可从正面撤下。我判断敌人企图从南北包围歼灭我军，如不能将部队集中掌握，即有被敌各个击破之虞。卡萨地形负山带河，形势险要，如果将敌击退通过，深恐旷日持久，不能达成先占密支那的任务，若以一团掩护主力，安全转进，尚可希望达成任务。正在决策间，又收剿敌人三日占八莫、八日占密支那的广播。于是我决心先遣第九十三师在右翼掩护，并于孟拱附近占领掩护阵地，使主力经孟拱以西以北进入国境，和敌军打游击战。命令下达后，各部队均遵令转进；独新编第三十八师未照命令，而是照史、罗命令一直向西，经英普哈尔入印度。

至此，我中路军即分为四条道路，以不同的方向撤退：第五军直属部分之一部，新编第二十二师及长官部所属各单位，如交通部处长唐文悌、铁道兵团团附张学逸所率的交通员工，暂编团运输大队及英联络官二人等，由曼德勒西北后转打洛到新平洋，因雨季，延时二月余，又奉令改道入印。至七月底，到印度列多。八月初，我奉命返国。第九十六师及炮工兵各一部经孟拱、孟关、葡萄、高黎贡山返国。第二〇〇师及新兵训练处补充第一、二两团自棠吉开始攻罗列姆，以后沿途突破敌人封锁线，经南盘江、梅苗、南坎以西返国。

各部队经过之处，多是崇山峻岭、山峦重叠的野人山及高黎贡山，森林蔽天，蚊蚋成群，人烟稀少，给养困难。本来预计在大雨季前可以到达缅北片马附近，可是由于沿途可行之道多为敌人封锁，不得不以小部队牵制敌人，使主力得以安全转进。因此曲折迂回，费时旷日。至六月一日前后，军直属部队的一部及新编第二十二师到达打洛；第九十六师到达孟关（孟拱西北）附近；第二〇〇师到达中缅边境南坎附近；黄翔部到达国境泸水附近，与国内宋希濂部取得联系。

自六月一日以后至七月中，缅甸雨水特大，整天倾盆大雨。原来旱季作为交通道路的河沟小渠，此时皆洪水汹涌，既不能徒涉，也无法架桥摆渡。我工兵扎制的无数木筏皆被洪水冲走，有的连人也冲没。加以原始森林内潮湿特甚，蚂蟥、蚊虫以及千奇百怪的小爬虫到处皆是。蚂蟥叮咬，破伤风病随之而来，疟疾、回归热及其他传染病也大为流行。一个发高热的人，一经昏迷不醒，加上蚂蟥吸血，蚂蚁侵蚀，大雨冲洗，数小时内就变为白骨。官兵死亡累累，沿途尸骨遍野，惨绝人寰。我自己也曾在打洛患了回归热，昏迷两天，不省人事。全体官兵曾因此暂停行军，等我被救治清醒过来时，已延误了二日路程。我急令各部队继续北进，而沿途护理我的常连长却因受传染反而不治。第二〇〇师师长戴安澜，因重伤殉国，团长柳树人阵亡，第九十六师副师长胡义宾、团长凌则民为掩护主力安全而牺牲。

至八月初，各部先后集结于印度和滇西。据当时初步统计，由于指挥错乱，各部队因落伍、染病死亡的，比在战场上与敌战斗而死伤的还多数倍。中国远征军动员总数约十万人，至此仅余四万人左右。以第五军一个军来作比较，情况如下：

番　　号	动员人数	战斗死伤人数	撤退死伤人数	现有人数
第五军直属队	15000	1300	3700	10000
第二○○师	9000	1800	3200	4000
新编第二十二师	9000	2000	4000	3000
第九十六师	9000	2200	3800	3000
合　　计：	42000	7300	14700	20000

从以上数字可以看出在撤退中损失人数比正式作战伤亡的大得很多；尤其在正式作战中未损失团长以上将领，而在撤退中竟损失四员之多，其情况之惨可想而知。至其他两军，除新编第三十八师在仁安羌之役外，其余损失也都是溃退中的损失。丧师辱国，罪无可恕。

远征军失败的原因

中英在战略上的矛盾

根据中英共同防御滇缅路协定，中国远征军的主要目的是确保滇缅路这条国际交通线。而只有保卫滇缅路的咽喉——仰光海港的安全，才能保全滇缅路，这是人所共知的常识。可是自从中国缅印马考察团提出中英共同防御意见草案，于一九四一年五六月间正式送交英方后，在半年多时间内，英方对中英共同防御计划既未着手准备，亦未同意中国远征军事先入缅布防。多次中英会谈中，英国方面一直坚持它的错误判断，着重要求中国在车里、佛海布防，始终不愿讨论中国远征军入缅布防问题，以致中英共同防御计划未能及早准备。这是中国远征军失败的根本原因。

当一九四一年十二月八日日寇对英宣战后，我第五军、第六军即行动员入缅远征。同月十一日选遣一个团到畹町，车里方面也作了部署。十六日，第五军即行出发。二十六日，先头部队到达保山附近时，即因"英方表示第五军及第六军主力暂时毋庸入缅"而停止，一直延误到一九四二年二月十六日，再行动员入缅。英方为什么这样呢？此中内幕，当时谁也猜不透。后来终于被一个比较善良的英国人（只能这样说）揭穿了：中国远征军再度动员入缅远征时，英国驻缅甸总司令胡敦拒绝充分供给中国远征军的油料。我第五军有一技术员陈乃能，当时当我的代表，在曼德勒领油，会到他认识的一个英国老朋友①。这个英国人拉着手对他说："你不要听英格兰人的鬼话，我给你每月发一百万加仑油，再多点也行。"这个英国人气愤地说，"没有汽油怎么能打仗呢？英格兰人的国策是：远东殖民地宁可丢给敌人，不愿让与友邦，你懂吗？"并指着伊洛瓦底江两岸堆积的汽油说："这许多油，你们几年也用不完。"② 原来英国是宁愿把缅甸丢给日寇，而不愿让给中国。其实中国只是为了战胜日寇，需要借重缅甸仰光海港而已。这是中英间的主要矛盾，未能及时揭露，合理解决。所以英国始而不同意中国远征军预先入缅布防，继而战争爆发，又阻止中国军队入缅；及仰光危急，英国才要求中国一个团、一个师；及我先头部队到同古后，它即对中国远征军实行缓运。这样，英国政府的阴谋就暴露出来，它是利用中国军队来掩护它的安全撤退，并不希望中英并肩与日寇决战，更不是为了保全仰光这个海口。

中国迁就英美，放弃指挥权

蒋介石当时是中国战区总司令，可是联合军统帅部并未赋予蒋介石在缅甸作战的指挥权，中英双方亦未就此点达成协议。可是，蒋本人企图以这个头衔来指挥中英双方在缅甸作战的部队。他的做法是"将欲取之，必先予之"，就是说他要取得指挥权，必先让英国指挥一些中国的部队，然后在重要关头他自己亲自来指挥。但英方并不欢迎蒋介石，所以他不得已才下令中国远征军归英方指挥。蒋介石对此自不甘心，曾于一九四二年二月二十七日令侯腾飞返腊戍，提出七项条件通知胡敦。大意是：铁道由我方守备，派副司令主持运输，划清中英作战地境。我派联络员到英军司令部，要胡敦将军答复上项照办后，我第五军始入缅。胡敦除了关于设置联络官一点怕暴露其不可告人之企图，因而未予承认外，其余都接受了。三月一日，蒋介石亲到腊戍指挥部署，企图对胡敦施加压力，取得指挥权。英方另派魏非尔来见。他们会谈情况我虽不知，可是指挥权的问题仍未取得协议。因为以后蒋介石召集第五、六两军长指示说，魏非尔判断日寇迟迟不攻仰光，系因渡色当河困难，但他判断是

---

① 作者注：这个英国人是苏格兰人，非常仇恨英格兰人，曾在中国上海、汉口等处亚细亚石油公司任过经理，与陈乃能有"买办"交情。

② 作者注：缅甸仁安羌一带是油区，当时积存在曼德勒附近伊洛瓦底江两岸汽油数量相当多。

由于调查我军行动；并说，如敌人兵力在一个师以内，我应对其攻击，若有三个师，则第五军主力集中后方（按此系指他希、曼德勒以东以北地区）。从这些情况看来，蒋介石仍未取得指挥权。

蒋介石另来一手，在他离开腊戍前，又调中国战区参谋长史迪威来腊戍，指挥中国远征军，并面命我"要绝对服从史迪威，对于英方有关问题由史迪威去办"。这就是在中国远征军之上，再加上一层重复机构。

史迪威一出头，英方看到胡敦经不起中美双方的压力，就改派亚历山大来继任英缅军总司令（当然英国还另有用意）。亚历山大一到任，便下令放弃仰光。这时美国将军的气焰很高，史迪威虽然没有指挥联合军的名义，却以中英联合军指挥自居，指手画脚，不可一世；尤其是史迪威派出的人员，对英方人员十分傲慢。蒋介石以英方不通知中国即放弃仰光，非常愤怒，三月九日我第五军未入缅部队暂时缓入缅。十一日，正式令第五、第六两军归史迪威指挥，十二日，又令成立中国远征军司令长官部。十二日，英方正式提出意见说："史迪威与亚历山大间指挥系统不明。"史迪威日益感到亚历山大比胡敦更狡猾难缠，于十八日由腊戍飞渝，向蒋介石报告与亚历山大会商结果，并"请示将第五军主力集中于平满纳"。史迪威希望借中国远征军之力，在同古击灭敌人一部，以扩大他的声威，从中取得中英军在缅联合作战的指挥权。史迪威由渝返缅后，因为第二〇〇师撤离同古问题和我闹翻，他就返梅苗向亚历山大报到，表示归英方指挥（据刘耀汉对我说，亚历山大在重庆返缅后，蒋介石曾给史迪威一封亲笔信，要史归亚历山大指挥）。从此史迪威就以中国战区参谋长的身份，卑躬屈膝于亚历山大之前，使中国远征军完全听任亚历山大的指使；并派出他的亲信深入到中国部队中，监督执行亚历山大的错误指示。最后他和罗卓英两人丢下大军，只身逃往印度，造成中国远征军的惨败。就中国方面说，蒋介石过分迁就英美，应负最大的责任。

史迪威到印度后，还幻想凑合部分兵力打通滇缅公路。一九四二年七月间，曾草拟一个"反攻缅甸计划"，作为他在缅甸指挥无方遭到惨败的"遮羞布"。此案在当时国民党政府中一直酝酿到十二月间，因英国自顾不暇，美国也不同意，并未实行。以后，在一九四四年间，中国驻印军反攻缅甸，也不是照这个计划从仰光登陆，而是从缅甸北部密支那方面攻击。这也说明史迪威只凭主观愿望，不顾当时中美英三方具体条件，在失败后还写了一纸废文的缘由。

中国远征将领的失职

中国远征军的惨败，罗卓英和我都有责任，罗卓英的责任更大。尤其罗卓英对于乔克马当的行动（根本无敌人，谈不到战役），更是惨败的关键。他把军队的"生地"（占领梅苗、棠吉门户，依据汤彭山脉为根据地与敌作持久战）变为"死地"（向乔克巴当扯乱军队主力，又失守棠吉），一意孤行，以致一败涂地，丧师辱国。

罗卓英为什么这样糊涂呢？不，罗卓英不是一个糊涂人。他明知远征军作战的目的，其所以背道而驰，是他太"聪明"了。他觉得依靠美军可以拿到美国装备，以掌握美国装备来谋取升官发财。所以他到缅甸后就投到史迪威的怀抱。最后他丢开腊戍门户而不顾，坐视腊戍危亡而不救，并且同史迪威一道，丢下部队，只身逃往印度。当蒋介石听到罗卓英逃印时，曾电我追回，但因他逃得太快，追也来不及了。以后史迪威在印度掌握中国军队的目的达到了，就控告罗卓英十大无能，竟把他赶回中国。

我的最大责任是一九四二年四月十九日未与史迪威、罗卓英彻底闹翻，未能独断专行，下令让第五军全部向棠吉集中，反而委曲求全，选遣了一个团到乔克巴当去。对于史迪威的命令，我并不在乎（因为我可以直接向蒋介石请示）；而对罗卓英应服从到如何程度，却未曾得到蒋的指示，心中无底，未敢断行，以致造成不可收拾的局面。以后又未料到敌人先我侵占八莫、密支那，丢车上山的决心太晚，又造成雨季困于野人山的惨境。

至于其他某些将领的无能，如甘丽初逐次使用兵力，对当面之敌始终不明；陈勉吾放开正面，回避战斗；新编第二十八师、新编第二十九师均系康泽的别动队改编成师，毫无战力，一触即垮等，也是惨败的原因。

我这篇述略，主要是揭露中英美三方的一些表面化的矛盾，说明惨败原因的关键，材料极不充分，分析也限于个人的认识水平，对与不对，留待史家评说。

远征军在滇西的整训和反攻

宋希濂[※]

　　蒋介石在抗日战争后期所组织的远征军分为两个时期，它的名称、作用和组织都不相同。我于一九四一年十一月充任第十一集团军总司令，兼任昆明防守司令，指挥第七十一军（军长钟彬）、第六十六军及预备第二师。一九四二年二月，第六十六军开往缅甸，驻在昆明东部曲靖的新编第三十九师归我指挥。一九四二年三月一日，蒋介石由昆明偕军令部次长林蔚（兼军委会驻滇参谋团团长）等人乘飞机赴缅甸的腊戍和英军总司令魏非尔将军会晤。当天飞机带回林蔚写给我的一封亲启信，说蒋要我担任入缅军的总指挥，希密做准备。三月四日，蒋由腊戍飞回昆明时，又叫我仍然在昆明，不去缅甸。但第一时期的远征军入缅败退后，从一九四二年五月直到一九四五年一月，所有滇西阻击战、怒江敌我对峙、第二时期远征军的训练及滇西反攻各役，我都参加指挥。本文就是扼要叙述以上各役的情况，基本上属于远征军第二时期的范围。

滇缅路撤退的凌乱

　　一九四二年四月二十九日，入缅军后方的主要基地腊戍被日军占领。当腊戍吃紧的时候，入缅军各种车辆器材及伤病兵等纷纷向国内转运；而原在滇缅路线上的腊戍、畹町、遮放、芒市、龙陵等地所存贮的物资，亦争先向后方抢运。除武装部队外，还有缅甸侨胞逃回祖国的，还有一

　　※　作者当时系中国远征军第十一集团军总司令。

些到缅甸经商运带货物回国的，或乘车，或步行，同一个目的，就是拼命向后方逃跑。于是滇缅路上，人车拥挤，途为之塞，车辆头尾相接，进退两难。沿途步行的人强制搭车，车辆每次前进，最多一二公里就被堵住，只好停下来等候再走；可是刚行车一小段又得停下来。这样一段一段地磨，车子不是交通的利器，反而变成堵塞道路的障碍物了。当时亲身经历的一些人说得最为真切：

"畹町、遮放、芒市、龙陵，一路都是车子，……芒市前后有十多公里走不通，龙陵前后有二十多公里走不通，满满都是车子。"

"三路纵队，四路纵队……谁也不肯让谁，一个顶住一个。"

"走一公尺，不定要等多少时候……好多人只好摊开被褥在车子底下睡觉。"

总括一句话，就是拥挤和混乱。

敌人东进的威胁有如风声鹤唳，草木皆兵。原来贮放在畹町、遮放、芒市、龙陵等地仓库的大批物资是来不及运走了，有的就自动焚毁，黑烟滚滚，直冲云霄；有的仓库的看守人员早就逃跑了，根本没有作出任何处置，变成了敌人的战利品。我国人民用血汗所换来的大批物资，在国民党军队溃败和后勤人员不负责任的情况下丧失净尽，这是多么令人痛心和愤慨的事！

入缅军的核心指挥机构——参谋团，五天内由腊戍退到了保山，行程达一千多华里。而自腊戍到惠通桥丢弃的物资简直无法计数。原来入缅部队一到腊戍，许多部队长及军需人员就以大量的外币（当时入缅军都是发的缅币卢比）购买布匹、化妆品、高级食品（如饼干、咖啡、牛奶、白兰地酒等），一车一车地装到昆明出售，获利十倍到二十倍。我当时曾派了两个参谋随军入缅，他们在给我的报告中对这种情形言之颇详。由于国民党政府的腐败无能，抗战到第三年，物价就开始急剧上涨。到一九四二年，许多东西都是涨了几百倍，大家都在叫苦，军队中绝大部分官兵的生活尤为艰苦。但蒋介石那时却拿出大批的外汇发给入缅部队。部队原来就有许多空缺，入缅时各级部队长就已冒领了许多钱。及到战争失败，许多下级干部和士兵都病死、饿死或被敌人打死以及逃散，正当入缅军丧师辱国，举国震动，士兵的亲属得到噩耗，悲痛万分的时候，许多部队长和军需人员却是充满了愉快和欢笑，因为他们可以大捞一把，领来的大批外汇再也无须发给那些死人了。死的逃的愈多，对他们就愈有利。无数士兵的鲜血和人民的血汗填满了他们的私囊。当时沿滇缅公路溃退的第六十六军，我派几十名干部在保山、永平、下关一带收容他们。内中有不少官兵向我控告他们的军长张轸和师长刘伯龙、马维骥。根据他们提供的许多材料和当时情况来推断，他们三个人每人贪污的缅币卢比是十多万元（合美金三四万元），这还是最低的估计。根据这些情况和他们的不战而逃，我向重庆军事委员会建议将第六十六军番号撤销，所有残部合编为一个师，并将军长张轸、师长刘伯龙、马维骥革职查办。蒋介石虽然很快批准了我的建议，但最后经何应钦的庇护，张轸、刘伯龙不但没有受到任何处分，而且很快就另派新职；马维骥只关了一下，很快也就开释了。负失败重大责任的参谋团，不但没有检讨错误，而在参谋团中几乎是支配一切的参谋处长萧毅肃，居然于六月间回到昆明，利用团长林蔚的昏庸，用林蔚的名义为自己向军委会请奖，说他筹谋有功，破坏惠通桥有功。军委会根本不审查事实，很快就予核准，由国民政府发给萧毅肃三等云麾勋章一枚，并登在当时各大报上（一九四二年八九月间）。我看了这段消息，十分愤慨，曾在日记上写过这样一段话（原文记不清，大意如此）："参谋团的许多作战计划都是萧毅肃作出的，入缅军十万之师在这样的策划下几乎全军覆没。如果说他有功，那对日本帝国主义说来确是有功的，应该由日本天皇发给他一枚勋章才对。至于说到惠通桥之敌，是第三十六师的官兵流了许多鲜血击退的，萧毅肃当时坐着汽车拼命向后逃跑，有何功之可言？这实在太没有是非了，但林蔚是蒋介石最亲信的人，我又能说什么呢！"

惠通桥的阻击战

敌军第五十六师团攻占腊戌后，迅即组成了一个以装甲车为先导，并用汽车百余辆载运步兵的快速部队，沿着滇缅公路挺进。原在滇缅公路上的部队，在敌军虚张声势的威胁下，完全丧失了战斗意志，狼狈溃逃，遂使敌人如入无人之境。五月三日，滇缅边境的要地畹町即告失守，遮放、芒市、龙陵相继陷落。到五月五日，敌军就进抵怒江的惠通桥，并有一部渡过了怒江。当时不仅滇西局势处于极端危险的状态，连昆明也震动了。那时驻在云南的美国志愿空军指挥官陈纳德于五月四日给蒋介石的一个报告中说："根据美空军的侦察报告，在滇缅路上中国军队零零落落，溃不成军，对于日军的前进，完全没有抵抗。如果再不设法挽救，依照敌人几天来前进的速度计算，十天左右就可到达昆明了。"

当时我部第七十一军的第三十六师原驻在四川西昌一带，已于四月下旬奉命徒步开往滇西的祥云附近集结。由于谣言纷纭，人心不安，我于五月四日下午五时到五华山昆明行营会晤龙云（我当时归昆明行营主任龙云指挥）及刘耀扬（行营参谋长），探询入缅军方面的真实情况并筹商对策。行营方面因和林蔚的参谋团及入缅军指挥部均无联系，所得到的消息多是片段的或片面的。唯一较为可靠的消息，即是保山县政府的一个电报所说畹町失守和芒市、龙陵吃紧的情况。重庆军事委员会方面没有任何指示，行营方面亦不能作出任何决策。是日深夜，我突然接到重庆蒋介石亲自打来的长途电话，他告诉我腊戍、畹町均已失守，敌人乘胜沿滇缅公路东进，林蔚的参谋团已有一天多没有电报报告，不知到了何处，要我迅即设法和他们取得联络。同时叫我迅即征调车辆，将已到达祥云的第三十六师先运，沿滇缅公路西进阻击敌军，并陆续运送昆明附近的部队。我随即驱车到郊外黑林铺滇缅路运输总局洽商。兼任总局长俞飞鹏不在，我把副局长和几位主要负责人都喊醒起来，把情况告诉他们，要求所有一切军运商运的车子均应暂时停止，凡能够使用的车辆都要服从这一紧急任务。他们立即向所有各主要场站查询车辆情况。我大约停了两个钟头，和他们作了详细的计算，他们答应于五月五日至七日三天内提供五百五十辆卡车交本集团军运输，并于以后陆续征调车辆运送。我计算三天内大约可以运出两个多师，连夜和在祥云的第三十六师师长李志鹏通电话，要他的部队整装待运，并叫他带少数人先行，去赶上已经乘车西进的该师第一〇六团，沿路打听情况，对东犯冒进的敌军予以迎头痛击。五日，蒋介石及军令部和我通电话，商定叫驻在滇南的第九集团军关麟征所辖的第五十四军（军长黄维）开来昆明接替防务，而命本集团军陆续西移。我于六日下午三时乘军用飞机到祥云，随即偕副参谋长陶晋初等乘车西行，七日上午三时到了保山。打听到参谋团所住的村庄，随即驱车前往，和林蔚、萧毅肃等会见。第一〇六团已于五月五日上午十时到达惠通桥东岸高地，与敌军的先头部队发生遭遇战。双方为了争夺公路两侧的最高山顶，进行了激烈的战斗。我军浴血搏战，反复冲击，于是日傍晚确实控制了公路两侧的最高山峰。但渡过怒江的敌军有四五百人，仍继续占据惠通桥东岸的一带山地顽抗，其西岸的炮兵不断向我轰击。第三十六师陆续运到另一个团（一〇七团）也已投入战斗，正准备向东岸之敌攻击。七日下午我偕陶副参谋长、杨参谋及一个卫士乘小汽车前往惠通桥东岸第三十六师李师长的指挥所。保山到惠通桥七十多公里,大部分都是山地。车行到由旺附近(离惠通桥还有三十多公里),被在上空盘旋的四架敌机发现,我们立即下车走入附近的树林里隐藏。敌机低飞扫射,没有打着我们,在汽车附近丢了三颗小型炸弹,也没有伤坏车子。敌机走后,我们继续行进,不久就到了李师长的所在地。我们在山顶观看惠通桥附近地形,但见:怒江两岸,山势陡峻,两岸公路,无论自东而西或自西而东,都是由山上蜿蜒而下,曲曲折折地转几十个弯。走十二三公里才能到达惠通桥,过桥之后,又要曲折而上。怒江江面不宽,但水流湍急。惠通桥桥东桥西,遥遥相望,隔岸对立,能相呼应。五月五日晨,敌人占据了惠通桥西岸的高地——松山,在公路的拐弯处架起了重炮,向东岸公路猛烈轰击,遂使自桥边至山顶一段的车辆(一百余辆),完全不能开行,车上的人都下车向公路两侧的荆棘丛林里绕道逃往后方。大部分车辆被敌军的燃烧弹命中焚毁,物资更是损失不少(在这些车辆和物资中,以重庆军委会军政部兵工署的材料为最多)。第三十六师于六日下午曾继续向东岸之敌攻击,又攻下了两个山头。敌军这时只剩下两百多人,仍然据守惠通桥头两侧的一些高地负隅顽抗。我当时和李师长及各团长商定将全师所有迫击炮集中起来射击,并将一些重机枪的火力点作了重新部署,预定于八日上午发起攻击,务求一举将东岸残敌彻底歼灭。我于当晚回到保山。八日上午,第三十六师攻击部队进行了英勇的反复冲杀,有的和敌人进行了白刃战,最后除有数十名敌军泅水逃回西岸外,其余全被消灭,至此完全肃清了东岸之敌。自五日至八日间的战斗,先后缴获敌轻重机枪、步枪共八十余支。这样,打击了日军继续东进的企图,保持了保山这个重要基地,造成以后一个时期在怒江对峙的形势,争得了准备反攻的时间。这一仗虽然是个小规模的局部战争,但就战略意义来说,却是很有价值的。

八日,我到保山城及附近观察。保山是一个南北七十五华里、东西宽二十五华里的平坝,四周都是高山。相传诸葛亮南征时曾到过这里,有点将台、诸葛营等遗址。这个县产粮颇多,称为滇西粮仓。保山城五月四日、五日遭日本飞机的疯狂轰炸,城内房舍被毁的达十分之七,尤以一条较为繁华的大街几乎完全被燃烧弹焚光了,还有不少被炸死的人的尸体没有掩埋。在城东南一带,麋集着由缅甸、畹町、芒市、龙陵一带退到保山来的许多难民。这些难民中有好些在快到保山的时候,遭到云南地方部队龙奎元旅的抢劫。这个龙奎元旅原驻在滇缅边境及保山一带,听说敌人来了,拼命向后逃跑,沿途洗劫,在保山还抢了银行及许多商店，真是无恶不作。难民有的财产行李全丢光了，有的几天没吃饭，有的生病，大多数都找不到食宿的地方，状至凄惨。里面有不少人是缅甸华侨，他们由于热爱祖国，不甘心受日本帝国主义的奴役，放弃了在缅甸的产业和工作回到祖国来，哪知不仅得不到政府的照顾，反而遭受种种的损失和折磨。同日下午，我进行了下列两项工作：

一、找了保山县长和地方上的几位士绅及负责管理公路运输的人们开了一个会，请他们征集一些人将街上尸体掩埋，破砖烂瓦打扫一下；在城内或城郊附近找出一些空房给难民暂时居住，确实无力维持生活的应暂由县府供给吃饭；所有东开的军车除装运急需运送的军用物资外，尽可能地免费装载要往下关、昆明的华侨和难民。这些事情后来是做了，但是做得不够好，例如仍有一些司机向华侨勒索车票等情形。

二、派了几个参谋副官到保山坝子里各村庄收容散兵。这些散兵都是从缅甸溃退回来的，三五人一群，也有几十人一群，大多纪律废弛，跑到乡村里乱抢食物，也不给钱；甚至随便拿老百姓的东西，还有任意放枪的，弄得乡村惊慌不安。这项收容工作十分重要。我又迅即从昆明调来了几十名干部，分别在保山、永平、下关一带进行收容，先后收容了几千人和许多武器。

怒江对峙

当时重庆军委会军令部对于敌情有一个错误的判断。他们认为沿滇缅公路东进的日军，只是敌人为施行追击任务而临时编成的一个快速部队，不过两三千人，孤军深入，不能持久。因此军令部于五月十三日下令要第十一集团军反攻腾冲（腾冲系于五月十日被敌军占领的）、龙陵，并派一部分兵力向腾冲西南地区之莲山、盈江、梁河等地前进；另派一个加强连向密支那、八莫间地区挺进，迎接入缅军第五军的部队回国。

我接受了这个任务。那时部队的情况是：第三十六师在惠通桥正面，预备第二师已运送到保山集结完毕，第八十八师正在运输中，仅有一个团到了保山，第八十七师尚在昆明待运，新编第三十九师是否西开尚未确定。当即命已到达保山集结完毕的预备第二师顾葆裕部，在惠人桥附近渡河向腾冲前进。第八十八师胡家骥部于十七日集结完毕，由于正面渡江不易，乃命该师在惠通桥下游的攀枝花渡江绕攻龙陵，第三十六师派一部渡江攻击正面之敌。随后第八十七师到达后，也派出一团跟随第八十八师向龙陵攻击。到五月二十二日，指派担任反攻腾冲、龙陵、松山的部队已完全渡江完毕，并已到达攻击准备位置。我预备第二师并派出一部深入腾冲西南地区。第五军的第二〇〇师高吉人部主力及黄翔所指挥的第五军两个补充团两千余人，就是受到预备第二师的掩护，经腾冲北面到达怒江上游的泸水县，又渡江回到保山附近的漕涧整休的。

到达攻击准备位置的各部队于二十三日起开始向腾冲、龙陵、松山之敌攻击，并分别以一部攻击腾龙、龙松（龙陵—松山）公路上的敌方各据点。这种攻击由于没有炮兵，不能摧毁敌军的工事，以及补给上的不充分（例如各种弹药粮秣都赶运不上去），只持续进行了五天，遭受相当的伤亡，仅攻下两条公路间的一些小据点，未能收到预期的成果。二十八日，第八十八师的第二六四团在龙松公路上击毙了一个敌军大队长，在其图囊中获得敌第五十六师团的作战计划一份及地图一张，得知敌军第五十六师团全部都在腾龙地区，分为腾北、腾冲、龙陵、腊孟（松山）、芒市、新浓六个守备区，其师团部及直属部队驻在芒市，判断其兵力为一万五千人至二万人。我当将此项文件送到参谋团林蔚那里，林蔚立即电报军令部，随着蒋介石于三十一日下令停止攻击，将主力部队撤回，固守怒江，留一部分在西岸打游击。这样，滇缅路上的战争，遂演变成为怒江对峙的局面。这个局势一直相持到一九四四年五月反攻时为止。在这期间也有过几十次的小规模战争，但每次使用兵力都不超过一个师。

林蔚率参谋团人员于六月十日离开保山返昆明，在"远征军司令长官部"成立以前，我就单独担负起滇西战场指挥的责任。在将近一年的时间里，除作战方面经常使用约一个师的兵力控制腾北地区掩护右侧，并不断袭击腾冲一带之敌外，同时经常派出约一个团的兵力袭击芒市至龙陵、松山间之敌，获取敌军情况，破坏敌军交通，以及征购腾龙一带的粮食以解决部分军粮。另外还有几项较为重要的工作，简要叙述于下：

整训部队

第十一集团军是以第七十军（辖第三十六、八十七、八十八师，这个部队和我有多年的历史关系）和第六十六军（下辖新编第二十八师、新编第二十九师、新编第三十八师）两个军为基干组成的。一九四二年二月，第六十六军入缅作战失利。新编第三十八师师长孙立人率其残部退往印度。张轸指挥新编第二十八师、新编第二十九师，在滇缅公路上几乎没有进行任何抵抗，被敌人的快速部队冲击了一下，就完全溃散了。他们大多是几十人或三五人一群，沿着滇缅公路的两侧向东逃跑，到处抢劫，弄得鸡犬不宁。我派了大批人员在下关、永平、保山一带收容他们，严禁他们再向东去，到六月底总共收集了五千多人。为了整饬军纪，申明赏罚，我向重庆军委会建议：将第六十六军军长张轸、新编第二十八师师长刘伯龙、新编第二十九师师长马维骥均革职惩办；将第六十六军及新编第二十九师的番号均取消，保留新编第二十八师的番号，以收容的五千多人编成，并将新编第二十八师归入第七十一军建制，将第七十一军第三十六师改为独立师，归本部直接指挥。这个建议很快得到了蒋介石的批准。

甘丽初的第六军（辖第四十九师、第九十三师、暂编第五十五师）在缅被日军击破，溃不成军，由缅甸的景东退到云南的思茅、普洱一带后，残部仅存六千多人。军委会将这六千多人编入第九十三师，调驻车里、佛海一带整训，并守备国境；免去了甘丽初第六军军长的职务，并取消暂编第五十五师的番号（第四十九师保存其基干，调到昆明，归昆明防守司令部予以整补）。同时，军委会发表黄杰为第十一集团军副总司令兼第六军军长，第六军以预备第二师、新编第三十九师组成。第六军的直属部队及新编第三十九师均于是年秋开到了滇西。是年冬第五十四军（军长是方天，下辖第十四师、第五十师、第一九八师）亦由昆明开到祥云、弥渡一带，暂归我指挥。这样，当时我在滇西战场所指挥的兵力为：第七十一军、第六军、第五十四军及第三十六师。

一九四二年五月，入缅军的溃退和日机的滥肆轰炸，给滇西人民带来了很大的痛苦，而热带病——"虎列拉"的传入，更给滇西人民加上可怕的灾难，保山一带村庄的居民在六七两月里死于这个疫症的有一千多人。有的全家死亡，有些村子里一两天之间死了六七十人；没有棺材，只好用席子包裹掩埋。我和当时到了保山的李根源老先生，立即采取了措施。那时军队全部都注射了防疫针，感染情形不严重，当命令部队在所有的村庄里为居民进行环境的扫除和隔离工作，派出大部分军医人员为居民注射防疫针。由于人员和药品的不足，我和李根源分别向昆明的一些医疗机关发出紧急呼吁，先后得到了帮助。这样，到七月中旬，这个疫症才没有继续发展。

在这时期，除以一部军队守备怒江各要点，并派出一部在怒江西岸游击外，大部分驻在保山、永平、大理、弥渡、祥云一带整训。向军政部要到了二万多名补充兵，充实各军师的兵员，达到了按编制有八九成的人数。为了使官兵能耐艰苦，射击准确，善于攻坚，能打运动战，我们掀起了一个练兵运动，也常住到各师团部里督促和鼓励。在大理、永平、保山等九个县的各村庄里，大部分都住有部队。查到任何一个单位（不管是团或营，甚至一个独立排），都可以看到住的地方弄得整整齐齐、干干净净的。每个连或独立排都有自己的讲堂，这种讲堂形式不一，主要的材料就是泥土，都是士兵们的智慧和劳动创造出来的。有各种练习射击的设备，有各种式样的沙盘，有各种作业（例如坑道作业等）的模型。除了基本教练外，经常举行班排连营的对抗演习，有时完全是实战（双方都使用实弹），攻击堡垒、爬山、夜间演习等等。部队驻在滇西这样偏僻的地方，农村风气淳朴，官兵很少有从事赌博及其他不正当行为的。一般都是锻炼体格，练好本领，这就为以后的反攻打下了坚实的基础。

成立大理干部训练团

我于五月间在保山看见从腾冲、龙陵跑出来的一些中学生及从缅甸回来的一些华侨青年。他们因受战争的影响，大多没有钱，不能到昆明等地去继续就学，而又无其他出路，流浪街头，衣食困难。我曾派员收容他们，先解决他们的食宿问题。随后想到将来反攻缅甸需用大批工作人员，何不开办一个训练班收容他们，并扩大招收一批滇西青年，施以一个时期的政治教育和军事训练，然后派到各地去从事地方工作，组织民众，运济粮秣，侦察敌情，对配合国军作战是能起一定作用的。经过同林蔚商谈，得他同意后，我随即拟了一个具体方案送给他转报到军委会，不久就批准了，定名为"滇西战时工作干部训练团"。到一九四三年五月，由于军委会驻滇干训团在昆明成立，改称为"驻滇干训团大理分团"，团长名义由蒋介石兼任，副团长为龙云、李根源（后由陈诚继李根源）。我兼任教育长，董仲笆任副教育长。地点选择在大理的三塔寺营房，八月下旬正式成立，招收的学生共一千一百多人，编组为一个总队，下辖三个大队。确定团的教育方针为"对滇西青年施以三民主义的政治教育和必要的军事训练，培养他们成为保家卫国的干部"。训练时间定为一年。训练课程，政治与军事并重，有一个大队较为偏重于军事教育，因为准备派他们到部队去充当下级干部。当时在政治教育方面，虽未公开对学生进行过反共教育，但对于三民主义的解释，是以戴季陶、蒋介石等人的思想体系为依据来灌输给学生的。所以这个团虽有鼓励青年争取抗战胜利的积极性的一面，但在思想教育上又有消极的一面。这个团于一九四三年一月曾邀请当时在昆明西南联大的一些教授如潘光旦、费孝通、曾昭抡、罗常培、张印堂、蔡维藩等人到大理来讲学，他们对于促进滇西的文化发展和鼓舞青年争取抗日战争的最后胜利，起了一定的积极作用。这个团到一九四五年三月结束时为止，共办了两期。先后在这个团受过训练的学生共约两千人，除一部分派到各军师充当排连级干部外，大部分就其原籍编组成许多小队派到滇西各县去做地方工作；并有一部深入到滇缅边境的江心坡、片马、拖角、盏达、陇川、猛卯、耿马、卡瓦山等地区工作。这批学生对于一九四四年的反攻胜利，是有一些贡献的。

反攻的筹议和规划

缅甸全境及滇缅边境一部分被日军侵占后，中印交通被切断，美援物资无法运入，重庆政府大为焦急。史迪威于一九四二年七月十八日送给蒋介石一份备忘录，提出反攻缅甸的意见，蒋介石批交参谋总长何应钦及军令部核议。随后罗斯福总统的特使威尔基到重庆，国民党政府的立法院院长孙科又致函何应钦，提议中、英、美应向缅甸进攻，打通中印交通。何应钦将孙科的信交军令部办理。军令部随即提出"中、英、美联合反攻缅甸方案大纲"，曾由蒋介石和威尔基商谈。方案大纲摘录如下：

甲、反攻缅甸的理由：一、规复缅甸可建立反攻日本的基地，使盟国而后攻势作战容易。二、可巩固印度，彻底击破轴心国会师远东的企图。三、打通中印交通，使美国援华物资大量输入，及早完成中国总反攻的准备。四、牵制日本陆海空军，使不能再行增辟战场（如对苏对澳或袭击美国）。

乙、缅甸方面敌军兵力判断：一、陆军现约五个师团，将来增加到十个师团为最大限度。二、海军现自新加坡以西亘孟加拉湾，似尚无主力舰，将来可增加至其全部舰队四分之一为最大限度。三、空军现缅境约有飞机一百五十架，将来其第四飞行师团全部（约八百架）协力该方面作战为最大限度。

丙、作战准备：一、中国陆军以十五至二十个精锐师，准备以主力由滇西，一部由滇南攻击敌人。英美陆军以五至七个师兵力及一部降落伞部队与中国留印部队联合，准备以主力由印度陆地正面，一部由仰光登陆攻击敌人。二、英美联合海军以主力舰三至四艘、航空母舰六至八艘为基干，特别须编入多数的潜水艇，准备确实控制孟加拉湾，掩护陆军在仰光登陆。三、英美联合空军以能击破敌人一个空军师团为对象而准备之。四、美国应设法加强中印间空运力量，尽先输送中国出击部队所需的装备及其他必要物资。五、英国应迅速准备开设印缅边境的交通路。

丁、作战指导大要：一、英美联合空军先攻击敌空军根据地，夺取制空权，掩护海陆军作战。二、英美联合海军先以有力潜艇舰队进出中国海及爪哇海，截断敌海上交通；而后以海军主力攻略安达曼群岛，控制孟加拉湾，掩护陆军在仰光登陆。三、中国陆军在盟国空军掩护下，主力由滇西，一部由滇南，向缅北之敌攻击。四、英美中联合陆军以主力渡清德温江向斯威堡、曼德勒方向，以一部沿吉大港海岸向阿恰布、仰光方向攻击，另以一部在海军掩护下由仰光登陆攻击敌人。

到一九四二年十一月十日，蒋介石命军令部次长林蔚、刘斐及第一厅厅长张秉钧同史迪威就反攻缅甸计划进行谈话，谈话的主要内容为对泰、越、马、缅方面的敌陆海空军势力的估计，中、英、美联合军反攻的目标；双方一致同意对泰、越取守势，对缅甸取攻势；中国方面拟使用的兵力及部队的选定；补给、交通、卫生等方面的整备等。会谈纪要送交蒋介石后，蒋介石批："可照谈话结果积极准备进行，但留守滇省与昆明防守部队必须增派一军，尤其要增强昆明的实力，必须要有三个军防守昆明，应即筹划在第六战区或第九战区再抽一个军限明年二月以前到达昆明。"从蒋介石这一批示，可以看出蒋介石和龙云间矛盾的尖锐，同时也可以看出蒋介石早已蓄谋解决龙云。

紧接着，军令部于十一月二十八日颁发了一个关于"部署联合英、美反攻缅甸作战计划"的训令，其主要内容如下：

一、约以九个师团为基干之敌，分布于我滇西及缅泰越方面（滇缅五个师团，泰越各两个师团），有待机扰滇犯印的可能。英、美盟军及我驻印军正在印境加紧整备，适时与国军协力规复缅甸。

二、国军以联合英美反攻缅甸、恢复中印交通之目的，应于英美由印发动攻势时，先行攻略腾冲、龙陵，整备态势；而后向密支那、八莫、腊戍、景东之线进出，保持主力于滇缅公路方面，与印度盟军协力歼灭缅北之敌，会师曼德勒。作战准备须于明年（一九四三年）二月底以前完成之。

关于国军的部署概括如下：甲、滇西方面：（一）以三个军又一个师沿滇缅公路及其以北地区攻略腾冲、龙陵后，以一部分向密支那、八莫，主力向畹町、腊戍方面攻击前进；（二）以一个军沿滇缅铁路便道协同主力向腊戍方向攻击前进；（三）以一个军沿车里、佛海大道及双江、猛脑道协同主力向雷列姆、景东前进，威胁敌之侧背。乙、滇南方面以三个军守备国境。丙、桂南方面以一个军守备国境。丁、昆明方面以两个军担任防守。

三、滇西方面的后方勤务，应由后方勤务部部长派定专员负责，并加强其机构；关于兵站的设施，应使野战军于腾冲、龙陵、滚弄、打落间地区会战时补给灵活，同时并须准备向八莫、腊戍、曼德勒、雷列姆、景东各方面分别延伸设施，能适应时机补给而无贻误。

除上述大纲外，还写有方针、指导要领、兵团部署、航空及防空、交通通信、兵站整备要领等项较为具体的办法。

关于兵团部署方面，是以我所指挥的第十一集团军为进攻部队的主力，其部署的重要内容如下：

（一）第十一集团军以第二军、第七十一军、第九十三军及预备第二师与怒江西岸的游击部队编成。

（二）第二军应由双虹桥、马料铺附近渡河，与预备第二师协力，一举攻略腾冲，而后扼守腾冲以西诸要隘。

（三）第七十一军应由惠通桥附近渡河，一举攻略龙陵，而后扼守放马桥附近要隘。

（四）第九十三军随第一线攻击部队的进展，适时向龙陵附近推进。

同时另派第三十二军一部向龙陵、芒市间游击及破坏交通，并对滚弄附近之敌严密监视。

第十一集团军攻取腾冲、龙陵后，应先扼守囊宋关、放马桥之线整顿态势，而后依下述之部署行动：（一）预备第二师以主力向密支那，一部向片马、拖角攻击前进。（二）第二军向八莫攻击前进。（三）第七十一军、第九十三军先向畹町进出，而后向腊戍攻击前进。另派第三十二军驱逐滚弄附近之敌人后，协同第十一集团军主力向腊戍攻击前进。另派第六军以主力由双江附近渡过萨尔温江向雷列姆方向攻击前进，以一部于攻略景东后，向泰国严密警戒。

军令部策定这项计划后，第二军王凌云部（下辖第九师、第七十六师、新编第三十三师）随着其主力由四川泸州经昆明，其一部（第七十六师）由西昌到祥云，开入滇西。第三十二军及第九十三军，因第六战区及第九战区坚持不放，并未按照计划进行，这两个军始终没有开入云南。

重庆军委会军令部和后勤部曾于一九四二年十二月电召第十一集团军参谋长车蕃如及滇西地区的补给司令（当时称为兵站分监）李国源到重庆开会，就军令部所作的反攻计划进行了较为细致的研讨。

这个反攻计划原定于一九四三年夏季开始实施，但因英、美绝大部分陆海军用在欧洲战场，不能抽出必要的兵力，而中国方面关于兵力集结、装备的充实（尤以炮兵很缺乏）及后勤设备等，亦均未准备就绪，因而延期实行。

成立司令长官部和装备美械

一九四三年四月，蒋介石命令成立"远征军司令长官部"并调陈诚为远征军司令长官。随着，陈诚带了一大批人员来到云南，设立他的长官部于楚雄。陈诚原为第六战区司令长官，并兼任湖北省政府主席。第六战区的作战地境是湖北的西北部及湖南的西部地区，负有拱卫重庆政府的责任。陈诚去云南后，第六战区和湖北省政府仍由他负责，只是由他分别派人暂时代理。当时在云南方面并没有设立这种所谓"远征军司令长官部"的必要。因为滇西地势多是崇山峻岭，主要交通线只有一条滇缅公路；同时滇西地区人口较少，物产不丰，粮食的筹补运输也有困难，所以这个地区是不适于大兵团作战的。敌人也只有一千多师团的兵力扼守怒江西岸各要点。我方以三至四个军组成一个集团军，充实他们的装备和必要的炮兵，并辅之以空军的支援，尽可担负反攻的任务。原来军令部所策定的方案，比较合情合理，为什么又突然要设立这个远征军司令长官部呢？主要原因是：

一、陈诚好抓权。陈诚自一九二九年当第十一师师长，到一九三〇年当第十八军军长起就开始抓权。直到一九四六年他充当国防部参谋总长，在这将近二十年的时期中，他依仗蒋介石对他的信任，使用种种卑劣手段，排斥异己，吃掉了许多部队而使之"十八军化"，也就是拼命扩大陈诚系的力量。蒋介石通过史迪威和美国方面洽商，决定给蒋介石政府以十二个军（三十六个师）的美械装备，而当时拟定要装备的军队，大多在云南。喜欢抓权的陈诚是绝不会轻易放过这样一个好机会的。

二、蒋介石的私心和对龙云的控制。蒋介石用人的标准第一是亲戚，第二是同乡，第三是学生。而他真正给以军权的，主要还是亲戚和同乡。开入云南这样多的部队，又加以要美械装备，蒋就觉得非他真正的心腹来负责不可。一九四三年冬，陈诚病重，不能继续干下去了，蒋才无可奈何地派卫立煌接替陈诚的职务（卫立煌正是由于蒋介石对他的不信任才从第一战区司令长官的职务撤下来的）。同时蒋介石和龙云间矛盾尖锐，最害怕龙云有异图，动摇他的统治。设立这样一个长官部，又派陈诚来担任司令长官，将楚雄以西所有军队的指挥权从昆明行营的系统分割出去，达到削弱龙云权势的目的。而司令长官部又设在昆明附近的楚雄，更能就便控制龙云了。

上述美械装备，其大致情况如下：

实施美械装备的部队计为：第二军、第五军、第六军、第八军、第十三军、第十八军、第五十三军、第五十四军、第七十一军、第七十三军、第七十四军、第九十四军。以上共十二个军。（其中可能有一两个军的番号与当时的实情不符，尚待查证。）

每军成立一个榴弹炮营，每营配备105毫米的榴弹炮十二门；每师成立一个山炮营，每营配备七五公分的山炮十二门；每个步兵团成立一个战车防御炮连，配备战车防御炮四门；每个步兵营成立一个迫击炮排，配备"八一"迫击炮两门；每个步兵营成立一个火箭排，配备"伯楚克"式的火箭筒两具；每个步兵营的重机枪连配备重机枪六挺；每个步兵连配有轻机枪九挺，"汤姆森"式手提机枪十八支，"六○"迫击炮六门（每排两门）及火焰放射器一个。每个军部和每个师部都配备设备完善的野战医院一所。自军师至每个营连都配有完整的通信设备，包括有线电话和无线电报话两用机等。其他还有工兵器材和运输工具等等。可以看出，这和国民党军队原来的装备比较起来，是要完备得多，尤以火力方面更是大大加强了。

听说还有一些部队，如卢汉所属的第六十军、关麟征所属的第五十二军，都是半美械装备，内容如何，我不大清楚。

关于这些美械装备如何配发到部队，何应钦的军政部和美国人方面有过一番尖锐的争执。军政部方面说，所有中国军队的装备和发交的办法，是属于军政部职权范围的事情，美国应该将全部装备交军政部处理。

美国方面则认为这些装备应尽速地送交部队，使部队官兵学会使用这些兵器，俾能早日完成训练，准备反攻。他们认为军政部的工作效率低，因而坚持不肯交军政部接收。双方各执一词，争论不休，最后经蒋介石同意由美方直接送交各军师接收，并由各军于接收后将各项装备数量报军政部备查。

美国方面为什么要坚持这样做呢？除了主要的是史迪威对军政部深为不满外，认为军政部腐败，工作效率太低（后面还将谈到）；此外，可能还有一种较为深远的用意，就是想以此讨好各级干部，使这些干部对美国发生好感，甚至发生直接联系。

军委会驻滇干训团和兰姆伽训练学校

有了美械装备，就得请美国人来对干部进行教育。因此蒋介石于一九四三年五月在昆明设立了"军事委员会驻滇干部训练团"（随后又将大理的"战时工作干部训练团"改名为"驻滇干训团大理分团"，前已叙及）。

驻滇干训团由蒋介石兼任团长，龙云、陈诚兼任副团长。头一个时期陈诚经常住在团内实际负责。担任教育长的，先后有杜聿明、关麟征、黄杰、梁华盛四人。

干训团的地址设在昆明的北较场营房里，先后举办过步兵训练班、炮兵训练班、工兵训练班、通信训练班、战术训练班（又称参谋训练班）。步兵训练班和参谋训练班设在昆明近郊的黑林铺，炮兵训练班设在昆明附近的干海子；其余设在北较场营房。

这个团训练的对象为部队副团长以下的营连排级干部。除炮兵外，按所属兵种分别到步兵、工兵、通信各训练班受训。参谋人员和团附或营级干部入参谋训练班（即战术训练班）。炮兵训练班是将各军的炮兵营全部官兵调来昆明装备（当时有许多驮炮的骡子，系在印度买的，由美机运到昆明），一直到训练完成后才归还各军建制。

训练时间除炮兵外，一般均为六个星期。依据当时的交通条件，每个班队报到满一百人即开始训练，训练六个星期即结束；所以几乎每个星期甚至三五天就有一批毕业的。

训练的方法是根据各个兵种的情形决定。占主要地位的步兵训练班，都是第一、二周为兵器训练，使受训者了解各项兵器的名称性能并善于分解结合；第三、四周为射击训练，使受训者善于使用各种兵器来发扬火力；第五、六周为战术训练，通过沙盘教育和班排连的实兵指挥，使受训者了解如何确实掌握和运用自己指挥的队伍以发挥战斗力量。

通过这样的训练方式，在一九四三、一九四四两年中先后训练约达一万人，内中包括一部分士兵。

另外在大理分团内还办了一个军医人员训练班，也是将部队中的医务工作者轮流调训，训练期也是六个星期，先后有四百多名医务工作人员在这里毕业。

兰姆伽训练学校也是一九四三年在兰姆伽设立的。兰姆伽位于印度加尔各答西北方二百多公里，英国人在那里修建了一所相当大的营房，驻印军总指挥部和新编第二十二师都驻在这里。除驻印军的干部轮流入这个学校受训外，在中国境内有美械装备的十二个军的军师团级干部，都要到这个学校来受训。这些军师团级干部先到昆明干训团报到，然后一批一批地搭乘美国飞机越过喜马拉雅山到印度的列多，再乘火车前往兰姆伽。在兰姆伽训练学校受训的时间也是六个星期，训练的内容和方法与昆明的步兵训练班基本上是一样的。

在昆明、大理和在兰姆伽所办的多种训练班所进行的训练，几乎所有的教官都是美国人。在行政管理方面，原来美国人是打算直接控制，因言语不通，又找不到这样多翻译，才把管理的任务交中国人负责。

美国人和英国人

自一九四一年美国人陈纳德组织一个自称为"飞虎队"的志愿空军驻在昆明起，随后这个志愿空军又改组为美国第十四航空队，扩大了它的组织，拥有昆明、沾益、陆良、羊街（在嵩明县境内）、云南驿（在祥云县境内）五个空军基地。一九四二年史迪威的司令部一部分工作人员也来到昆明。到一九四三年，美国人就来得更多了，有办理后勤的大批工作人员，有修路的工程队，有派到各集团军担任联络的参谋人员，有派到昆明干训团担任教学的大批教官，有派到各军师野战医院工作的大批医务人员，还有美国的外交人员、新闻记者、电影拍摄者……形形色色，各种各样的人都有。东自沾益，西至保山，美国的卡车、吉普车，川流不息地奔驰着。昆明的金碧路、正义路、南屏街等几条大街开设了好些专供美国人吃喝玩乐的跳舞厅、咖啡馆、电影院、西餐馆。在几条主要的街道上，许多商店都充满了美国货，各种衣料、化妆品、玻璃丝袜、尼龙手提包、香烟盒、牙膏、牙刷、巧克力糖、口香糖、香烟、白兰地酒……真是应有尽有。这个祖国西南边陲的重镇，简直变成了美国人的商场。抗战到了一九四三年，由于国民党政府的腐败无能，弄得物价飞涨，币值低落，许多人都在极端穷苦的情况下生活。而官僚买办阶级却很快就和这些美国人勾结起来，利用美国空运援华物资的便利，把大量的外国货用飞机走私运进来。在史迪威司令部有一个后勤司令（忘其姓名），竟利用职权专干这些勾当。他不仅运货，而且大做其黄金买卖，经常用子弹箱装上印度的金币——"托拉"，运到昆明来牟取私利。他的侄儿是个宪兵，在飞机场执行检查任务，这就给他走私以更大的方便。也许他们内部分赃不匀，有人向史迪威告密，史迪威命宪兵队长严密调查。一天，宪兵队长来到机场，当一架运输机降落后，看见那个宪兵搬着一个木箱，装上吉普车立即开车飞跑；宪兵队长马上开车追去，一直追到那位后勤司令的公馆。宪兵队长盘问那个宪兵：箱子里装的是什么，那宪兵吓得面无人色，吞吞吐吐地说是子弹。宪兵队长打开来一看，原来是一整箱耀眼的黄金——"托拉"。这样，那位后勤司令就不得不被押解回国了。这件走私案一九四三年曾经在昆明轰动一时，然而也不过只是千万件中的一件而已。美国人发财的窍门很多，还和昆明的商人勾结起来套购外汇，买卖美钞黄金，投机倒把，以及盗卖军用物资等等，真是层出不穷。

　　昆明有这样一批坏蛋，利用人民生活困难，专替美国人物色中国妇女供他们淫乐。昆明北面有一座山，山上有座"金殿"，据说这是为明末招引清兵入关、扼杀李自成农民起义的大汉奸吴三桂的爱妾陈圆圆修建的。在这个殿的周围有茂密的树林，成为这些美国人淫乐的场所。他们在白昼用吉普车装载妓女来此，还不能满足兽欲，更要到处乱闯，乱找女人。在咖啡馆、跳舞厅，为了争夺女人而打架的事经常发生。有一次，一个在步兵训练班当助教的美国少尉，在黑林铺的一家酒店里硬要一个中国军官给他找女人。那中国军官不愿听从这种侮辱中国妇女的乱命，美国少尉就开枪打伤了中国军官。强奸妇女的事，经常发生。其中尤以六个人轮奸华侨符瑞生的妻子，令人发指。华侨符瑞生原在缅甸经商，因仰光陷落，率眷回国，在滇西的下关做点小买卖维持生活。一天，他和妻子向一辆美国的大型吉普车要求搭载前往昆明，车上的美国佬（共六人）满口答应。等到符妻刚刚上车，车子就飞快开走，开到祥云东边一座大山的天子庙附近时，六个美国佬拖着符妻走进树林，实行轮流强奸。这些家伙的兽性发泄后，就开着车子一跑了事。符瑞生当被撇下的时候，知道事情不妙，连忙另搭上一辆车向前追赶，赶到天子庙，发现他的妻子已被糟蹋得奄奄一息了。随即将她扶上汽车送往昆明，一直在甘美医院住了两个月。当时在国民党的压力下，知道的人不敢声张；至于那些地方官吏，一切仰美国人的鼻息，更谈不上什么追究。符瑞生夫妇唯有忍气吞声而已！

在这成千上万的美国人当中，像上述这样的坏蛋毕竟是少数。他们的社会成分是各种各样的：有职业军人，有资本家，有商店职员，有大学教授，有中学教员，有工人，有农民，还有许多自由职业者——医师、会计师、律师等等。他们绝大多数都是由美国政府征召，施行短期的军事训练和业务训练后，派到中国来工作的。在我的集团军司令部负责整个集团军医务工作的汉森上校，和我共事两年，对伤病兵的救治热情亲切，无论对军人或滇西老百姓，丝毫没有轻视和傲慢的态度。他从不胡闹，甚至连一滴酒也不喝。像他这样老实规矩的人也是很多的。

在远征军司令部里担任联络参谋组组长的窦尔恩准将，可说是美国五角大楼的一个典型代表人物。他出身于美国的西点军校，具有浓厚的军国主义思想。一九四四年在云南保山，他就对我说："打败希特勒德国和日本，只是时间问题了，今后世界问题的重心，就是要认真地对付俄国人。"他又说："拿破仑、希特勒进攻俄国都失败了，要认真研究他们失败的经验。俄国的气候严寒是一个特点，在装备上必须适应这种情况。"他处处表现白种人的优越感，瞧不起中国人。一次，我和他同坐一辆车由保山去惠通桥，他对我说："这些地方多穷啊！"在开会时，他总是喜欢夸耀美国的物质力量。同时这个家伙也十分狡猾，常常说过的话不承认，答应办的事情又不办了。

当时在远征军的系统里，从远征军司令部至各集团军、军、师、团，都派有美国人，名称都是叫作"联络参谋组"。每个步兵团有一个中上尉级的军官和一至两个军士，带有无线电报话机一部。军部或师部的联络组，一般是六七个人，为首的是中少校级军官。在第十一集团军和第二十集团军总部的联络参谋组，每组都有二十多人。第十一集团军的联络参谋组组长是吴德上校，第二十集团军的联络参谋组组长是康德上校。自集团军至军、师、团，他们都自己配带无线电机，在集团军总部还有一部雷达机，专供对空联络之用，经常用一块帆布包着，由一个少尉负责严密保管，不让中国人看见。在这些联络参谋中，真正的职业军人仍是少数。在各个野战医院都有不少的美国人在工作着，内中有好些是在美国的中国人。他们虽然知道他们自己是中国人，可是他们却很少有人能说中国话。

这许多美国人有一个共同的爱好，就是十分喜欢战利品，凡属从日本人身上得来的东西，哪怕是一个水壶或一顶帽子，他们都拼命地追求着，常常拿自己抽的香烟、吃的糖果或其他用品向前线的军官和士兵们去交换战利品。有一次我把前方部队缴获的一把日本军刀送给吴德上校，他高兴得跳起来。尤为有趣的是在一九四四年七月间我们住在龙陵附近的廖家寨，那时正值雨季，经常下着大雨。有一天四架日本飞机给困守在松山的部队投送弹药，因天气恶劣找不到松山，就在上空兜圈子，当时我们以为是自己的飞机，就将对空联络的布板打开，有两架日本飞机没有看清楚，立即投下了四个降落伞（随即发觉投错，没有继续投）。在我司令部的二十几个美国人高兴极了，把四个降落伞全要了去，每人分一块保存着。我曾问过几个美国人为什么这样喜欢这些东西，他们都是异口同声地说："我拿回去挂在家里的客厅里，请亲友来参观，这将是我一生中最光荣和最愉快的事。"

这里再谈谈史迪威。

我和史迪威曾经见过四五次，有两次谈话，给我的印象较为深刻。一次是在一九四二年的春天，他住在昆明西门外农业专科学校的楼上，我是和关麟征同去看他的。这次谈的多侧重于国际形势的分析，他对于战争前途是乐观的。另一次在一九四三年的春天，我和他都在昆明，他约我去谈谈。首先他向我了解滇西战场的一般情况，接着就对重庆的国民党政府说了许多批评的意见，政府机关腐败无能，行政效率很低，物价飞涨，人民生活痛苦等。随后当我提出军政部对兵员补充器材补给异常迟缓等情形时，他立即从座位上跳起来，把右手一甩，用中国话大声地说："坏透了！坏透了！太腐败了！太腐败了！"接着他举了好些事实对军政部进行了尖锐批评。他说："美国送给中国的大批物资，是美国纳税人出了钱的，一交到你们的军政部就公开盗卖，如药品、电信器材等，街上都可买到。你们的政府这样糟，怎能争取战争的胜利呢？这叫罗斯福总统怎样对美国人民说话呢？"

一九四二年七月我在保山的时候，有一个英国大使馆的副武官柯勒克上校由重庆跑到保山来看我。我请他吃了一餐饭，并问他到滇西来干什么，他含糊地说，他只是想来了解一下滇西战场的情况，并没有具体任务。我当时也信以为真。是年十一月我在大理（那时集团军总司令部设在大理）的时候，他又来了，并且带了端纳少校同来。他对我说："英国驻印度的总司令部很希望和贵集团军建立联系，交换关于缅甸日军活动的情报。英国政府已向贵国提出在大理设立一个联络站，今后就由端纳少校负责，请宋将军多予协助。"我随即打电报向重庆军令部询问，军令部复电说，我国已同意英国在大理设立一个联络站。这样，这位端纳少校就在大理住下来，不久他的妻子也来了。随后我才知道这位端纳少校并不是英国的正式军人，他原来是在腾冲海关的一个税务人员，在腾冲待了三四年，对滇缅边区情况相当熟悉。腾冲被日军侵占后，他逃到重庆，英国政府给他以少校军衔，派来大理工作。约半年之后，我才发觉这位端纳少校并不是来收集缅甸日军活动的情报，至少可以说这不是他的主要任务。原来他是被派来进行间谍活动的。我的司令部里有一个姓李的缅语翻译员（想不起名字，是个缅甸华侨，云南人），端纳常送钱给他用，叫他联络司令部里的一些参谋，向他们了解我军对缅甸（主要是缅北地区）的企图，我方和哪些缅甸人有联系，我方有无派人到缅甸去进行活动，以及滇缅边境各土司的动向等等。有位参谋怀疑这个姓李的活动超越了他工作的范围，向我汇报了这情况。经我派人调查，才得悉上述这些情形。当时为了保持同盟国的友好关系，没有揭露这件事，只是在内部采取了一些防范措施。一九四三年三四月间，柯勒克上校又来到大理，对我说："英国驻印军总司令部派了一个旅约两千人，已在缅北地区用降落伞投下，准备在这个地区进行游击活动，希望贵军在腾冲的部队和他们取得联系，并给予协助。"我当即答应照办。经过两三个月之后，才发现事实是这样的：英国确曾用降落伞投下三四百人于密支那东北地区，这些人大部分都是英国豢养了多年的缅甸人，他们并不是要在那个地区进行什么游击活动，他们是执行一项政治任务，就是要尽力防止中国军队和缅甸人间的联系，恐怕缅甸人倾向中国，因而动摇它在缅甸的殖民统治。这充分地说明英帝国主义是如何处心积虑地想在战后仍然维持它在许多地方的殖民统治。英国在缅北降落的几百人，被日本军队发现后进行搜捕，有些被日军打死，有些被俘，有百余人退到腾冲和缅甸的边境。当时在腾北地区的第三十六师派了一部分兵力去接应他们，把他们从日军胁迫下救出来，以后并把这些人交柯勒克上校接收。英国政府以后曾赠给第三十六师师长李志鹏及一些官兵勋章奖章。这个柯勒克上校曾在中国住了二三十年，对中国的社会情况相当熟悉。他曾说他和张宗昌赌过牌九，会唱一些低级趣味的小调，中国话说得相当好。他是英帝国主义者长期培养出来在我国进行间谍活动的。

反攻的胜利和胜利的因素

反攻前的情况

远征军方面：第十一集团军所辖的第七十一军（军长钟彬）在滇缅公路正面，除一部分扼守怒江外，大部分集结在保山的蒲漂、由旺、施甸等地；第六军（军长黄杰）所属的预备第二师在漕涧，一部分在腾北地区游击，所属的新编第三十九师在永平、下关一带；归集团军直辖的第三十六师在大理、邓川一带；集团军总司令部在大理。第二十集团军（总司令霍揆彰）所辖的第二军（军长王凌云）在顺宁、镇康、三江口一带；所辖的第五十三军（两个师，军长周福成）在弥渡一带；集团军总司令部在弥渡。远征军司令长官部在楚雄，归长官部直辖的第五十四军（军长阙汉骞）在祥云。第五十四军原辖第十四、五十、一九八师共三个师，一九四四年春第十四师和第五十师均空运印度，分别归入新一军、新六军的建制，这时，第五十四军实仅剩军直属部队及第一九八师。

驻印军方面：由史迪威所指挥的驻印军——新编第一军（军长孙立人）和新编第六军①（军长廖耀湘）于一九四三年冬开始由印缅边境向东修筑中印公路，一面向前攻击，一面修路，于一九四四年春已进入缅甸境内。

敌军方面：日军第十八师团在密支那及其西北地区，第五十六师团全部、第二师团和第三十三师团的各一部在滇缅公路线上各要点腾冲、龙陵、松山、平夏、芒市、遮放、畹町等地，利用地形，构筑半永久性工事；日军之第三十三师团主力在曼德勒附近，其他情况不悉。

反攻滇缅边境的战斗

反攻滇缅边境的战斗分为三期，分述如次：

第一期——强渡怒江：远征军为策应驻印军攻击密支那，打通中印

---

① 中国驻印军在一九四四年八月攻克密支那后，在部队整顿期间始改编为新编第一军和新编第六军两个军。

公路，以第二十集团军为攻击集团。这个集团以第五十三军（辖第一一六师、第一三〇师）、第五十四军（辖第三十六师、第一九八师）及第六军的预备第二师组成，由栗柴坝、双缸桥间渡河，以腾冲为攻击目标。另以第十一集团军为防守集团，这个集团以第七十一军（下辖第八十七师、第八十八师、新编第二十八师）、第二军（下辖第九师、第七十六师、新编第三十三师）、第六军（欠预备第二师）组成，负怒江东岸防守之责。又以新编第三十九师、第七十六师、第八十八师各派一个加强团渡江攻击，以策应第二十集团军的攻击。所有担任攻击的部队，均应于五月十日完成一切必要的准备。

第十一集团军所派的新编第三十九师一个加强团，五月十一日在惠通桥上游附近渡河成功，十二日攻占红木树。又第七十六师、第八十八师组成的两个加强团，五月十二日分由三江口、攀枝花渡河，会攻平戛，歼灭敌军百余人。十三日残敌突围，窜往芒市。

第二十集团军的右翼第五十四军的第一九八师于五月十二日由栗柴坝渡河，其第五九三团于十六日迂回攻占桥头、马面关，第一九八师主力围攻北斋公房，敌军的第一四八联队凭险死守。左翼第五十四军的第三十六师在双虹桥附近渡河成功，经过激烈战斗，伤亡甚众。继以第五十三军渡河增援，于十四日攻占大塘子，乘胜追击，越过了高黎贡山，进抵瓦甸江、江苴街以东之线。

第二期——围攻据点：渡河攻击各部队奏效后，军委会鉴于我驻印军之一部已开始攻击密支那，判断敌军难于短期内调动大量部队增援滇西，遂下令远征军应迅速攻占腾冲、龙陵，与驻印军会师缅北，打通中印公路，即以主力渡河扩张战果。远征军长官部随即变更部署，以第二十集团军配属预备第二师为右集团军，攻击腾冲，第十一集团（欠预备第二师）为左集团军，攻击龙陵、芒市，并限第十一集团军各部队于五月底以前完成攻击准备。两集团的战况如次：

右集团于六月初以预备第二师渡河接替第一九八师桥头、马面关防务，俟第一九八师以全力攻克北斋公房及大塘子后，第三十六师即经北向瓦甸前进，准备进攻瓦甸。六月九日敌军反扑，突破我桥头、马面关阵地，并与困守北斋公房之残敌取得联络。当命第三十六师以一部监视瓦甸之敌，以主力北援桥头，第一九八师、预备第二师、第三十六师协力于六月十四日攻克北斋公房，十六日再克桥头、马面关，残敌分向明光、瓦甸逃窜。预备第二师先后攻占明光、固东街，于六月底进抵腾冲城郊的西北地区。第三十六师于六月二十日攻克瓦甸，六月底亦进抵腾冲城郊的东南地区，准备会同预备第二师攻击腾冲。又第五十三军于六月二十日攻占江苴街，随即尾敌前进，亦于六月底进抵腾冲附近，准备攻击。

左集团的右翼部队为第七十一军并附新编第二十九师，于六月一日由惠通桥、三江口间地区渡河。六月四日新编第二十八师攻克腊孟街，进围松山敌军第五十六师团第一一三联队的坚固据点（松山敌阵地工事很坚固，所有机枪掩体及掩蔽部均能抵抗重炮弹）。第八十七师渡河后，其一部于六月九日攻克镇安街，其主力及第八十八师于六月十日攻占龙陵。旋敌军由芒市增援反扑，第七十一军于六月十六日退据龙陵东北郊与敌对峙，并令新编第三十九师由龙江桥南下掩护右侧。七月初旬第八军（军长何绍周）的荣誉第一师主力开抵龙陵附近增援（反攻开始时，第八军由昆明向滇西移动，归远征军长官部指挥，成为长官部的总预备队，第八军辖荣誉第一师、第八十二师、第一〇三师），于八月中对龙陵开始第二次围攻。左集团的左翼部队第二军于六月上旬渡江，以第七十六师的一个团于攻占平戛后掩护军的左侧，其余向象达、芒市前进。第九师于六月二十四日攻克象达，继续向芒市前进。第七十六师主力于八月上旬攻占放马桥，截断敌人龙、芒间的公路交通。

第三期——攻克要地：右集团于七月初以预备第二师、第一一六师攻迫腾冲城垣。八月上旬，第一一六师、第三十六师、第一九八师、第一三〇师先后加入攻击。由于敌军凭坚固工事顽抗，我军伤亡甚大，攻击进展迟缓，到九月十四日才完全攻克腾冲，守敌全数就歼。

左集团的右翼部队第七十一军主力及荣誉第一师、新编第三十九师的各一部围攻龙陵，九月上旬第五军之第二〇〇师由昆明增援，迂回攻击敌军龙、芒间联络线。至十一月三日攻克龙陵，向芒市前进。左集团的左翼部队第二军自八月上旬起围攻芒市，敌凭借其坚固工事据守，攻击进展较缓。至十一月，得第七十一军、第六军两部的支援，协同攻击，于十一月二十日攻克芒市。七月间围攻松山的第七十一军新编第二十八师，将攻击任务交第八军接替，敌凭强固工事顽抗，攻击进展迟缓，伤亡甚大，直到十月间第八军才竭尽全力攻克松山，尽歼守敌。

第四期——会师芒友：敌军因兵力不足，遂采取逐次抵抗部署，除其第五十六师团外，曾以第二师团的第十六联队、第二十九联队及第三十三师团的第一一九联队交互支援，掩护撤退。第十一集团军于攻克龙陵、芒市后，以第七十一军、第五十三军的主力及第二军的一部及第二〇〇师向遮放追击，十二月一日克遮放，一九四五年一月二十日克畹町，一月二十二日第五十三军与驻印军的新编第一军先头部队取得联络，一月二十七日远征军与驻印军正式会师于畹町附近的芒友。至此，中印公路完全打通。数以千计的载重汽车，装载着大批物资，通过这条数万士兵的鲜血所筑成的中印公路运入内地。

一九四四年远征军和驻印军在滇缅边境及缅北所进行的反攻，是一场胜利的战争。日军第十八师团、第五十六师团全部被歼灭，其第二师团、第三十三师团的损失均甚惨重。日军费了将近两年的时间，在缅北地区及滇缅边境利用地形，择要构筑坚固工事，加上日本军国主义者平时在部队中所施行的"武士道精神"的教育，在战争时往往战到最后一个人，因而这场战争是艰苦的，牺牲是很大的，单是远征军方面，死伤人数即达四万多人。

关于这次反攻所以能够获得胜利的原因，在一九四五年一月间我曾写过一篇文章有所论述，归结于：一、滇西人民的支援；二、官兵的坚强斗争意志；三、同盟国的协力。这篇文章曾发表在当时重庆的《大公报》《扫荡报》上，特再简要说明如下：

一、滇西人民的支援：这场反攻战争，先后参加作战的官兵达十六万多人，首先吃饭就是个大问题。当时绝大部分的粮食是由滇西老百姓拿出来的，从昆明方面运济的只有很少一部分。有了粮，还得送到部队所在地去，同时打仗还需要大批的弹药来补充。滇西仅有一条滇缅公路，其他地方都不能通行汽车和大车。尤以战争是在怒江西岸进行，而怒江两岸全是崇山峻岭，道路崎岖，有些小道甚至连骡马都不能通行，完全依靠人力挑运。好些地方沿途没有村舍，食宿都成问题。当时参加运输的滇西老百姓，有二三十万人。尤其是为军队直接运送粮食、弹药、伤兵的几万民夫，真是辛苦万分。粮食在名义上是征购，当时重庆军委会确也拿出了一笔购粮款，但通过地方政府的层层克扣，到老百姓手里的很少；运输虽按照规定付给一定的运费，但经过层层的盘剥，民夫所得工资也很微薄。但是老百姓知道对日本帝国主义打仗是一场民族生死存亡的战斗，只有把日本强盗消灭了或赶出中国国土，才能安居乐业。所以他们一方面忍受痛苦，一方面以极大的热情来支援这次反攻。这是这场战争所以获得胜利的决定性因素。

二、官兵的坚强斗志：自开始反攻到战争结束，军队始终保持着旺盛的士气。在极端困难的地形，向筑有极坚固的据点的敌人施行攻击，伤亡累累，但是官兵前仆后继，奋勇直前，决不退缩。六月至九月上旬是滇西雨季时期（六月下雨二十天，七八月每月下雨都是二十二天），经常大雨滂沱，云雾低压，不仅道路泥泞难行，且影响空投及后方的补给。有一时期每天只吃一餐饭，有几天有些部队只好掘野菜剥树皮以充饥。在这样恶劣天气和补给匮乏的情况下，没有一个部队的官兵有怨言。八月间我在龙陵东北的尖高山一所庙里，观看第八十八师的部队向据守老东坡坚固据点之敌施行攻击，用坑道作业迫近敌人，然后用炮火摧毁敌人的工事和压制其机关枪的火力。英勇的官兵们奋勇突击，紧接着便是阵地内的白刃战和扫荡战。喊杀声、手榴弹的爆炸声以及急促的手提机枪的射击声，交织在一起，形成了战争白热化的高潮。当时在场的美国联络参谋组组长吴德上校对我说："中国军队耐受困苦的精神和作战的勇敢，都是世界上少有的。"的确，官兵们所以有这样旺盛的士气、这样坚强斗争的意志、这样愿意忍受恶劣气候和给养匮乏的痛苦，主要是他们认识到所参与的战争，是反侵略的战争，是正义的战争。

三、同盟国的协力：当时所谓同盟国的协力主要是美国，有以下几项事实：（一）以相当数量的物资装备中国部队，在作战时供应大量弹药，从而大大地增强了中国部队的战斗力。（二）美国第十四航空队在滇缅战场上完全取得了制空权。（三）美军运输机常冒恶劣气候投送粮弹。（四）美军战斗机经常协助第一线部队的攻击，例如松山敌人的坚固据点，赖美机低飞投掷五百磅乃至一千磅的炸弹才得摧毁，在腾冲、龙陵的若干据点也是如此。

中国驻印军始末

郑洞国[※]

中国驻印军的组织

一九四二年四月，中国远征军在缅甸失败，远征军第一路司令长官罗卓英惊慌失措，脱离部队，追随史迪威逃往印度。罗卓英所指挥的第五军、第六军、第六十六军，大部都向云南边境溃退。第六十六军的新编第三十八师（师长孙立人）奉命掩护英军，并遵照史迪威的指示，由缅甸的提定以北地区向印度撤退。该师于五月中旬到达印度境内的英普哈尔。杜聿明率领的第五军直属部队，及新编第二十二师，由缅甸的打洛、新平洋经野人山向印度的列多撤退，于八月初到达印境的迪不鲁加尔。杜到印不久，即奉蒋介石电召回国，以后驻印部队由罗卓英负责整训。史迪威到印度后，与英国驻印度当局接洽，决定以离印度边境较远的兰姆伽（加尔各答西北）作为训练中国军队的基地。撤到印境的军队，陆续向该地集结。同时史向蒋介石要求，营长以上军官均由美国人担任，并且先由美调来三百多军官，准备接替中国军官的职务。史迪威的这一企图，立刻遭到全体中国军官的反对，甚至亲美的孙立人也坚决反对。蒋介石也不同意，但为了缓和矛盾，将远征军第一路司令长官部撤销，成立中国驻印军总指挥部，由史迪威任总指挥，罗卓英任副总指挥，并成立副总指挥部。这样一来，那几百名准备来接替营长以上职务的美国军官，对史迪威不能兑现的诺言，也表示不满。一九四二年十月间，史

※　作者当时系中国驻印军新编第一军军长，后改任驻印军副总指挥。

迪威打电报给蒋，批评中国将领腐败无能，其中有"罗长官终日绕室彷徨，对于军队之教育训练毫无办法"等语，并列举罗卓英的十大"罪状"。蒋被迫将罗调回，并撤销副总指挥部，把驻印部队改编为一个军，军长人选由中国任命；三百多美国军官，除派一部分到昆明建立训练基地外，余分别派到驻印军担任各级联络官，有一部分在兰姆伽训练基地任教官及管理人员。史迪威企图通过联络官达到他控制中国军队的目的，赋予联络官的权力很大。

驻印军军长的人选，蒋介石原打算派邱清泉，何应钦以邱的性情粗暴，可能与美国人闹翻，影响美援，乃向蒋建议改派郑洞国。郑于一九四三年春率军部人员赴印，成立了新编第一军。

编制、装备及训练

史迪威一贯主张"要中国兵不要中国官，尤其不要中国的高级军官"。他对成立新编第一军本有抵触情绪，但反对不了，只好用缩小军部编制的办法来削弱军长的作用。军部官兵共三四十人，没有任何直属部队。关于部队的指挥、训练、人事、经理、卫生等权力，都集中到总指挥部。他给军部的任务，只是管理军风纪。新编第一军最初只辖新编第二十二师、新编第三十八师，每师步兵三团、炮兵一营（后来增加一营）、工兵一营、通信兵一营、辎重兵一营、卫生队一部和一个特务连（作战开始，新编第三十八师配属一个战车营）。每团步兵三营，迫击炮、平射炮各一连，一个通信连，一个卫生队，一个特务排，全团约三千人。每营三个步兵连、一个机枪连。每连三排，每排三个步兵班，一个轻迫击炮班。总指挥部的直属部队计有：炮兵三个团，每团重炮三十六门。汽车兵团有载重汽车四百辆，工兵两个团，化学兵两个团（后改为重迫击炮团），每团有重迫击炮四十八门，骡马辎重兵一个团，一个特务营，一个通信兵营，一个战车训练处。此外有一个训练处，处长的权力很大，仅次于史迪威。驻印各部的补充兵均由国内航空运去，士兵体质甚好。一九四四年初，由国内空运新编第三十师到兰姆伽接受装备和训练，归入新编第一军建制。一九四四年夏，蒋介石为了取得更多的美械装备，空运第五十四军到印度，但史迪威只接受两个师，不接受军部。该军第十四师及第五十师空运到列多接受装备后，在缅甸战役中与原驻印军合并，扩编为新编第一军及新编第六军。郑洞国改任副总指挥，原军部改为副总指挥部。新编第一军军长为孙立人，辖新三十八师、新编第三十师、第五十师。新编第六军军长为廖耀湘，辖新编第二十二师、第十四师。车辆装备，各部队原有一定的编制。凡是被美国联络官认为亲美的军官，可以多分配些。如孙立人部的武器、弹药、车辆等，总比廖耀湘部的既多又好。这样的例子很多。

对于士兵的训练，通过各种训练场来进行，每个训练场均由美国军官负责。训练的分工很细，但动作却很简单。训练场可以容纳一定数量的部队，士兵轮流在各训练场接受训练。美国人最初不要中国军官参加，由美国军官直接训练；后来因为中国士兵不听美国人的话，训练场秩序很乱，才不得不要中国军官负责管理（昆明训练基地也发生过类似的情况）。美国军官自恃有强大的空军及炮兵，故对筑城作业及夜战教育不甚重视。

驻印军的给养均发实物，主要是罐头和面包，营养较国内好。医药卫生很完善，疾病很少。更重要的是没有逃兵（逃兵是当时国民党部队的一个严重问题，由于国民党乱拉壮丁，部队中又克扣军饷、伙食，逃兵是无法避免的。"逃了补，补了逃"，永远练不完的新兵，战斗力就谈不上了）。驻印军远离祖国，又受尽美国人的气，因而爱国思想比较浓厚，军官也随时抓机会进行爱国教育，所以官兵比较团结。"打回祖国去"，成了官兵一致的愿望。这在一定程度上弥补了美国那种只重训练技术，不注重也不可能注重精神教育的训练缺点。

作战经过概要

攻击路线的选择和准备

中国驻印军必须配合中国大陆及太平洋地区的战争形势，重新打开中国大陆的供应线，以解决战地需要的物资供应，减轻空运的困难。因此，对于攻击路线的选择，具有战略上的重大意义，至少应考虑以下几个问题：一、便于大兵团作战，尤其要便于发挥驻印军比较优良的重装备的威力；二、能迅速进出缅北地区，切断敌人的交通线，一举而向孟拱、八莫等要点攻击；三、修筑公路，并使其成为而后使用效率较高的地区。但当时所决定的路线，从印度亚三省的列多（雷多）起，经大加卡崎岖绝径的野人山区、胡康河谷的新平洋（中缅未定界）南折至孟拱、密支那，迄八莫与滇缅路衔接。这条路线，从地图上看，似乎距离较近。实际上野人山是崇山峻岭、森林漫野、人迹不到的地方，只有蜿蜒于悬崖绝壁之间的羊肠小径可通。一到雨季，泥泞满道，蚂蟥遍地，跋山涉水，尤为困难。通过这一地区，要走十几天。修筑公路的困难很多，路修成后，雨季根本不能通车，使用率也很低。因此，在整个缅北作战期间，完全依赖空运补给。其次胡康河谷、孟拱河谷，到处是原始森林，大小河流，纵横交错，形势甚为险要，易守难攻。敌后方的交通便利，兵力转运灵活。我方则背绝地以攻天险，其困难可知。假如在列多以南英普哈尔地区选择路线，无论如何要比列多线有利。当时所以选择列多线，可能有以下两个原因：（一）英国一贯反对中国军队深入缅甸中南部，因为在英国看来，中国对缅甸的影响愈大，对于它以后控制缅甸愈不利；（二）史迪威及一些美国将领的用兵，很少考虑兵要地理，当我们和他们谈到这条路的补给困难时，他们总强调有强大空军支援，一切不成问题。他们这种思想，给以后在缅北的作战带来很大困难。

攻击路线决定后，就为反攻缅甸做了初步准备。一九四三年春，史迪威先后派出美国两个工兵团和中国工兵第十团、第十二团作为基干的中美工兵部队，在美国供应处的惠来少将与阿鲁斯密准将的指挥下，开始修筑列多及野人山区的中印公路。是年三月初旬，派新编第三十八师的第一一四团进击野人山区，占领掩护阵地。该团在人迹不到的野人山区走了十几天才到达柏察海，并在卡拉卡迄大加卡之线占领阵地。当面之敌是第十八师团第一一四联队的一部，集结于新平洋、于邦、孟关间地区，数度来犯，均未得逞。五月中旬，雨季开始，胡康谷地渐成泛滥；敌以补给困难，大部撤退。我第一一四团亦因过于疲劳，而以第一一二团接替。此外除少数斥候战①外，无大接触。九月初旬，公路通到能阳附近（美军工兵每月轮休一次，实际作业人员约七千人，每天进展不到两公里）。第一一二团的警戒部队亦推进到大沙坎及秦老沙坎之线。此时，除新编第三十师留兰姆伽继续训练，新编第三十八师、新编第二十二师全部先后开到列多附近。十月底雨季停止，全军奉命前进，胡康河谷的序战由此展开，缅甸的反攻战也从此开始。

胡康河谷战斗

胡康河谷是由打洛盆地及新平洋盆地组成，山高林密，河流纵横，雨季泛滥，有绝地之称。

———————

① "斥候战"是"饵探战"在军语上的惯用，即武装搜索队之"侦察战"。

敌军在胡康地区为第十八师团，主力为步兵第五十五联队全部和第一一四联队的一部、炮兵第十八联队等，师团长是田中新一中将。敌军的编制着重加强炮火威力，全战役敌人所使用的兵力，步炮比例约为三比二。敌人的最大长处是应战沉着，工事坚固，火力控制得宜，对一时一地之战机绝不放过，退却亦有条不紊。其最大弱点为滥施袭击，往往增加伤亡，对侧翼警戒颇为疏忽，厌战情绪极为浓厚。

我军自一九四三年十月十日起，由史迪威下令进行攻占大龙河西岸各据点，掩护主力进击野人山的战斗。新编第三十八师各团准备进攻，十月二十四日分三路开始行动。十一月一日占领拉加苏高地。十一日敌人反扑，此后形成对峙态势，敌我双方均不断增援。我坚持战斗一月有余，至十二月中旬，新编第三十师主力和炮兵一部开到，予敌沉重打击，敌狼狈向东岸退去。至此，大龙河西岸各据点，先后被我攻破，取得第一次战役的胜利。接着我新编第二十二师担任右路，向打洛攻击；新编第三十八师担任左路，沿新平洋至腰班卡之线以北地区，向太伯卡及甘卡等地攻击。右路军于一九四四年一月九日渡过大奈河，沿左岸崎岖山区逐段开路前进，十四日进至百贼河北岸。敌军在百贼河南岸，沿大奈河占领阵地。我军于二十二日夜完成对敌包围圈，二十三日向敌人猛攻。经过几天的激战，毙敌官兵约二百名。我军乘胜前进，三十一日占领打洛。左路军也在一月间先后渡过大奈河及大龙河，肃清孟阳河的敌军，进占太伯卡及甘卡，夺取了敌人交通要点。我军在森林中开路奇袭敌人，收效很大。史迪威对于新编第二十二师、新编第三十八师的指挥权原来自己掌握，经此胜利，不得不还给该两师的师长。

二月五日，我军分数路前进，直迫班腰卡以迄大宛河之线，新编第二十二师曾攀登三千英尺以上的悬崖，分别进军包围班腰卡，敌向孟关方面退去。新编第三十八师在森邦卡西北地区，逐次围歼死守据点的敌军，毙敌三百余人，并进占茂林河以北的据点。孟关外围的敌军至此被肃清，随即展开围攻孟关的主力战和瓦鲁班的追击战。

二月二十一日，我新编第二十二师、新编第三十八师仍分左右两翼，依大奈河、南比河相连之线为作战地境线，各在线以西及以东的地区向南攻击。战车也同时配合出动。另由美军一个支队（约步兵一团）在我军左侧前进，相机进取瓦鲁班。经过十几天的激战，我军攻克孟关，占领胡康河谷敌军的心脏。但美军支队到达瓦鲁班附近小河东面，遭遇敌军两个中队的袭击，就立刻叫苦求援。我新编第三十八师一部经两昼夜的急行军，于三月六日占领拉干卡（瓦鲁班东北两公里），击退压迫美军的敌人。这时新编第二十二师主力已攻入孟关，两师合击，形成包围态势，更向瓦鲁班猛攻两昼夜，九日完全占领瓦鲁班及秦诺两据点。敌第十八师团受创很重，还想顽抗。我军乘胜分路追击，肃清胡康河谷的残敌，三月十五日向坚布山隘进攻。十九日攻克这个天险，继续南进。二十八日占领高鲁阳，二十九日进占沙杜渣。计自一九四三年十月底至一九四四年三月底已南进一百五十余公里，予敌第十八师团严重打击，缴获大炮十五门，步枪七百八十余支，其他装备弹药很多。从此，孟拱河谷的门户被我打开。

孟拱河谷战斗

孟拱河谷是沿孟拱河两岸谷地的总称。孟拱城市位于水陆交通中心，有孟拱河、南英河做天然屏障，与密支那、卡盟互成掎角，是军事上的要地。每逢雨季，山地泥深过膝，平地一片汪洋。因此易守难攻，攻击部队的进行，到处都受阻碍；而守军却可选择高地构筑工事，利用河川，以逸待劳。敌为抗拒我军前进，以第十八师团第一一四联队主力和新增援的第五十六师团第一四六联队全部布置在孟拱河谷，企图凭仗山川有利形势，逐次抵抗。我军于四月四日部署进军，新编第二十二师、新编第三十八师经过十五天的激战，先后完全占领瓦康迄丁克林之线。此后新编第二十二师与敌相持于英开塘北方。五月三日，美军飞机三十六架配合作战，我军并由战车掩护向敌包围攻击，四日完全占领英开塘。同时，新编第三十八师以迂回渗透的战术占领东瓦拉、拉吉等地，又绕道奇袭，进占芒平。

敌军分别退至马拉高以北和瓦兰及西瓦拉等地据点，顽强固守，以待雨季的来临。我军各师继续分别向南急进。担任公路正面攻击的新编第二十二师自五月五日至三十日，与敌激战将近一月，才进至马拉高地区。新编第三十八师也围攻瓦兰半月才得占领。敌军又以第二师团主力增援，企图在卡盟附近与我决战。这时，雨季已到，我军不顾大雨淋漓，与敌展开搏斗。六月四日至九日，新编第二十二师歼灭敌第十八师团大部主力，前锋逼近卡盟。新编第三十八师偷渡孟拱河，五月二十七日奇袭色当地区的敌军，敌毫无戒备，伤亡数百。六月初敌增援猛烈反扑两次，均未得逞。我两翼协同猛攻卡盟，六月十六日完全占领。此役先后发现敌尸一千六百余具，估计敌死伤数不下五千，俘敌大尉以下官兵八十九名，各种火炮三十门，步枪数百支，汽车二百余辆。

这时英军第七十七旅乘我军吸引敌军主力于卡盟期间，由左侧出动进袭孟拱，不料遭遇敌军的反击，形势危急。我新编第三十八师奉令解救，六月十八日到达孟拱东北的北岸，冒险用橡皮船连夜偷渡，二十日晨突击敌军的侧背，挽救了英军的危局。二十三日三面包围孟拱，战斗两昼夜，敌军不支溃败，残部泅水脱逃，二十五日进占孟拱。我军曾以一排兵力接替英军一营的战斗任务，英军颇为惊异。原来只有数十名敌军牵制了英军一营，而我军一排就驱逐了敌人。事后英军旅长亲到我军第一一四团团部，收集战斗资料作为参考，并表示感佩不已。至七月十一日由孟拱向密支那沿线扫荡敌人的新编第三十八师部队，与密支那的新编第三十师会合，卡盟、孟拱、密支那间的公路、铁路线畅行无阻，从而奠定了缅北胜利的局面。

密支那围攻战

密支那周围多山，中间是一小平原，地形稍有起伏，遍地皆森林（幼年林），荫蔽异常。城西北两方，均有飞机场。它为缅北战略上的要地。

敌自瓦鲁班溃败后，时感后路被切，因而对我军在原始森林中开路前进的战术特别重视，故于三月中旬由密支那派出部队在雷班隘口及瑞里一带警戒，待机出击。

我军新编第三十师第八十八团、第五〇师第一五〇团，及美国G字团（以上各部队先后到达孟关、恩潘卡、太克利附近地区），曾于四月中旬奉史迪威命令，组织一先遣支队，支队长为米尔准将，第一纵队长（简称K纵队）开利生上校，第二纵队长（简称H纵队）汉得上校。四月二十九日由太克利出发，五月三日K纵队到达南卡，H纵队亦到达坡盖卡。七日K纵队开始对雷班攻击，九日采取迂回，始将敌军击溃，十日占领阿兰机场。十四日，H纵队到达密支那地区外围地点的升尼，并在该地开辟一小型飞机降落场。K纵队攻克雷班后，即向翁卡前进，于十二日到达丁克路高。此时，美G团一营与兵力约两中队之敌遭遇，激战迄晚被围。旋我第八十九团赶至，向敌猛攻，十三日解围。十八日赶至密支那北约十公里的遮巴德。H纵队十六日亦全部到密支那西机场以西附近，并将密孟公路切断。解美军之围有功、留在丁克路高掩护的我军一营，由于指挥官不负责任，竟忘却对该营空投给养，使该营官兵忍饥八日之久，仅采山果野菜充饥，至为艰苦。

为迅速占领密支那计，驻印军总指挥部决定将原留在印度境内对英普哈尔方面警戒的新编第三十师第八十九团空运密支那方面参加战斗，并归先遣支队指挥官指挥。五月十七日，先遣支队向密支那西机场发动攻击。守卫机场四周之敌百余人，仓皇抵抗后即向市区溃退。米尔准将命令我第一五〇团即晚向密市攻击，二十日已攻入车站，忽遭敌集中火力的袭击，通信联络均被切断。美方总联络官孔姆中校借故离开，以致无法要求机场的空军及炮兵支援，该团伤亡惨重，车站得而复失。二十一日，指挥部命该团撤退至跑马堤。敌乘机跟进，并将原有工事加强，分成四个防御地区，纵深配备，增兵固守。因指挥官未能及时支援前线，扩大战果，又犯逐次使用兵力、被敌各个击破的错误，致使本来可以一举而得的密支那，竟拖延到两个多月之久。二十三日史迪威偕参谋长鲍德诺及我军潘、胡两师长，来到前线组织临时指挥所，撤换米尔的支队指挥官并规定华军由潘、胡两师长自行指挥。又由列多空运第十四师的第四十二团前来增援。

二十五日起，我方再度开始攻击，至二十八日无大进展，各线均因气候恶劣，地形不利，奉命在现地构筑坚固据点，并搜索敌情。三十日，天气稍晴，指挥部下令攻击。经两星期苦战，右翼先后突破南区敌部的坚固防线，左翼虽因强行通过开阔地区，伤亡很大，也占领敌方的重要据点。攻击至此，指挥官未能接受以往教训，命令频传，严厉督催，致伤亡惨重。我部队长鉴于密市自南至北高堤间，敌依据房舍、大树、竹丛等构成坚固据点，攻击愈形困难。经和指挥部争论，六月十五日以后指挥部方面听由各部队自行处理。各部队乃采取掘壕及强攻并用的战法，进展迟缓。七月六日，我到前线视察，深感各部队胶着不动，徒延时间，因而决定在七月七日发动全面攻击。十三日起，在我优势空军及炮兵支援下连攻三日，始将北端高地及其西南数据点占领。十七日以后，各部队自行掘壕攻击，大部进入街市村落战斗。敌人虽屡次补充，但为我空军及炮兵猛烈轰击，死伤奇重，逐步退守市区。二十五日起我军又开始全线攻击，至三十一日，已将密支那市区大部占领。第五十师师长鉴于密城北端之敌据坚固阵地顽抗，强攻牺牲太大，八月二日派轻装敢死队，分组潜入敌阵地后方，将敌通信设备完全切断，三日拂晓即向敌指挥所猛烈攻击。我攻击部队同时应声而起，向敌冲杀。敌大部被迫向江中逃窜，未能逃走之敌，大部用手榴弹自杀。五日已将所有残敌肃清，完全占领密支那。

此次战役，前后换了三个美国指挥官。他们既不了解中国士兵的特性，又不信任中国军官；命令时常变更，任务指示也不明确，下达命令以前，对实施所需的时间不作考虑，且常陷于分割使用兵力的错误。因此，中美军官之间的矛盾就充分暴露出来。

八莫克复，畹町会师

我军攻占密支那后，部队亟须整顿。在此期间奉命将驻印军编为两个军，即新编第一军与新编第六军，同时准备向缅北重要据点八莫攻击。十月初雨季已过，我军陆续向八莫地区前进。后因国内战局的需要，新编第六军空运湖南芷江，新编第一军继续向八莫攻击。八莫是敌侵犯我滇西的战略要地，此地得失，关系缅北及滇西全局。敌在密支那失败，即集中残余部队加强八莫的防御设备，深沟高垒，层层设防，每条街巷都有坚固工事。当我新编第三十八师首次攻击时，即发现敌人阵地坚固，火力猛烈，就吸取密支那的教训，决定用陆空协同，步炮协同，并以战车掩护，逐点作歼灭之攻击。鏖战一月，整个八莫的敌军阵地，几乎全为我炮火及飞机轰炸所粉碎。敌顽强抵抗，大部被我歼灭，残敌向南坎逃窜。在追击战中，敌曾作凶猛的反扑，也都被我军击败。我军继续攻下南坎，并于一九四五年一月下旬与滇西部队在畹町会师后，继续南下略取腊戌及其以南以西地区。但不久奉命回国，中国驻印军总指挥部亦告结束。

中美军官的矛盾

史迪威要撤换中国军队营长以上官员的企图虽未得逞，但仍坚持由美国军官直接训练中国士兵；所以在兰姆伽训练的时候，美国军官直接调动营以下的部队，直接带领连队到训练场，中国部队长根本不知道。中国军官当然不愿意由美国人这样随便摆布，双方争论结果，才规定各部队联络官在调部队到某某训练场时，应事先与该部队长联系，并向师部汇报。有的联络官这样办了，有的还是不按这个规定。尤其是总指挥部的直属团队，更是由美国人为所欲为。联络官认为某个干部不行，只要向总指挥部汇报，就随时撤换，并送上飞机回国，事后中国的部队长才知道。史迪威的参谋长鲍德诺曾坚持参谋长有权直接指挥部队，因中国将领反对，最后史迪威不得不接受中国将领的意见。鲍德诺从此对中国将领特别仇视。新编第一军军部原分配有一辆小轿车，鲍认为这是浪费，立即把小轿车调回总指挥部。有一次外交部长宋子文因出席新德里会议，顺便到兰姆伽视察，中国将领在欢迎时派了一排仪仗队。事后鲍德诺在中美高级将领的会议上提出质问说："是谁命令派仪仗队迎接宋部长？如果不经过总指挥部的同意，随便派遣部队的话，那么，我们美国军官回去好了。"当时史迪威也支持他的意见。后来中国将领也提出质问："前几天印度的一位省长来参观时（省长是英国人），总指挥部曾派一营仪仗队；中国的部长来视察，派一排仪仗队，就不应该吗？"史迪威这才没有话说了。总之，美国军官是以施主自居，认为既靠美国援助就得听他们的话，他们的联络官就是太上皇。也有很少数中国的败类（多半是翻译官）为讨好美国人，从中搬弄是非，所以中美军官一度闹得很僵。有的中国军官见面时大发牢骚说："班超当年扬威异域，我们今天到印度来却领略海外洋威。"当时某高级将领曾写了这样一首诗："捧檄出神州，天涯作壮游。关山欣聚首，风雨感同舟。束手难为策，依人岂善谋？重温西汉史，无语对班侯。"

在缅北作战期间，中美间的矛盾更加明显。凡有危险和困难的地方就派中国军队去，有便宜可取时就派美国军队去。说也奇怪，往往美国人认为便宜的地方，却偏偏碰钉子。如孟关主力战时，他们看到日军快溃退了，就派美军一个团去瓦鲁班截敌后路；可是遇着敌两个中队的抵抗就叫苦起来，结果还是中国军派一营人去解了围。更可恶的是当中国军队去增援他们，才一开到，他们就跑了，把中国军队留下作掩护；甚至七八天不派飞机投送给养，几乎把一营人饿垮。官兵们谈起此事莫不愤恨。至于随时派中国军队去接替在危险中的美国部队，更是家常便饭。可是，美国军队在战场上（如密支那战役）本来有机会可以而且应该支援中国进攻部队时，他们却坐视中国军队的牺牲。他们是大少爷军，却把中国军队看成奴隶军。许多官兵都愤慨地说："中国并没有亡国，为什么我们要受这个亡国奴的待遇！"现在回想起来，深刻体会到：这就是"美援"的滋味！

蒋介石与史迪威的矛盾

据我们的看法，史迪威到中国来，一方面是代表美国政府监督美援的运用，另一方面也有他个人的打算。他以"中国通"自命，想利用中国的士兵和美国的装备，在远东创造他的英雄事业。他的做法：第一步希望能指挥中国军队；第二步以美国军官代替中国军官，企图建立一支殖民地式的军队，作为他代表美国在中国称王称霸的资本。而蒋介石是以掠夺兵权、并吞别人军队起家的。两个野心家碰到一块，这就展开了尖锐的矛盾。为了撤换驻印军干部的问题，蒋、史进行了第一次斗争，蒋没有完全应允史的要求。史迪威一计未成，又施一计：他利用打通中印公路给他带来的威望，向蒋介石提出中国的十三个美械装备军应该和中国驻印军一样，由美国高级将领来指挥，这就是说应该由他来指挥。蒋介石当然不同意他的意见。史迪威也不肯让步，便用美援这张王牌对蒋介石施加压力。史曾派包瑞德到延安建立美军观察组，并放出空气，打算把美援一部分发给八路军。史又扬言要去延安，摆出要援助共产党的架势。史认为他这一手可能使蒋介石屈服，所以由西北回来不久，便去见蒋谈判。蒋介石与罗斯福在开罗会议时，已订下反共密约，当然不肯对史让步。谈判决裂后，史迪威感到不对头，便去找何应钦转圜。何应钦深怕得罪美国，立刻去报告蒋介石。出他意料之外，蒋告诉他："已打电报给罗斯福总统，请他撤回史迪威了。"何应钦大吃一惊，他从蒋介石那里出来时垂头丧气地说："从此美援没有指望了。"罗斯福第二天就复电给蒋介石，同意撤回史迪威；不久就改派魏德迈来接替史的任务（以上材料一部分是当时史迪威的翻译刘耀汉谈的）。魏德迈来后，反共态度很鲜明，也不过问中国军队内部的事务，可是美援却不像以前那样顺利了。美国除了已答应装备的十个美械军外，不再装备其他军队了。后来经蒋再三要求，魏德迈才应允再装备三个军①。中国驻印军的预备装备（等于原装备三分之一）原存于印度，蒋虽一再请求交给中国，而美国却仍然送给印度。原来打算在西安、桂林两地装备的中国军队，也不打算实行了。蒋介石只好把十三个美械军的预备装备拿出来，成立若干个半美械装备军，以满足一些将领的要求。当时有人说："美国这样做法，使中国军队既饿不死，也吃不饱。"从这里可以看出，蒋介石和史迪威的矛盾，实质就是蒋、美的矛盾。

_____

① 作者注：十三个美械装备军的番号如下：第二、第五、第六、第八、第十三、第五十三、第五十四、第七十一、第七十三、第七十四、第七十九、第八十五、第九十四等军。本书宋希濂文叙述美械装备军为十二，多第十八军而少第七十九军、第八十五军。并存待考。

中国远征军印缅抗战概述

王楚英[※]

第一部分：中英联合保卫缅甸之战

中英军事合作的形成经过

一九四一年二月至四月，由商震、林蔚率领的中国军事考察团（团员中有杜聿明、侯腾等人），在英国武官邓尼思少将陪同下赴印度、缅甸、马来亚、新加坡进行考察。当时，美、英、荷正在新加坡举行军事会议，经各方商议，遂形成美、英、中、荷四国联防体制，通称 ABCD 阵线[①]。七月，蒋介石将第五军、第六军、第五十二军调进云南；随后又向云南调进五十四军、七十一军和第二军等部队，并编成了六十六军；还在昆明设立军事委员会驻滇参谋团，由军令部中将次长林蔚任团长，萧毅肃中将任参谋处长，侯腾、邱渊少将任副处长，筹划中国军队入缅作战事宜。当时我在该团任上尉参谋。

一九四一年十二月十日，英国武官邓尼思受命向蒋介石提出请求，派中国军队入缅布防。蒋当即首肯，于十一日向第五、六两军发布入缅作战动员令。命第五军向保山集中，命第六军克日完成入缅准备，派第

※ 作者一九四一年珍珠港事件前，任军事委员会驻滇参谋团参谋，十二月十五日调任中国驻缅甸军事代表团团长侯腾的机要参谋，一九四二年三月十一日起任史迪威的联络参谋。一九四四年八月任新六军军长廖耀湘的参谋。

① ABCD 是美英中荷四国英文名称的第一个字母。

九十三师赴车里，对泰、老方面搜索警戒，派第四十九师刘观隆团为先遣支队，即开畹町。同时，派侯腾率部分参谋、机要、翻译组成中国军事代表团（又称中国先遣参谋团），配属宪兵、通信、汽车各一排，由邓尼思陪同，飞赴腊戌，筹备中国军队入缅事宜。我和刘方榘等人随侯腾飞缅，余众乘汽车前往。

十日、十一日，蒋介石两度邀集英美等国大使武官，商讨中美英荷澳五国联合对日作战计划，并经美国军事代表团长马格鲁德准将向罗斯福电告他的意见。

十五日，马格鲁德向蒋介石建议：鉴于英国在远东节节失利，缅甸危在旦夕，希望中国军队从速入缅，保护仰光和滇缅路的安全。蒋表示同意，当即第二次下令第五、六两军准备入缅。同时向韦维尔①表示："如有充分计划，愿以精兵八万援缅。"韦维尔却害怕中国军队入缅会促使"亚洲人的团结阴影越来越大"，竟断然加以拒绝，使正向缅甸进发的第五、六两军只得就地停止待命。这使蒋介石大为不满。

十六日，罗斯福请蒋介石从速召集联合军事会议，组成联合军事委员会，并望将会议结果至迟于二十日前告知。十六、十七、十九三天，蒋介石分别同各国大使、武官商讨五国联合对日作战的计划及组建联合军事委员会问题。

二十三日，由蒋介石主持的东亚联合军事会议在重庆召开，中国的何应钦、徐永昌、朱世明、商震，美国的布里特②、马格鲁德，英国的韦维尔、邓尼思等参加会议，达成五点协议：一、组织五国联合军事委员会（又称联合参谋部），设于重庆，由美国主持；二、建立保卫缅甸的中英联军统帅部；三、调中国远征军三个军入缅布防；四、由美国向中国军队和空军志愿队提供武器弹药和燃料，并尽快实施"装备训练中国三

---

① 作者注：韦维尔是英国陆军元帅，在第一次世界大战中失去左眼，成为闻名的"独眼将军"。一九四一年七月因北非托卜鲁克战役失败，被撤去中东总司令职务，改任印度军区总司令。一九四一年十二月十二日受命指挥缅甸军事。一九四二年一月任东南亚战区司令后仍指挥缅甸军事。

② 作者注：布里特是美国空军少将，来华筹建战略空军基地，一九四二年一月成立东南亚战区时任副总司令，成为韦维尔的副手，与韦维尔相处甚得，支持韦维尔的对华态度，后与史迪威不睦，被调回美国。

十个师①"的计划；五、派美国空军协防缅甸和云南。同日，韦维尔在重庆签订了《中英共同防御滇缅路协定》。但他却借口交通补给尚无准备，仍然拒绝中国军队入缅。

经过美国人居中斡旋，韦维尔终于接受一个中国师入缅。

二十四日，第六军第四十九师刘观隆支队，由英军汽车运到景东接防。二十六日，第四十九师主力入缅，开赴昆欣、兰河地区守备。

三十一日，罗斯福电告蒋介石，提议组织中国战区，指挥中、泰、越地区的盟军对日作战。拟推蒋任中国战区最高统帅，并将设立联合参谋部供其指挥。一九四二年元旦，由美英苏中四国领衔、其余二十二国署名的《联合国共同宣言》在华盛顿发表。二日，蒋介石复电罗斯福，愿就中国战区统帅，并请罗斯福指派一名亲信的高级军官来华任中国战区参谋长。经过一番周折，史迪威终于被派来华，指挥入缅作战的中国军队。

敌我友三方的情况

一、敌军情况

一九四一年十二月九日，日本大本营就缅甸作战指导方针向南方军总司令寺内寿一大将发布指示："进驻泰国的第十五军，迅速准备攻略缅甸。于作战初期，相机覆灭缅甸南部敌之航空基地，俾使在马来亚方面作战军之侧背获得安全；嗣再攻略缅甸，粉碎中英合作之据点；俟作战告一段落后，再增加兵力，击破中英联军，加强对中国及印度之压迫……"

一九四一年底，日第十五军第五十五师团主力集结于泰缅边境的达府到麦索地区，该师第一一二联队的一个大队集结于奎曼、茜育间，对缅南的土瓦、耶城一带搜索警戒。第三十三师团在达府以北的夜匹、赛列姆地区集结，紧张地进行入侵缅甸的准备。

二、英军情况

缅甸英军原属英国远东总司令布鲁克－波帕姆上将指挥。一九四一年十二月十二日，改归印度总司令韦维尔指挥后，他即派参谋长胡敦少

---

① 作者注：宋子文于一九四一年三月在华盛顿同美国政府达成协议，并经美国国会通过《对华租借法案》，由美国帮助中国装备、训练三十个师，同年十月派马格鲁德率军事代表团来华实施此项计划，后因太平洋战争爆发，未及实施。

将赴缅接替马克里特中将任缅甸总司令。当时缅甸只有新编成的英缅第一师①一万五千人，另有作战飞机三十七架。嗣得美空军志愿第三队二十五架飞机增援。到一九四二年二月，英军作战飞机已增至一百余架。但在三月二十三日马圭空战中损失过半，幸存的飞机均逃往印度。此后缅甸上空只有美空军志愿队那二十多架飞机，继续对日军的强大机群展开空中的"游击战"，屡建奇功。

一九四二年初，英印第十七师（师长斯迈思少将）自印度来缅。该师辖三个步兵旅、三个炮兵营、一个装甲军营，一万八千人，是英军中训练有素、装备较好、战斗力较强的部队。二月，澳大利亚第六十三旅和装甲第七旅（有坦克一百五十九辆）来援，使缅甸英军总兵力达四万人。

一九四二年一月，英缅第一一师部署在莫契、东瓜、勃固地区，英印第十七师守备毛淡棉及其以南地区和仰光地区。二月下旬，第六十三旅和装甲第七旅抵缅后防守仰光地区，英印第十七师则由锡唐河以东退守勃固地区。一九四二年三月中旬在卑谬成立英缅第一军，由斯利姆升任军长。

三、我军情况

中国远征军（全称中国远征军第一路），筹组于一九四一年七月，一九四二年三月十二日明令确定番号，任命卫立煌为司令长官，杜聿明为副司令长官兼第五军军长，因卫未到职由杜代理。其长官部机构直到四月二日派罗卓英入缅任长官时才正式建立，同年八月在印度撤销。

该军在国内筹组时归军事委员会驻滇参谋团长林蔚统率，入缅后仍受林蔚节制。三月十一日，史迪威以中国战区参谋长名义由蒋介石派到缅甸指挥入缅的中国军队，并带来蒋介石给林蔚、杜聿明等人的手令。内云："对史参谋长的命令应绝对服从。在国外军队以不轻进、不轻退二言为要诀，在前方情势有利于出击反攻时，或捕捉战机时，则应决心出之以积极行动。接此函应由光亭（杜聿明的字）带领师、团长赴卑谬英军防地参观，访问英军官长，考察防御设施，总使其能决心固守，与我军戮力同心，共挫顽敌。"这时是由史迪威通过林蔚、杜聿明指挥入缅的

① 作者注：英缅第一师由缅甸警备队编成，辖四个步兵旅，两个炮兵营。其中第十三旅全系英印籍官兵，其余各部的军官均为英国人，士兵全系缅甸人，以克钦族居多。师长斯利姆少将，嗣由斯高特继任。

中国军队。四月，罗卓英来缅作为史迪威的执行官，林蔚则作为史的参谋长，他们三人都可以指挥。中国远征军一开始就出现了多头指挥现象，迨史迪威、罗卓英相继入缅后，指挥就益见混乱了。

中国远征军包括三个军：第五军、第六军、第六十六军，共约十一万人。第六军除第四十九师已入缅外，主力于二月一日开始入缅。第五军的先头部队（第二〇〇师、骑兵团、工兵团、游击支队）于十六日开始入缅，军部于三月一日前后入缅，其余两师于三月六日起由芒市出发，相继入缅。第六十六军于四月六日开始入缅。

四、中英联军的统一指挥问题

中英双方在商讨中英联合保卫缅甸的具体方案时，英方就要求取得对中英联军的指挥权。开始蒋介石从作战的需要和争取得到英国的密切合作出发，也愿意接受英国人的指挥。嗣因英方接连发生韦维尔拒绝中国军队进入缅甸等不友好的事实，使蒋介石对英国人丧失信心，故坚决不接受英方的指挥。旋于三月九日电罗斯福，略云："仰光陷敌，今后缅甸作战必须重定计划，尤其中英两军更应统一指挥。我赴缅各军，实力超过英军，担负任务更重。史迪威将受命入缅指挥中国各军，实应由他统一指挥中英联军，期收协调行动克敌制胜之效。希转商于丘首相，酌予办理。"由于丘吉尔坚持由亚历山大统一指挥中英联军，罗斯福采取折中办法：由亚历山大统率英军在西线作战，史迪威统率华军在中、东部作战，均受韦维尔节制。到四月六日蒋介石才让史迪威接受亚历山大指挥。这时，中英联军方实现了统一的指挥。

缅甸保卫战的作战经过

一、缅甸的空战

一九四一年十二月二十日，以曼谷为基地的日本第十飞行团每次出动百余架飞机，连续三天，不断地空袭仰光、毛淡棉、土瓦等地。英空军基地和民用建筑遭到严重毁坏，英飞机半数被毁，无力应战，日军完全掌握了缅甸的制空权。二十三日，美国援华空军志愿队（别名飞虎队）第三队队长史梯芬少校率飞机二十五架前来助战，他们在三天的空战中，凭着勇敢的精神、灵活的战术、娴熟的技能，一举击落日机三十九架，美机无一损伤，开盟军对日空军作战获得全胜之先例，缅境盟军士气为之一振。到一九四二年三月，美机对日机作战的损失为一比八十。嗣因英军飞机虽曾得到增强，达一百余架，但在三月二十三日，日机袭击马圭空军基地的空战中，英军飞机大半被毁后，即全部退回印度，不再来缅作战，以致缅甸只有美空军志愿队的二十多架飞机单独对日作战。复因缅甸机场大多被毁，美机只得以保山和垒允为基地，对日本强大的机群进行空中的"游击战"。我地面部队就完全失去了空中支援。

二、英军保卫缅甸南部作战概况

太平洋战争爆发后，缅甸南部毛淡棉、耶城、土瓦一带要地，由英缅第一师第三旅派兵据守，并配属缅甸警备队担任巡逻，仍未构筑防御工事。一九四二年元旦，英国皇家陆军印度第十七步兵师（简称英印十七师）由印度开抵缅甸南部布防。该师所属第四十八旅据守毛淡棉及其以南各要点，第四十九、五十一两旅防守仰光。日军第五十五师团的冲支队在飞机掩护下，对耶城、土瓦等地发动进攻，据守该地的英军第四十八旅的一个营略事抵抗后由海上撤回仰光。十九日，日军占领土瓦、耶城后，即以第一一二联队的主力由耶城、塔登北上，直趋毛淡棉。

二十日，日军第五十五师团主力由麦索、塔沃克越过泰缅国境，分两路进击毛淡棉。守该地的第四十八旅旅长符腾上校，不断地对日军的进攻部队实行突袭并逐次设置埋伏，使日军受到一些损失。但因日军已三面合围，迫使胡敦即令该旅放弃毛淡棉，退守拔安；另令斯迈思率其余两旅前往增援。三十一日，日军占领毛淡棉。因拔安的地形不利防守，且日军已从北面强渡萨尔温江，英军的侧背受到威胁，斯迈思决心放弃拔安，固守米邻待援。当派两个旅以米邻为中心沿百林河构筑阵地，另派一旅在拔安、米邻间机动狙击，设伏袭击敌人。该师在百林河拒敌两周，又遭到日军第三十三师团和第五十五师团的迂回包围。斯迈思断然下令全师于二十二日夜突围向锡唐河转进。不料，日第三十三师团的二一三联队和第五十五师团的一四三联队，已抢先迂回到达锡唐河东岸，猛攻桥头堡，同英缅第一师守桥的约克郡团激战，切断了英印十七师过桥西撤的道路。只有第四十八旅利用装甲车掩护，冒死冲上了大桥，才逃到西岸。日军见状，立即调集坦克大炮，用火力完全封锁了英军上桥的道路。退到河边重镇末克贝林的英印十七师主力则被日军第三十三师团和第五十五师团分割包围，难以免脱。时近薄暮，英军仓皇应战，建制已乱，指挥失灵，一群群失却掌握、惊慌失措的官兵，到处乱窜。守桥的约克郡团眼见英印十七师陷入重围，脱险无望，更怕日军冲过桥去，遂仓促炸毁大桥。英印十七师官兵九千余人见大势已去，就纷纷投降。

这时，斯迈思还掌握着第五十一旅，据守着末克贝林车站南侧靠近河边的堤坝、房屋，他立即下令："凡能过河者赏一百英镑。"要部队抛却武器装备，下水逃命。他带着大家乘夜幕降临之机寻找日军的空隙突围，冲到了河边，就不顾日军的机枪扫射，一个个跳入河内，各显神通，拼命向西岸游去。这支部队在中东和印度曾受过很好的游泳训练，生还者达三千三百八十九人，带枪的却不及三分之一。只有我们中国联络参谋组①的五个人，不但带回了枪支弹药背包，而且带回了完好的电台，使英军官兵不胜钦敬，并受到了英国政府的奖励。由于澳大利亚第六十三旅和装甲第七旅及时赶来增援，兼之大桥已毁，日军未敢渡河追击。英印十七师在勃固收容整顿，迅速获得补充，一周内又恢复起来。不过，锡唐河惨败的耻辱，一时却难以洗刷，英军士气遂更加低落。

锡唐河弃守后，缅甸面临是撤是守的抉择。盟军联合参谋长委员会力主增兵固守，韦维尔却主张"弃缅保印，尽快撤出英军"。丘吉尔则听从罗斯福的劝告拒绝了韦维尔的建议，毅然派英国名将亚历山大赴缅接替胡敦的职务，令胡敦改任参谋长。三月五日，亚历山大抵缅，先打算守仰光。继之发现英军士气不振，难以抵抗强敌，决定放弃仰光。日第三十三师团第二一五联队于三月八日占仰光。英军的缅南保卫战到此结束。

三、中国远征军入缅与东瓜（同古）会战

（一）中美英将领对保卫缅甸的不同态度

一九四二年一月间，当日军向毛淡棉大举进犯时，韦维尔感到缅甸形势紧急，一旦失陷将危及印度，遂急求中国远征军入缅驰援。但他又心怀疑忌，不向中国军队提供急需的运输车辆和燃料、给养，却调集全部车辆和大批工兵、民工与器材，去抢修通往印度的公路。以致我第五军和第六军虽在二月一日和十六日相继开始向缅甸进发，但因全靠步行，补给无着，结果第五军骑兵团和第二〇〇师迟至三月八日才赶到仰光北面约三百公里处的东瓜，第六军于三月七日方行抵南曲依、兰河、孟板、孟唐附近。三月八日日军占仰光，正积极准备发动对缅甸中部及全境的大规模进攻。大战迫在眉睫，中英联军迄未建立统一的统帅部，亦无联

---

① 作者注：日军开始进攻后，胡敦连电告急，韦维尔也一反常态，转而向中国紧急求援，要求五、六两军从速入缅。应胡敦之请，侯腾派我率中国联络参谋组，携带电台，十日到仰光英印第十七师担任联络。曾赴毛棉淡等地作战地考察。复于二月二日随斯迈思赴拔安，参加战斗，直到三月一日才回腊戍。

合作战计划，无法集中兵力形成有效的打击力量，更不能形成协调而统一的作战行动。这种各自为政、联而不合的涣散局面，恰好给了敌人以各个击破的机会，也正是导致缅甸保卫战遭到惨败的重要原因。

二月五日，蒋介石赴印访问，途经缅甸，在腊戍接见胡敦，并召开军事会议。会上杜聿明提出增调车辆运输第五、六军入缅，加强仰光、锡唐河（色当河）防务，建立统一指挥和后勤供应机构以及抢运物资的五点建议。蒋介石和胡敦均极赞同，且决定采纳实施。不料，对缅甸拥有指挥权的韦维尔却拒绝执行。九日，他赶到仰光，亲对胡敦说："中国军队归你指挥，你的司令部就是联军统帅部。"又指示胡敦，将中路和东路交由中国军队去守，英军可集中到仰光及以西地区，要从速修复加里瓦至英帕尔的道路；堆在仰光的物资要接收过来，设法运走。由此可见，韦维尔并无固守缅甸的打算，只想象征性地抵抗一下就撤往印度。

三月一日，蒋介石第二次到缅甸视察，三日在腊戍接见史迪威，并召开军事会议。

三月八日，第五军第二〇〇师和骑兵团，日夜兼程赶到东瓜至普尤地区接防。英缅第一师各部竟不向我军介绍敌情、地形、民情、阵地位置、作战计划、补给和交通通信设施、道路和机场状况等等，却马上卷起铺盖，拔腿就跑了。我军初入异国，人地生疏，语言不通，情况不明，困难重重。经过侦察，戴安澜师长以骑兵团附步兵一连推进到普尤、佩岗、皎枝一带，搜索警戒。师主力占领东瓜及外围要地坦德宾、屋打、最杯和南阳机场、锡唐河大桥，日夜赶筑防御工事，积极加强战备，举行沙盘和实地的作战演习，尽力储备油料粮弹，准备固守，以待主力到达，举行反攻。戴师长针对敌强我弱、敌众我寡的特点，采取出奇制胜的战术，用骑兵团远出前方，逼近敌军，担任前哨站，及时发现、阻碍、袭扰、打击敌军，挫其锐气；派五九八团在坦德宾、三祖、屋打、最杯构筑坚固的前进据点，与东瓜主阵地互为掎角；由郑庭笈率其余两团在东瓜城区及锡唐河边构筑坚固的主阵地带；师指挥所设于南阳，由直属队及工兵团守备。戴师长判断日军将沿铁路北犯，且可能向我后方迂回包围，故对南阳机场及河东大桥均加意防护。因我军火力不足，利在近战和夜战，他再三强调"要在百米内外消灭敌人"。第二〇〇师的士气旺盛和戴师长的计划周到，指挥得当，特别是防御工事挖得快，构筑坚固，火网编成严密，阵内交通方便，伪装良好，防坦克设备完善，使史迪威大为称赞。他在十五日到东瓜视察，看到这一切时，连声夸戴师长是

"好师长"，并说"你们是我的好部队。中国军队是很好的军队"。史迪威还用华语郑重地说："我要带着你们去收复仰光，还要同你们一道进入东京，那将是我一生中最幸福的时刻。我要用事实向世人证明：中国军人不但不亚于任何盟国军人，而且会胜过他们。那时我就死而无怨了。"当时，我和美军少校梅里尔、费尔德（又称费里斯）被派在第五军和二〇〇师任联络官，正与戴师长一道围在史的身边，亲自听到史迪威这种发自肺腑的富有军人感情的语言，心里很不平静，感到非常自豪。

此时，第六军军部位于南曲依及旁克吐地区，第四十九师位于兰河、孟板、孟唐地区，第九十三师位于景东、孟帕亚、孟林地区，暂编第五十五师置于河榜、孟旁附近保持机动。第五军军部于十四日由梅苗向塔泽、瓢背运输中，游击支队位于瓢背，新编第二十二师（简称新二十二师，下同）和第九十六师正在待运中。

（二）史迪威的战略目标——收复仰光

三月十一日，史迪威带着蒋介石的手令，领着贺恩、斯利尼、怀曼、罗伯茨、柏特诺、梅里尔、费尔德、约翰逊、曾士奎、琼斯和杨狄克等十余人，在梅苗设立指挥部。侯腾立即派我带宪兵一班、电台一部赴梅苗史迪威指挥部报到，担任联络参谋。史迪威到缅后立即会见杜聿明，了解中国军队的情况，并向梅里尔和我了解英军的情况。杜分析敌我形势后，认为应乘敌后续部队登陆之前，先集中我军主力击破当面的第五十五师团，然后向西会同英军夹击第三十三师团，一举收复仰光。史也有此意，两人相谈甚洽。史迪威兴奋地对他的左右说："我感到中国是一心在保卫缅甸的。杜聿明不错，战术很灵活，有旺盛的进攻精神。我们的目标完全一致。"但因运输困难，新二十二师要到二十二日方能过曼德勒南下，届时第九十六师才能到腊戍，第六十六军还在畹町以东的路上走着。以致史、杜合议的"东瓜会战、收复仰光"的计划①，还不能实施。

十七日，史迪威到重庆向蒋介石汇报东瓜会战、收复仰光的构想，并请求再向缅甸增派一个军。在有何应钦、白崇禧等人参加的会议上研

———————

① 作者注："东瓜会战、收复仰光"计划的要旨：由二〇〇师在东瓜顶住日第五十五师团，英军在卑谬顶住日第三十三师团，另调第五军两师、第六军一师、第六十六军两师共五个师，在中英坦克支援下，围攻日第五十五师团，予以歼灭，再进击第三十三师团。

究了两天后，批准了史的计划，但嘱他注意要使"卑谬的英军能坚守阵地，阻止并拖住敌第三十三师团，保证我军西翼安全"。二十一日，史迪威回缅签发作战命令后往会亚历山大，要求英军固守卑谬，策应中国军队反攻，亚历山大欣然同意。旋与杜聿明研究东瓜会战具体计划。并派梅里尔、费尔德和我赴卑谬向斯利姆通报作战计划，请其密切配合。斯利姆说："收复仰光，请把我也算上。"我们三人在卑谬、榜地英军防区走了一趟，发现英军官兵都面露沮丧的神情，并没有认真地构筑防御工事，不禁愕然。遂即报告史迪威和林蔚，同时告诉英缅第一军军长斯利姆，他无可奈何地说："军队士气很低，军官在士兵中的威信已降到最低点了。印缅籍士兵时有逃亡，缅甸土匪和日军指挥的缅奸武装又不断来袭，情况严重而且危险，所以我指望你们打胜仗。"斯利姆表示愿尽力策应中国军队进攻。

史迪威对东瓜会战寄予很大希望。但他也清楚地知道，要赶在敌军后续兵团到达前，迅速集中五个师和二百辆坦克，对敌五十五师团先发制人地加以包围歼灭，困难是很多的。他派罗伯茨去第六军，怀曼、柏特诺去催第五军前进，派斯利尼坐镇英军总部。他还亲自同亚历山大、杜聿明、廖耀湘、余韶、林蔚等面谈，要英国人派火车、汽车，供应粮秣油料，要中国军队加速前进，要英军调来坦克，结果仍无济于事。

（三）戴安澜东瓜挫强敌

日军于三月九日进占仰光后，即以第五十五师团占领勃固、代库地区，第三十三师团占领仰光、奥坎地区，加紧准备"瓦城（曼德勒）会战"。这时，据守东瓜、莫契、南梅、黑克、洛马堤、佩岗的英缅第一师，陆续向第五、六军交防后撤往卑谬。英印第十七师、第六十三旅、装甲第七旅已先后退到礼勃坦、缅拉、榜地、卑谬地区。日军另有两个坦克团和第十八师团、第五十六师团，正分别由曼谷、马来亚准备向仰光运送中。根据日南方军的命令："对瓦城之敌，尤其对中国军，应强迫决战，努力于短期内歼灭之。追击时应远至中缅国境，且应肃清在缅敌军。本作战应于五月底完成。"敌第十五军于十日发布《瓦城会战方案》①，令第五十五师团于十八日进攻东瓜，同时由第三十三师团分向勃

---

① 作者注：从俘供及文件中得知日军《瓦城会战方案》的要点是：先击破东瓜的二〇〇师，然后以主力直取瓦城，各以有力之一部击破英军和第六军，切实占领腊戍、八莫、密支那和西线的梦内瓦，包围中英联军主力于瓦城而捕捉之。

生、礼勃坦进攻，揭开了大战序幕。

十八日，英缅第一师第三旅由良礼彬经我骑兵团阵地后撤，尾追的敌军一排被我击退。十九日，敌五百人乘车来犯，敌摩托卡、汽车、装甲车驶至普尤河桥上，进入我军伏击区，忽然轰隆巨响，大桥全毁，敌车遂堕河中。我伏兵四起，枪炮齐发，敌人惊慌失措，非死即伤。从敌少尉军官几部经一郎的尸身上发现有地图、文件和《泰滇缅作战手册》，得知这股敌军属第五十五师团一四三联队的山村支队。这次战斗俘敌兵三名，机枪四挺，手、步枪五十余支，装甲车一辆，摩托卡七辆，敌遗尸六十余具，是我军入缅作战的首次胜利。

二十日拂晓，敌第一一二联队附装甲车、战车各九辆，山炮四门，在飞机支援下，驱逐我在普尤河的骑兵团后，中午进到最杯、坦德宾一线，向我第五九八团展开进攻。激战两小时，敌被击退，互有伤亡。

二十一日晨，敌凭借飞机掩护，又以战车、装甲车为前导，附山炮十余门，再向我最杯、坦德宾、屋玎前进阵地发起猛攻。战斗到二十二日深夜，我第五九八团乘夜反击，敌伤亡四百余人，遂退。

二十三日，敌一一二、一四三联队在三十多辆战车、二十多门大炮和空军的掩护下，再次对我第五九八团猛攻，激战终日。我阵地工事破坏严重，但官兵同仇敌忾，坚守阵地，同时调来军、师战防炮部队，对敌战车猛烈还击。又组织突击队由侧翼反击敌一四三联队，敌伤亡五百余人，毁战车五辆，装甲车七辆，遂全线后撤。午夜敌又来攻，我五九八团第三营的最杯阵地被突破，伤亡一百四十八人，该营退守坦德宾与敌对峙。

二十四日，敌第五十五师团又在飞机、大炮、坦克支援下猛攻我五九八团阵地，副团长黄景升阵亡，屋玎、三祖陷敌。敌第五十五师团的一四四联队由坦德宾、屋玎、三祖以西迂回至东瓜北面的南阳，偷袭机场和车站，我守军工兵团疏于戒备，为敌所乘，团长李树正负伤，机场车站弃守，师指挥所被迫移往锡唐河桥东。经组织反击，终未奏效。这时东瓜已被敌包围，戴师长立即调整部署，收缩外围，加强东瓜，固守大桥，由少将步兵指挥官郑庭笈率师主力守东瓜城垣，戴师长自率一部固守大桥及东岸要地。并向全体官兵庄严宣告：誓与阵地共存亡，预立遗书，指定了自己阵亡后的代理人。同时要各级干部都指定自己伤亡后的代理人，部队士气更为激昂。入夜后，敌复轮番来攻，均被打退。

二十五日，敌第五十五师团自南、西、北三面合攻东瓜，我第二〇〇师沉着应战，纵火焚林，阻敌前进，激战终日，敌以伤亡过多而退。

二十六日，敌又驱第五十五师团全部围攻东瓜，一部突破东瓜西北我第六〇〇团阵地。另敌多股窜入市区，我及时反击，发生激烈巷战，将入侵之敌悉数消灭。

二十七日，敌第五十五师团再倾全力猛扑，我东瓜阵地多处被突破，形成敌我交错、逐屋争夺的悲壮惨烈场面。经我反复包围突击，敌伤亡枕藉，弃尸逃窜。其另一部则自南阳北进，企图阻我新编第二十二师来援，与我廖耀湘师第六十四团遭遇于南阳车站北方之永冈附近。一度激战，敌不支，退守车站，与我对峙。

二十八日，敌第五十六师团附战车一团由仰光来援，以第一四五联队增强东瓜北侧南阳车站之防守，阻我新编第二十二师的增援，其主力配合第五十五师团的主力，自东、南、西三面围攻东瓜。敌还出动飞机一百九十多架、战车百余辆、大炮百余门协力，更施放毒气，对东瓜展开最猛烈的攻击。我城西、南阵地失而复得，师指挥所也多次遭敌袭击，通信一度中断。城内战斗在郑庭笈指挥下，屡次将敌击败，坚守阵地，但部队伤亡甚多，且粮弹将罄，局势险恶。这时我新编第二十二师主力由耶得谢南下，对占据南阳车站的敌第一四四、一四五联队猛攻，午后攻克，击毁战车五辆、大炮六门，俘获大炮二门及第五十六师团大尉以下三十七人。这天，对第二〇〇师是一次最严峻的考验。戴师长说："二十八日这一仗，是我所经历过的恶仗中最激烈、最难打、最险恶的一仗。敌人的企图是想先吃掉我们师，再去干掉廖耀湘的。我还是用'百米决斗、刺刀手榴弹解决问题'的打法，结果敌人的飞机、大炮、坦克就无用武之地了，我们就把敌人打跑了。"

二十九日，敌改变方针，想先吃掉增援的新编第二十二师，再去打我二〇〇师。当集中新开到的第五十六师团和战车团对南阳车站猛烈反扑，与新编第二十二师激战终日。入夜，敌又投入第十八师团的第五十六联队和第五十五师团的第一四三联队协同第五十六师团发动进攻，又被我击退。

这天，敌人对东瓜则进行猛烈的炮击和空袭，另以小部队进行扰袭，重点指向桥东师指挥所，但未得逞。然而，我二〇〇师在东瓜经过十二天的孤军苦战，已伤亡两千五百多人，弹药将尽，给养不济，业已三面受围，难以继续固守；加以敌军第五十六师团、第十八师团和两个战车团均已到达东瓜附近，敌我力量过于悬殊，不利再战。杜聿明遂不顾史迪威要"第二〇〇师仍坚守东瓜，用新编第二十二师和暂编第五十五师举行反攻"的命令，断然下令第二〇〇师于三月三十日凌晨，由东瓜向东突围，沿锡唐河东岸撤到彬文那集结整顿。同时命令新编第二十二师以一部向南阳车站外围之敌发动反击，借以迷惑敌人，使第二〇〇师容易突围；新编第二十二师主力则应采取逐次抵抗，迟滞敌人的进攻，掩护军主力在彬文那至平马道地区组织会战。另以黄翔指挥的游击支队，自勃固山脉东进，侧击敌人，协力新二十二师作战。史、杜关系从此开始紧张起来。

保卫东瓜之战，我第二〇〇师孤军抗击占有绝对优势之敌达十二日，击毙敌第五十五师团一四三联队长横田大佐以下五千余人，重创敌第五十五师团，使日军司令官饭田祥二郎中将惊呼："东瓜之战，敌军抵抗既极顽强，又善夜战和阻击，使我军遭到了重大损害。"从横田大佐尸体上找到他的阵中日记，他在三月二十五日记着："自南进以来，敌军望风披靡，我军所向无敌。不料，东瓜之战却遇劲敌，劲敌者中国军是也。"足见戴安澜将军指挥的第二〇〇师不愧为中国远征军的劲旅，东瓜保卫战是一次很成功的固守防御战。是役虽未实现收复仰光的战略目标，却达到了打击敌人的目的。该师在二十九日午夜至三十日凌晨，迅速而秘密地保持秩序，脱离敌人，撤走了一切辎重和伤患，敌人竟不曾发觉，得以安全退去。等到敌人发现时，我军业已走远，东瓜只是一座空城。

四、耶得谢至平马道间的阻击战

三月三十日凌晨，杜聿明在耶得谢新编第二十二师师长廖耀湘的指挥所得知第二〇〇师已全部安全撤离东瓜，并已通过锡唐河大桥，即下令炸毁大桥，并令新编第二十二师按计划开始行动。是日中午，敌第五十六师团占领东瓜，第十八师团和第五十五师团各出动一个联队，会攻南阳车站，被我守军第六十六团击退。

三十一日，廖耀湘令第六十六团主力向南阳以南之敌举行佯攻，掩护师主力转移。同时令该团第一营营长张淮率部前往耶得谢东西之线占领阵地。令第六十四团乘第六十六团主力向敌佯攻之机，速赴南阳以北十公里处的沙加雅占领地，准备应战。另令第六十五团乘机开赴耶得谢以北的斯瓦占领阵地。师直属队于同时撤到平马道集结。廖耀湘亲率第六十六团主力在南阳车站拒敌，待第六十四团已在沙加雅占领阵地，完成了作战准备后，其余各部队也分别撤到了指定地区时，才令第六十六团主力开始撤退，绕道到耶得谢占领阵地。他自己则带领指挥所的傅宗良、段吉升、郭修甲等人和我们三个联络参谋①，径直来到已是接敌最前线的第六十四团阵地，继续指挥作战。当我们随第六十六团后卫部队离开南阳时，敌人跟踪追来，我们且战且退，途中曾三次停下来反击追敌。我们刚走近沙加雅，敌军就对该地发动猛攻，激战至晚，敌受重创后退。

四月一日至四日全线沉寂。五日，敌出动三个步兵联队，在大炮、坦克、飞机掩护下，再向沙加雅我第六十四团猛扑，敌负创后撤。入夜，廖耀湘率该团绕过耶得谢第六十六团阵地正面，撤到斯瓦以北的耶尼占领阵地。廖仍留在前线指挥作战。六日，敌又以三个步兵联队在两个炮兵团、一个战车营和空军协力下，对耶得谢第六十六团猛攻，激战到十日，我张淮营长以下九十七人阵亡。敌伤亡逾千，毁战车四辆。我在夜袭中击毙敌少佐大队长以下一百七十五人，生俘四十九人，随即撤守，于十一日转移到苗拉一带再占领阵地。从十一日到十六日，廖耀湘将三个团梯次配备，相互交替掩护，依次向平马道转进。由耶得谢至平马道间的阻击战历时十八天，新编第二十二师单独抗击拥有二百门大炮、两百辆坦克的两个师团五万余人，采取各种巧妙的战术手段，给敌以沉重打击，毙伤敌军四千五百余人，达成了阻击敌军、掩护我军主力组织战役之目的，创造了"逐次抵抗"作战中一次最成功的战例。

五、"彬文那（平满那）攻势"和"平马道会战"的夭折

第二〇〇师已经安全撤出，敌第十八师团和第五十五师团遭到沉重打击后，正被阻于塔瓦堤东西之线时，史迪威就竭力想挽回战局，决定在彬文那发动反攻，称之为"彬文那攻势"。由第二〇〇师和新开到的第九十六师集中于彬文那，由新编第二十二师在第一线逐次阻击日军并将其吸引到第九十六师阵地前，乘敌攻势顿挫之机，举第五军全力反攻。另由暂编第五十五师从莫契、雅多、保拉克威胁敌后，进行夹击。

在东瓜撤退之前，杜聿明已有"平马道会战"计划，分别报告林蔚、史迪威、军令部和蒋介石。他的计划是：以第九十六师在平马道东西之线构筑坚固阵地，拒止并消灭敌人，以第二〇〇师、新编第二十二师置于东敦枝、萨斯瓦之线，同英军保持联系，待机出击；以第六十六军

---

① 作者注：三月二十九日，史迪威同杜聿明因二〇〇师是撤是守问题，发生冲突，不欢而散时，史仍令贺恩、梅里尔和我监督杜聿明执行他的命令，仍督促新二十二师进攻，他自己于三十一日飞赴重庆向蒋介石索权。我们三人实际上是陪着廖耀湘在耶得谢至平马道间进行一次成功的阻击战。在这个问题上，史迪威由于主观武断，因而作出了错误的判断和决定。史、杜从此交恶。

（四月上旬可在曼德勒集中完毕）置于央米丁、基荣当之线，乘敌在第九十六师阵地前攻势顿控时，全线反攻，将敌包围于平马道至彬文那间歼灭之。史、杜两人的计划的指导思想基本相同，只是决战地域和使用兵力略有不同，目标则完全一致，都是迅速歼灭敌军，扭转战局，所以大家都接受了。

四月五日，蒋介石第三次到缅甸视察，宣布亚历山大统一指挥联军，重申史迪威的职权，批准"平马道会战"，也同意"彬文那攻势"。这本来是一个可能挫败敌人、扭转战局的最佳决策，也是不难实现的战役计划。不料，到了四月十二日，英军已经放弃了彬文那西北侧，和平马道西南侧的要地萨斯瓦、东敦枝和新榜卫，十四日又放弃马圭和新甸，遂使曼德勒西南要地尽失，使"彬文那攻势""平马道会战"成为泡影，并使缅甸战局急转直下。

六、西线英军溃败，仁安羌我军奏捷

三月二十三日，正当敌第五十五师团猛攻我第二〇〇师阵地时，敌第三十三师团分别攻占了英军据守的勃生机场和礼勃坦。二十五日敌继续北犯，英军稍事抵抗就放弃了缅拉、济贡、榜地、德贡。三十一日，又撤出卑谬。四月六日放弃亚兰谬。十二日放弃萨斯瓦、东敦枝和新榜卫。十四日放弃了重要空军基地和屏障仁安羌油田的要地马圭及新甸。十五日，斯利姆下令炸毁仁安羌油田，顿时烈火冲天，响声震地，英军狼狈夺路逃走，途为之塞。日军望见油田火起，立即以第三十三师团的二一四、二一五两个联队用最快速度扑向仁安羌，企图保住油田，捕捉英军；同时以第二一三联队乘车急驰，抢占宾河渡口，把英印十七师堵在宾河南岸，陷于绝境；敌另以一个加强营飞速抢占了仁安羌北面的宾河大桥，截断了英缅第一师和装甲第七旅北逃的通路。英军惊恐万状，虽有武装齐全的七千多人，又有坦克大炮，竟不敢对占据大桥的日军发动进攻，反而掉头后退，涌进左近几个林落和油田建筑物中，想等待援军来救。该师师长斯高特闻讯后即率第十三旅由稍埠来援，却被日军击溃。敌第三十三师团主力遂于午夜赶到仁安羌北郊，将英缅第一师和装甲第七旅团团围住。

这时，亚历山大气急败坏地跑来找史迪威，要他火速派兵解围。斯利姆则直接赶到皎勃东向孙立人求救。史迪威即派梅里尔、费尔德和我带着他的命令连夜驱车送达，并要我们监督其实施。他根本不计较英国人曾给他掣肘的事，而是对英军以全力相救。孙立人闻讯也捐弃前嫌，即派副师长齐学启率第一一三团乘汽车连夜直趋宾河大桥，同时派该团孙继光团长率突击队先行，袭取北岸桥头堡，掩护主力行动；并派人向被围的英军联系，促其固守待援；自率新三十八师主力乘汽车急驰，由纳玛北侧强渡宾河，迂回到仁安羌北侧，将敌包围。激战一昼夜，敌被击溃，我于十八日午后克仁安羌，歼敌三千余人，敌弃尸一千二百多具向马圭逃窜。当救出英缅第一师和装甲第七旅官兵七千余人，马千余匹，各种车辆三百多辆，并救出被日军俘去的英军、美国教士、新闻记者等共五百余人。

仁安羌大捷使英印十七师得以绝处逢生，创缅甸保卫战中一大胜利，轰动英伦三岛，一扫英国人对中国军队的偏见和轻视心理，我军则感到扬眉吐气。斯利姆、斯迈思和斯高特都向孙立人和新三十八师一再道谢。但是，他们刚刚脱险，就丢下新三十八师，连招呼也不打，竟独自向北撤退，分成两路，经稍埠和蒲甘渡过伊洛瓦底江向曼尼坡退去。四月二十五日，英军的先头部队已通过甘高和梦内瓦，脱离了战场。我新三十八师就成为英军的后卫，掩护其退却。只有亚历山大还带着少数幕僚和警通部队留在梅苗，同驻在皎克西的史迪威一道指挥中国远征军继续作战。至此，抗击日军十万多人、保卫缅甸的重担，就全部落在中国远征军的肩上。四月十五日，史迪威写给马歇尔的信中说道："英国在印度的驻军足以拯救缅甸，韦维尔竟不向缅甸增派一兵一卒；亚历山大也一定得到了伦敦的命令，要他只是象征性地抵抗一下就撤出缅甸。"史迪威最后说，缅甸的结局将是可悲的。

七、东线失利导致全面崩溃

东瓜弃守后，敌第十五军司令官饭田祥二郎立即奔赴东瓜部署"瓦城会战"，令第五十六师团迅速击破第六军，攻占腊戍，切断中国军的归路；第十八师团和第五十五师团击破第五军，直捣瓦城；第三十三师团消灭或击破英军后沿伊洛瓦底江东岸迂回瓦城而占领之，并捕捉第六十六军，肃清缅甸全境之敌。这个部署限四月底完成。

四月五日，敌第五十六师团分三路东犯雅多、莫契、保拉克，同我暂编第五十五师激战旬余，于十七日占南帕、保拉克。二十日敌占南莫康、乐河、昔胜等地。暂编第五十五师抵抗不力，使敌得以猛进；第四十九师则因兵力分散，又缺乏机动部队及时救应，致各守军一一被敌击破。二十三日，敌乘汽车在战车、装甲车掩护下，轻取和榜、东枝（棠吉）、黑河。杜聿明惊呼："腊戍南门洞开，我军处境甚危。"他建议史迪威、罗卓英、林蔚从速采取有效措施。几经周折，方派第二〇〇师由皎勃东调驰援，二十四日克东枝、和榜。但因未能乘胜追击以致敌第五十六师团乘机于二十五日实行百里奔袭，攻占了南曲依、孟敖、旁克吐，之后，即兵分两路，乘车向西保、南泡、腊戍急进。我第六军暂编第五十五师和第四十九师先后被敌击溃，正向萨尔温江以东撤退中。我第六十六军虽分途阻击，却未能拒止敌第五十六师团北犯。二十六日，敌陷西保和南泡，旋以一部附战车由西保西进，威胁曼德勒。敌第五十六师团主力则由西南夹攻腊戍，与我新二十九师血战一昼夜，于二十九日夺取腊戍，截断了中国远征军退回国内的陆上交通，我军遂陷入困境。五月一日敌占新维。三日陷畹町。芒市、龙陵亦相继失守。五日敌先头部队窜抵惠通桥，被我第三十六师击溃。敌另一部于三日占领八莫，旋于八日占领密支那。我中国远征军企图由北方回国的道路也被切断。至此，蒋介石、亚历山大和史迪威所准备的"维持缅北国际交通线计划"①，顷刻化为泡影。

造成东线迅速崩溃的原因，固然是暂编第五十五师作战不力，第六军兵力过分分割使用，授敌以各个击破之机；且因第六军军长甘丽初指挥无方，贻误戎机，致成败局。但是，史迪威、罗卓英受亚历山大的影响，对东线不够重视，既未能于危机出现前采取有效的预防措施，当逆势业已显露之际又不能及时采纳林蔚的意见："于第二〇〇师攻克东枝、和榜后，组织第五军继续东进；同时调第六十六军主力由西保南下，会攻敌第五十六师于南曲依至旁克吐地区，予以歼灭"。他们却坚持要执行亚历山大那套"防御西线，保全英军，破当面之敌，确保曼德勒"的"曼德勒会战"方针，把我军主力集中于曼德勒附近，使东线防务空虚，坐失歼灭对我威胁最大的敌第五十六师团之战机，也是导致东线瓦解，全局动摇的主因。此外，由于统帅部举棋不定，贻误战机而造成失败。

当东线之敌第五十六师团于四月二十日攻占南莫康、乐河、昔胜后，准备北犯和榜时，西线之敌第三十三师团主力被我新三十八师阻止在仁安羌以南，敌一部犯基荣当，我新三十八师正由仁安羌向皎勃东前进中。

---

① 作者注：三月二十七日亚历山大在重庆、四月十六日史迪威派格鲁伯准将赴重庆，曾分别向蒋介石提出：一旦曼德勒失守，英军拟退守温佐至加里瓦一线，中国远征军将退守英多、密支那、八莫，确保印度—密支那—昆明的空中走廊，和由印度英帕尔经加里瓦、英多、密支那、八莫到腾冲的国际交通线。

中路之敌第十八师团和第五十五师团与我新二十二师在瓢背、葛鲁以南激战中，第二○○师和第九十六师在马来恩、敏铁拉、塔泽地区集结，第六十六军的新二十八师位于曼德勒，新二十九师调守西保、腊戌。敌之企图在迅速抢占腊戌，断我归路；同时以主力进攻中路，击灭我军于曼德勒以南。对此，参谋团曾于二十日、二十三日两次向史、罗建议："我军应当先破东路之敌，确保腊戌、梅苗安全，然后回师迎击中路之敌。否则，就应迅速向腊戌或密支那转移，尽快脱离敌人，重新寻求决胜之战机。"史、罗却未能及时决断，反而企图"先破心腹之患的当面之敌，实施曼德勒会战"，遂置东路之危于不顾。结果是"曼德勒会战"还没有发动，而腊戌、西保已陷敌手，后路既断，全线动摇，缅战全局立见崩溃。

四月二十五日蒋介石曾电告史、罗、林三人，指出："第五军、第六十六军以八莫、畹町为根据地，确保密支那，在缅北活动，维护印度—密支那—昆明的空运走廊和缅北国际交通线。第六军在景东一带活动。第二○○师如尚未撤到瓦城，可向景东转进，归甘军长指挥。长官部可移往密支那。张轸可率一部退回国境，改隶昆明行营，受林团长指挥。"当晚，亚历山大、史迪威、罗卓英、林蔚、杜聿明、张轸、侯腾等在皎克西开会，决定撤退部署：（1）第六军撤过萨尔温江回国。（2）在腊戌、西保的新二十九师应竭力阻止敌人，待命撤回龙陵。（3）一切车辆、战车、后勤单位和伤患立即沿滇缅路退回保山。以上由林参谋团长指挥。（4）第五军、第六十六军经曼德勒撤往英多、八莫、密支那。（5）英军退往印度。林蔚当派王楚英等率宪兵排急赴西保、腊戌督战，自率后方机关、战车、重炮、汽车、医院等单位于二十六日安全通过腊戌。在曼德勒以南的各师于二十六日开始撤退，仍由新二十二师殿后掩护。新三十八师于二十九日撤出即瓦，向英多前进，派第一一三团先行占领杰沙担任掩护，师主力于五月七日到达英多地区。第九十六师于五月一日撤出曼德勒，经孟拱以北的孟关、葡萄，由片马、泸水退回昆明，该师副师长胡义宾、团长凌则民在作战中为掩护主力安全，英勇牺牲。新二十二师最后撤出曼德勒，于五月九日到达杰沙与第五军军部会合后，曾在卡杜与敌激战，将敌击溃。因八莫、密支那均已陷落，由北面突围归国之路已断，但杜聿明仍不接受史迪威要他率第五军赴印度的命令，继续向孟拱北方挺进，跋涉在崇山峻岭、茫茫林海之中。最后不得不取道打洛、新平洋，于八月初到达印度列多，生还者约三千人，且骨瘦如柴，疲弱不堪。途中死于饥饿、病毒、虫咬者累累，尸骨遍野，惨绝人寰。杜聿明途中患病，险些丧生。新三十八师则遵史迪威所示，经斑毛、宾崩、霍马林，历尽艰险，于五月二十七日到达英帕尔附近。长官部于四月二十八日撤到瑞波，旋乘火车至甘马罗，因机车出轨，遂徒步到英多，继沿英军入印路线赴英帕尔，于五月中旬抵达。新二十八师于二十八日退出曼德勒和梅苗，沿瑞丽江北岸经南坎、八莫间突围回国。第二〇〇师辗转于五月十八日进抵细胞附近，在越过细胞至摩哥克公路时遭敌伏击，戴安澜师长重伤，于五月二十六日在茅邦殉国，团长柳树人阵亡。该师及黄翔指挥的游击支队，嗣后分经南坎、腾冲、泸水附近回国，转赴昆明集中。

中英联军保卫缅甸之战，经历五个月艰苦激烈的作战，以失败告终，代价是高昂的，损失是惨重的。英军参战兵力四万人，坦克一百五十九辆，被俘、阵亡、失踪达二万二千余人，坦克、大炮和车辆全部丢光，撤到印度只有一万三千五百人，另有数千伤病官兵。亚历山大说："失败得太惨了！"中国远征军参战兵力约十万人，损失四万余人和五万余吨的租借物资，其中有汽车、油料、飞机零件等重要物资。但是我军官兵英勇奋战、不怕牺牲的精神，和善于打仗、屡挫强敌的生动事实，为中华民族争得荣誉，也给予敌军以惩罚。使敌军司令官也不得不承认："东瓜附近的战斗，敌军抵抗既极顽强，而又善于夜战和狙击，使我军遭到重大损害。"特别是廖耀湘指挥新二十二师在耶得谢至平马道间，阻击五倍于我的敌军达十八天之久，给敌沉重打击，堪称以寡敌众、以弱胜强的范例。新三十八师的仁安羌大捷，更是名震中外。

第二部分：反攻缅甸战役纪要

反攻缅甸作战计划形成的曲折经过

一九四二年四月中旬，缅甸战局急剧逆转之际，史迪威曾于十六日派格鲁伯准将赴重庆见蒋介石，面呈"以收复缅甸为目标的作战计划"。由于经缅北通往中国的陆空供应线很可能被日军切断，他建议在印度组建中国的两个野战军，各辖三个师，另建三个炮兵团和战车、工兵、通信兵、汽车兵、空降兵等部队。为此须向印度调运十万名中国士兵，团长以下指挥官由中国军官充任，较高级的指挥官和主要参谋人员最初将由美国军官担任，直到中国军官能够胜任时为止。他计划用四至六个月完成部队训练。作战行动将分两个阶段进行：第一阶段收复缅甸，决定性的进攻将从印度作出，助攻由中国及掸邦北部作出。第二阶段将日军逐出泰国和越南。史迪威同时将此计划电告马歇尔。陆军部立即决定派出二十五架运输机，飞往阿萨姆准备实施。

四月二十八日，罗斯福获知缅甸行将不保，忧心忡忡，立即下令"要寻找途径把飞机和弹药运给蒋委员长的军队"。他重申对中国的信念："一个不可征服的中国不仅会在维护东亚和平与繁荣方面充分发挥作用，而且会在维护世界和平与繁荣方面发挥应有作用。"

四月二十九日，蒋介石原则上同意收复缅甸作战计划，但拒绝由美国军官充任中国军队指挥官和参谋长的建议。坚持应由中美英三国军队由印度和海上同时反攻，同时要求美国增加对中国的空运量，并增拨作战飞机。

英国只有亚历山大主张"尽快收复缅甸"，韦维尔和布鲁克都对收复缅甸持消极态度，更不希望过多的中国军队涌进印度和缅甸。他们希望中美军队在别的地方尽快打败日本，以便英国可以不费力地直接从日军手中收回缅甸。因此，史迪威关于反攻缅甸的作战计划，也就历时年余，费尽周折，几经变更，且大打折扣，等到开罗会议（一九四三年十一月二十二日至二十六日，中、美、英三国于开罗举行会议）前后才付诸实施。

一、史迪威的作战计划和各方的反映

史迪威一行一百十五人于一九四二年五月二十日行抵英帕尔，即乘火车赴汀江和廷苏基亚美国空运队，命该队队长海恩斯上校派飞机到缅北野人山上空侦察中国第五军的踪迹，发现后立即空投食物、药品和电台。二十四日史迪威带着费尔德等人飞到新德里，同韦维尔商谈十万中国军队驻印营地、补给，以及收复缅甸的计划等事项。韦维尔最初用各种借口拒绝中国军队入驻印度，对收复缅甸更是多方推托。嗣经联合参谋长委员会（英文缩写 C. C. S.，以下均简称 C. C. S.）① 力促，才勉强同意将印度比哈尔省兰溪附近的兰姆伽军营（原为意大利战俘集中之所），划归中国军队使用，并承担后勤供应。二十五日史迪威初步完成了收复缅甸的具体计划，其中要求美国派一至三个师参加作战。他在给美国陆

---

① "联合参谋长委员会"由美英参谋首长组成，设于华盛顿，是同盟国最高军事决策机构。其英文名称为：Comfined chiefs of staff，缩写为 C. C. S.。

军部的报告中说道："我坚信中国在战略上具有决定性重要意义，我认为美国不向这一战区派出作战部队是犯了严重错误。"二十六日他拟具"改造中国军队之计划"。六月三日到重庆，分别于四、十五、二十四、二十六、二十九日面见蒋介石，汇报在印度训练十万中国军队和在云南装备训练三十个中国师与收复缅甸的计划。

蒋介石同意史迪威的上述建议，关于二十九日面嘱史迪威将中国战区所需的三项要求列入计划，并通知美国：（1）请美国于八九月调三个师到印，协助中国军队收复缅甸。（2）自八月份起应经常保持中国战区第一线飞机五百架。（3）自八月起每月保持中印空运量五千吨。

七月十八日史迪威向蒋介石正式提出"反攻缅甸计划"，其要点是：英军三师、美军一师、华军两师由印度阿萨姆渡亲敦江入缅，向瑞波、曼德勒出击；中国十二个师由滇西出击腊戍后与由印入缅之中美英联军会师，挥师南下仰光；陆上部队开始进攻后，英海空军应进攻安达曼群岛并在仰光登陆。中国军事委员会办公厅于八月一日函告史迪威，同意实施此计划，并提出：美军至少派一个师参战，美英空军活动及中印空运须大量增加，陆上部队开始行动时美海军必须对安达曼及仰光进行攻击并在仰光登陆。七月二十九日史迪威进一步提出"太平洋前线计划"。这个计划要求在云南完成三十个师的装备训练后，于一九四二年十一月十五日至次年四月间发动进攻。由英国三个师、美国一个师、中国两个师从印度的曼尼坡出发分经卡里瓦、达木、霍马林进攻曼德勒，同时由滇西出动十二个师进攻腊戍、八莫，与由印入缅的中美英联军在曼德勒会师，然后成扇形展开南取缅甸南部。此时英军空降及两栖部队应夺取仰光，再集结以上各军全力向东夺取泰国和越南，达到沿海。与此同时，滇越边境的九个师应即进占河内海防。而后再夺取香港、广州、海南岛或最终在该地发动进攻。另由美军分两路向新几内亚、帝汶、新不列颠岛以及西南太平洋其他岛屿进攻，阻断日军增援，摧毁台湾地区、菲律宾日海空军。此即"五路进攻计划"。八月四日，史迪威与罗斯福特使居里①赴印，考察兰姆伽训练中心并与韦维尔商讨反攻缅甸计划。韦维尔"态度甚为冷淡"。

---

① 作者注：劳克伦·居里是美国总统罗斯福的助理，主管租借物资援华工作，一九四〇年春曾来华一次。这次来华主要是解释美国政策，疏通中美关系，调解蒋介石、史迪威的关系，解决援华有关问题。

　　十月十一日史迪威回重庆向蒋报告视察及与英方交涉情况。史说，韦维尔对于增加兰姆伽中国军队事以驻印英督尚需向伦敦请示相推托，反攻缅甸问题则须待其返印后再与韦维尔磋商。蒋再嘱史，反攻缅甸必须海陆空均有充分准备。

　　十五日史返印与韦维尔会商三天。韦维尔起初仍坚持旨在保印，而无意打通中印公路之方针，只愿向阿哈布进攻。后经 C. C. S. 英国元帅迪尔应马歇尔之请进行干预，韦维尔方考虑史迪威的作战计划，却又借口缺乏海军，无法实行两栖作战，只同意收复缅北。

　　十一月三日，史返渝面见蒋介石汇报在印商谈结果：（1）反攻日期暂定为一九四三年三月一日前后。（2）英军一师、印缅军六师，其中三师自英帕尔经卡里瓦渡亲敦江夺取杰沙、瑞渡一线，另一师占阿哈布后东进，余三师机动（每师九千至一万一千人）。（3）中国若干师自滇西进击腊戍，夺取八莫和曼德勒，以一部占旁克吐、夺南曲依。须于二月二十五日前完成出击准备。（4）中国驻印军以列多为基地，经胡康河谷、趋孟拱、密支那与英军会师杰沙。（5）对孟加拉湾能否取得制空制海权，尚待再商。（6）列多基地须建道路、兵营、仓库、工厂及可容三千人之医院，储备四十五日食粮、三个月的弹药燃料。

　　蒋介石仍然坚持"南北缅水陆两路夹攻"之战略，他面告史迪威：决不能重蹈上次缅战之覆辙；此次反攻缅甸作战之中心问题，端在英国能否对孟加拉湾取得制空、制海权及实行仰光登陆；倘英方海空军无此准备，中国将不派一兵一卒参战。他答允再向印加派一师，另在滇西集中十五个师，限明年二月完成。史对此甚喜，于十二月二日电马歇尔请美国履行援华诺言，速调驱逐机两队、中型轰炸机一队来华，并将中印空运量由每月三千五百吨增为万吨。

　　史、韦在十月间达成的上述协议，完全改变了中国军队的作战目标和进攻路线，使收复缅甸的目标变为只是收复缅北。这正是为了英军保守印度，由中国军队在缅北替英军担任前哨。不料，十二月七日韦维尔又变卦了。他通知史"取消缅北作战"，英军将只用三个师攻占若开和锡当、加里瓦，此外不愿做任何承诺。蒋介石遂于十二月二十八日电告罗斯福，说中国已准备就绪，只因英国违诺，反攻缅甸计划，将无形取消。并告知史迪威。当时在美国陆军部任职的罗伯茨也告知史迪威说，"英国人将尽一切办法阻挠中国军队在缅甸作战"。

　　与此同时，马歇尔则给史迪威调来六十名工程兵和筑路设备，以示对缅北攻势的支持。罗斯福亦于一九四三年一月二日对蒋在十二月二十八日给他的电报作复，请蒋在卡萨布兰卡会议之前勿作最后决定。一月八日蒋复电强调"如无英海军夹攻南缅，将推迟进攻"。罗又复电：请俟"卡会"后再议。

二、卡萨布兰卡会议与收复缅甸计划

一九四三年一月十四日至二十三日，罗、丘在卡萨布兰卡举行会议（以下简称"卡会"）。当时隆美尔统率之德军在非洲大败，盟军在突尼斯登陆在即，攻略西西里势在必行。与此同时，苏联在列宁格勒和斯大林格勒对德军的反攻已取得巨大胜利，第二次世界大战正处于历史性的转折点。由于战胜德意已大有希望，英美双方遂将东亚之对日作战列入重要议程，而反攻缅甸乃列为对日作战的主题之一。美国海军上将金在会上发言，指出中国战区应受重视，他说："在欧洲战场上，苏联因地理位置与兵源雄厚，受到吾人之重视；在太平洋战场上，中国具有同一因素，吾人岂可不予以同样之重视。吾人基本政策在以必要之武器，交与人力充沛之中苏，使其为盟邦共同作战。"马歇尔也说道："吾人重视打通滇缅路，并非全为提高中国士气打击日本海上运输力量着想。吾人目的在配合欧亚非各地作战……若收复缅甸之案不立实施，则美国或将有被迫退出欧洲之日。"美国参谋长联席会议列举一九四三年的军事行动，其中就是打通中国的交通线，以便获得向日本本土发动最后攻势所需的基地，所以他们坚决主张采取打破封锁中国的军事行动。因而在会上达成了收复全缅的"安纳吉姆"① 作战计划的决定。（1）备攻日期以一九四三年十一月十五日为目标。（2）反攻日期俟一九四三年夏决定（应在七月以前）。（3）如英海军舰只与登陆艇有缺，美国允设法拨补。罗、丘当即予以批准。除联名电蒋外，另派美国空军总司令安诺德上将、英国元帅迪尔、英国首席代表、美空军补给司令朔莫维尔中将赴渝向蒋通报"卡会"情况。他们途经印度时，曾与韦维尔、史迪威面商。旋于二月四日抵重庆向蒋面交罗斯福的信件。蒋于六日批准"安纳吉姆"计划，并请罗斯福给中国战区独立的空军以加强陈纳德航空队，中印空运量增到每月一万吨，到本年十一月保持第一线五百架作战飞机。

二月九日，宋子文、何应钦、安诺德、史迪威、朔莫维尔、韦维尔、迪尔等集会于加尔各答，商讨实施"安纳吉姆"计划之具体步骤，期望

---

① "安纳吉姆"（Anakim）是反攻缅甸作战计划的代号。

于一九四四年一月攻克仰光。当决定：（1）驻印军经胡康河谷夺取孟拱、密支那、八莫。（2）滇西十一个师渡怒江，分取龙陵、腾冲后攻夺腊戍、八莫、密支那，与驻印军会师。（3）英军三师攻缅北，主力攻若开，并在仰光登陆，然后会师曼德勒。（4）公路油管随驻印军向前修筑。（5）组建中英联合突击兵团，用于缅北敌后作战，由英军六旅、华军三旅组成。嗣因英军第十五军在若开遭到惨败，使"安纳吉姆"计划不能顺利实现。

三、"三叉戟会议"与"茶碟计划"

一九四三年五月，罗斯福、丘吉尔在华盛顿举行会议，代号为"三叉戟会议"，讨论欧亚战略问题。韦维尔、史迪威、陈纳德应召参加，宋子文应邀出席。会上对"安纳吉姆"计划进行讨论。中国坚持实行以收复全缅为目标的"安纳吉姆"计划，英国则持反对态度，主张采用"绕过缅甸，进攻苏门答腊，最终收复新加坡的'长炮'计划"。马歇尔、金上将、史迪威极力反对英国的主张。最后罗斯福的主张被会议所接受，不过没有对"仰光登陆、南北缅水陆两路同时夹击"作出部署。这就在实际上缩小了"安纳吉姆"计划的作战目标和范围，大大削减了英国在反攻缅甸战役中承担的义务，进一步加重了中国的负担，使反攻缅甸的作战任务主要由中国驻印军和远征军担当，英军却只担任助攻；作战目标主要是收复缅北和打通由列多经胡康河谷、密支那、八莫连接滇缅路的中印公路；同时扩大并加强中印空运，积极支持陈纳德的空军作战计划，使中印空运量从七月份首次达七千吨，以其中四千七百吨拨给陈纳德，只给Y部队①和其他方面拨两千吨，余三百吨留给空军；九月份则增到一万吨。这就是代号为"茶碟计划"的基本内容。"三叉戟会议"的结果，显然加强了蒋介石和陈纳德的地位，并使马歇尔、史迪威想利用援华租借物资去挟制蒋介石的打算遭到罗斯福的反对而落空，从而加深了蒋介石、陈纳德同马歇尔、史汀生、史迪威之间的矛盾，以致龃龉常生，反攻缅甸的作战也受到影响。

四、魁北克会议和缅战方案

一九四三年八月，美英首脑在魁北克举行会议，收复缅甸的作战计划，再次被列入议程进行商讨。英国仍坚持其在"三叉戟会议"上已被否决的"长炮"计划，继续反对"南北水陆夹击"反攻缅甸的作战计划。

---

① 作者注：Y部队是美国负责在云南装备训练中国第一批三十个师的代号。

美国则强调"安纳吉姆"计划必须付诸实施。经过反复磋商和"交换"终于决定：反攻缅甸之日期定为一九四四年二月，以夺取密支那、阿恰布和兰里岛为目标；至于南缅的两栖攻击行动，须视北缅的战事进展及准备程度而定。成立东南亚盟军统帅部指挥之，由蒙巴顿和史迪威任正副统帅。同时决定：（一）对德战胜后十二个月内必须打败日本；（二）美国向中太平洋马绍尔、吉尔伯特群岛积极作战。会议结束时宋子文被请去听取通报。

十月二日，蒙巴顿、朔莫维尔经印飞渝，向蒋介石面呈丘吉尔致蒋密函及会议决议案。十九日蒋介石、何应钦、商震、刘斐、林蔚、朱世明、蒙巴顿、史迪威、朔莫维尔于黄山开会。当议定：（一）一九四四年一月十五日开始进攻。（二）作战部队、进攻路线概如前案①所定，夺取目标为密支那和腊戍，英军将派温格特的远程突击队②进入缅北敌后，并由中国选派突击队组成中英联合突击兵团，参加作战。（三）中印空运量维持每月一万吨。（四）南缅作战及水陆夹击正在准备。蒙巴顿、朔莫维尔、史迪威分别在会上通报：由惠勒将军指挥、皮克准将实地负责，在阿萨姆增建四至七处机场及由加尔各答向列多铺设油管，改善铁路、水运工程和列多基地工程及筑路工程；兰姆伽之训练年内可以完成，昆明的训练尚应扩展。进攻开始后，筑路和油管工程将同时跟踪前进，直达昆明。在黄山会议上，对收复缅北作战，中、美、英均持积极态度，且都有具体准备，三方都愿密切合作，并达成了相应的协议。蒙巴顿认为这是联军攻日的胜利前奏，是值得纪念的历史性会议。不过，对南缅水陆夹攻之实施，英方尚在游移之中。

五、开罗会议对反攻缅甸作战计划之定夺

一九四三年十一月，中、英、美三国举行开罗会议。《开罗宣言》中规定，三国必战至日本无条件投降为止，东北、台湾、澎湖列岛归还中国。在反攻缅甸方面，会议决定并经罗斯福保证"在北缅作战的同时，英国在南缅实施水陆夹击，及保持中印空运量每月一万吨"。但是，不久在德黑兰会议上，美国为使英国全力投入欧洲作战，竟屈从英国的要求，

---

① 作者注：前案指"安纳吉姆"计划与"三叉戟会议"决定的作战部署、进攻路线。

② 作者注：温格特少将是英国皇家远程突击队司令，对外称"第三师师长"，参加过魁北克会议（由丘吉尔向会议推荐），一九四四年三月在缅北牺牲。

取消了上项决定和保证。罗斯福于十二月五日由德黑兰回到开罗后电告蒋介石："经与斯大林元帅会商后，我们将于明年晚春在欧洲有一大战，故不能获得足够的登陆舰艇对孟加拉湾实行两栖作战……望阁下仍照原计划进行作战，或将其展期至明年十一月。中印空运则在努力之中。"反攻缅甸作战计划，经过长时间反复磋商，至此才算最后确定。根据这个计划，英国终于免去了在南缅实施水陆夹击的任务，而把反攻侵缅日军的重担，基本上都落在中国军队的肩上了。

反攻缅甸的作战准备

一、中国驻印军与兰姆伽训练中心

早在一九四二年六月二十九日，蒋介石正式批准史迪威关于在印度训练十万中国军队、在滇西装备训练三十个师以及反攻缅甸的计划。史在印时曾向韦维尔商讨在印度训练中国军队与反攻缅甸的问题，并希望借用阿萨姆省的英帕尔、科希马、隆丁、瑙冈中之一处为基地。韦初拒绝，嗣经马歇尔交涉，方同意将位于加尔各答西北二百英里处比哈尔省兰溪市内原意大利俘虏营——兰姆伽军营划归中国军队使用，并负责提供军需给养。孙立人的新编第三十八师及长官部遂于六月二十八日入营，新编第二十二师于八月中旬入营。这两个师约九千人。蒋令军政部为"X 部队"① 提供兵员，为"Y 部队"②选调部队，决定从九月起每天向印度空运官兵四百至五百人。史于十月十二日电告马歇尔用租借物资装备训练第二批三十个师，将在桂林集训，称为"Z 部队"③。马于十九日复电照准。

八月，军事委员会下令撤销"中国远征军第一路司令长官司令部"，成立"中国驻印军总指挥部"，任命史为总指挥，罗卓英为副总指挥，柏特诺为参谋长，温鸣剑为副参谋长。营以上单位分别派驻美军联络官，负责同级中国部队的作战训练及运输补给事宜，直接听命于美军的上级联络官。这就形成了史迪威直接控制指挥中国驻印军的"监军"体制，使中国官兵的民族自尊心受到伤害，抵触情绪既普遍而且严重。而郑洞国、孙立人、廖耀湘则大义凛然，既不顾个人得失，更不理睬史迪威的专横和威逼，及时制止了史迪威及其部属搞的一些有损我国利益的做法，

---

①②③ 作者注：史迪威将兰姆伽训练中心（驻印军）称为"X 部队"，昆明训练中心（在滇西的第一批三十个师）称为"Y 部队"，桂林训练中心（第二批三十个师，正筹备中）称为"Z 部队"。

维护了国家主权和民族尊严，不仅赢得我军官兵的衷心爱戴，且为美国许多正直有识的朋友所赞赏，最后连史迪威也对他们刮目相看，倍加尊重。如温鸣剑、傅宗良事件和用美国军官取代中国军官事件④等等。驻印军的武器装备由美军提供，给养、服装、医药则由英军代办，统经美军供应处向我军供给，实行"补给到连、供应到人"的追送补给体制，根本革除了国民党军队陈腐落后的补给制度，使军队面貌为之一新，这也是我驻印军官兵后来对史迪威产生好感的原因之一。另一方面史迪威那种"士兵化"的举止和注重实效、雷厉风行的作风，以及美军中的民主传统，也使驻印军官兵深受感染，逐渐形成了"自觉守纪、遵守时间、讲求效率、实行民主、忠职守、爱荣誉、爱国家、爱战友、不怕死、求胜利"风气。

驻印军各师由三个步兵团、榴弹炮营、工兵营、通信营、辎重营、教导营、特务连、搜索连、卫生队、军械连、野战医院、侦察队各一和两个山炮营组成，并设炮兵指挥组统率三个炮兵营。全师约一万五千人，各种车辆三百辆，骡马千余匹，十公分五榴弹炮十二门，七公分五山炮二十四门，十公分五迫击炮三十六门，三公分七战防炮三十六门，八公分二迫击炮三十六门，六公分迫击炮一百六十二门，重机枪一百零八挺，轻机枪三百六十挺，火焰喷射器八十五具，火箭发射筒一百零八具，冲锋枪、卡宾枪各约四百支，电话可架到连及独立排，且均配备无线电话报机，通信能力、机动性能、火力与士气均大为增强。炮火为日军一个师团的一半，但官兵体质、战斗技能，都明显提高。

兰姆伽训练中心由麦凯布主持，阿姆斯任总教官。鲍威尔、阿诺德、费尔德、梅里尔、伯金、杜恩、琼斯，史迪威的儿子"小乔"、女婿伊斯特布鲁克及威廉斯等都调来工作。设步兵、炮兵、工兵、通信、汽车、战车、卫生、兽医驮载等学校，轮训驻印军各级干部，使其熟悉美军的战术和武器装备之使用。每期六至八周，全由美军任教，中国军官担任管理。训练方法采取"讲解"（口述、图解、模型、电影）、"示范"、"实习"、"考核"的步骤，重在实习。另设战术学校，训练内容以美国利文沃恩参谋大学战时课程为基础，专门训练国内第一批三十个师的将校

---

④ 作者注：史迪威曾擅自撤调副参谋长温鸣剑、新二十二师六十五团长傅宗良的职务，并企图用美国军官取代驻印军团以上干部，郑洞国、孙立人、廖耀湘及全军官兵一致反对，迫使史迪威自行纠正。

中国驻印军指挥系统表

（一九四二年八月至一九四五年三月）

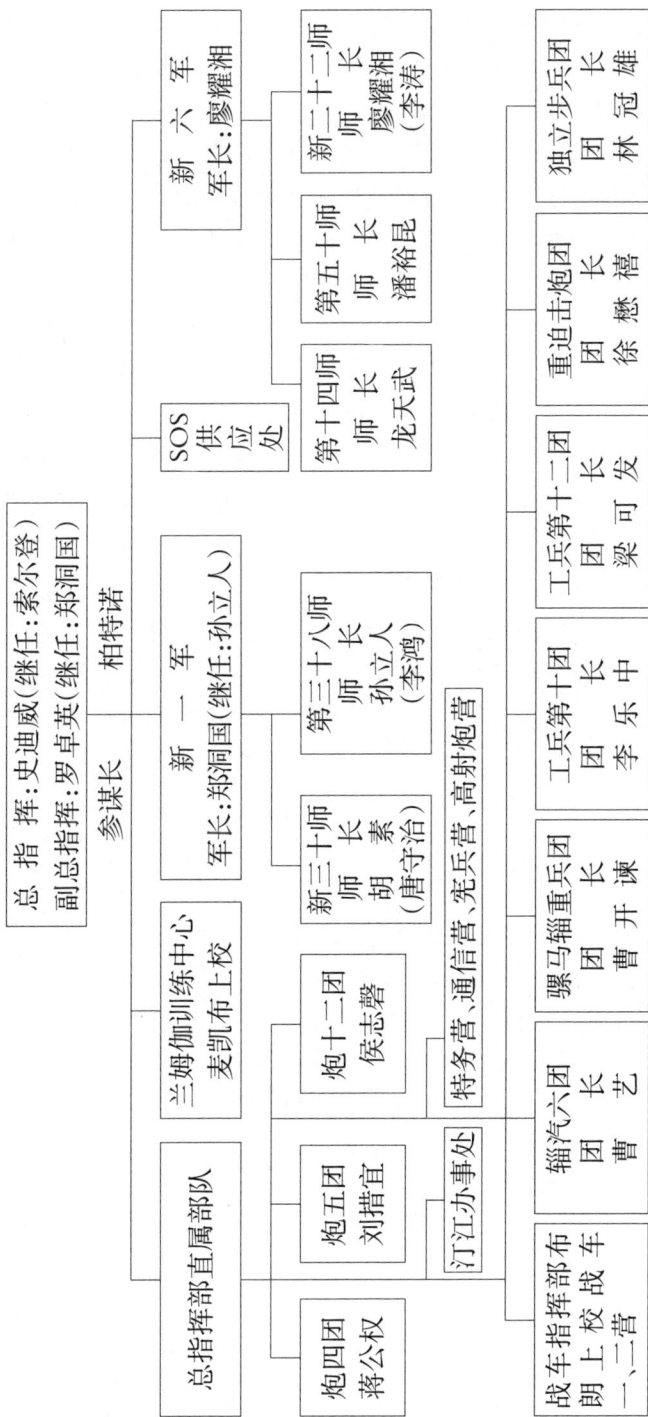

总指挥：史迪威（继任：索尔登）
副总指挥：罗卓英（继任：郑洞国）

参谋长 柏特诺

SOS 供应处

新六军 军长：廖耀湘
- 新二十二师 师长 廖耀湘（李涛）
- 第五十师 师长 潘裕昆
- 第十四师 师长 龙天武

新一军（继任：孙立人） 军长：郑洞国
- 第三十八师 师长 孙立人（李鸿）
- 新三十师 师长 唐守治（胡素）

独立步兵团 团长 林冠雄
重迫击炮团 团长 徐穰禧
工兵第十二团 团长 梁可发
工兵第十团 团长 李乐中
骡马辎重兵团 团长 曹开谦

总指挥部直属部队
- 兰姆伽训练中心 麦凯布上校
- 炮十二团 侯志磬
- 特务营、通信营、宪兵营、高射炮营
- 汀江办事处

炮四团 蒋公权
炮五团 刘措宜

辎汽六团 团长 曹艺
战车指挥部 布朗上校 战车一、二营

说明：①罗卓英于一九四二年十月回国；②新编第一军成立于一九四三年一月；③新编第六军成立于一九四四年八月；④一九四四年八月设驻印军指挥部，由郑任副总指挥，孙立人接任新一军军长；⑤一九四四年十月史迪威回国，其职由索尔登继任；⑥一九四五年三月第五十师归新一军指挥。

97

级军官，也有少数各军事学校、高级机关的有关将领，时间为六周。驻印军士兵的训练，则由在上述各科学校接受过美军训练的中国军官担任，也采取美军新的教练方法，收效甚快。

二、远征军的组建与昆明训练中心

一九四三年"卡会"及加尔各答中美英高级幕僚会议后，四月，远征军长官部在云南楚雄成立，陈诚任长官，萧毅肃任参谋长，辖宋希濂的第十一集团军和霍揆彰的第二十集团军，计有第二军、第六军、第八军、第五十三军、第五十四军、第七十一军。军事委员会驻滇干部训练团（美方称昆明训练中心，代号Y部队）也在四月一日开学。由蒋介石任团长，龙云代团长，陈诚任副团长，杜聿明、宋希濂、关麟征轮流任教育长，后由第十一集团军副总司令梁华盛专任，潘佑强任副教育长，陈明仁、李道恭、赵家骧、罗又伦分任步兵、炮兵、作战人员（美方称参谋指挥学校）、战车班主任，还设有工兵、通信、军医、后勤、外语、情报班等。教官及训练实施由美军担任。美军设立昆明训练中心专司其事，由杜恩主持，阿姆斯上校（旋升准将）负责训练计划，包瑞德上校负责行政，曾士奎任联络官，伯金主持炮兵训练。并按兵科和业务分设有关学校，负责施教。驻滇干训团各级组织负责受训学员的行政管理和生活供应。学员来自远征军，第一、五、九各集团军及昆明行营直属部队。训练时间为六周左右，炮兵学校为八至十周。每期召训步兵四百五十人，炮兵三百人，其他兵科和专业军官各一百至一百五十人。训练方式与内容概与兰姆伽训练中心相同。另设将校班对赴印受训的将校级军官进行赴印前的准备教育，介绍印度、缅甸和英美军概况及外交礼节。

远征军和第五集团军（杜聿明）于一九四三年十月开始接受美械装备。由于当时空运量有限，美械装备迟迟不能运到，以致第一集团军（卢汉）和第九集团军只能供给部分美械，如七公分五山炮、六〇炮、火箭发射筒、冲锋枪等。远征军及第五集团军的编制装备也较驻印军稍逊。

远征军及第五集团军（辖第五军的第四十五师、第九十六师、第二〇〇师及直属的第四十八师和伞兵总队）开始改换美械装备时，美军向长官部、总司令部、军、师分别派驻联络组，协助训练、作战、陆空联络、补给运输事宜。当时美械装备的部队编制大概如下：军辖三师（个别的军是两师）及十公分五榴弹炮营一个（十二门），师辖三团及七公分五山炮一营（十二门）、三公分七战防炮一连，团辖三营及八公分二迫击炮一连（六门），营辖步兵三连、机枪一连（八挺）、火箭筒一排，连有步兵三排、六〇炮一排（二门，另有火焰喷射器三具），全连官兵一百七十余人，机枪九挺，冲锋枪十八支。电话及无线电话报机配备到连。师以上的运输部队均配有汽车，团以下的运输仍为兽力和人力。全师约一万三千人，但不足额。

三、列多基地及列多公路的建设

史迪威在一九四二年七月十八日和二十九日，两次提出反攻缅甸的计划中，都选定英帕尔为进攻缅甸的前进基地。但他在十月二十七日第三次同韦维尔会谈时，却被韦维尔拒绝，只同意中国驻印军以列多为前进基地，沿胡康河谷进攻密支那和八莫。十一月三日，蒋介石坚持在缅甸必须实行南北水陆夹击的原则下，同意史、韦十月二十七日的协议。十二月二日，史迪威电告马歇尔，当派安鲁逊准将和皮克准将率航空工程团和机械工兵团六千余人，由美来印，于一九四三年二月到达廷苏基亚空军基地，并调来中国驻印军工兵第十团和第十二团到列多。另雇用近十万印度民工，由美军供应司令惠勒少将指挥，进行列多基地和列多通往新平洋公路的建设。同时改进并铺设加尔各答到列多的输油管，以及沿列多至新平洋新建公路线上的油管，并增建、扩建阿萨姆省的机场五至七处，另对铁路设备和布拉马普特拉河上的火车、汽车轮渡与码头进行改造。史迪威十分关注上项工程的质量和进度，经常亲临督促检查。三月，新编第三十八师移驻列多、卡图地区，继续进行森林战训练；同时派第一一四团进入野人山区，在卡拉卡至大加卡一线占领阵地，掩护筑路。盘踞缅北的日军第十八师团，以第一一四联队的一部占据新平洋、南亚腊一带，经常来犯，屡被击退。筑路与油管工程同时并进，到五月间雨季来临前，先头已进至缅印边界距列多四十三英里处。雨季开始后，工程进度大受影响。但在印度及滇西的中国军队，都在紧张地准备投入反攻缅甸的作战，因此官兵斗志十分旺盛。

四、克钦别动队和远程突击队的建立

一九四二年冬，史迪威在印度招募到约千名缅甸克钦族人，派美国情报局的艾夫列上校指挥，给以侦察、爆破、窃听、跳伞、障碍超越、渡河、夜袭、捕俘等项特种训练后，分批空投到缅北深山野林之中，在缅北铁路沿线和伊洛瓦底江沿岸，展开侦察敌情、破坏交通、袭击小股日军和哨所、营救失事飞行员等活动。这支部队全靠空投支援，又能获得当地克钦人的支持，故能长期在敌后活动，发挥了很好的作用，通称为"克钦别动队"。

"三叉戟会议"后,马歇尔虽没有给史迪威派去一至三个美国的野战师,却给他调来一支志愿突击队,有三千多人,代号为"加拉哈德"支队,又称"抢劫者"支队,正式番号是"美国陆军第五三〇七团",代号G字军。于一九四三年夏末来印,在占西接受英国人的训练,并交由英国远程突击队司令温格特少将指挥。这使史迪威深感不服。马歇尔极力给予劝慰,并同意美国军人不参加英国人《天佑吾王》的合唱,不过应起立致敬。史迪威为求早日从温格特手中接过对"加拉哈德"支队的指挥权,就违心地怂恿蒋介石尽快选派"中国远程突击队"赴印度接受英国人的训练,以便尽快建成"中英联合突击兵团"。在魁北克会议上对此再次作出决定①。并规定:史迪威受英国的第四集团军总司令斯利姆指挥,而"中英联合突击兵团"则受史迪威指挥,美国的"加拉哈德"支队又由温格特指挥。但史迪威已是统率缅甸战区和东南亚战区的"东南亚盟军副统帅",英国人就喜爱这种互相矛盾而错杂的指挥关系。对此,史迪威一直是极力反对的。然而,由于他一心想要英国人参加反攻缅甸作战,所以,当一九四二年四月六日蒋介石宣告由亚历山大统一指挥中英联军时,他在得知自己受斯利姆指挥的决定后说的第一句话是:"只要英国人肯参加反攻缅甸,我就乐于听斯利姆的指挥。"

不久,为了筹建"中英联合突击兵团",我被调到印度占西"英国皇家远程突击学校"接受英国人的训练,随后就同梅里尔一道工作。当时梅里尔受命统率美国的"加拉哈德"支队。"中国远程突击队",由于蒋介石同韦维尔芥蒂日深,仍对英国人缺乏信任,一直拖到开罗会议后,他才下令在昆明组建。这支由军官百余人、军士两百人组成的"中国远程突击队"的基干队,到印度受训后,又因史迪威去职和缅战已取得决定性胜利,而中途作罢。

中国驻印军反攻缅甸作战经过

一、进攻目标与作战路线之选定

前已述及,史迪威在一九四二年七月十八日和二十九日所策定的反攻缅甸计划中,是以印度东部重镇英帕尔为前进基地,中美英联合兵团

---

① 作者注:一九四三年二月九日,宋子文、何应钦、安诺德、史迪威、朔莫维尔、韦维尔、迪尔等在加尔各答举行的中美英高级幕僚会议上,已作出决定"组建中英联合突击兵团",由英军六旅、华军三旅组成,受温格持指挥。

（英军三师、美军一师、华军两师），将由霍马林、锡当、加里瓦渡江，进攻曼德勒，与远征军会师后呈扇形展开，取道南下，与由仰光登陆及由阿恰布东进之英军相聚，光复全缅，并挥师东进，攻占泰国和印度支那，达于沿海。这条由英帕尔进攻曼德勒的作战路线，既占地形、交通的有利条件，又便于后方补给、空中支援，可以充分发挥盟军的火力和机动性的优势，且可一举切断敌军的交通线，易收分割包围、各个歼灭敌军之效。但因英国"无意在近期收复缅甸，却热衷于进攻苏门答腊，反攻马来亚、新加坡的作战"①，并且"将尽一切办法阻挠中国军队在缅甸作战"②。但在美国的压力影响下，韦维尔才决定让史迪威带着中国驻印军去攀越那被称为"死亡之路"的野人山，而进入被英国人看作"无法通过的谷地"胡康河谷③；并且只以夺取密支那、八莫为作战目标。把反攻缅甸的作战局限于缅北一隅；且把美国坚持要修建的中印公路和输油管道，限制在列多、新平洋、胡康河谷、孟拱、密支那、八莫、南坎、畹町一线，以防中国军队深入缅甸。

韦维尔给中国驻印军规定的这条作战路线，沿途全是崇山峻岭，重崖叠嶂，原始森林蔽日，蛇兽蚂蟥遍地，河流纵横，崎岖无径，雨季来临，即泛滥成泽，使敌易守而我难攻。我军不但运输补给困难，部队运动也必须披荆斩棘，开路前行，更无法展开大兵团作战，而且不能发挥我空军、坦克、大炮的威力，造成日军"一人守隘，千人难过"的局面。我军经常处于临绝地以攻天险的困境，招致较多的伤亡。特别是日军利用茂密的森林埋伏狙击手，专门狙击我军指挥官，使我军干部伤亡剧增。我新二十二师在五个月作战中，竟牺牲了五十七名连长，因而延缓了我军歼灭日军、打通中印公路的进程；同时也使得日军能够调集兵力，突击印度的英帕尔和科希马，给了英军第十四集团军以沉重的打击。终因我驻印军在缅北发动猛烈进攻，全歼了敌第十八师团，并及时派兵增援

---

① 作者注：这是史迪威的政治顾问戴维斯于一九四二年七月三十一日在写给史迪威的报告中所说的话。

② 作者注：这是史迪威的旧部罗伯茨一九四二年十二月七日在写给史迪威的信中讲到的。当时罗伯茨在美国陆军部任职，从事情报工作。一九四二年三月至五月在缅甸担任驻第六军的联络官。

③ 作者注：胡康河谷（Hukawng Valley）位于缅北新平洋、孟关间，南北纵长达二百公里，东西幅员二十至七十公里，标高在七千英尺以上，为虎烈拉与恶性疟疾之巢窟，故称"死亡溪谷"（按克钦语，胡康——即死亡之意）。

英帕尔，才使英军转危为安。但是整个印度和伦敦，却已饱受虚惊。当时史迪威曾愤慨地指出："英国人屡次拒绝中国的援助，这次在英帕尔又险遭惨败，完全是自取其咎。"

二、全面进攻前的敌我态势

当盟军积极地准备收复缅甸之际，日军也不断地向缅甸增兵，加强缅甸的防务，并企图进犯印度，摧毁中印空运基地和反攻缅甸的作战基地。一九四三年三月二十七日，敌设立缅甸方面军，由河边正三任司令官。接着将第十五师团、第三十一师团、第二师团、第五十四师团、第四十九师团、第五十三师团和独立第二十四旅团相继调到缅甸，使缅甸的日军猛增到约十一个师团，近三十万人。一九四四年春，缅甸方面军辖第十五军、第二十八军、第三十三军及第五飞行师团，其部署如下：

（一）第十五军司令官牟田口廉也中将，辖第十五师团、第三十一师团、第三十三师团，另附"印度国民军第一师"约九千人（大多是投降的印度士兵），位于曼德勒西北地区，专任乌号作战①，遂行对印度英帕尔之进攻。

（二）第二十八军司令官樱井省三，辖第二师团、第五十四师团、第五十五师团，位于缅甸西南及沿海地区，专任哈号作战②，遂行对阿恰布之进攻。

（三）第三十三军司令官本多政材，辖第十八师团（位于密支那、孟拱、孟关、新平洋地区，专对驻印军）、第五十六师团（位于滇西怒江西岸，专对远征军）、第五十三师团、第四十九师团、独立第二十四旅团，担任阻击中国驻印军于缅北、阻击远征军于滇西之持久作战。

魁北克会议后，东南亚盟军统帅部成立，蒙巴顿任统帅，史迪威副之，魏德迈任参谋长，英国的陆海空三军分别由吉德法、萨莫维尔、皮尔斯指挥。韦维尔任印度总督，奥金莱克任印度总司令专门训练军队，不指挥作战。斯利姆任第十四集团军司令，率斯库纳斯的第四军守英帕尔地区，该军辖第十七、二十、二十三师三个师。以克里斯蒂森的第十五军守吉大港和孟都、布迪当。该军辖第五、七、二十六、八十一师四个师。斯托普福德的第三十三军辖第二、十九、三十六师和东非十一师四个师及第十七旅，位于隆丁及其以西地区，保持机动。

---

① 作者注：乌号作战是日军进攻印度英帕尔作战的代号。

② 作者注：哈号作战是缅甸日军一九四四年对阿恰布第二次进攻之代号。

开罗会议后，我远征军已完成美械装备和作战训练，正集结在云龙、保山地区，准备进攻。

为掩护筑路并准备反攻缅北，我驻印军新三十八师第一一二团在南亚腊、纳特科击溃敌第十八师团的搜索大队和第五十五联队的警戒部队后，于一九四三年十月二十九日，攻占宁边、新平洋、拉家苏各要点，打开了胡康河谷的北面大门。但是敌第五十五联队的一个大队，仍在于邦凭险固守，我屡攻未克。十一月初，敌第十八师团长田中新一急调第五十六联队兼程赴援，向我反扑，均予击退，遂成对峙。田中新一企图再行增援反扑，被敌军司令官制止。十二月孙立人率第一一四团来援，激战七昼夜，全歼于邦守敌四百余人，毙敌联队长藤井大佐以下数百人，俘三十余人及大批军用品，创于邦大捷，使敌首大为惊愕。一九四四年元旦，中印公路通车至新平洋，新三十八师全部及新二十二师第六十五团同时到达。史迪威的指挥部和前方基地也推进至此。史迪威、孙立人亲赴于邦阵地，向官兵祝捷并颁勋授奖。遂令新三十八师在左进攻太白家，第六十五团居右进攻打洛。第六十五团沿大奈河南岸利用森林掩蔽，开路前进，出敌不意，迂回到百贼河敌后，将敌包围。经过激战，于一月二十五日全歼敌冈田大队七百余人，大队长冈田中佐跳河自杀，敌遗尸六百十七具，被俘二十余人，缴获速射炮二门，迫击炮四门，重机枪八挺，机枪、步枪五百余支，旋即占领打洛。二十六日史迪威亲临视察。二月一日新三十八师占领太白家。至此，我已完全肃清大龙河及大奈河沿岸的敌军，揭开了全面反攻缅甸的胜利序幕。

三、攻克孟关之战

孟关是缅北军事重镇，地当胡康河谷之要冲。敌第十八师团集结了七个步兵营、两个山炮营、一个重炮营、一个战防炮营于孟关地区，并在孟关及其外围据点构筑了坚固的防御阵地，企图据险固守，作持久抵抗，阻滞我军的进攻，以掩护其第十五军行将对英帕尔发动的乌号作战，破坏我军反攻缅甸、打通中印公路的计划。

我占领打洛、太白家后，史迪威决心乘敌军新败士气受挫，我军初胜斗志昂扬之势，不待英军从英帕尔发动进攻，也不等远征军横渡怒江西进，立即挥师南下，捕捉敌第十八师团击歼之。遂命新二十二师主力由康道渡过大奈河，直趋孟关，以新三十八师自左翼迂回切断敌之后方交通，对孟关之敌造成钳形夹击之势。

廖耀湘为求正面作战容易，并使我军右侧获得安全保障，遂派第六十五团第一营自打洛出发经大树班向伦京迂回；该团主力自西南方向侧击腰班卡；自率新二十二师主力横渡大奈河，于二月二十二日攻占腰班卡和拉征卡等敌据点，摧毁敌之左翼。旋即乘胜直捣孟关。同时派第六十六团第一营与战车营编为特遣支队，由孟关以东绕攻敌后，于三月三日晨攻占宁库卡，切断了孟关敌军后路。新二十二师经旬日激战，于三月五日攻占孟关，继续追敌南下，以特遣支队乘胜向瓦鲁班南面迂回攻击。孙立人率新三十八师主力于二月九日自太白家出发，向东作大规模的深入迂回，先后攻克清南卡、马高、拉树卡等三十多处敌军据点，予敌以沉重打击，全部摧毁孟关敌之外围据点，揳入瓦鲁班以南地区，对敌第十八师团，完成了包围的态势。

我军随即兵分两路：一路穿过密林绕到瓦鲁班南面的秦、诺，于三月七日占领该地，切断了敌后方交通，一路自东南围攻瓦鲁班。与此同时，美军"加拉哈德"支队在梅里尔准将率领下，在迂回突击瓦鲁班途中，于三月四日遭日军两个连的狙击，陷于危殆，孙立人即派第一一三团兼程驰援，将日军击溃，美军才得解围后撤。三月八日，特遣支队由瓦鲁班西北冲进敌军司令部，敌师团长田中新一仓皇逃命，其关防、座车及师团作战课长、第五十六联队长之公章，悉被我虏获，敌死伤枕藉。九日，新三十八师第一一三团首先攻占瓦鲁班，与新二十二师和特遣支队胜利会师。廖耀湘即率新二十二师和特遣支队，超越追击，于十五日一举攻占丁高沙坎，将胡康河谷之敌全部肃清。是役击毙日军一千五百余人，仅瓦鲁班一处敌弃尸即达七百七十五具，并虏获大批敌军武器、弹药、车辆、马达和装具，造成反攻缅甸作战的第二次大捷。

孟关大捷后，蒙巴顿带着一批英国高级军官，飞临战场视察，在巡视孟关、瓦鲁班时，看见到处是被打坏的日军坦克、大炮、汽车，俘虏品堆积如山，日军死尸臭气熏天，激战的痕迹尚在，他情不自禁地对史迪威、孙立人、廖耀湘等人盛赞中国官兵勇猛善战。但是他此来的真正目的，却是劝说史迪威放弃对缅北大规模的进攻，抽出主力去保卫英帕尔。史迪威认为只有加速打通中印公路，在缅北大量歼敌，才是对英帕尔的有效支援。经蒙巴顿一再要求，史终于决定派战车第二营和新三十师一个团前往英帕尔增援。他则继续进行攻夺缅北天险——坚布山隘的作战，同时筹划奇袭密支那的战役。

敌第十八师团在孟关、瓦鲁班惨败后，仍集结其第五十六联队及第五十六师团的第一四六联队，附炮三十余门，在坚布山隘构筑工事，企图固守。坚布山隘位于胡康、孟拱河谷中间，成为两河谷之分水岭。北起丁高沙坎，南至沙杜渣，全长五十余里，两边全是崇山峻岭、高树密林，只有一条狭窄的隘路（可通汽车）由深谷中经过，沿途山上均有日军据守，确有"一夫当关，万夫莫敌"之势。我军由新二十二师正面攻击，新三十八师第一一三团自隘路以东开路前进，经旬日之艰苦跋涉，三月二十八日攻占了隘路南端沙杜渣以南的拉班，旋折回向北进攻沙杜渣。这时，新二十二师运用小部队钻隙、迂回奇袭的战术，已夺取山隘中的高鲁阳，南下夹攻，于二十九日攻占沙杜渣，俘敌三百余，炮十五门，敌遗尸遍野，我遂占有缅北天险，随即展开攻夺孟拱河谷之战。

四、攻占孟拱河谷之战

孟拱河谷纵长七十余里，东西约七里，南高江流经其间，河谷两边俱是一千英尺以上的峭壁，雨季山洪暴发，平地顿成泽国，水流汹涌，施渡亦难。敌军正图借此险地，阻滞我军，冀为雨季所困。此时敌第十八师团兵力奇缺，每个连队只有三四十人。旋得第二师团、第五十三师团、第五十六师团各一部，另有炮兵一团、坦克一营来援，并获两千多名兵员的补充，实力有所增强，但士气却甚低落。敌师团长以所部万余人沿河谷作梯次配置，行逐次抵抗作战，以待雨季来临。

我军决于雨季前迅速歼灭当面之敌。以新二十二师附战车营沿公路突破敌之纵深阵地，夺取甘马因；以新三十八师由东面向敌后迂回，进行夹击，夺取孟拱。新二十二师在战车、空军协力下，迅速击破瓦康、瓦拉渣、马拉高各地守敌，于五月一日进至英高塘东西之线，与敌对峙。这时我新三十八师已先后攻占高利、马兰，于五月初占领曼平，遂以第一一二团从山林中开道前进，绕过瓦兰，于五月二十六日，秘密迂回到甘马因南面的西通，突袭守敌，一举毙敌九百余人，虏敌重炮四门，和满载军需品的汽车七十五辆、骡马五百多匹、粮弹仓库十五座、修车厂一所，切断了甘马因至孟拱的交通，使甘卡因之敌陷入重围。自五月末至六月中旬，敌先后调兵向我反扑十四次，企图夺回西通，均被我一一击退，又击毙敌大队长增永少佐以下两千七百多人。另由瓦兰侧击支遵的我第一一三团，于大雨滂沱、河水泛滥中攻占了南高江东岸的支遵，全歼敌第五十五联队一个营，对甘马因构成直接威胁。

与此同时，新二十二师附第五十师第一四九团和战车营，自六月一日起将敌第十八师团（欠两个大队）、第五十六师团第一四六联队八千余人，包围压迫于索卡道地区，激战九昼夜，歼敌六千余人，缴获大炮五十六门、汽车一百九十辆、马三百多匹、机步枪三千多支、坦克装甲车十五辆。敌师团长率残部千余泅水南逃。六月十六日攻占甘马因，与新三十八师第一一三团会师。并以一部攻占沙貌，切断了盘踞孟拱敌之后方联络线。我新三十八师第一一四团于六月初由曼平南下，秘密钻隙，出敌不意，于六月中旬攻占了孟拱以东十二里处的巴棱杜，切断了孟拱到密支那间的公路和铁道交通，与占领西通的第一一二团及由甘马因进攻孟拱的第一一三团相配合，对据守孟拱之敌第五十三师团、第二师团各一部及炮兵第五十三联队约七千余人，构成三面合围之势。

六月十八日，英军第七十七旅在孟拱城以南被围，我第一一四团强渡滚滚奔流的南高江，击退日军，救出英军，随即于二十日对孟拱发起进攻。我第一一二团由西通南下，第一一四团由巴棱杜西进，同时合攻孟拱，激战三天，破城而入，又巷战两日，于六月二十五日，全歼守敌，攻克孟拱。至此，除密支那尚在攻夺外，缅北之敌已被我肃清。此时，敌第十八师团业已名存实亡，其步兵连队之兵员已减至十人左右，陆续逃往英多，收容整补。敌第五十三师团、第二师团之残部则于六月二十九日退到莫宁一带。

五、飞兵从天降　奇袭密支那

密支那是北缅的行政中心，且为缅北铁路终点，城西城北都有飞机场，公路四通八达，同我国滇西重镇腾冲只有一山之隔，行人和马帮时相往来。北至葡萄、孙布拉蚌，东到瓦霜、洪劳，南达八莫、南坎，西连孟拱、英多，均有公路相通。伊洛瓦底江绕过城市东侧向西南流去，河宽一里至二里不等，水流平缓便于航行。密支那既是一座水、陆、空俱备的交通枢纽城市，也是一个战略要地。密城四周，崇山环绕；市郊西北，五至十里以内则是略有起伏的开阔地，尽是幼林和耕地，缺少遮蔽。我军如能尽早攻克此城，就不但可以加速打通中印公路的进程，早日恢复我国的国际交通线，使美援物资能源源不断地大量地运到国内，迅速提高我军作战能力，加快反攻，而且可以大大改善中印空运航线和能力，还可以直接利用油管向国内输油。史迪威关于收复密支那的计划，虽遭到蒙巴顿的反对，却得到美国参谋长联席会议（英文缩写：J. C. S.）的坚决支持。

一九四四年三月八日，日军发动了乌号作战。四月上旬，日军攻占科希马，包围了英帕尔，印度和伦敦都大为震惊。蒙巴顿也向中国紧急求援。史迪威曾于三月二十七日飞往重庆，请求蒋介石火速向印度增兵，并由远征军发动进攻，以解英军之危，乘机打通中印公路。蒋介石当命第十四师、第五十师于四月初紧急空运赴印，集结于阿萨姆东部待命，并令远征军于五月中旬开始进攻。四月二十一日，史迪威作出了一个大胆的战略决策：以廖耀湘的新二十二师进攻甘马因，再以孙立人的新三十八师迂回袭占孟拱，另以梅里尔准将率中美联合突击兵团奇袭密支那，三路大军同时进发。中美联合突击兵团分三个支队：H支队由美军亨特上校指挥，辖第五十师第一五〇团、加拉哈德第一营（即美军第五三〇七团第一一营）、兽力辎重团第三连、山炮一连；K支队由美军上校金尼逊指挥，辖新三十师第八十八团、加拉哈德第三营；M支队由美军上校麦吉指挥，辖加拉哈德第二营、克钦突击队（六百人）。各队分别于四月二十八日至三十日由孟关南下，从库芒山区披荆斩棘，开路前进，全靠空投补给和无线电联络。行经雷班时K支队遇伏，经第八十八团反击，敌无一漏网，全部就歼。五月十二日，美军一营在丁克路高受困，该团及时赴援，将敌击溃。各队遂兼程急进。十六日晚，H支队美军一营到达密支那西郊巴马提，控制伊洛瓦底江渡口，第一五〇团同时到达密支那西机场以南的南圭河，并切断了密支那至孟拱公路。十七日凌晨，敌守备机场的部队尚在睡梦之中，我第一五〇团猝然发起攻击，一举攻占机场，残敌百余纷纷向火车站市区溃逃。我迅速肃清了机场守敌，清理了跑道，下午三时半前后，我满载增援部队和机械的飞机开始着陆。接着第八十九团、第四十二团和炮兵部队，相继于十八、十九日空运来密。史迪威也于十八日上午带着一群记者飞来密城，"盟军奇袭占领密支那"的新闻迅速传遍全球。然而，由于梅里尔指挥失当，兵力分散，缺乏周密的计划和组织，未能乘敌不备一举夺取密城；反而授敌以从容备战，并各个击破我军之机，以致本来可以在短期内攻克的密支那，却攻了八十多天，付出了伤亡近六千人的惨重代价，方得占领。

我同梅里尔相识于一九四二年三月十一日史迪威入缅之时，我们在第一次保卫缅甸战役中，几乎是朝夕相处，形影不离。一九四三年十月又在印度相逢，对他的性格和能力，有些了解。当史迪威决定由他指挥奇袭密支那战役时，我曾暗自对梅里尔表示忧虑。因为梅里尔虽有丰富的学识和战术素养，对森林突击战术颇有研究，并具有忠于职守，不怕困难，勇于战斗，不畏牺牲的军人气质，却缺乏对日军的实战经验；而且求功心切，过于自信，但又不善于在紧急而复杂的情况下，冷静地作出正确的判断和处置；容易感情用事，主观武断，不够沉着，不够缜密；

并与史迪威有一共同特点：就是对中国的高级军官缺少信任。这些都妨碍着他的本领和勇气的发挥，不能同中国军官密切合作，更不善于指挥中国军队，终于导致他的失败。

在五月十七日第一五〇团占领跑马地机场后，M 支队已占领密支那北郊的锡塔普尔，K 支队于十八日晨占领密支那东北的遮巴德，第八十九团也已全部到达。第二天第四十二团和炮兵部队也赶来增援。我军实力大为增强，对密支那的日军占压倒优势。盘踞密城的敌军，只是第十八师团第一一四联队长丸山房安大佐指挥的联队主力和工兵队、宪兵队、兵站监护队、机场守备队共三千余人，各种火炮二十多门。由于第十八师团在胡康河谷屡遭挫败的影响，敌军士气也较低落。这都有利于我军夺取密城。十七日下午，增援部队空运到达跑马地机场后，梅里尔匆忙地派出第一五〇团的两个营进攻车站，黄昏时分到达车站北侧，突遭敌猛烈的炮火和侧防机枪的急袭，我攻势受挫，后方联络也被敌切断，激战通宵，多次击退敌之反扑。然部队携带的粮弹将尽，仍得不到接济，处境堪虞。但该两营官兵却勇猛异常，于次日拂晓冲进车站，毙敌百余，我军也阵亡营长一人，官兵数十。终因联络断绝，补给不上，又无炮火和空军支援，使敌乘机反扑，车站得而复失者再，形成拉锯战，我军伤亡达六百七十余人，且粮弹已尽，遂同敌人拼刺刀，杀出重围，退守机场。

车站战役的失利，梅里尔应负主要责任，但他却把责任推到第一五〇团团长黄春城一人身上，要求史迪威将黄团长遣送回国，因而引起我军官兵强烈不满和坚决抵制。史迪威为平息众怒，于二十三日偕郑洞国军长、胡素师长（新三十师）、潘裕昆师长（第五十师）和参谋长柏特诺来到密支那西机场，宣布：撤销梅里尔准将中美联合突击兵团司令的职务，送回列多；各师由师长自行指挥，另设密支那指挥部，责成柏特诺代他指挥作战。经史迪威区处后，中美军官间的对立情绪才稍微缓和。可是柏特诺比梅里尔更加无能，更无实战经验，更缺乏指挥大兵团作战的能力。从二十五日起又开始进攻，仍由于敌情不明，地形不熟，我军炮火组织不善，陆、空协同失调，进攻部队互相联系不够，直到二十八日仍无进展。各部队在敌人猛烈火网之前，只得就地挖掘工事，改取守势，准备对敌情地形进行仔细侦察后，再伺机发动攻击。而柏特诺却误认为中国军队"急战"，强迫各部冒猛烈之敌火轻率冒进，以致伤亡倍增，仍无进展。

于是，在各部队长一再建议下，乃采取坑道战术，和用小部队钻隙迂回，打破敌之火网体系，先夺其侧防火力点，再摧毁其观测指挥堡垒，分块围攻破其一点，逐步推进；同时加强空中支援和空投作业，密切步炮协同。对要夺取的目标，由飞机施行"地毯"式轰炸，并由炮兵施以密集的面积射击，彻底摧毁敌之防御设施。由前沿观察所随时向飞机和炮兵通报轰炸、射击成果，一俟炮击、轰炸转移，我利用坑道或钻隙接近敌阵的冲锋部队，立即突入敌阵，肃清残敌。密支那就是这样一块一块地被我逐步攻占，直至八月五日，终于全部占领。在此之前，六月下旬敌曾派第五十六师团步兵指挥官水上源藏少将率步兵一营、炮兵一连，突入密支那增援，并指挥敌军作最后挣扎。但因敌军覆灭之局已定，水上自知回天无术，遂乘夜用竹筏将伤患偷运出城，并令丸山大佐率残部数百人逃往八莫，他则自杀而死。历时八十多天的密支那战役胜利结束后，反攻缅甸作战告一段落，由加尔各答经列多、胡康河谷、孟拱伸向中国的输油管，也于九月二十九日通到密支那。是役，敌自称：战死两千七百七十九人，伤一千一百八十人，生还八百人。我军伤亡官兵六千余人，其中阵亡两千余人。

六、围攻八莫与攻略南坎之战

密支那攻克后，驻印军利用雨季进行整补，扩编为两个军。郑洞国任副总指挥；孙立人任新一军军长，辖新三十师、新三十八师；廖耀湘任新六军军长，辖第十四、第五十、新二十二师三个师。积极准备发动进攻。

史迪威因同蒋介石矛盾激化，被召回国。魏德迈继任中国战区参谋长、驻华美军司令；索尔登继任驻印军总指挥、印缅战区美军司令。史于十月二十二日来密支那，会见中国官兵。对他的离去，人们都不禁怅然若失，不胜依依。他同我相谈颇久，仍非常关心中国对日反攻作战和中国军队的改造，特别强调对敌后进行远程突击战的重要性，要我认真研究和运用深入敌后作战的突击战术，并期许再会于战场。谁知密城一别，竟成永诀！

八月初，敌派第二师团搜索联队长原好三大佐，率所部附步兵一营、战车十辆、山炮十二门，守备八莫。以第二师团主力于八月二十八日推进到芒市，第十八师团则由英多移守南坎，企图阻我驻印军与远征军会师。嗣改令第十八师团主力移守蒙米特，留第五十五联队守南坎；并令第二师团主力移向曼德勒。

驻印军于十月中旬开始进行反攻缅甸第二阶段的作战。由新一军在左，沿密支那、八莫公路南下；新六军在右，经和平向瑞姑前进；以新六军的第十四师、第五十师为机动兵团，并担任侧翼警戒。

新一军以新三十八师于十月二十九日攻占庙堤，肃清太平江北岸之敌。十一月一日，以一部经山区爬越5150高地，由太平江上游的铁索桥过江，抵不兰丹。三日攻占柏抗。师主力也由铁索桥过河，至不兰丹、新龙卡巴之线，向曼西、八莫迂回。另以一部在太平江北岸由公路正面施行佯攻，竭力吸引敌人，使主力行动容易。这时，新三十师由宛貌向南推进到大利。十一月六日，新三十八师主力攻占新龙卡巴，向莫马克前进。九日，原在太平江北岸担任佯攻的部队渡江南下，夹攻莫马克，并以第一一三团迂回曼西，于十四日占沙王加荡，切断八莫敌之后方交通。曼西之敌向第一一三团反扑，激战三日，敌被击溃，遂占曼西。十四日新三十八师主力占莫马克，进围八莫。鉴于八莫之敌已成瓮中之鳖，新一军决定不待八莫之占领，立即以新三十师绕道攻取南坎，该师成三路沿八南公路及两侧山地南进。敌于十一月三十日派第十八师团第五十五联队长山崎四郎大佐率步兵四营、炮兵一营（称山崎支队）由南坎北上，救援八莫。十二月九日在南于附近与新三十师主力遭遇，激战三日，敌分股钻隙窜扰，与我混战，至十四日方将敌肃清。敌山崎支队被我歼灭过半，残部于十六日逃回南坎，整备防务。

十二月十五日，新三十八师攻占八莫。守敌除六十人乘夜向南坎突围外，原好三大佐以下悉数就歼。当即以第一一二团为左侧独立支队，向南坎东南侧迂回，切断敌后交通，于二十七日袭占劳文机场，二十八日占领般康，控制南坎谷地。新三十师第八十八团由左翼攻占马支、卡提克后，会同师主力于二十五日攻占南开。一九四五年一月五日，调整部署，仍由第一一二团控制南坎谷地；新三十师以一部沿公路进攻，抑留敌军；主力附第一一四团，越过古当山脉向西朗以南迂回，偷渡瑞丽江，插入南坎西南；另以一部续攻茅塘；第九十团在4556高地旁渡河，由东北包围南坎。十五日，我南北大军同时猛攻，一举攻克南坎，全歼守敌。

七、新六军在西线之进攻

新六军新二十二师，于十月九日由和平出发，沿甘高山脉两麓南下，十一月一日进抵伊洛瓦底江畔，先后攻占皎基、摩首。五日由于八佛因渡江，击溃敌第二师团、伪缅军各一团，于七日攻占瑞姑。十二日攻占曼大，十四日克西口，当以第六十五团一部东趋八莫，于十七日与第一一三团在八莫南端公马哈会师，旋即归建。十四日，新二十二师将防务交第五十师接替后，以一部置于曼大、西口，主力继续南下，在西于及其以南地区击溃守敌第十八师团第五十六联队后，于二十一日攻占东瓜。二十八日受命附第五十师第一四八团，进出贵街向和西敌后迂回，切断腊成、畹町公路，狙击南坎及滇西敌军退却并阻碍腊成方面敌军赴援。二十九日，师先头部队偷渡瑞丽江，先后攻占拉西、芒卡各要点。该师正以主力渡江东进，忽奉命集结，旋与第十四师于十二月间紧急空运回国。第五十师以第一四八团守备拉西、芒卡一带，主力于一九四五年元旦由东瓜南下，八日与敌激战于万好，至十四日将敌击溃，于占领万好后，继续追敌南下，进攻南渡。

八、打通中印公路 胜利会师芒友

一九四五年一月十五日，我军攻克南坎后，敌第五十五联队残部，退据南坎以南的老龙山及公路两侧山地之既设阵地；由芒市、遮放退来的敌第五十六师团、第四十九师团残部，则分据畹町、芒友、丹巴山、南巴卡、新维、腊成等处既设阵地，企图阻滞我军前进。

我新一军为迅速打通中印公路，遂令新三十八师进攻芒友。另令新三十师围歼老龙山之敌，该师主力肃清南坎、腊成公路两侧山地之敌后，围攻老龙山；以一部钻隙迂回奇袭老龙山东南侧姐兰，切断敌之后路，激战五日，全歼老龙山之守敌。与此同时，孙立人另派第一一四团钻隙向南巴卡突击，以切断芒友、老龙山敌之后路，先后攻占康梳八十二里路牌。二十八日，敌第二师团一部附战车九辆、炮十余门向该团猛扑，至二十九日才将敌击溃。此时新三十师主力也由老龙山南下，与第一一四团并力围攻南巴卡，于二月八日攻克，敌第五十六师团长松山佑三中将仅以身免。

新三十八师于二十一日攻占芒友外围据点苗因、闹阳、曼伟因，同日以一部攻占南拉及4561高地，多次击溃敌之反扑，于二十三日攻占丹巴山。另一部于二十二日突击到达瑞丽江南岸的木遮，与远征军①取得联络。至此，新三十八师已尽占芒友外围屏障，遂奋力围攻芒友，激战两昼夜，于二十七日攻克芒友，打通了中印公路，全歼芒友守敌两千余人。

---

① 作者注：远征军第五十三军第一一六师，一月二十日攻克畹町后，越过国境追击逃敌，于二十二日到达瑞丽江南岸的边境要地——木遮，适新三十八师突击队钻隙迂回至此，两军遂胜利相会。

一月二十八日，驻印军、远征军在芒友隆重举行会师典礼，中美将领卫立煌、索尔登、郑洞国、孙立人参加了这一历史性的盛会。接着浩荡的车队，从此驶向国内。

九、攻克腊戌 会师乔梅

二月十一日，孙立人派新三十师附第一一二团沿滇缅路进攻腊戌，经三日激战于十四日攻克贵街，十九日收复新维，打开了腊戌的北大门。敌以第五十六师团搜索联队据守闹亨，以第一四八联队附炮兵一部守孟利，师团主力附战车、炮兵主力扼守腊戌及其北面的外围据点，图作最后挣扎。二十三日，孙立人派新三十八师主力南下，新三十师和第一一二团分由公路两侧迂回，包围腊戌，各部先后击破各外围据点之敌，于三月六日占领老腊戌，七日攻占火车站、飞机场，八日完全占领腊戌，歼敌近万，虏获尤多。我第五十师于二月二十三日攻克南图，三月十六日攻克西保（细胞），与新一军会师后，孙立人以新三十师向东进攻占猛岩，第五十师则西向攻取乔梅。三月三十日英军第三十六师由孟尤南下，与我在乔梅会师。中国驻印军至此已完成反攻缅甸的作战任务，不久，遂相继返国。

远征军反攻滇西作战经过

一九四三年十月，敌第五十六师团附第十八师团一部，对我远戍怒江西岸的前哨部队发动进攻。尽陷西岸我前进据点后，即于各要地置重兵据守，赶筑工事，储备粮弹，企图凭险固守，阻我反攻，以掩护其在缅北及计划中的印东作战。除由第五十六师团担任守备外，另派第二师团、第四十九师团各一部增强守备。至一九四四年五月初，我远征军渡江进攻前夕，敌军之态势，大致如下：（1）平戛街部署步兵一营，山炮八门；（2）腊孟松山部署第五十六炮兵联队第三大队及步兵第一五六联队（属第四十九师团）一个大队附工兵、战车各一连共两千五百余人；（3）龙陵配置步炮各一营；（4）腾冲方面由第一四八联队及炮兵一营、工兵一营担任守备；（5）师团掌握第一四六联队及芒市守备队为反击力量；（6）另在镇安街、江苴街及象达分别配置第四十二联队（第二师团）、第一六八联队（第四十九师团）、第五十六师团搜索联队以行策应。

我远征军为了打通中印公路，决肃清滇西之敌，进出腊戌、八莫之线，于五月十日前完成作战准备。以第二十集团军（辖第五十三、五十四军）为攻击兵团，由栗柴坝、双虹桥间渡江，夺取腾冲；以第十一集团军（辖第二、第六、第七十一军）为防守兵团；以新三十九师、第七十六师、第八十八师各一加强团强渡怒江，进行策应。十一日，新三十九师加强团由惠通桥附近强渡怒江，于十二日攻占红木树。第七十六师、第八十八师之加强团同时分由三江口南北渡江，会攻平戞街。

我攻击兵团，右翼第一九八师于十二日由栗柴坝渡江，其第五九三团于十六日攻占马面关、桥头，师主力围攻北斋公房，敌第一四八联队据险顽抗，原地对峙。左翼第三十六师由双虹桥渡江后，因伤亡过重，遂调第五十三军于十三日渡江增援，向敌进攻，于十四日克大矿，乘胜越高黎贡山，进抵瓦甸、江苴街以东之线，与敌对峙。此时，我驻印军正在攻夺密支那、孟拱、甘马因。远征军决定调整部署，展开全面进攻。遂于五月二十二日，全部渡江，投入战斗，以第二十集团军攻腾冲，第十一集团军攻龙陵、芒市。其作战经过略述如下：

一、对腾冲、松山敌坚固据点之强攻

第二十集团军，以预二师于六月初接替第五九三团马面关、桥头的防务，令第一九八师全力攻夺北斋公房。敌调第五十六师团主力于六月九日开始反扑，马面关、桥头被突破，敌会攻北斋公房，战斗异常惨烈。这时，我第十一集团军主力于克腊孟后，围攻松山，进逼龙陵。迫使敌师团长松山佑三，决定放弃对北斋公房的反攻，在北面留置第一四八联队作持久抵抗，而亲率主力另附来援之第二师团主力在南面举行反攻，以打击我进攻龙陵、松山之兵团。我第一九八师、第三十六师、预二师于十四日攻克北斋公房，十六日再克马面关、桥头，残敌向明光、瓦甸逃去。二十日，预二师克明光、固东街，于六月底进抵腾冲西北。第三十六师于二十日克瓦甸，六月底抵达腾冲附近。第五十三军于二十日攻克江苴街后，追击逃敌，于六月底进抵腾冲附近。分别准备攻城。七月初，我第一一六师和预二师开始进攻，曾迫近城垣，但因敌工事坚固，我缺攻坚火器，终未奏效。相持到八月上旬，第一一六、第三十六、第一九八、第一三〇各师再兴攻击，九月七日由城南突入，逐屋争夺，至十四日，将敌全部歼灭。敌联队长藏重康美大佐以下两千五百余人无一漏网。

腊孟、松山位于惠通桥西侧，是控制滇缅路横过怒江唯一桥梁惠通桥之要冲，是龙陵之重要屏障。敌自一九四二年六月金光少佐任守备队长后，即大力建筑松山据点。一九四四年三月，更全力加强，并储备了充足的粮、弹、医药、饮水，志在死守。

第十一集团军主力于六月一日渡江，新二十八师于四日攻克腊孟，进围松山，敌阵坚固、火力猛密，该师五攻未克。七月一日改由第八军再攻，该军以三个师轮换进攻，连续九次，到九月七日方破敌阵，全歼守敌。计俘敌五十余人，十公分重炮六门、山炮二门、速射炮八门、迫击炮二门、平射炮一门，机枪七挺、重机枪四挺，水车、筑路机各一辆。毁敌堡垒五十五座、坦克五辆、重炮三门、山炮二门、平射枪三门、电台一部，其他军械无数。

我第八十七师一部于六月九日攻克镇安街，其主力与第八十八师于十日会攻龙陵，连克黄草坝、蚌渺、放马桥等外围据点。十六日敌第五十六师团主力由腾冲、芒市来援，猛烈反扑，我第七十一军退黄草坝、长岗岭调整部署。二十八日，再集中全军另附荣一师、新三十九师向敌反攻，八月中旬尽克龙陵外围据点，准备对龙陵发动二次围攻。第二军（欠新三十三师）于六月上旬渡江后，以第七十六师一部攻击平戛街，主力向象达、芒市进攻。第九师于二十四日克复象达后，继续向芒市挺进；第七十六师主力于八月上旬攻占放马桥，但平戛街仍未攻占。

二、攻克龙陵到会师芒友的战斗

第七十一军附荣一师、新三十九师于八月中旬准备：再次围攻龙陵，敌急调第二师团增援芒市，与第五十六师团主力、第四十九师一部并列，于九月五日大举反扑，我第七十一军与敌激战一周，得第九师增援，战局始稳定。中旬第二○○师由昆明来援，第三十六师由腾冲南下，配合第七十一军夹击敌人，敌于十六日溃退，其平戛街守备队亦逃。十月二十九日，我对龙陵之敌进行三面围攻，激战五日，于十一月三日晨攻克龙陵。十九日我军分三路继续攻击，二十日，第六军克芒市，十二月一日占领遮放。敌第五十六师团残部及第二师团、第四十九师团各一部，仍企图据畹町，回龙山，作持久抵抗。我第十一集团军附第五十三军决迅速击灭敌军，求与驻印军会师。当以第六军攻畹町西北、第二军攻畹町东南、夺取回龙山；第五十三军由龙川江西岸向畹町以南迂回，切断敌之后路；第七十一军为预备队，而后除第八十七师配属第二军外，主力则加入第二、六两军间作战。自十二月二十七日起，各部奋勇进击，激战至一九四五年元月十五日，我新一军攻克南坎后，继续挥师南下、东进，敌为避免全军覆灭，又突围南窜。我军于二十日收复畹町，乘胜越过国境，追击逃敌。二十二日午，第五十三军第一一六师与我新一军在木遮相会。旋以钳形攻势向芒友推进，于二十七日七时许与驻印军在芒友胜利会师，完成了打通中印公路的战略任务。

中国驻印军于一九四三年十月开始反攻缅甸，远征军于一九四四年五月中旬横渡怒江，反攻滇西，一九四五年一月二十七日，两军在芒友会师，打通了中印公路，完成了收复缅北、恢复国际交通线的任务。是役，歼灭敌第十八师团和第五十六师团以及第二师团、第四十九师团、第五十三师团各一部。敌死伤官兵四万八千五百人，生俘六百四十七人，虏获步枪一万一千六百四十四支、机枪六百零一挺、炮一百六十门、战车十二辆、飞机三架、汽车六百零六辆、马一千四百三十匹，和其他大量军用物资。中国驻印军伤亡官兵一万七千余人，中国远征军则伤亡官兵四万余人。包括第一次远征中伤亡的五万余人，中国官兵在两次远征中共计伤亡十万余人。

两次缅甸战役，名为中、美、英联合作战，实际上中国军队是联军的主力，在战场上担负着主要任务，对于胜利的获得，做出了主要贡献，发挥了主导作用，并为此而作出了巨大的民族牺牲。

转战中印缅战区的新编第三十八师

何钧衡[※]

　　新编第三十八师原系国民党财政部的税警总团。一九三二年一·二八淞沪抗战时，总团长为王庚，后由温应星继任；七七抗战爆发前，总团长为黄杰，下辖步兵第一至第八团及各特种部队等，孙立人当时为第四团团长。抗战初期，税警总团分散配属于各部队，参加八一三淞沪战役，以后即为各部队编并。一九三九年，在贵州都匀及四川五通桥等地，先后重新成立税警总团。总团长孙立人，副总团长齐学启，参谋长何钧衡，下辖三个团，另有特务团、学兵团、干部教练所、各直属单位等。一九四一年冬，税总改编为陆军新编第三十八师，旋编入陆军第六十六军，随即参加中国远征军。

进军缅甸和仁安羌解英缅军之围

　　一九四二年三月起，第五军及第六军先后出国。第五军位于缅甸旧都曼德勒以南，经塔泽至平满纳之交通线上，协助英军阻止北进敌军。第六军位于缅甸的景东和孟平附近地区，拒止前进敌军，掩护我云南左翼国境的安全。

　　第六十六军最后出国。新编第三十八师于一九四二年春，由贵州的兴义出发，进入云南，经罗平、师宗至宜良，再南绕滇池至安宁，以汽车输送至缅甸的腊戍，再以火车输送，约于四月初抵达缅甸旧都曼德勒。

　　※　作者当时系中国远征军新编第三十八师参谋长、副师长。

当时奉蒋介石指示，防守该城。遂即占领阵地，构筑防御工事。

四月中旬，缅甸南方盟军作战不利，其右翼由仰光向后节节撤退；在伊洛瓦底江左岸仁安羌地区，英缅军第一师及装甲第七旅，被日军第三十三师团包围，很难脱险。英方向中国远征军求救，我方决定派遣新编第三十八师前往解围。我奉命与英军军团长士林姆中将联络。此时我师之步兵第一一四团（欠步兵一营，该营在腊戌留下为中国远征军参谋团卫队，以后即随参谋团直接退回国内）为第五军的预备队。因此，只以步兵第一一二团、第一一三团及直属部队向仁安羌前进。我师决计迅速进抵仁安羌附近地区，利用荫蔽，部署军队，奇袭敌军，以救出英军。师以第一一二团居左翼，并以一部包围敌人；以第一一三团居正面，直攻包围英军之敌。翌日拂晓开始攻击，出敌不意，当将包围英军之敌第三十三师团先头部队击溃，敌死伤甚多。我乘胜追击二十余里，英缅军第一师及装甲第七旅共七千余人，辎重车百余辆，以及武器弹药等全部得以救出。这是我远征军参加国际联合作战以来取得的第一次有名的仁安羌胜利的战斗。我师第一一三团第三营营长张纯在此战役中不幸阵亡。

此一胜利消息轰动英美。后来英皇发给孙立人师长勋章一枚，美国发给自由勋章一枚，中国发给四等云麾勋章一枚；第一一三团团长刘放吾获六等云麾勋章一枚，副师长、参谋长均记大功一次。

掩护英缅军撤退经过

仁安羌解围后，英缅军立即向曼德勒撤退，我师殿后掩护。当我师进到温藻地区时，敌人已于四月二十九日占领腊戌，并向八莫及密支那进袭，将我国境完全封锁，并向我云南保山挺进。

我师先遣部队第一一三团（该团在仁安羌战斗后，即令先行撤退，以便休整）此时已进抵英道附近，奉第五军军长杜聿明命令，即在卡萨附近占领阵地，拒止由八莫西进敌人。正在战斗中，我新编第三十八师主力右侧背已发现敌探，后进敌人已到温藻与我师后卫部队接触；当时我师兵力过于分散，前后间隔约二百里，并且前、后、右三方均受敌人威胁。根据情况判断，为我师向国境敌人实行袭击，直接回国，然而兵力单薄，且距国境路途太远不但不能取胜，反有被敌人围歼的危险。当时是五月中旬，到六月以后，缅北即为雨季，在一望无际的原始森林中，既无人烟，又无道路，在淫雨中行军，就有可能陷入兵家所忌的"死地"。此外，我军自过伊洛瓦底江后，英国又通知，今后给养不再供应，由中国自己解决。各部队只携带少量给养，及临时拾得的牛奶粉、葡萄干等类的食物（这些食物是在曼德勒街头捡来的，当时因遭日军空袭，该城人民逃避一空，商店物品散掷街头，故可拾到），勉强度日。为了全师生存，不得不下决心向印度转进。不久孙立人来到师部，他认为师属各部队距离拉得太远，集结困难，如再向北前进，实属危险。孙问我有什么意见，我即将向印度转进的决心和计划及应当下达命令的稿子，一齐送上。孙立人看完后，略为思索，即在命令稿上签字，并批注限半小时内将命令发出。这就是我师下决心向印度转进的经过。

第一一二、一一四团及各直属部队等，在行军路上接到命令，立即向温藻集结，并将尾追敌人击破，然后转入山林地区。我师进入森林后，自中午至深夜，始终未见人烟。初入森林时，尚有不明显的道路可走，后来连可走的小道也没有了，前后常失去联络。为了避免部队失散，士兵们只得用绑腿或绳索，前后牵连而行。到了深夜，还是见不到村落或人家，部队只得在大树下宿营。第二天清晨，即派出骑兵四方探索道路，总想先走出森林，辨明方向后，再向目的地前进。但经过半天的时间，既找不到道路，也没有走出森林。

官兵们正在发愁，忽然间英国联络官马丁中校来到我们中间，并带着几个缅甸人，其中有个管理森林的主任。于是就请这位森林主任做向导，带领部队向西北方向前进，经过几小时的行军，总算走出了森林。但走不多远，又进入一个山林地区，而且森林更加茂密，行军更加困难。因此，部队只得将所有车辆及辎重焚毁，留下少量食物，分发给各单位自行安排处理。部队走到最后一处，只见两边峭壁对峙，除中间一条河流外，却没有道路可以通行，据向导说，这条河流就是唯一的道路。于是部队就涉河前进，水虽不深，但有的地方亦没及马腹。山上猿啼，响彻谷底，凄怆悲凉，令人不寒而栗。如遇上大雨，山洪暴发，难保不有全师葬于水府的危险。约行一昼夜，部队始出山口，到了平地。这时见到了人烟，买到了米及牛，大家都喜形于色。这里是更的宛江右岸傍宾附近地区，预料敌人必将利用更的宛江水上交通之便，沿江前来追击。当时侦知傍宾尚无敌人，随即连夜将师部主力渡过更的宛江。天犹未晓，敌人果然追到傍宾，与我后卫部队接火战斗。我师主力遂向缅印边境前进，落后未能过江的部队，则在敌后空隙处，偷渡更的宛江，追上部队。从此我师即脱离敌人，在缅印边境上行进。当时第一一三团尚在八莫以西卡萨附近地区占领阵地，拒止敌人。当师部决定向印度转进以后，即电知全师的行动计划及位置，并命令第一一三团设法脱离敌人，向印度转进。他们经过约两个星期的时间，亦来到印度的英法尔。至此我师除少数在缅北落伍或因疾病及被俘者外，总算全师进入了印度。

当我师进抵缅北温藻时，我师副师长齐学启奉师长孙立人的命令，到第五军军部去交涉汽车或火车，以便将我师迅速输送到缅北和我国境，再作他图。但他到达英道第五军军部后，战况突变，敌人已将我国境封锁，我军被包围的形势已成，他交涉交通工具任务亦无法完成，不得不离开第五军军部，设法回归本师。由于相隔数百里，道路皆被敌人控制，他只得沿着一条河流向候马林方向转进。后来他和一些逃难的商人同坐在一个竹筏上。行至中途，日军追及，被俘，把他送到仰光监狱，被因近三年。日军多次派人劝降，想给他成立一个伪军，委他为军长，但均被齐副师长严词拒绝。一九四五年春，在仰光被我克复前约一个月，齐学启被日军刺杀于仰光监狱。仰光克复后，其尸体空运至加尔各答，再转运回国，葬于湖南长沙岳麓山。

驻防印度列多及第五军脱险经过

我师在印度英法尔休整一个多月，于七月初转移到中印缅边境的列多地区驻防。此时第五军尚辗转于缅北的原始森林中，不能脱险，且已断绝通信联络很久了。重庆政府曾派后勤总司令俞飞鹏来印度查访，并请英国空军协助寻觅。英军飞机在缅北侦察时，发现原始大森林中有人群移动迹象，随即投下一些干电池，以便恢复电台的通信联络。果然，我们和第五军很快取得联络，接着就向他们投以给养及器材，用内外相对开路的方法，把他们救出了险境。脱险的第五军部队中有军长杜聿明，参谋长罗又伦，及新编第二十二师师长廖耀湘等高级将领。

后来听脱险的人员说，第五军进抵缅北孟拱以北地区时，先是道路不良，后来就见不到什么道路，行军十分困难，便将所有车辆及大炮重武器自行破坏，全部抛弃。到了反攻缅甸打通中印公路的时候，那些被遗弃的车辆和大炮等，虽时隔两年左右，仍然堆集在路旁。我们坐在汽车上，远远望去，尚能看出购自德国的十五公分榴弹炮，一排一排地排列着，真是触目伤心，感慨系之。

据闻他们进入原始森林后，给养断绝，所有的军马均杀了充饥，先至者可以吃着马肉，后至者连马皮马蹄都吃不着了，官兵们均以草根树叶和芭蕉根充饥。缅北雨季，倾盆大雨昼夜不停。部队每天在雨水中活动，到了夜里，只好在大树下蹲着。后来大家将小树或树枝砍来堆成一堆，倒卧其上，可以隔离潮湿，亦可以勉强休息。在这个时候最宝贵的东西，第一就是雨衣，有了它，可免雨水湿透，又可以防寒；第二就是火柴或打火机，有了火种，可以烧水喝，煮草根和芭蕉根吃；第三就是军毯之类的东西，因在森林内，日间气温稍高，夜间气候却很凉，有了它就可以安睡了。至于米粮之类的食物，那更是宝中之宝，然而有米粮的人，已经是为数不多了。到了恢复联络，获得空投给养以后，吃饭问题才算得到了解决。但由于饥饿日久，几乎人人都患了肠胃病，忽然得到了饱食，反而使肚子受不了，因此每日因吃得过饱致死的亦为数极多。

在缅北雨季的原始森林中，蚂蟥、蚊子和各种各样毒虫是最厉害的敌人，地上、树上、草上无所不有，任何人亦无法避免被咬。被咬之处，经过手抓，即生疮疖，随之流脓流血，行动不便，非常痛苦。在给养不继、疾病丛生的情况下，再加上这些毒虫的叮咬，只要走不动一倒下，很快即腐烂成一摊污水。污水有病毒，再感染其他的伤员，伤处即溃烂至死，这样死的人很多，因此部队大量减员。

第六十六军新编第二十八师，在曼德勒及梅苗地区防守时，被日军冲散，因中缅公路被敌军切断，不能直接回国。有一位杨团长率领三四千人的一支队伍，向曼德勒以北山区转进。当我师进至缅北温藻附近地区时，还同他们有电信联络，但过了几天，我师向印度转进时，同杨团长的联络就中断了。以后据闻在缅北原始森林中，在新平洋附近地区，曾发现有架着很多已经锈坏了的枪架，枪架后边是一堆堆的白骨，其中发现有新编第二十八师的符号，似可证明这就是杨团长所率领的那支三四千人的队伍的遭遇。

印度整训和反攻胜利

一九四二年八月间，陆军新编第三十八师，以及新由缅北原始森林中脱险出来的第五军新编第二十二师等部队，均调往印度中部兰姆伽（在印度加尔各答西北二百多公里）。十月间，中国远征军第一路司令长官罗卓英奉调回国，就在这个时候，将所有部队（第五军约两千人，新编第三十八师约七千人，这是根据是年双十国庆节纪念大会上临时统计

120

的约数）改编为中国驻印军。一九四三年郑洞国率军部人员赴印，成立了新编第一军，辖新二十二师和新编第三十八师，及各直属特种部队等。以后由国内陆续运输兵员补充，照新编制每师约一万二千五百人补充齐全。装备方面由美国供给，每连有轻机枪九挺、冲锋枪九挺、六〇迫击炮一排。每营有重机枪一连，战车防御火箭筒一排。每团有汽车牵引的小加农炮一连，每师有一〇五榴弹炮二营。还有工兵营、通信兵营、辎重兵营、特务连、卫生队，均按新编制装备齐全，然后开始整训。我新编第三十八师在兰姆伽整训不满一年，即行调出。其余部队训练时间亦不一致，在一年或二年的时间，均先后调离兰姆伽，开往前方。

　　一九四三年秋，新编第三十八师调往中印缅边境之列多地区驻防。是年冬，即向缅北之新平洋地区推进，将少数敌人肃清后，即向大龙河一带前进。此时敌人第十八师团的加强团，占领了大龙河一带地区，构筑坚固阵地，拒止我师进击。我军计划包围聚歼是敌，以第一一二团团长陈鸣人，率领该团担任正面进攻；第一一四团团长李鸿，率领一团兵力由右翼包围敌人之右侧背。敌人顽强抵抗。我师猛烈攻击及实行包围后，于十二月间将敌军击溃，完全占领大龙河一带敌人阵地，并继续攻占太伯卡（太白家），打开进入缅北的门户。

　　驻印军为了迅速打通中印公路，随即向缅北推进，以新编第三十八师担任左翼，新编第二十二师担任右翼，进军胡康河谷中心——孟关；进而向孟拱河谷进击，掩护后方筑路的工兵部队不受骚扰。我新编第三十八师计划由左翼迂回至孟关敌人之后方，切断其后方拉干卡、瓦鲁班的交通线。一九四四年三月上旬，我军击溃敌人，占领孟关，并继续向南进攻。于三月下旬占领沙杜渣，取得了胡康河谷战斗的胜利。

　　驻印军在胡康河谷战斗中，美军曾组织一个支队（约步兵一团），在我军左侧前进，该支队的任务是向孟关敌人后方进击，相机占领瓦鲁班，切断敌人后方交通线。但美军支队到达瓦鲁班以东附近地区时，遭日军约两连兵力的袭击，美军支队抵抗不住，向我方求援。我新编第三十八师以第一一二团一个营，向西南方向经过两昼夜的急进，于三月初旬占领瓦鲁班附近的拉千卡，将袭击美军支队的敌军击退，致使敌人伤亡甚多，被围的美军始得解围。

　　在我军攻占孟关的同时，日军主力约一个野战军（兵力数万人），向印度的英帕尔进攻。其目的为攻占英帕尔后，向科西马一带山区进击，最后占领印度东北部的平原地区（即印度阿萨姆邦东北部），占领中印联络的空军基地，企图封锁中印空中通道。作战以来，英军节节失利，日军业已进至科西马一带山区，先头部队已进抵印度阿萨姆邦东北部的平地，正威胁着我空军基地，情况非常危急。于是由我国空运两个师，即第十四师、新编第三十师、第五十师，协助英军，参加西部英军战区的战斗。正在空运期间，英国的机械化部队亦由印度西部赶到战场，将日军先头部队击破，日军见势不能敌，即节节向后撤退。

胡康河谷战役胜利结束后，我新编第三十八师继续由左翼经苦蛮山前进，先后占领了瓦拉、芒平、瓦兰等地。五月下旬，第一一二团团长陈鸣人率领该团绕至卡盟敌人背后，偷渡孟拱河，切断敌军归路，并向色当之敌奇袭。因出敌不意，毙敌约五百人，遂将卡盟敌主力包围，经与新编第二十二师协同猛烈进攻后，于六月中旬占领卡盟。我新编第三十八师乘敌士气低落之际，乘胜向孟拱挺进，将孟拱包围。敌战斗力已渐趋薄弱，不敢恋战，急于撤退，我师遂一鼓作气，攻占缅北重镇孟拱，孟拱河谷战役胜利结束。

此前，原先由国内空运到印度的第十四师、新编第三十师、第五十师先后转运至缅北密支那外围，向密支那进攻。新编第三十八师在孟拱战役结束后，也进军密支那，协同上述各师猛攻密支那。守敌构筑数道坚固阵地，顽强抵抗，经我军月余猛烈进攻，八月初密支那终于被我占领。

八月间，全军在密支那进行休整。新编第一军军长郑洞国升任中国驻印军副总指挥，新编第三十八师师长孙立人升任新编第一军军长，下辖两个师，即新编第三十师（师长唐守治）和新编第三十八师（师长李鸿，副师长何钧衡）。新编第二十二师师长廖耀湘升任新编第六军军长，下辖三个师，即第十四师（师长龙天武）、新编第二十二师（师长李涛）、第五十师（师长潘裕昆）。所有各直属单位及各特种部队均仍旧。密支那整训约两个月。

十月间，雨季已过，我新一军即渡过伊洛瓦底江向八莫进军。八莫为缅北重镇，且为中缅交通要路。敌人在八莫内外设置数层坚固阵地，街市建筑物等均筑有工事。我师先以第一一三团团长赵狄率领该团向敌攻击，敌人顽强抵抗，一时难于攻下。我军继以空军轰炸，摧毁敌人工事，再由战车掩护，步炮协同，向守敌发起猛攻。激战月余，始将敌阵全部摧毁，敌大部被歼，八莫于十二月间被我攻克。当时因国内战局关系，新六军自缅北空运回国。

一九四五年一月，我新一军继续攻击前进，将逐次抵抗的敌人先后肃清，攻下了南坎。接着驻印军与远征军于一月二十七日会师于畹町附近之芒友，二十八日举行会师典礼。当时在畹町开了一个盛大的会师大会，许多高级将领和中外新闻记者都前来参加，情况至为热烈。中印公路随着军事的进展，亦已修筑竣工。从此，大批运输车队，装载作战物资昼夜不断地运往我国内地。三月间，我军继续攻占腊戍。四月，新一军调回密支那休整，六月，空运至云南罗平，然后行军经贵州至广西南宁，再沿西江向广州前进。八月，日军投降时，新一军已到达广州。

驻印军各直属部队和单位及伤病员兵等，均于日本投降前后，经由中印公路或由空中运输，先后回国。中国驻印军亦于此时宣告结束。

123

军委会参谋团与滇缅抗战

沈　定※

　　关于中国远征军入缅抗日战役，写过史料的人已经不少，他们一般都是前远征军参战部队的高、中级军官。他们囿于当时所处地位，所记的只是一个局部，不够全面。而且时间隔得太久，凭个人的记忆，易在人名、地点、时间及事实各方面，互有出入。我是当年参谋团参谋处的少校参谋，又是事后编撰《滇缅战史》的参加者，对这次战役了解得比较全面。但在"十年动乱"中，以前保留下来的材料已全部损失，记忆亦已变得模糊。一九八二年六月，我与当年参战的第五军军部少校参谋赵荫承（起义人员，现在是重庆市税务局退休干部）、第六十六军新编第二十九师师部中校参谋贺衡纲（重庆市南岸区政协委员、民革成员）共同仔细回忆，交换情况，互相对证，对于入缅作战中一些重要情况发生的时间、地点、参战部队番号、指挥官姓名等，作了初步的核实。但因时间相隔太久，记忆与事实难免还有出入，希各方面的知情人士予以指正。

　　滇缅战役是抗日战争后期的重要战役之一，可分滇南备战、入缅抗日、云南怒江惠通桥战役三个阶段。国民政府军事委员会（以下简称军委会）于一九四一年春派遣一个参谋团到云南，作为最高统帅部的派出机构，至一九四二年冬，撤回到重庆。它经历滇缅战役的全过程，名义上是代表军令部指导滇缅军事，实际上是代表蒋介石指挥驻滇及入缅军队。其中滇西怒江惠通桥战役是西南三省在抗日战争中转危为安的一次关键性战役。

　　本文主要叙述惠通桥战役的实际情况。当时日军突破远征军左翼，

※　作者当时系国民政府军事委员会参谋团参谋处参谋。

敌机械化部队第五十五师团从滇缅交界孔道——畹町长驱入滇，远征军全部被阻滞于国门之外，从滇西下关一直到四川的西昌，一路都无军队驻守，情况万分危急。参谋团得讯后当机立断，迅速从缅甸腊戍退回国内，炸断怒江惠通桥，命令退回国境的汽车部队和零星部队，据守天险，浴血苦战三天，直到援军赶到，才扭转危局。

参谋团的组成和所起的作用

一九四一年第一季度，日军已侵占越南，下一步即将入侵缅甸。当时英国在缅甸驻军极少，又无战斗力，如日军入侵，势必随时放弃，我国云南省就成了日本第二步入侵的目标。如果云南为日寇占领，则四川、贵州就很难保全。当时重庆国民政府军事委员会决定在所属三个部（军令部、军政部、军训部）中抽调一批军事专家，组成一个参谋团，作为军委会的派出机构，驻云南省会——昆明。参谋团先做备战工作，一方面陆续增兵入滇，一方面拟订《滇南防守计划》，并加强云南边境国防工事。

参谋团的成员名单，是参谋总长何应钦与他的高级幕僚精心选定的，集当时各兵种军事人才的精英。这些人作为短期调用，任务完毕后，仍回原单位。

参谋团成立时的名单如下：

军衔及职务	姓　名	原任职务	附　注
中将团长	林　蔚	军令部第一次长	曾任蒋介石侍从室主任
中将副团长	阮肇昌	军训部第一次长	曾任陆军大学教育长
中将高级参谋	邵百昌	要塞炮兵司令	炮兵权威
中将高级参谋	华振麟	通信兵指挥官	全国通信兵首脑
中将高级参谋	林柏森	工兵学校教育长	全国工兵首脑
中将高级参谋	斯　立	辎重兵学校教育长	全国辎重兵首脑
少将高级参谋	马崇六	国防工程处处长	留日工兵专家
中将参谋处处长	萧毅肃	总长办公室高参	何应钦的亲信，后来当西南补给区司令

少将总务处处长　许高阳　　军委会桂办公厅高参　李济深的幕僚

参谋处第一科（作战）

上校科长　涂　健　军令部一厅科长　　后来调升为杜聿明的
　　　　　　　　　　　　　　　　　　　少将参谋长

少将参谋　赵德树　军令部一厅参谋　　后来当师长，起义

上校参谋　（数人）　军令部一厅参谋

中校参谋　闵××　军令部一厅参谋

一科参谋有七八人，到昆明不久，《滇南防守计划》核定后，就先回重庆。所以除少将参谋赵德树外，其他数人印象不深，已记不起名字了。

参谋处第二科（情报）

少将科长　　李立柏　军令部二厅科长　　日本通

中校参谋　　刘芳矩　军令部二厅参谋　　英语翻译

中校参谋　　仲伟成　军令部二厅参谋

少校参谋　　陈家鼎　军令部二厅参谋　　英语翻译

参谋处第三科（后勤）

少将科长　　杨　铎　江南兵站统监部参谋长

中校科员　　朱树滋　兵站部科员　　　　不是参谋，是军用文官

上校参谋　　袁进礼　军令部通信参谋　　后来当西南长官部少
　　　　　　　　　　　　　　　　　　　将处长

少校参谋　　沈　定　军令部通信参谋

总务处

上校高级副官　　王云衢　军令部三厅高级副官　林蔚亲信

上校科长　　　　林笃弇　军政部科长

中校秘书　　　　钱　斌　军令部秘书　　　　林蔚的秘书

另有副官二人

其他各兵种（特种兵）参谋

上校炮兵参谋　李云鹏　炮兵学校教官　　邵百昌的助手

中校工兵参谋　罗崇典　工兵学校教官　　林柏森的助手

少校工兵参谋　时道玄　工兵学校教官　　林柏森的助手

此外，参谋团还有译电人员、电报班、日本新闻抄译班、无线电台、电话队等。

参谋团入滇之时，参谋人数虽然不多，可是都算得上第一流人才，拥有几个有名的战略家、各兵种的头头、军令部得力的参谋人员和各特

种兵科的专家。当时战火已燃烧到云南边境，危及国民政府的西南大后方，所以蒋介石才决心派出这个参谋团和他的嫡系部队、最精锐的第五集团军（总司令杜聿明）入滇，加强滇缅边境的防卫。

参谋团最初名为"驻滇参谋团"，后来远征军入缅后，才改称"驻滇缅参谋团"。它的机构虽然不大，但是权力比当时的战区司令长官还要大。当时只有军令部和委员长侍从室可以用蒋介石的名义发布命令。军委会参谋团是小型的军令部，与军令部具有同样的权力。必要时，参谋团团长可以在所在地区代行军委会委员长即蒋介石的职权，如有违抗命令者，可以先斩后奏。

当时在云南省的高级军事机关（部队）及其负责人员有：昆明行营主任龙云（上将），第一集团军总司令卢汉（上将），第五集团军总司令杜聿明（中将），第九集团军总司令关麟征（中将）。

参谋团团长林蔚资格虽老，但还是中将，所以参谋团对以上四个单位的行文，属于一般性的由林蔚出面，用平行称谓。如发给昆明行营的文件，称"龙主任志公"或"刘参谋长耀扬兄"（龙云字志舟，由于资格老，所以客气一些称"志公"，他鸦片烟瘾极大，只是十天或半月才到昆明行营及省政府办公一次，平时这个单位的军政公事，都由龙云的亲信中将参谋长刘耀扬代拆代行）、"卢总司令永衡兄"、"杜总司令光亭兄"、"关总司令雨东兄"。如果属于命令性质的，则署名"蒋中正（日韵）滇参"。

由于用蒋中正的名字发布命令的有三个单位（参谋团组成前及结束后只有两个单位），所以署名之下有不同的代号：

一、如蒋介石亲笔发令的叫"手令"，由侍从室发出。

二、如由侍从室拟稿发令的，用"蒋××（日韵）侍参"。最重要的文件由蒋亲自签字，这种文件叫作"判行"；次要的由侍从室主任签字发出。

三、如由军令部各厅、各特种兵指挥部拟稿发令的，用"蒋××（日韵）令一元"，"元"即军令部第一厅第一处，第二处用"亨"，余类推；或用"蒋××（日韵）令信（工）指"，即军令部通信兵指挥部或工兵指挥部。这类命令均由军令部部长徐永昌或次长林蔚、刘斐签字后发出。军委会其他各部（军政部、军训部、兵站总监部）都用部长的名义发文。

四、如由驻滇参谋团拟稿发令的，用"蒋××（日韵）滇参"，由参谋团团长签字后发出。

因为当时有三个单位用蒋中正的名义发令，所以受令单位必须从代号上辨别这个命令是从哪个单位发出来的。

一九四二年一月，中国远征军司令长官部进入缅甸，参谋团也从云南昆明推进到缅甸腊戍。名义上参谋团是远征军长官部的咨询机关，实际上是代表重庆军令部指挥远征军。参谋团团长林蔚同时担任军令部第一次长。军令部部长徐永昌是阎锡山的部下，第二次长刘斐是桂系李宗仁、白崇禧的幕僚。只有林蔚是蒋介石的亲信，是军令部的实权人物。

蒋介石及军令部给入缅部队的电报，先发到参谋团后再转发。远征军长官部的情报和战报，也先送参谋团，再由参谋团转报给重庆。远征军正面第五军与日军接战以后，缅甸军事就由蒋介石在侍从室亲自直接指挥。当时侍从室在重庆曾家岩，是蒋介石办公的地方。侍从室主任是钱大钧上将。每天由重庆派飞机到缅甸腊戍参谋团收送文件一次，包括绘制的战况要图等，有时还由重庆送来蒋介石亲笔"手令"。

参谋团与远征军长官部有电话及无线电报联络，对左、右翼部队有无线电报专台联络，对重庆有一千瓦大型电台，这是当时功率最大的一座军用电台。此外还用有线电台、长途电话联络，对昆明用有线、无线电双重联络。在当时的器材设备条件下，这个通信网算是最完备、最灵敏的了。参谋团对远征军长官部及昆明行营，除转达重庆方面的命令、指示外，也作一些方针性的作战指导或建议，对于具体部署，并不干预。总的来说，那时参谋团与这两个高级军事机关的关系还是正常的。

在与盟军联络问题上，在参谋团入缅以前，重庆军令部就派出侯腾少将为军事代表在腊戍与美、英方面联系。另外又在腊戍设立一个联络处，派冯衍少将负责。中国空军总部也派黄褚彪空军中校为联络参谋，与美国空军联络。参谋团进驻腊戍以后，这三个人就归参谋团指挥，继续担任与美、英方面的联络工作。

滇南备战和《滇南防守计划》的制定

参谋团于一九四一年三月到达昆明，住在西山何应钦的别墅，西临滇池，背倚龙门，是个风景区。交通工具及通信设施都很完备。工作开始，参谋团先向昆明行营了解情况，交换意见。继赴滇南第一、第九两个集团军驻地视察部队训练和装备情况，以及国境线的地形、配备、防御工事、哨所等情况。然后由参谋处开会研究，分析敌情，讨论兵力部署、工程、通信、后勤措施纲要，确定了作战方针；再由第一科闵参谋花了几天时间，拟出《滇南防守计划》初稿，经过参谋处全体参谋人员反复讨论后，最后由处长萧毅肃修正定稿。但这份《滇南防守计划》，经团长林蔚与高级参谋们讨论审议后，林蔚对参谋处作了一些指示并要求重拟。于是由参谋处长萧毅肃亲自拟订，他一个人在房间里对着地图思考了三天，拟出一个新的《滇南防守计划》，再由各科绘制图表及附件，经反复讨论定稿后，送林团长及各高参审议，这次总算通过，最后送交重庆军令部批准实施。这个军事计划拟订规模之大，时间之长，集中军事人才之多，在当时国民党最高统帅部是很少见的。通常军令部（即总参谋部）拟订军事计划，包括国防计划、各战区、各重要战役的作战计划，都是由第一厅第一处拟订，除极重要的由第一科的科长或主办参谋拟订，由第一厅召集一部或全部人员，并邀集各特种兵指挥部主办参谋讨论一次，一般都是由军令部次长或总、副总参谋长何应钦及白崇禧批准实施。这个《滇南防守计划》由有名的战略家萧毅肃中将亲自执笔，并有这样多的高级将领和军事专家反复讨论，然后定稿，说明当时军委会对这个计划的高度重视。这个计划中关于后勤物资的备战计划，除由第三科原来拟订的初稿外，萧毅肃还找第三科少将科长杨铎研究了三天，抠得非常仔细。关于粮秣、服装、武器、弹药、工兵、通信、卫生器材的贮备数量、贮备地点、运输工具以及野战医院的配备等，都有具体数字，计算得非常精确，要求枪炮一响，补给源源供应，不能有一环脱节。

当时（一九四二年）驻云南的陆军部队有：

正面：第一集团军，总司令卢汉，总部驻滇越铁路上的开远。其主力为第六十军，军长安恩溥。还有一些部队驻昆明及滇越铁路沿线，合起来约一个军，但没有军的番号。

左翼：第九集团军，总司令关麟征，总部驻滇东南的文山，辖两个军。

右翼：第五集团军，总司令杜聿明，总部驻昆明。其主力为第五军，及新编第一军，还有一些独立团。这是蒋介石嫡系部队中武器装备和训练最好的一支部队。这支部队计划用于滇缅公路方面。

按《滇南防守计划》，还准备调来一个军做预备队。

此外，还有空军第五路，司令晏玉琮。缅战发生后，由空军副总司令王叔铭兼任司令；通信兵第六团，团长石俊人；机械化工兵团一个；

汽车兵团两个；宪兵团两个，一个是龙云的宪兵团，团长禄国藩，另一个是由重庆调去的"中央"宪兵团；后勤部江南统监部，统监陈劲节，除所属后勤单位及仓库外，也有一些监护部队。

《滇南防守计划》完成及批准以后，参谋团阮副团长和各位高级参谋，参谋处第一科科长及全部参谋，第二科科长及部分参谋，第三科科长及他带来的科员都回原单位去了。留下来的特种兵参谋组成第一科，由上校通信参谋袁进机代理科长。留下来的第二科（情报）参谋仍属第二科，由中校参谋刘芳矩代理科长。不设第三科，后勤业务由第一科兼办。留下来的团长林蔚、参谋处长萧毅肃、副处长邱渊领导新改组的参谋处第一、二科，掌握敌情判断、部队调动、监督《滇南防守计划》的实施。

约在一九四一年十月份，总参谋长何应钦由重庆来到昆明，会同军委会昆明行营主任龙云，召开驻滇部队高级军事会议。会址在云南省政府大礼堂。出席者：驻滇三个集团军师长以上将领；川滇边境驻军的军长郑洞国、陈明仁；空军第五路司令晏玉琮；昆明行营参谋长刘耀扬；军委会参谋团团长林蔚。列席者：参谋团参谋处处长、副处长及全体参谋作为何应钦的随员。这些人实际上都是他的幕僚。

会上，由参谋团参谋处少将副处长邱渊（陆军大学有名教官）用要图介绍了云南境外日军动向，并作了敌情判断。然后由三个集团军的总司令卢汉、杜聿明、关麟征及郑洞国、陈明仁两个军长依次汇报备战情况，并提出了一些要求。何应钦在这五位将领的发言过程中，提了些问题，也作了些答复。有些要求可以解决的，何应钦答应回重庆后立即予以解决。

会后，何应钦到昆明检查防务，第二天又到西山参谋团听取汇报，并询问了国防工程处处长马崇六，了解关于滇南国防工事构筑的情况。他对滇南防务表示满意，并对参谋团作了一些简单的指示。第三天他就乘飞机回重庆了。

入缅抗日战役

国民党军队原来只计划在云南国境线防守，由于英国在缅甸驻军力量薄弱，要求中国进军缅甸。美国派驻重庆的史迪威将军也建议中国组成远征军，进入缅甸。蒋介石采纳了他的建议。其目的：一是为了援助盟军；二是为了保卫云南，认为"御敌于国门之外"，比在国境防守为有利。蒋介石作出决定以后，史迪威及英国军事代表先后在重庆军令部和昆明参谋团做了研究。一九四二年二月，即以原驻昆明的第五集团军为主力，组成远征军，陆续由滇缅公路开进缅甸。

一九四二年一月底，日军已在缅甸仰光登陆，占领了缅甸南部。因此，在美国空军的掩护下，中国军队迅速入缅占领曼德勒前方的同古、棠吉一线，构筑防御工事，阻止日军北进。

远征军入缅时，三天内发生了两件重大交通事故。第一件是，远征军司令长官杜聿明，因为要沿途视察国境地形及国防工事，所以乘吉普车由滇缅公路入缅，刚进入缅甸境内就翻了车，头部受伤。我作为参谋团先遣人员飞抵腊戍时，曾与杜聿明见过面，他头上缠满纱布，仅留眼耳鼻口几个空隙，伤势不轻。另一件是，英国军事代表丹尼斯少将，在昆明与参谋团联系后比我们先一天飞返腊戍，在机场着陆时飞机起火被烧死。当时就有人说："出师不利。"虽是迷信，但也真是遭到了很大的不利。

远征军入缅后，参谋团林团长率领一部分先遣人员，乘飞机先到缅甸腊戍，在英国招待所设立办事处，后续人员也在两天后由滇缅公路到达腊戍。腊戍是缅甸北部战略要地，英军在此设有司令部。美国史迪威将军也在此设有指挥组，在腊戍附近的梅苗建立了美国空军基地。中国远征军司令长官部设在曼德勒前方数十公里的平满纳，司令长官杜聿明，参谋长罗又伦。

当时正面抵抗日军第十八师团的是第五军的第二〇〇师，师长戴安澜。这是当时蒋介石嫡系部队中最精锐的一个师，在广西昆仑关战役和日军打过硬仗。这次又是一个硬仗，在日军第十八师团的强攻下，第二〇〇师英勇死守，激战半个月，双方伤亡都很大。当时参谋团曾向蒋介石建议："第五军苦战那么多天，已达到了消耗敌人兵力的目的，而且已经得到国际的好评，现在应该缩短战线，转移到腊戍第二道防线，离国境近，易于据险固守。远征军在第一线集中了全部兵力，后方空虚，左翼第六军战斗力较弱，万一左翼防线被突破，日军机械化部队的运动速度高，第五军就有被包围的危险。"可是蒋介石刚愎自用，执意不听，下令说，有关国际声誉，必须继续死守。他还打电报给第二〇〇师师长戴安澜，电报是由参谋团转的，电文开头是："第二〇〇师戴师长安澜兄"，大意是要他死守阵地，为国争光。我把电报转出去以后，把译电底稿给第一科科长袁进礼看。我说："为什么最高统帅对自己的学生称起兄来了?"袁进机说:"这是他一贯的手段,凡是哪一方军事紧急,他就越几级直接指挥到师,对师长和学生称兄道弟。这次就是要戴安澜卖命了。这种手段,已经用过很多次,但是后果都不好。"果然,戴安澜接到这份"催命"电报后不到一星期,参谋团就接到他在同古附近牺牲的电报。据说,他当时在一个指挥所用电话给部队下命令,被日军侦察仪器窃听到以后,立即用飞机大炮以密集火力集中轰击他所在的指挥所,戴受重伤,转移到战地医院抢救无效而死亡。

由于第二○○师伤亡太重,杜聿明派新编第二十二师(师长廖耀湘)接防原第二○○师的阵地。第二○○师换下来整顿,由副师长高吉人接任师长,正面阵地仍未动摇。日军对正面第五军阵地久攻不下,就另选薄弱环节,以机械化程度极高的第五十五师团猛攻左翼第六军防守的棠吉。攻了两天,日军就突破棠吉防线,迂回抄袭第五军的侧背,情况突变。参谋团在腊戍接到第六军军长甘丽初的无线电报,说棠吉已被突破,第六军被冲散在公路两侧山地,他身边只有一个警卫排和一个无线电台,预备向景东(靠近云南边境)撤退,收容溃散的部队。参谋团接到这份电报,知道战况十分不利,远征军长官部及第五军如不迅速后撤,有被日军围歼的危险。一旦滇缅公路上的国境门户畹町被日军封锁,入缅部队将不能从公路回国,后方空虚,日军可以长驱直入,情况十分严重。

于是,萧毅肃向林蔚建议,参谋团必须不失时机,在日军未控制畹町以前,退回国境,部署逐次抵抗,争取时间,阻止日军北进。林表示同意,遂与曼德勒方面的杜聿明通了电话,叫他把汽车部队先撤回国内,主力向缅北逐次转移。命令新到缅甸的第六十六军(军长张轸)在腊戍一线布防,阻敌入滇。参谋团在腊戍又和第六十六军的高级将领聚会,作了一些指示,然后,从容不迫地乘车由滇缅公路经过畹町撤回滇西。当时参谋团的几个高级将领,在第六十六军将领面前虽然故作镇静,但内心十分焦急,因为明知第六十六军是抵挡不住日军机械化第五十五师团的,只希望能争取时间,抢在日军前面,迅速赶到保山附近的惠通桥(怒江天险),毁桥凭险阻敌,等待援军。当时第五军先撤回来的汽车部队和第六军少数军官埋怨说:"参谋团不与远征军共生死,却先逃跑了。"他们不了解参谋团撤回国内,是为了挽救危局。如果再迟半个小时,参谋团也将被阻于国门之外,日军第五十五师团就可乘虚长驱直入。由云南下关到西昌,一路都没有部队防守,成都、重庆的后路也将被抄袭,西南三省就难免沦于敌手,后果将不堪设想。

第六军棠吉之线被日军突破以后，远征军全线处于劣势，若不迅速撤退，有受日军迂回包围的危险。但这时滇缅公路已无法通行，于是决定分两个支队走小路向缅北撤退。第一支队包括远征军长官部、新编第三十八师、第五军的第二〇〇师、新编第二十二师的一部分，在第九十六师掩护下，由曼德勒向西北方印度边境靠拢。第九十六师掩护第一支队撤退后，作为第二支队，由第九十六师副师长率领，走小路向缅北孙布拉蚌撤退。那时曼德勒到密支那的公路，已被日军控制。新编第二十二师在第一线的部队撤退较迟，也并入第二支队行动。一路上是望不见天的原始森林和杳无人烟的万丈高山，缺乏粮食，行军十分困苦。第二支队由于完成掩护任务后才开始向缅北撤退，曾受到日军的袭击，且战且撤，伤亡较大。第一支队虽在撤退途中，同样艰难困苦，但实力损失不大。

参战第一线部队除第六军战斗力较弱外，第五军及新编第三十八师，无论在素质上、装备上，在当时的国民党陆军中都是最精锐的。最初的战斗部署，基本上也还是正确的。所以入缅以后，以新编第三十八师孙立人部队在彦南阳为英军解围的小胜开始，正面第五军在机械化强敌面前，能抵挡半月之久，初步达到了挫敌军锐气和消耗敌人的目的。当时应该及时退到腊戍第二道防线，最后退到国境线，凭借优越地形及几年来构筑的国防工事，作持久抗战，才是上策。但由于蒋介石缺乏战略眼光，每在重大战役的紧要关头，喜欢自己直接指挥，刚愎自用，听了国际上的一点好评，就冲昏了头脑，不接受当时军令部和参谋团的意见，对敌情作了错误判断，不考虑后果，以致犯了战略上的严重错误。最后因左翼被突破，远征军被截断了后路，只得仓皇溃退，遭到丧师辱国的惨重损失。

尾　声

参谋团在日军第五十五师团占领畹町前约三小时，撤回国内，抢先赶到惠通桥。在高级参谋、工兵指挥官马崇六的指挥下，立刻将铁索桥炸断。萧毅肃以军事委员会的名义，集合已过桥的第六十六军官兵，临时编成连排，指定几个团长、营长充任连、排长，在参谋团指挥下，在惠通桥边高山上设立据点、构筑掩体，以防日军抢渡。日军机械化部队到达惠通桥南岸，见桥已炸断，就用小橡皮船在炮火掩护下抢渡。三次抢渡，都被北岸密集炮火击退。在此危急关头，能不能阻止日军渡江，关系到云贵川三省是否遭日寇蹂躏的问题。我们每一个官兵已下定决心，纵然牺牲自己的生命，也要确保祖国西南边陲的安全，凭此怒江天险，与日寇决一死战。

当时重庆军令部已得知远征军左翼被突破，但消息中断，无法了解具体情况。蒋介石立即召开高级军事会议，根据作战地图上判断，远征军与参谋团都已被堵于国门之外，损失准定极大。日军如从畹町袭取西昌，重庆将无退路。蒋介石惊惶万分，准备立即迁都甘肃兰州。据说这次会议，连续开了二十多个小时，还是一筹莫展。一直等到参谋团从保山发出电报，得知惠通桥已经炸断，日军一时没有渡江可能，才松了一口气。于是蒋介石急调滇西的第九集团军及川滇边境部队，星夜增援惠通桥，并下令："参谋团团长林蔚在滇、贵、川前线，代行本委员长职权，三省部队任其调遣，如有不听指挥者，就地枪决。"参谋团指挥其临时编组的部队和附近赶到的地方武装，浴血苦战三天，及至援军赶到，西南战局才转危为安。

从此以后，滇缅边境即处于敌我对峙状态。参谋团于是在昆明留下参谋处长萧毅肃为首的约十个人，着手编写滇缅战史，由萧任主编，我担任助手。编出草稿后，指定我和袁进机两人用毛笔抄录一遍。一边抄录，一边定稿，约三个月时间完成了滇缅战史的编写任务。此稿约有二十万字，附图二十余张。订成原稿一份，正本二份。这次战役，蒋介石在指挥上有严重错误，虽然文字上由参谋团来替他承担，但稍有军事知识的人，一看就知道是蒋介石的责任。所以这本战史，只抄两份，作为"极机密"文件，由空军飞机送往重庆，再由参谋团团长、已返任的军令部第一次长林蔚亲自送给蒋介石及参谋总长何应钦各一份。军委会只有极少数高级人员才能看到。估计当时军令部第二次长刘斐是看过的，因为在整个滇缅战役中，他也是参与策划和指挥的负责人之一，这二份正本，现在当然是在台湾，由于涉及蒋介石指挥错误的责任，可能已被销毁。至于那份原稿，当时是由萧毅肃保存的，后来他调任参谋次长，是否已交参谋部归档，不得而知。我之所以要说明这个问题，由于滇缅战役中惠通桥一仗的经过，知情者不多，我的老上级刘斐去世后，国内外就很少有知情者了。

滇缅抗日杂忆

盛　兆[※]

远　征

入　缅

　　一九四二年初，中国国民政府军事委员会统帅部组成了远征军，三月开始入缅，五月初以溃败告终。六月，第十一集团军总司令宋希濂在滇西保山召开了缅甸战役的检讨会议。会议将腊戍失守，入缅远征的第五、六两军后路被截断，导致全军崩溃的原因，统统归咎于第六十六军的不战而逃。结果，第六十六军及所属新编第二十九师被撤销番号，军长张轸及新编第二十八师师长刘伯龙被撤职，新编第二十九师师长马维骥被撤职查办。这次会议虽然有其积极的一面，但上述处理，为此次战败的主要负责者——统帅部开脱了责任，掩盖了历史真相，埋没了曾经在十分艰难的情况下奋勇作战流血牺牲的一部分第六十六军官兵的功绩，并不是完全公正的。

　　回溯一九四一年十二月八日，由珍珠港事变引发了太平洋战争。日本侵略军入侵缅甸，已迫在眉睫。中国为了保住滇缅路这一条国际交通线，英国为了保住缅甸这一块殖民地，于是在同年十二月二十三日，两国签订了《中英共同防御滇缅路协定》。国民党统帅部抽调了第五、第

　　[※]　作者当时系第六十六军新二十九师参谋，后又调任第七十一军新编第二十八师参谋。

六、第六十六等三个军，组成中国远征军。先头部队第六军之一部，于一九四二年一月开抵滇缅边境，其余部队也从川、康、黔相继入滇。但是，英国政府又心存疑虑，拒阻我军进入缅甸，致使我军坐失戎机，不能提早两个月入缅布防。十万大军，给养浩繁，不可能集中于贫瘠的滇缅边境，只好停滞于云南境内绵延千里的公路线上。

驻防大理的是第六十六军新编第二十九师，师长马维骥，四川省新都县人。该师辖第八十五团、第八十六团和第八十七团。师部及直属部队驻大理，各团分驻于祥云、凤仪、下关、漾濞、永平一线的滇缅路上，正在做入缅的准备。我就在此时参加了新编第二十九师，在师部当参谋。

一九四二年二月初，日军大举进犯缅甸，英军望风而逃，英国政府无可奈何，才让我远征军陆续进入缅甸。到四月上旬，到达缅甸的有第五军杜聿明部的三个师，第六军甘丽初部的三个师，及第六十六军的新编第三十八师。稍后入缅的又有新编第二十八师（其中包括中国唯一的战车部队）。

入缅的中国远征军在同古、仁安羌、棠古等地，与日军展开激战，屡挫强敌。我第六十六军先期入缅的新编第三十八师（师长孙立人），在仁安羌解了被围困的七千英军之危，给中华民族增光。前线捷报传来，后方军民振奋不已。

四月二十五日，新编第二十九师突然接军部转来参谋团急电，命令我师星夜增援前线，必须在二十八日前到达缅甸腊戍。参谋团是统帅部派驻远征军的最高指挥决策机构，军令部次长林蔚兼参谋团团长。林蔚的这一命令，是在发现日军一支机械化部队绕袭腊戍的情况下，慌乱之中作出的。这是一个没有经过深思熟虑，没有军事运筹和周密计划的错误命令。因为新编第二十九师驻地远离腊戍，少则七八百公里，多则上千公里，以当时的电信、交通、设备条件，单是传达命令，准备行军，集中部队，征集汽车，都不是一两天内所能完成的。何况自缅甸撤退的难民和物资，大量拥入国内，滇缅路上拥挤不堪，无法快速运送部队。更为糟糕的是，林蔚的命令并没有明确的敌情通报。据我们后来了解，四月二十四日，从暹罗入缅的日军，已渡过萨尔温江，一支以数十辆坦克、装甲车为先导的机械化快速部队直趋腊戍。我入缅第五、六军及第六十六军新编第二十八师新编第三十八师，都集中到曼德勒附近，准备会战。因而腊戍已无一兵一卒。敌人离腊戍近，都是机械化部队。我新二十九师离腊戍远，汽车还得临时征集。因而新编第二十九师不可能在敌人之前赶到腊戍从容布防。既无明确的情报，又无灵活健全的通信指挥系统，闭着眼走进缅甸，怎能不惨败！

参谋团在当时如果冷静考虑一下，正确的决策应该是：命令新编第二十九师迅速推进至畹町，沿国境线布防，构筑工事，阻敌前进，坚守三五日；待正由川康入滇的第七十一军到达后，与曼德勒前线我远征军，前后夹击进占腊戍之敌。那么，或可取得战役胜利，至少也不会遭到后来那样的惨败。可是参谋团计不出此，竟下达了那样一个错误的命令，也就注定了第一次入缅中国远征军的全盘失败。

马维骥接到这个紧急命令时，立即在参谋处草草研究，部署和命令全师出发。我是当地人，熟悉滇缅路情况。我简单介绍后说，如果能在明天（二十六日）发车，一切顺利，二十八日赶到腊戍，还是有可能的。马维骥当时的态度是：明知不可为，又不敢不为；只顾个人的安危，而不计国家和远征军的安危。他说："哪怕在二十八日我们只有一个连到达腊戍，也就算是执行了参谋团的命令了。"因而师部给各团的命令，也只说限期到达，没有作战计划。

当天，我奉命到下关滇缅路运输处联系汽车。该处也已接到紧急通知。因此，二十六日清晨，便有七十余辆卡车齐集大理城西门外。新编第二十九师师直属部队及第八十六团一部，即赶往缅甸战场。其他团队的情况没有这么顺利。接到命令后，各部队就地封车，封到一辆就走一辆，封到两辆就走两辆。

当时的滇缅路，路面狭窄，除惠通桥（保山怒江）一带是柏油路外，其余都是碎石路。沿途所遇到的撤退车辆，络绎不绝，争相抢道，无法快速行车。到达保山时，天已黑尽，仍须继续前进，连夜开车。沿途除稍停打尖外，车不停轮。可是交通堵塞情况越来越严重，抛锚的车子又特别多，其中还有汉奸捣鬼。通过怒江上的惠通桥（铁索桥）时，只能一辆一辆地过，因为车多，往往一等就是两个小时。到达怒江对面山上的腊孟街时，已经是二十七日清晨了。司机熬夜开车，疲惫不堪，加之坡陡弯急，路窄车挤，车速越来越慢，车队已是七零八落，失去了统驭。下午才到达遮放坝子。过遮放西面大山时，已是深夜。细雨蒙蒙，路滑难行，而撤退的车辆依然灯光相接，绵延不断，并且两三路"纵队"争先恐后地迎面而来，道路为之堵塞，谁也不能顺利前进。不得已，只好以武力维持秩序，尽量不让败兵退车自相倾轧。

我们是在下半夜通过畹町进入缅甸境内的。进到三十几公里处，天就亮了。由于官兵过度疲劳，无不昏昏沉沉地打瞌睡，谁也没有心情欣赏异国的风光。快到腊戍时，从远处传来隆隆炮声。

四月二十八日，新编第二十九师终于有一个营到达腊戍了。可是，这个营还来不及部署，敌人已冲到面前。由于仓促应战，既来不及挖掘工事，又没有反坦克武器，无法抵抗敌军装甲部队。虽然奋力抵抗，伤亡过半，敌人还是冲了过来。新编第二十九师后面陆续到达的部队，沿腊戍河临时构成防线。敌军数十辆坦克开进到河岸，一字排开，以炽烈炮火向我阵地轰击。我军只有轻重机枪和迫击炮还击，毫无效果。一二十架敌机盘旋上空，轮番轰炸扫射。我们是以血肉之躯对付敌人的钢铁，不过，还是暂时阻止了敌人的进攻。入夜以后，敌人炮火不停。一夜之间，敌工兵架桥成功。我方则是士兵找不到军官，下级找不到上级，没有休息和睡觉，又找不到饭吃，有时还遭受缅奸的袭击。

二十九日拂晓，敌人在飞机、大炮、坦克掩护下，强渡腊戍河。新编第二十九师先头部队，伤亡殆尽。后续部队仍继续零星地开往前线，由于失去了指挥系统，到一车被消灭一车。腊戍遂陷于敌手。

新编第二十九师又在新威，集中了约一个营的兵力，进行了抵抗。但败势已成，军心动摇，指挥混乱，一经上阵，便被敌人冲垮，如山崩堤决，一溃千里，不可阻止。

腊戍失守，入缅远征军的补给线被截断，腹背受敌，便仓皇撤退。在付出了惨重代价之后，撤至印度和退回国内的不到半数。

撤　　退

我是五月一日撤到畹町的。我带着几个士兵和两部卡车，在此地收容。畹町和河对面的九谷，已失去了往日的繁荣，商店关门闭户，货弃于地，没有人要。下午，突然两声巨响，镇后白烟冲天，大概是自己爆炸汽油库。在祖国的大门前，竟看不到一点国防设施，禁不住悲从中来，政府究竟在干什么？黄昏时，风声更紧了。我们继续后撤，沿途更是混乱不堪。许多从南洋和缅甸逃回的侨胞，流离失所，呼儿唤女，惨不忍闻。

五月二日，我撤到龙陵。几天来未曾好好地吃睡，实在熬不住了。想到一个老同学赵鸿锡是龙陵人，便到他家去。他们一家正不知如何是好，见我到来，喜出望外。我把前线情况告诉他们。我估计，敌人再快也要两天后才会到达龙陵。他们就决定第二次迁到乡下去。四合院里堆放着几百大包棉纱，寄存棉纱的商号主人，也不知逃到哪里去了。我带的汽车也丢掉了。

我一觉醒来，已经是五月三日中午。吃罢饭，信步走进龙陵城，不禁大吃一惊。城里有些人连店铺门都来不及关就逃走，人跑得一个也看不见了，简直是一座死城。我情知不妙，赶快出城向赵家走，路上碰到一位昨天在车上邂逅相识的士兵。他问我："你怎么还没有走？敌人都过了南天门了！"这就是说，离龙陵只有十来里了。想不到敌人来得这么快，我急匆匆地走到赵家祠堂门口，正遇一部汽车在上人，我便跳上去，随车离开了龙陵。

车行不过数里，便赶上了前面逃难的汽车群。由于抢道，汽车甚至被挤下山沟。道路经常堵塞，车流像蜗牛般慢慢移动，时开时停。公路两边走着两行纵队徒手兵，看来是些补充团的新兵，还没有补充到前线，便已往后跑了。他们还背着一些大红大绿的毛毯裹成的包袱，显然是打劫来的。夜里，车行更慢了。我感到危险正在迫近，没法睡觉。同车的一位侨胞，名叫许达，抱着六七岁的小女儿，悲愤地向我们倾诉日本侵略军的暴行。他是云南腾冲人，自幼到南洋做苦力，后来成了富商。日本人打到新加坡，他全家逃到仰光，再逃到曼德勒。路上妻子被打死，两个大儿子下落不明，随身携带的金条、美钞、卢比全丢光了，而今还不知何处是归宿。

后半夜，车子停住许久了，不知前面出了什么事故。灯光下看看公里牌，一夜才走了二十来公里，真急人。听说前面坏了一辆车，横在路上，挡住了后面一百多辆汽车的路。大家怒吼起来："把它推下山去，推下山去！"但是，已经来不及了。天刚露亮，嗒嗒嗒……后侧便响起敌人的机枪声。一霎时，呼儿唤女，喊爹叫娘，呻吟声、号叫声响成一片，惨绝人寰。左边是陡峻的山，右边是山涧流水，没有一个地方可以躲避。敌人的机枪在山沟对面不停扫射。我跳下车，伏在路边沟里，衣服被打穿了好几个洞。几百个妇孺老少躲在这里，个个面如土色。我想与其在这里等死，不如冲出去死在外面。于是，我跃出公路，忽伏忽跑，忽跑忽伏，终于越过了敌人的火力封锁，我脱险了。后来据说，那山坳里的几百难民统统被日本兵杀害了。

我又幸运地追上了一辆抛锚修理的卡车。它载着我翻过松山，看到了怒江。但还没有到腊孟，便又追上了撤退的大队车辆。车衔着车，蜿蜒曲折，连绵不断，直到江边；东岸大山上汽车首尾相连，望不到头。

由于要一辆一辆地通过惠通桥，车行比人行慢。我便弃车步行，车开就搭车，车停就走路。车队中我至少看到七八辆坦克，如果回头去抵挡一阵，这几万人的逃难者就得救了。我到了离惠通桥一二百米处，松山顶上响起了敌人的大炮声。一声呼啸，炮弹落到东山的公路上。我爬上一辆汽车过了惠通桥，回头一看，人在奔走，汽车抢着上桥，谁也不服从宪兵的指挥，一片混乱。桥头上，工兵正在紧张地埋放炸药。我军一班武装步兵散开，持枪沉着地向江边前进。江西岸，一些难民被迫跳进怒江逃命，他们明知道在急流之中，翻滚的江水会立即把他们吞噬，但是这样要比被敌人杀戮和凌辱强百倍。我绕过一个山嘴，忽然听到一声巨响，惠通桥被我方自行炸毁了。后来知道，这是工兵指挥马崇六当机立断炸的。虽然不得不忍痛把上千辆汽车、物资和难民抛弃于西岸，却也阻止了日军的前进，为远道赶来的第三十六师赢得了时间，从此，敌人没能再前进一步。

这时，正是一九四二年五月四日中午，烈日当空，口渴难当，只有路旁积水可喝。一支队伍约百人，头戴树枝编织的伪装帽，正在待命。在炮声中，他们从容镇静。我由此感到祖国、家乡、亲人又有一线希望了。原来这是从西昌星夜赶来的第三十六师李志鹏的部队。

我搭车继续向山上撤，快到老农田时，前面公路已被炮火破坏，满山遍野都是弃车爬山逃难的人。敌人的炮弹呼啸着飞来，在附近爆炸了。五六个穿红着绿的华侨模样的姑娘，远远跟着我爬山。我走她们走，我停她们停。她们不知何处是生路，走向哪里去。对岸敌炮一响，我便一边做手势，一边大声叫她们"卧倒"。她们既不回答，也不卧下，而是用呆滞的目光望着茫茫的远方。死对于家破人亡、无处归宿的华侨，已经不是什么威胁了，也许死了还要好一点。

两批敌机杀气腾腾地从头上飞过。三三编队，每批二十七架。

越过了炮火封锁区，我又搭上了汽车，傍晚到达保山。保山已是一片废墟，余烬未息，死尸遍地。这表明，保山遭到了那五十四架敌机的狂轰滥炸，数千人在这一天里丧失了生命。

五月五日，我回到了新编第二十九师远征的出发地——大理。自从四月二十八日出发入缅，到现在只有九天，一个师就如此报销了。可悲可叹啊！

第六十六军所属三个师，是从三个不同方向撤退的。新编第三十八师孙立人，率余部退往印度；新编第二十八师刘伯龙率余部从北路退入国内，经腾冲转保山；新编第二十九师马维骥率余部自南路退入国内，经镇康转保山。回国的两个师剩余合计不到三千人。两师共损失七千人以上，其中战死的估计不到三千，大部死于撤退途中的饥饿、疾病、蛇毒、蚂蟥和疟蚊。野人山上留下了成千的白骨。

第一次入缅远征，以丧师辱国告终。主要负责者应该是统帅部，直接负责人应该是战区司令长官罗卓英和参谋团团长林蔚。可是，后来并没有听到官方对他们查办和公开的谴责。下级官兵成了这些误国殃民将领的牺牲品。但是，他们在缅甸勇敢作战的功绩，却是不可磨灭的，历史的殿堂里应有他们的席位。

对　峙

滇西干训团

一九四二年五月，第三十六师在惠通桥挡住了敌人。第十一集团军各部队，相继开到了滇西。于是形成了沿怒江长达两年的敌我对峙局面。敌人不失时机地巩固占领区，修筑永久性工事，我军则在积极准备反攻。

第十一集团军总司令部，驻大理南门外七里桥公园内。当时，缅甸华侨青年，和腾冲、龙陵逃出来的学生，大量涌进大理，无所依存。宋希濂便计划办一个"滇西战时工作干部训练团"，安置这批青年，并为反攻腾龙和缅甸培养干部。开办后，也招收了一些内地青年学生。宋希濂任教育长，副教育长是董仲笆。第一期成立了一个总队，学生一千多人。总队长易瑾，大队长有余子述等人，我在干训团任区队长。

宋希濂成立干训团，固然是出于形势的需要，但也还有他自己的打算。他作为滇西的军事首脑（此时新的远征军长官部还未成立），颇想有一番作为。

宋希濂对大理干训团的教育比较开明。在政治教育方面，既讲三民主义，又讲蒋委员长是抗日的领袖，没有进行过反共宣传。政治教官的思想可以说左、中、右都有。教务处处长陈复光，就是一个知名的左派，他是留苏学生。他作大报告时，讲国际时事，绘声绘色地讲斯大林格勒大会战，对苏联红军给予了高度的赞扬；他也曾提到延安发动群众的经验值得学习。他的讲话得到宋希濂和学生的热烈鼓掌欢迎，在学生中产生了良好的影响。

革命老人李根源，是同盟会元老，兼任干训团副团长。他激于爱国热情，不顾年老体衰，由宋希濂搀扶着上台给学生作报告。他讲的大旨是"明耻教战"。他声泪俱下，要大家记住敌寇对我奸淫掳掠之耻；他大声疾呼要大家加紧训练，早日反攻，收复腾龙。

宋希濂还特别从昆明请来西南联大的几位名教授讲学。潘光旦、费孝通、曾昭抡、罗常培、张印堂、蔡维藩等几位先生轮流在大理文庙内作学术演讲，军民听众深受启发和鼓舞。几位先生还到洱海东的鸡足山游览名胜。费孝通先生还写了一本《鸡足朝山记》。那文思的清新，笔调的隽逸，使闭塞的滇西读者耳目一新，学生们大开眼界。宋希濂也亲自到干训团上课。

干训团的军事训练是很严格的。大队长一般是军校第八期生，队长一般是军校第十一期生，区队长大都是军校第十四、十五、十六期生，区队附大都是军校第十七期生。军事训练无论是操场、课堂和野外，都完全仿照中央军校那一套进行。爬山训练要求从三塔寺大营房一口气爬到苍山中和峰中和寺（爬山十几里）；武装跑步要求从大理到下关跑一个来回（六十华里），中间只休息一次。干部和学生情绪都非常高。

大理干训团的学生，后来在反攻腾冲、龙陵中，起到了良好的作用。由于他们大都是沦陷区的青年，对侵占了他们家乡和杀害他们亲人的敌人恨之入骨，所以战斗意识分外坚强；还熟悉地形和接近群众，在侦察敌情、发动群众和实际战斗中都出了大力，其中数百人还为祖国献出了年轻的生命。

江　防

大理干训团第一期学生尚未毕业，我便离开了干训团。一九四三年二月，总司令部副参谋长陶晋初介绍我到第七十一军新编第二十八师去工作。新编第二十八师当时驻保山板桥。师长李士奇，把我安插到参谋处当参谋。这个师是由缅甸撤退下来的原第二十八师和第二十九师的剩余官兵经过补充新兵而编成的。此时，第七十一军的第三十六师直属总司令部为独立师。新编第二十八师补了第三十六师的位置，与第八十七、第八十八师同属于钟彬的第七十一军。

当时的江防形势是：第七十一军担任滇缅路正面，左翼（南）是第二军，右翼（北）是第六军。

四月，新编第二十八师接替第八十八师担任怒江双虹桥、惠人桥至满八腊的江防。我师的右翼是第六军的第三十九师，左翼是本军的第八十七师。我随第八十二团第三营驻在保山通腾冲的要道——中渡山上的管龙寨。第八十二团团长黄文辉，团部驻打板箐。第三营（营长安世勋）左翼是第八十二团第一营（营长翁秀山），营部驻管松寨。第二营（营长邓益）过江打游击。

我师防地对面是绵延千里、巍峨险峻的高黎贡山，怒江如带，横亘于前。管龙寨山脚即是惠人桥，此时桥已破坏。桥左右有渡口（中渡和大渡），渡口各有竹筏二只，掌握在我军手中。

与管龙寨遥遥相对的是高黎贡山上的红木树。那里是进入腾冲的咽喉要地，常驻有三五百敌军，有时还附有山炮。

过怒江，有一条数里宽的狭长的坝子，坝子中零星地住着摆夷族（傣族）人。这是敌来我去、我来敌去的中间地带。

敌人并不在江边设防，而是在高黎贡山各要隘以及腾冲、龙陵各要点，构筑永久性或半永久性的工事，形成星罗棋布的、可以独立作战又可以互为掎角的据点群。

我军沿江布防，并作纵深配备，经常向腾冲北部固东、桥头、界头一带派出一个师（先是第六军的预备第二师，后是总部直辖的第三十六师）游击作战。江防部队也各自派出部分兵力过江打游击。新编第二十八师派出的是第八十二团第二营。该营经常进出于大塘子、南北斋公房一带，掩护腾北游击师的左翼及江防正面。

我师接防后，五月中旬，过江游击部队截获日军一支运输部队，毙敌数十人，缴获全部骡马及物资，受到军部的通报表扬。而另一支游击部队七十余人，由于警戒疏忽，遭受敌人奇袭，在梦中被敌人用刺刀全部杀死。

敌军的残暴是令人发指的。八月，我军一个侦察人员（大理干训团学生，腾冲人，忘其姓名）化装前往腾冲侦察敌情，被敌抓获。敌人将他高吊在树上，脚悬入汤锅中，在锅下烧火逐渐加温，至脚肉脱落，人未死而痛楚万状，惨叫之声，闻者心碎。这个侦察员至死也没有向敌人屈服。消息传至江边，江防官兵无不切齿痛恨，誓为烈士复仇。

一九四三年十月初，腾龙敌军为了解除腾北我游击部队的威胁，集中了一万余兵力，进行了一次大扫荡。他们分进合击，企图将我第三十六师歼灭于固东地区。我们接到警报后，沿江加强防守。我和机枪连副连长吴俊臣、迫击炮排排长赖勋，彻夜坐守在惠人桥东山头的机炮阵地上。高黎贡山上连日炮声隆隆。由松山、镇安街地区出动的敌第五十六师团一个联队，正沿怒江北上，经过我团防线。我们指挥迫击炮及重机枪，日夜不停地封锁对面张公山脚下的通道。这对于阻滞敌军的行动，起到一定作用。但由于只有两门八一迫击炮和六挺重机枪，火力不够猛烈，射程也不够远，且地形复杂，容易隐蔽，未能大量杀伤敌人。敌人为了歼灭我第三十六师，只顾急速前进，因而对我东岸的射击，不予理睬，径向北去。

受命在南斋公房阻敌前进的我师游击营，受到了来自西、南两路敌人的严重威胁。敌人数倍于我，众寡悬殊，我军伤亡累累。营长邓益右臂被打断，阵地失守。该营一个姓邓的连长（忘了名字）泅水逃过江来。军长钟彬知道后，命令第二十八师将他逮捕，交军法审判。由于南北斋公房阵地被敌人突破，我第三十六师与江东的联系被切断，陷入三面受敌的困境。经过半个月艰苦激战，付出了惨重代价后，主力才撤回怒江东岸，腾北游击区完全陷入敌手。那个泅水过江的邓连长，由于临阵脱逃，致使友军遭到重大伤亡，被军法处判处死刑，在由旺执行。此事在全军震动很大。

此后，敌人不断派出小股部队到江边向我阵地开枪开炮，打了就走，猖狂之极。

十一月中旬，又一次警报传来。敌人从我左翼第八十七师防线打黑渡偷渡成功，一夜之间，深入十余里，有直趋保山的模样。全军上下大为紧张。这股敌军约为一个大队。天亮后，我江防部队已封住渡口，敌人后续部队未能过江。已偷渡的敌军还未到达施甸，便被我军民四面包围。敌人在山头凭险顽抗，战斗甚为激烈。我围歼部队越来越多，美国第十四航空队也派出飞机扫射轰炸。敌人坚持了两天，终因寡不敌众，后援不济，遗尸数十具，余众连夜逃过江去。

在敌人从打黑渡偷渡的同时，红木树敌军也派出了小股部队，携带小钢炮两门及机枪数挺，到我第八十二团第三营第七连阵地（中渡）对岸轰击和扫射。第七连梁连长指挥部队还击。敌人佯作攻击后，悄然退去。

红木树敌军常用山炮轰击我前沿阵地及管龙寨营部。我们没有山野炮，无法还击，官兵都憋着一肚子气。十二月初，第七十一军军部炮兵营派了一个连，带着四门七十五公分山炮来到管龙寨，我们高兴极了。山炮连长姓钟（钟军长的亲属），见面后，我们建议他给敌人一点颜色看看，钟连长也想显显威风。第二天，便在管龙寨前方一个山头后，择定了炮兵阵地，并立即进行试射。由管龙寨到红木树，走路要六七个小时，但直线距离只有约一万米，山炮以最大射程可能射到。试射六七发炮弹，射击诸元已确定，便停止射击。入夜，我们向炮兵阵地搬送了两百发炮弹。半夜十二点整，估计敌人睡得正香，我炮兵突然进行密集射击。二百发炮弹在一小时左右便全部倾泻在红木树敌人的阵地上。据后来得到的情报，当晚敌人在睡梦中被惊醒，有些敌人连衣裤都来不及穿，便逃到掩蔽部中去了。这次射击对敌人造成的伤亡情况不详，但对我军士气却是很大的鼓舞。第二天，敌人的炮兵也向我管龙寨进行报复性射击，打了四五十发炮弹，都落到寨前坡地上，我军无伤亡。

十二月中旬，第八十二团团长黄文辉陪同两名美国联络官，乘马来到管龙寨。他们详细询问了当时的敌情，在军用地图上作了符号，在炮兵阵地前仔细观察，作了记录，当天下午便回去了。

过了三天，天气晴朗，四架飞机一清早就从山谷钻出来，向惠人桥对岸一个寨子俯冲投弹。过了两天，又有四架飞机直飞敌人据点红木树，在山谷里转来转去，后复投弹扫射。从此以后，我们的空军便经常在前线参战。在滇西战场上，过去一直是敌人飞机的天下，现在形势发生了变化，我空军开始掌握制空权了。

第八十二团团长黄文辉是湖南人，他常用儒家的"智、仁、勇"道德标准，以及历史上名将的格言教导部下，抗日的态度是积极的。他到前沿阵地时，我向他说，日本人太欺侮我们了，一支小队伍就敢到江边来打枪打炮，我们也应该照样还击。我请求让我带一支很小的队伍过江去袭击红木树的敌人。他说："好！有种！你等着吧。"新年前夕，黄团长来了电话，同意我过江作一次袭击。第三营营长安世勋给我抽调十名精壮士兵，带一挺轻机枪、八支步枪、两个掷弹筒，我佩一支二十响手枪。我率领这支小分队到第八连和连长陆炎（军校第十五期生）联系来往渡口的信号及具体安排。我们从周家渡乘竹筏渡过怒江。我带的这十名士兵，除班长郭长清是湖南郴州人外，其余全是四川人，副班长聂正容是四川安岳人。这些小伙子知道红木树山上驻有四百名敌人，如果我们在突然袭击后，不能迅速脱离敌人，那就别想活着再过江了。但他们一往直前，无所畏惧。在夜色苍茫中，我们顺着张公山山脚，潜行到红木树山下，没有遇到敌人。在一个坡地上吃罢干粮，我们便乘夜向红木树山上爬去，翻过一道山脊，前面黑压压一片，按时间和地形判断，离红木树已不远了。我们紧张地提着枪，轻手轻脚地继续摸索前进。时间已是深夜，星光下已看到红木树的轮廓，但没有灯光。我们停止前进，装好枪榴弹，架好轻机枪，我手枪一响，士兵们一齐射击。枪榴弹虽小，爆炸声却也惊人。一阵密集射击之后，我们便迅速撤退。天还未明，我们已到了中渡前坝子中的一个凹地，这里住着几十户摆夷。回看红木树，灯火闪闪，手电筒光分数路而下，敌人出动了。我们故意向居民询问到张公山顶去的路，并立即向张公山方向进发，中途掉头返回周家渡，随即乘竹筏过江。敌人果然赶到张公山进行搜索，发觉上当后，又跟踪追到周家渡，这时我们已安然渡江，他们就打了几十发迫击炮，悻悻而去。

这次袭击，事情虽小，但却是我军第一次派出小部队到老虎嘴边去拔毛，在一定程度上改善了我军两年来一直是被动挨打的局面。

一九四四年五月以前，即在我军开始反攻之前，怒江对峙的情况大致如此。除了一次敌人大扫荡外，其余都是小接触。不过情况在不断变化，我军逐渐掌握了制空权，炮兵火力上也逐渐超过了敌人，官兵对于胜利的信念，也在逐渐加强。这些变化，敌人自然也是清楚的。他们不敢再作跨过怒江的打算，而是拼命加强工事，准备在我军大反攻时，负隅顽抗。

反　　攻

备　　战

一九四三年底至一九四四年初，远征军陆续用美国武器装备部队。我曾经在步兵专科学校重兵器班毕业，因而被派到昆明去学习美式武器，以后担任技术教练。从前线到后方，所见所闻的许多鼓舞人心的消息，使我确信，反攻已不是一句虚话了。

当时的滇西，大军云集，似乎这儿成了兵的世界。除了已集结于前线和二线的第二、五、六、八、五十三、五十四、七十一军等七个军以外，还有直属长官部的两个重炮团，许多汽车兵团、运输兵团以及补充兵团。滇缅路上，满载军用物资的汽车，源源不绝地开往前线。美国军人也大量出现在滇西。保山和云南驿，是美国第十四航空队的基地，每天都有飞机从印度加尔各答运来美国装备。到处可见身穿印有"来华助战洋人，军民一体保护"字样的夹克的美军。

昆明黑林铺训练班，从各部队抽调人员来短期轮训，由美国人任教官，主要学习美式武器的使用和步空联合、炮空联合、步炮联合作战的战术。步兵武器有：六〇迫击炮、战防炮、战防枪、火箭筒、冲锋枪、卡宾枪、半自动步枪、美式轻重机枪，以及步话机等。这些都是第一次见到的新式武器。

一九四四年初，美式武器先后配发给各部队，各部队的建制也作了相应的改变。从步兵团来说，除八一迫击炮连之外，增设了战防炮连（四门）。营炮排增设火箭筒班（配伯楚克火箭筒二具），和战防枪班（两支）。连增配了六〇迫击炮六门（每排二门）、火焰发射器一具、步话机一台、冲锋枪多支。师配属了山炮营（情况不一）。各部队积极展开训练。军民都在传说："反攻就要开始了！"

一九四四年二月，新编第二十八师从江防换下来，在保山、由旺一带整训。这时，师长李士奇已调他职，由刘又军继任。刘又军在一次讲话中谈到，反攻已迫在眉睫，本师必须在两个月内完成整编，以及熟练地掌握美式武器的使用和保养。他特别强调，要重视步炮联合作战和陆空联合作战的训练。他说，反攻开始后，将有大量的炮兵和美国空军配合作战。

三四月份，由旺周围枪炮实弹射击之声不绝于耳。学习新式武器，官兵们劲头大，兴趣高。美式步兵武器中，六〇炮、火箭筒、火焰放射器这三种威力强大，轻便适用，最受欢迎，在后来的实战中，发挥了很大作用。最不受欢迎的是战防枪，既笨重，又不适用。

经过用美式武器装备以后，部队火力大为增强，官兵士气高涨。过去，我们常以武器不如敌人而苦恼；现在，我们为有能压倒敌人的武器而欢欣鼓舞。

远征军的军事训练抓得很紧，也是卓有成效的。可是，鼓舞官兵爱国主义热情的政治思想教育却做得很差。每个师都有政治部，主任是少将军衔，或者由副师长兼任，但是工作重点没有放在政治思想教育上，只是搞了个剧团，演些京戏或地方戏；也有演宣传抗战的话剧的，但不多。另外，政工人员在部队里也是受歧视的。远征军之所以在反攻腾龙的作战中，不辞艰苦，勇敢战斗，终于取得了全歼敌人的胜利，从思想上说，主要是由于战士们发扬了宁死不屈的民族气节和爱国主义精神。

双虹桥

一九四四年五月十一日，期待已久的滇西大反攻，终于开始了。

远征军司令长官部（司令长官卫立煌）进驻保山板桥马王屯，辖第十一集团军（总司令宋希濂）和第二十集团军（总司令霍揆彰）。反攻之初，以第二十集团军为攻击集团，自双虹桥以北各渡口渡过怒江，攻击高黎贡山一线敌军，以收复腾冲为目标。左翼的第十一集团军为防守集团，除以新编第二十八师掩护自双虹桥渡江的第二十集团军攻击部队外，第二军第七十六师、第六军新编第三十九师、第七十一军第八十八师各派出一个加强团，从打黑渡和七道河渡江，作为助攻，以牵制龙陵方面的敌军，不让其向腾冲方向增援。

五月中旬，新编第二十八师驰赴双虹桥东岸集结待命。此时，第二十集团军的第五十四军已渡过怒江，正在双虹桥对面各山头与敌展开激战。我师的任务是，确保第五十四军后方的安全，并应付可能发生的特殊情况。此后的十多天，我们都是在双虹桥东山顶上观战。双虹桥两岸没有平坝，巍峨大山挟江相对。俯视对面较低的一些山头，见到我军正在进攻，点点人影，约略可见。远处大山头上，敌人射击的炮火，发出一道道闪光。我空军或数架或十余架穿梭于群山之中，炸弹轰起的黄尘和浓烟直冲云霄。我东山炮群以排山倒海之势，把成千发炮弹倾倒于敌军阵地上。敌炮兵发射一炮，便会遭到我军十倍的还击。

一天，我们从望远镜中看到我军数百名士兵，向一个山头发起冲锋，前赴后继，十分勇敢。敌人的反抗也极其顽强，但他们已失去空中和炮兵的优势，只能利用地形和坚固的工事进行顽抗。不过敌军的交叉火网也非常厉害，我军一接近敌阵，就被压制下来，因而使我军遭到很大伤亡，接连几天都没有取得进展。

一天傍晚，我军一个山炮营，以一门单炮向对面大山腰敌军的一个火力点试射，打偏了，炮弹落到山沟里。观测兵用炮队镜观察弹着点时，意外地发现山沟里隐藏着一百多敌人。这股敌人以为我军炮火是向他们发射的，便往山上逃跑。山炮营长发现这一情况，喜出望外，立即命令全营迅速调整射击诸元，连续发射了几百发炮弹。这一股企图从山沟里出来偷偷抄袭我军后路的敌队，被消灭了。这是一次引为笑谈的出乎意料的收获。

第二十集团军渡江之初，是比较顺利的，接下去的战斗就艰苦了。敌人处于劣势下战斗意识的顽强，超出了我们的想象。我军每攻克一个小山头，都要付出巨大的代价。半个月过去了，杀伤了不少敌人，但双虹桥当面山上的敌人还在继续顽抗，我军主力还没有越过高黎贡山，每天都有上百的重伤员从前线运下来。炮兵每天消耗的炮弹是惊人的，少则数百，多则数千，天天如此；其他物资消耗，更难以计算。双虹桥后方，无论是到瓦窑兵站，还是到板桥兵站，都没有公路，军需运输全靠骡马和民工。我们每天看到数以万计的民工，和数以千计的驮马，奔驰在崎岖的山路上。人民群众为了支援收复腾冲、龙陵，做出了巨大的贡献。

五月底，我师奉命归还建制，参加第十一集团军即将开始的向滇缅路各据点的攻击。

松山战役

松山耸立在惠通桥西岸，扼滇缅路之咽喉，也是龙陵的屏障。守敌是日军第五十六师团第一一三联队，及师团直属炮兵联队，他们盘踞两年，在大小松山、阴登山、大垭口、滚龙坡等群山上，修筑了极为坚固的、重榴弹炮也打不坏的工事。其中有充分的作战储备和生活设施，如发电设备、抽水设备、通信设备等一应俱全。敌人经常驻有三千人以上的兵力，方圆数十里都在其炮兵控制之下。我军反攻之前，曾对松山敌情多方进行侦察，但因敌人戒备森严，只探知一些粗略迹象，而不了解其详细情况。

反攻之初，第十一集团军的作战计划是避免对松山作正面的攻坚战，只以两个团的兵力，配以东岸强大的炮火，对松山作牵制性进攻。集团军主力（两个多军）则自左翼攀枝花、打黑渡等渡口过江，首先攻占平戛、象达、镇安街，进而收复龙陵、芒市，截断松山敌军的补给线，迫使敌人撤出松山。这未尝不是一个出奇制胜的作战计划。但是，后来的事实证明，这个作战计划对松山敌军的主客观条件，都作了过低的估计。

第十一集团军的主力第二军和第七十一军，在渡江成功后，与先期渡江的两个加强团相会合，向预定目标攻击前进。

新编第二十八师从反攻开始便被分割使用。第八十四团拨归第八十八师师长胡家骥指挥，参加向龙陵、芒市的进攻。第八十二团和第八十三团自攀枝花渡江，向北攻占竹子坡、腊孟街、阴登山和松山。这个任务，后来是由一个军牺牲七八千人来完成的。

六月四日清晨，第八十二团进至攀枝花渡口，对部队作了战前动员。此时，右方惠通桥上我733高地上炮兵，向松山一线猛烈炮击。我进攻松山的步兵虽少，却有两个榴弹炮团和本军山炮营的支援。在百门重炮的震天响声中，我军开始渡江。十多条橡皮船来回运载，翁秀山率领第一营先过江，在对岸掩护后续部队。天上，我空军九架重轰炸机轰鸣助战。虽是六月天气，怒江的水依然寒冷彻骨。骡马全是泅水渡江，幸而未发生事故。十二时，第八十二团渡江完毕，随即攀登而上，向竹子坡攻击前进。此地山坡陡峭，人马难行，艰苦异常。

竹子坡是敌军在阴登山南翼的前沿阵地，日军只有大约一个中队，在炮火猛烈攻击下，敌人抵挡不住，撤往腊孟。下午，我第八十二团便占领了竹子坡。从这里仰望北面不远的阴登山，落日余晖照射着重重的铁丝网，闪闪发光。我对岸重炮正向山头轰击，炮弹爆炸后的团团白烟翻滚而起，尘土飞扬。阴登山后大松山上敌人的山炮，也不时向我竹子坡射击。敌人从哪里打炮，我东山重炮便向哪里压制，这给我们增添了很大的力量。阴登山像一座大钟，山顶有一个约为三十度的缓斜面，接下来是六七十度的陡坡。陡坡森林密布，但山顶缓斜面的树木却被敌人砍光了，用这些木材修筑堡垒，又可扫清射界，想得倒是很周到的。山头上有几个地堡的射击孔，从望远镜里隐约可见。后来我们才知道，这是用以吸引我军火力的伪装。我们以为经过十几天我军飞机、重炮的猛轰，阴登山上敌人的工事大概摧毁得差不多了。其实大谬不然，除了千磅炸弹直接命中的少数几个地堡被炸毁外，其他敌堡上虽然弹痕累累，依然没有丧失作用。

阴登山脚便是腊孟街。这里本来是一块不毛之地，因为滇缅公路经此绕上松山，它便成为旅客休息和用餐的处所，并逐渐兴旺起来。这里驻有敌军一个中队。

阴登山背后紧连着松山，它既是松山的屏障，又可得到松山诸峰从左、后、右三个方面的火力支援。树木森森，到处都是暗堡，眼看不到，炮轰不着。阴登山、腊孟和竹子坡敌人的兵力共有约一个大队。

六月四日晚，第八十二团和第八十三团在竹子坡一边构筑临时工事，以防敌人来袭，准备第二天向腊孟、阴登山进攻。第七十一军山炮营也随步兵到达，在竹子坡选好阵地，进行试射。

夜十一时，第八十二团团长黄文辉正在召集战前会议，下达明天进攻的命令，附近突然一声枪响，接着是连发，各种枪声密如连珠。原来是第七连姓李的排长，带着一班巡逻哨向前沿走去。有四五十名敌人已经钻到第八十二团指挥所附近，听到人声便潜伏路边。我尖兵一人走近，被敌一军曹跃出用刺刀刺穿胸膛，惊叫一声，倒地死去。李排长在他身后七八步，夜黑看不清，以为他摔倒了，便把右肩背着的冲锋枪甩到左手持着，急步上前，准备去拉那个尖兵。此时，突见一个黑影用枪向他刺来，李排长往左一闪，右手一把抓住了敌人刺刀与步枪枪口之间。他左手正打开冲锋枪保险时，敌人已先发了一枪，把他的小指和无名指打飞了。他咬住牙关，用三个指头死握住敌枪不放，左手冲锋枪抵住敌人胸膛，一梭子弹全部钻进了敌人的心脏。他接着向隐藏的敌人扫射，我巡逻兵也一齐开了火。敌人第一次偷袭被我粉碎，遗尸六具（包括那个军曹），狼狈逃走了。

六月五日，新编第二十八师两个团分别向腊孟和阴登山进攻。凌晨，我空军飞机四架向阴登山头俯冲轰炸。重炮团的密集轰击打得阴登山顶硝烟弥漫。

我第八十三团勇猛地向腊孟突进，守敌二三百人激烈抵抗，被我杀伤甚众，敌仓皇后撤。中午，我军收复腊孟，继续击退敌人几次反扑，占领了淘金河以南的几处高地，切断了通往大坝的公路。

我第八十二团以第三营攻击阴登山。部队下竹子坡向前开进时，遭到敌炮火的猛烈袭击，便跃进至山麓，攀藤缘葛而上。沿途树林中都有敌人的暗藏射手，狙击我军。我前锋以密集火力开路，肃清林中敌人，全营顺利攻击至陡坡与山顶缓斜面构成的棱线。棱线以上便是寸草不留的山顶，敌主阵地便在山顶中部，距棱线不到一百公尺。我方炮兵已作延伸射击。敌阵地上的铁丝网东倒西歪，一片死寂。只有远处的炮声在轰鸣。我军两个连在重机枪和迫击炮火的掩护下，向敌人主阵地发起了第一次攻击。士兵们刚跃出山棱往上冲，便遭到南、北、西三面远近各处敌人暗堡机枪交叉火网的射击，因毫无藏身之处，几十名官兵当即牺牲于光坡上，我军攻击顿挫。这次攻击的唯一收获，是发现了一些隐蔽巧妙的敌堡。于是我炮兵再度猛轰敌人，竹子坡我山炮营对敌据点进行精确射击。但是，当天的三次冲击山顶，均未奏效，机枪连连长中弹牺牲，前后伤亡近百人。我军坚守山棱不退，就地连夜挖掘战壕，准备再战。

当晚十二时左右，第八十二团机枪第三连班长聂正容正在给重机枪装填子弹（该连用的是丹麦造麦特生式轻重两用机枪），敌一股约百人从阴登山脚上山，摸到我军后方，用刺刀杀死我两名步哨，径自摸到我机三连阵地，听到聂正容装子弹的声音，便悄悄走近，自背后一刺刀将他杀死。排长王保成听到惨叫声，提着冲锋枪过去问："是谁?"副连长吴俊臣（四川人）富有夜战经验，他端起冲锋枪扫了一梭子，一边大叫：

"不要问，快打！"他们两人一扫射，敌人便哇哇地冲上来。传令兵王来福（四川人）把弹匣装好给吴俊臣，打退了敌人第一次冲锋。全机三连六挺重机枪迅速掉过头来，向再次发动冲击的敌人扫射，打得敌人转身而逃，遗尸三十余具。山顶上企图冲下来策应的敌人，也被我步兵打死十余个。

由于我空军和炮兵未能完全摧毁敌堡，我们便用火箭筒及火焰放射器去攻击。六月六日拂晓，我两具火箭筒和三具火焰放射器推进至棱线上选定了的位置，全部机炮做好准备。一声令下，一条条火龙奔向敌人几个主要地堡，数十挺轻重机枪分别对准已发现的敌人火力点射去，我步兵乘势冲向敌阵，越过铁丝网，向壕沟中冲出来的敌人射击、刺杀。一场血战奏凯歌，我军第一次占了阴登山。紧接着，反斜面上，以及后面几个山头上，敌人的炮弹、枪弹便向我们倾泻而来。已攻占山顶的我军步兵，迅速跳下敌人留下的交通壕进行还击，但经不起敌人枪炮的密集轰击，又被迫退回棱线下。当日，第七连梁连长和第九连李连长阵亡，官兵伤亡共五十余人。敌人伤亡也不下此数。

六月七日，第八十二团又以两营兵力，再次向阴登山发动猛攻，摧毁敌地堡数个，占领了山头。敌人再次反扑，失而复得者再。但这一天总算站稳了脚跟，我们宣告收复阴登山。经深入观察，才知道敌堡垒是何等的坚固。有一个地堡是被飞机重磅炸弹直接命中炸毁的，四五公尺深的上下结构，还约略可见。泥土中埋着残断的近两人合抱的大圆木，还有扭曲的厚两公分钢板和钢轨。有些地堡虽然被一〇五榴弹炮直接命中，并没有坍塌，只打破了一点"皮"。敌人的顽强也是惊人的，他们被迫撤出阵地时，一个敌小队长腿被炸断，我军迫近时，他竟用刺刀自杀。他们的营妓也敢打着光脚跳出战壕来投手榴弹。一段只有四五十米的交通壕内躺着敌我两军上百具尸体，时届盛夏，臭气熏天。这里是唯一可以在争夺战中掩蔽的地方，也是敌我炮兵反复集中轰击的地方，因此这里既是求生之所又是葬身之地。由于死者太多，这里宛如一条血河。自六月八日至二十三日，敌我双方在阴登山进行多次拉锯战。那条血河中的尸体，日益增加，而且腐烂脱骨了。为了保持既得的阵地，我官兵不得不站在血潭中坚守着阴登山。

在此段时间内，我第八十三团连续向大垭口之敌发起进攻，同样遭到敌人的疯狂抵抗，未能获得进展，但颇有斩获。

至六月下旬，我阴登山阵地才稳定下来。我师续向松山发起进攻，第八十四团也从龙陵调来，归还建制。

松山是怒江西岸敌人的主阵地，地堡比阴登山更多、更大、更坚实，最大的可以容纳七八十人在其中长期生活和作战。敌主力部队和指挥中心也设在此处。

此时，我攻击松山部队，逐渐增加到四个团（新编第二十八师三个团和新编第三十九师第一一七团），但因伤亡过大，实力已不足三个团；且久战疲劳，阴雨连绵，山陡路滑，攻击难以奏效。到六月底，虽然向松山各高地发动几次进攻，杀伤了不少敌人，摧毁一些堡垒，却未能取得显著的进展。敌人也未能夺回阴登山、腊孟和竹子坡。

七月初，攻击松山的任务，交由第八军承担。新编第二十八师在松山地区作战一月，收复阵地三处，歼敌五百余人，自己伤亡却在一千人以上，代价是惨重的。但是，这次战斗削弱和疲劳了敌人，摸索到敌人作战的一些规律，给司令长官部正确认识松山敌军，提供了确切的依据，给友军提供了一些经验和教训。

第八军又经过两个月的战斗，才于九月初完全收复松山。第八军的战斗经历，比新编第二十八师更艰苦，伤亡更大。松山一役，历时三个月，全歼守敌三千余人。虽然我军牺牲倍于敌人，但寸土必争，收复了失地，在抗日战争史上写下了可歌可泣的诗篇。

第八军攻击松山的情况，笔者仅知大概。有两点是远征军津津乐道的：一是炸地堡。松山顶部敌人最大的地堡，炸不垮，烧不倒，最后只得进行坑道作业，直达敌堡底部，装填了两辆中吉普 TNT 炸药，一声爆炸，七十余名敌人粉身碎骨。第二是断水道。敌人从怒江抽水上山，水道隐蔽得十分巧妙，看不到，炸不坏。攻击几十天，不知道敌人吃水从哪里来。多亏当地居民协助，找到主水道所在，予以切断。敌人弹尽援绝，真正到了山穷水尽的地步，终于全军覆没。

龙陵战役

第十一集团军在反攻之初，避开从滇缅路正面对松山的攻坚战，以主力自左翼直趋龙陵、芒市，把滇缅路上的敌人切割成数段。

六月四日，第七十一军第八十七、八十八师，和新编第二十八师第八十四团，越过小黑山、平夏一线，向龙陵进攻。第八十四团由鲁团长率领，穿过象达，直插龙陵、芒市间的华达岭，击溃两个中队的守敌，占领了龙芒公路上的放马桥一线，以阻止芒市之敌增援龙陵。第八十七、八十八两师以全力猛攻龙陵，不过五天，龙陵周围所有要地尽被我军攻克，前锋直薄龙陵城下赵家祠一带，龙陵城已在我四面包围之中。我军另一部又攻下了松山与龙陵间的镇安街和黄草坝。芒市至惠通桥公路上的敌军已被我斩为数段，我左翼第二军也随即攻下平戛、象达。形势发展，确实振奋人心。

然而，敌人作战意识之顽强、工事之坚固和储备之充足，超出我们意料之外。敌人虽被分割，却毫不畏惧，依然各自为战。我军一时未能攻下龙陵城，松山敌军又固守不退，公路无法为我所用。不到一周，绕攻龙陵的主力部队，便面临补给跟不上的严重问题。此时，滇缅边境已进入雨季，终日阴雨绵绵。从由旺、施甸通过攀枝花等渡口，翻山越岭到达龙陵前线的山间小路，泞滑不堪，人马难行，粮食、弹药不能及时运到战地。空中支援也因受到天气限制，难以满足数万大军的战斗需要。攻击龙陵的第七十一军主力，枪缺弹，人无粮，能守住既得阵地已经不易，更谈不到发动攻势了。于是战事停顿下来。此时，远征军长官部才认识到不攻下松山，是难以在龙陵、芒市进行大兵团作战的。于是，急调第八军去攻松山，并积极在怒江架桥，使汽车首先通至腊孟，再由腊孟用人力、畜力转运补给品至黄草坝，缩短了补给的路线和时间，龙陵前线情况才开始改观。

新编第二十八师第八十四团，最初在龙陵、芒市之间的放马桥打援。六月中旬，芒市敌军一个大队气势汹汹，北援龙陵，第八十四团阵地遭到敌炮火猛烈轰击。官兵勇敢杀敌，虽伤亡惨重，仍坚守阵地终日。十八日，该团奉命撤出战斗，归还新二十八师建制，参加攻击松山。七月初，新编第二十八师把攻击松山的任务交给第八军后，全师调往龙陵，归还第七十一军建制，参加对龙陵的进攻。此时，新编第二十八师伤亡已达三分之一，长期连续作战之后，又辗转跋涉，官兵蓬头垢面，困顿至极。到了龙陵东郊，由于战事沉寂，两军对峙，才得到喘息机会。

八月中旬，激战又起。新编第二十八师奉命攻击龙陵南约五里的三关坡，其他各师全面推进。我师由于已获得休整和补充，士气振作，火力炽烈，歼敌数十名，攻占三关坡。敌人随即反扑，一夜之间，火光烛天，杀声震地，三关坡失而复得者再。第八十二团第一营营长翁秀山亲自端着冲锋枪与敌人展开生死搏斗，腿部中弹倒地，依然射击不停，继续指挥战斗。在这次战斗中，新编第二十八师营连级干部伤亡殆尽。八月下旬，郊区敌人被第七十一军击溃，残敌在城内死守待援。第七十一军各师，及第二、六两军各一部四面围攻龙陵城，眼看指日可下。

八月底，芒市敌军两个联队大举增援龙陵。新编第二十八师由各团及师直属部队抽调人员组成一个加强营，与第六军部队共同在南天门阻击来援之敌。南天门距龙陵城十余里，是龙芒公路上的要隘，山势险恶，易守难攻。敌人集中炮火猛轰，冲上山头，敌我两军展开一场恶战。我军用尽一切武器，甚至用滚木礌石打击敌人。敌人虽然尸横遍野，依然蜂拥冲上我阵地。在反复冲杀之后，我守军全部壮烈牺牲。

敌军攻下南天门后，龙陵敌势增强，随即向城外各要点出击，形势十分紧张。新编第二十八师被压迫从东北坡阵地，撤至三关坡固守。敌军三百余人一日数次猛攻三关坡。新编第二十八师自师长刘又新以下仅余一千余人，全部投入战斗。不论如何告急，总部、军部的电话命令都是"不许退后一步"。新编第二十八师每天伤亡数十人，死守三关坡近十天。随后，第二军一部增援三关坡，局势才稳定下来。直至九月中旬，敌人始终没有攻下三关坡。

九月七日，我第八军攻克松山。十四日，第二十集团军攻克腾冲。滇西战局，大为改观。后方公路直通龙陵城郊，弹药给养潮涌而至。重炮两个团到达龙陵前线，第五军第二〇〇师也自昆明空运增援。龙陵敌军已陷绝境，但还要作困兽之斗。

十月下旬，围攻龙陵各军经过调整部署，向城郊发起总攻，逐次肃清外围。十一月三日，完全克复龙陵。敌军败势已成。远征军继续挺进，先后攻占芒市、遮放、畹町。一九四五年二月，和印度打过来的孙立人新一军在芒友会师，打通了滇缅、中印公路，收复了滇西全部失地，歼灭和击溃了敌人两个多师团，在抗日战争史上谱写了光辉的篇章。

龙陵以后的战斗，新二十八师就没有参加了。新二十八师是滇西反攻战中牺牲最大的一支部队。反攻前在由旺整训时，全师实有官兵约八千人。至十一月，克复龙陵时，伤亡人数达百分之九十以上，幸存的不过五六百人。随后调回保山休整，连同伤愈归队和后勤人员，合计全师官兵仅一千余人。

但是，新编第二十八师后来受到的对待，却是最不公正的。在第十一集团军中，新编第二十八师只是一个"捡来的流浪儿"。反攻中，一直被分割使用，多数情况下是担任侧翼掩护作战。虽然如此，新编第二十八师在松山战役中以弱攻强，却能连克竹子坡、腊孟、阴登山，屡攻松山、大垭口，牵制住松山劲敌不敢出击，确保第十一集团军侧后的安全。在龙陵战役中，于南天门、放马桥力阻顽敌，三关坡死守阵地，以及攻城诸役，全师伤亡殆尽。这一切，战报及战后的新闻报道，都很少有人提到。在由旺医院中，第七十一军副军长陈明仁到院慰问伤员时，我曾向他陈述过战况和感想。陈明仁说："新编第二十八师官兵是有很大功劳的。"可是对新编第二十八师的功劳，酬劳是什么呢？说来令人痛心。抗日战争胜利以后，新编第二十八师的剩余部队，由保山调往昆明。昆明警备司令杜聿明奉陈诚"整军"之命，对新编第二十八师强制缴械，予以解散。执行之日，突然派出大量武装部队，荷枪实弹，如临大敌，包围了新编第二十八师驻地，命令交出全部武器装备，徒手集合，然后分别"资遣"，或作其他处理。一支抗日有功的部队，竟落得如此悲惨的下场，岂不令人寒心！

由旺医院

由旺是保山城西南约六十里的一个集镇，是滇缅路上的一个中途站。反攻时，这里担负着转运战争物资，支援第十一集团军，并收容从战场运下来的伤员治疗后，转运到后方去的任务。

由旺镇外土坡上，临时设置了一个美军医院。医院人员全都是美国人（包括美籍华人）。院长是一位美军少校军医，名字忘了，我只称他的军衔"麦乔尔（Major）"。他是一个非常矜持、严肃、对工作极为认真负责的人。他能说一口流利的汉语。这位院长的医术也很高明，许多大手术都由他亲自动手。新编第二十八师第八十二团一位营长，右脚跟被手榴弹炸伤，伤势本不太重，但受到感染，路上又耽误了时间。送到由旺医院后，院长一检查，便决定要动手术，把小腿以下锯掉。这位营长坚决不肯。院长苦苦相劝，还是不肯。第二天，肿到了小腿。院长说要从大腿锯掉，他就大骂院长。院长耐心说："不锯就会死！"他说："我宁死也不锯，不用你管！"院长气得摇头离去。第三天，肿到大腿，一条腿都呈绿色，已经无可救药，终于死了。院长很痛心，他含着泪，捏着双拳在帐篷里对伤员大呼："我是医生，你们为什么不听我的话！"他的真诚，感动了许多人。第八十二团第一营营长翁秀山，腿部重伤，本来也不愿意锯，院长一再劝告他，不锯不行。他锯了腿，才活下来。

伤员是从前线用担架翻山越岭运下来的。在前线，仅仅由卫生队战地包扎。民工们要冒着敌人的炮火到第一线去抬伤员，沿途还要遭到敌人飞机的袭击。山路泥泞，他们还得小心不让跌坏伤员。我负伤时抬我的两位民工，遇到敌机空袭，他们并没有把我摔下就跑，而是把我藏进树林。上下陡坡，也没有把我摔倒过。我直至今天，还在感激那两位不知姓名的同胞。

　　到由旺医院的第一件事，就是把全身衣服换掉，穿上条纹布伤员服，所有随身衣物都要送去消毒。

　　这个战地医院是反攻开始时才建成的。小山坡上全是白色帐篷，每个帐篷有三五张病床。到这里来的，大都是第十一集团军官兵。后期，也有少数是第二十集团军送来的。

　　这个医院有较好的医疗设备，特别是两种特效药，深受伤员的赞扬。一种是盘尼西林，一种是名叫"沙佛里尔曼"的白色粉状药。这两种药对消炎、止血、生肌确有奇效。

　　我接触最多的是牙科医生柯尼尔上尉，我们也只称他的军衔"卡普敦（Captain）"。他是一位和蔼可亲、耐心细致的人。原来在纽约开了一个牙医馆，太平洋战争爆发后，才应征入伍的。他给我开刀，事先总是很亲切地安慰我说"不要紧"。手术时，轻手轻脚，一再问："痛不痛？"第一次手术时，他随便说了一句："你的头发这么长。"手术后，我便请一位轻伤病友给我把头剃光了。换药时，柯尼尔大吃一惊，问我为什么要把头剃光。我说："头发会妨碍你做手术。"他连忙道歉说："对不起，对不起！"

　　美军医院的生活是比较好的。美国厨师（华裔或美籍华人）不会做中国菜。每天三餐，到时候，每个帐篷给提来两个大铁桶，一大桶罐头肉、菜，一大桶煮饼干。有时也有大米饭或面条，但都是煮得黏糊糊的。

　　医院里没有报纸，但对前线的消息，并不闭塞。每天从前线下来的伤员，都会带来最新的战地新闻，其中有许多精彩的、动人心魄的故事。

　　第三十六师一位副营长张文才（广西人），他讲到围攻腾冲城的一个故事。腾冲城墙高而且厚。两年来，敌人在城墙上每隔十米二十米又修了钢筋水泥工事，城内也是地堡密布，步步为营。我军肃清腾冲外围诸山头敌人后，兵临城下，大举攻城，因牺牲甚大，没有攻下来。这一天，又组织了一支敢死队。我空军三十余架飞机临空轮番轰炸，炸开几个缺口。我敢死队乘敌人被炸得晕头转向、城头硝烟弥漫之际，冲上城墙。敌人苏醒过来后，便从城内及两侧向我已攻上城墙的敢死队发起反击。侧射火力封锁了我后续部队的进路。敢死队的勇士们在城头上与三方的敌人作殊死战斗。城外我军除了向两翼射击外，别无他法支援，眼看着城墙上敌我肉搏拼杀。突然看到两个人紧紧抱在一起翻滚，一个要往城内翻，一个要往城外翻。那个中国兵力气大，最后抱着日本兵顺缺口翻到城外。但两人还是没有撒手，还互相用嘴咬。城外我军以机枪向他们近旁射击，他们才松手。趁他们松手分开的一刹那，我军就把日本人打死了。中国兵跑回来了，他的耳朵被敌人咬掉一只。这支敢死队终于在城上站住了脚，为攻城开辟了道路。

第二军军部的一位通信参谋朱唯一，对我讲过一件事。我军克复龙陵、芒市之后，追击到畹町时，敌军在一座大山上凭险固守，攻不下来。第十一集团军代总司令黄杰亲自到前线指挥。他命令把总部直属的两个重炮团，以及各军的山炮营、迫击炮，都集中起来，由他统一指挥。黄杰在电话中一声令下："各炮速射五十发！"打得天昏地暗，地动山摇。他又一个命令："各炮再速射五十发！"轰了一两个钟头，打了一万多发炮弹，把一个山头都打平了，敌人一个都没有剩下，或者死了，或者逃了。这个故事是否完全符合实际情况，不得而知。不过，在反攻滇缅的战争中，我军炮火的猛烈，是抗日战争中绝无仅有的。总司令或军长下命令，对一个山头或一个据点炮击一千发或几千发，这是常有的。美军医院的医生们，是十分辛苦的。伤员昼夜不停地送来，他们也昼夜不停地抢救和治疗，有时一个大手术接连做七八个小时，医生们认真负责，不辞辛苦。每当一个濒临死亡的伤员被救活，医生们兴高采烈，溢于言表。他们为每一个伤愈归队的伤员祝贺。由旺美军医院救活了成千上万的中国伤员，对滇西的抗日战争做出了重大的贡献。

这里，捎带提一提美国的第十四航空队，在滇西反攻中，确实是与我军密切合作，为反对日本法西斯英勇战斗。除了支援前线以外，还保卫着我后方领空。我在由旺时，有一天，十二架日本零式战斗机窜入保山上空。我方一架由昆明飞往保山的运输机被日机击落，在东山坡熊熊燃烧。另一架我运输机被日机追逐，正飞向机场。机场上，我高射炮猛射敌机。敌机升空后仍在上方编队盘旋。这时，一阵马达轰鸣，四架"P38"双机身美国战斗机，从低空掠过医院，直冲蓝天，扑向敌机群。只见一阵机炮闪光，一串炮弹射向敌机，两架敌机中弹，立即摇摇晃晃离队向西逃跑。其余敌机被冲得七零八落。双方十余架飞机，上下翻腾，进行激烈的空战，敌机终被打得狼狈而逃。

在空战中，中国伤员能行动的，都站在土坡上观战。院长大叫："中国兵，中国官，快快，快快卧下去！"中国伤员没有听。打完空战，院长大发脾气，责备伤员不听他指挥。伤员们知道他是好心，对他说："前线比这危险，我们都不怕，飞机打仗怕什么！"院长说："你们可以不怕，可是我要为你们负责！"

这些都是抗日战争中，中美两国人民并肩战斗，共同对付侵略者的事迹，在我国的抗战史上，是应该记上一笔的。

我军在滇越边境的防卫部署

卓 立 王 栩※

日本帝国主义为了实行其蓄谋已久的南进政策，早在一九四〇年五月，开始将其侵华日军的主力南调，企图入侵东南亚诸国，完成对我国的大包围。我军洞悉其奸，于一九四〇年秋，以滇军为主力，协同其他友军，在滇越边境地区集结，以加强我西南国防，准备迎击来犯之敌。

一九四〇年夏秋之交，我国防部决定，把滇军第六十军，由江西前线调回云南（第六十军自台儿庄和武汉外围与日军两次交锋后，日本侵略军视为劲敌，称赞第六十军是龙云的钢军，称赞卢汉是蒋介石的虎将）。一九四〇年十一月上旬，第六十军部队全部回到文山地区后，立即协同原驻云南的滇黔绥靖公署步兵第一旅卢浚泉、第三旅阎旭、第四旅马继武、第五旅邱开基，及开广司令龙奎垣独立旅等，组成第一集团军，驻守滇越铁路（含）及其以西的广大地区，为右翼兵团；以原中央军第九集团军（关麟征兵团辖第五十二军张耀明、第五十四军黄维等两个军）驻守滇越铁路（不含）以东的广大地区，为左翼兵团。两个集团军协同驻守滇越边境，进行持久防御。所有驻守云南境内之滇军、原中央军及其他云南地方武装部队，统归昆明行营主任龙云指挥。

国防部在调回第六十军的同时，即组织滇桂参谋旅行团，以阮绍文为团长，关麟征为副团长，并调驻本方面军的师以上（包括独立旅）各级参谋长为团员而组成。旅行团赴滇越边境的广南、文山、西畴、马关、麻栗坡、屏边、蒙自、个旧、建水等地，调查沿红河西岸附近的兵要地

※ 作者卓立当时系第六十军参谋长，王栩当时系宪兵司令部人事处副处长。

志概况，制订各种作战方案（计划），构筑国防工事、通信联络、交通运输等设施，严整战备，计划诱敌深入于红河附近的崇山峻岭中而歼灭之。

关于作战指导方针与兵力部署，重庆方面最高统帅部指示：第一、第九两个集团军在滇南地区的作战方针是，战略上持久，战术上速决。

一、作战部署：列入滇越边区作战序列的部队，于一九四一年春初，全部到达指定位置，准备迎击入侵敌军。云南部队和关麟征部队，全部进入滇越边境兵要地区后，以滇军前线部队编为第一和第二两路军。第一路军指挥官安恩溥（兼第六十军军长），辖第一八二师（师长郭建臣）、第一八四师（师长万保邦）及卢浚泉、阎旭等两个独立旅；第二路军指挥官张冲，辖马继武、邱开基两个独立旅。所有滇军前线部队，统归第一集团军（滇军）总司令卢汉指挥。其余滇军，如龙绳武、龙绳祖、龙奎垣、万保庶等四个旅为滇军预备兵团，由昆明行营主任龙云直接控制使用。

二、作战地境：滇军第一集团军与中央军第九集团军的作战地境线划分，大致如下：

第一集团军总部设在蒙自县城，第一路军指挥部设在新安所，第二路军指挥部设在建水。两路军各在本路军的作战地境内向南延伸，直到红河北岸，构成纵深配备的防御据点工事，凡有稻田的地方都准备蓄水淹没，使敌机械化部队难以活动，预期诱敌深入，予以聚歼。

第二路军右翼地境线为元江、元阳、绿春、江城一线，线上属第二路军，地境线以西的地区，为地方武装及各土司的游击队联络控制地区。各土司游击队及各地方武装，各自在控制区内守备国境，必要时另派部队增防。

第二路军左翼与第一路军地境线，为个旧卡房至金平一线（金平属第一路军）。

第一、二两路军各在自己辖区内，沿滇越国境线各自派出守备队。平时侦察日军动态，严加戒备；战时诱敌深入，逐次抵抗，将敌诱至红河附近地区后，又立即转入敌后，展开游击活动，扰乱敌后，破坏交通，截断敌人补给运输线和通信设备等，并配合主力部队聚歼入侵敌军。

第一路军与第九集团军地境线，以芷村、南溪河及河口段的滇越铁路为界，线上属第一路军。

第九集团军总部设在文山，所辖两个军，各自向南构成纵深的防御坚固阵地。

一九四四年春，国防部命令，所有驻守滇南部队（包括第一、第九两个集团军）统归滇越边区总司令卢汉指挥，准备对进占东南亚地区的日本侵略军进行大反攻。入侵越南的日军，原企图沿滇越铁路两侧地区进犯我昆明。但这个地区地形险要，崇山峻岭，道路崎岖，机械化部队难以活动，并且云南部队长于山地作战，天时地利均对我有利，敌人要在这里与我争胜负是比较困难的。最后乃转由泰、缅方面进犯云南（这是日本投降后，战俘中的一个日军旅团长对我第六十军副军长杨炳麟谈到的情况）。

在印缅抗战期间，我军在滇越边境的防卫部署迄未变更，相持至一九四五年八月，日军终于向我无条件投降。之后，滇军与其他友军合编为第一方面军入越受降。

第二章

第一次入缅抗日

仰光失守前后

曾庆集[※]

一九四〇年十二月，我奉派赴缅甸考察，历时约一年半，直到第一次滇缅战役失败后才回国。

当时，由于我国海港已被日军全部侵占，缅甸仰光是我国赖以与国际交往的唯一港口。滇缅公路以仰光为起点，经曼德勒、腊戍，至滇西畹町进入我国境；再经龙陵越高黎贡山，渡怒江、澜沧江，即达昆明。自仰光至腊戍一段，公路都是柏油路面，能负担大量运输。而腊戍至龙陵一段，路面就很差，我国曾建议将此段路面改成柏油路，但未能实现。曼德勒以南的塔诗也有公路东行通棠吉，以至景东，横贯掸邦全境。景东为掸邦首府，往北有山路通我国云南的车里、佛海（即今西双版纳傣族自治州区域），为滇缅通商往来要道。棠吉以东，也有公路直达腊戍，但路面狭窄，不及滇缅公路宽阔通畅。在铁路运输方面，缅甸铁路自仰光北达曼德勒、密支那，东北达腊戍。由密支那东行，通往我国云南的片马，北行可达滇边的江心坡，皆为中缅商贾出入门户。在水路航运方面，伊洛瓦底江上游的八莫，接近我国云南重镇腾冲，亦为中缅交通要道。

从上述交通概况来看，中缅两国确实是唇齿相依的邻邦。当时为了确保滇缅公路这条唯一的国际通道，以协同盟国打败日本法西斯的侵略，在英国的请求下，中国军队即入缅抗战。这完全是中国抗日战争和世界反法西斯战争形势发展的需要。

我初到缅甸时，仰光的商业和运输业特别发达，市面显得异常繁荣。

※　作者当时系中国政府驻缅甸武官。

成千上万的我国商人，像潮水一般涌到仰光。他们从国外购买汽车运到仰光，再在仰光大量抢购物资，装满汽车，由滇缅公路运回国内，一两个月往返一次，就可获利数倍。我国当时经仰光进口的军用物资，是由行政院直辖的西南运输公司主管，总部设在昆明，在仰光设有西南运输处，腊戍设有分处，受仰光指挥。西南运输公司的总经理是宋子文的弟弟宋子良，西南运输处处长是宋子文的小同乡陈质平。通过缅甸的全部运输，实际是由陈质平负责。这些军用物资运抵仰光后，首先暂存在租用的英国仓库内，再由英国的司弟尔兄弟公司的汽车运到腊戍，有的也直接运到昆明。西南运输处也有自己的一部分汽车，还征调一些华侨的汽车，担任部分运输任务。当时在缅甸的我国商人，汽车虽然很多，因不愿被西南运输公司调用，所以参加军运的商车却很少。后来日军侵入缅甸，仰光受到威胁，生意停滞，部分商车才参加了政府的抢运工作，但为时已晚。抢运工作是分段进行的，由仰光先到腊戍，再到遮放，然后到昆明。后来敌人袭击腊戍，很快就控制了惠通桥，切断了滇缅公路，尚未运过怒江的大量物资全部落入敌手。

当时我国驻仰光的总领事馆是办理侨务的机关，也是我国政府的正式代表。总领事为荣宝澧，他原任蒋介石的侍从秘书。缅甸有侨胞三四十万，领事馆对于当时的形势变化，丝毫未予注意。太平洋战争爆发，敌人迅速西进，领事馆没有事先动员侨胞做准备工作，临时亦未采取必要的应急措施，坐视数十万"海外孤儿"四处逃难，或任人宰割。至今思之，犹深愤慨！

我国外交部当时还有一位次长曾镕甫长期驻在仰光，负责办理中缅外交事宜。他是福建人，北洋军阀统治时期做过交通部次长。当时他年事已高，不愿多负责任，兼之中缅两国间的交涉以物资运输为主，这都由西南运输处主管，陈质平包办一切，曾镕甫只在必要时同英国总督府应付一下。

除了上述这些常驻机关而外，国内各院、部、会凡向国外购买物资的，多有办事处或代表驻在仰光。这些人士，有的也是假公济私，公官半商，"跑滇缅路"成了发国难财的代名词。

当时云集仰光的我国官商，总计不下万人。他们出入华贵汽车，居处高楼大厦，灯红酒绿，一掷千金，骄奢淫逸的生活，即使是仰光英国统治阶层亦为之侧目。当时英国管理进出口的官吏，对每一批货物的签证，无不公开索贿。我国商人为了早日启运物资，也自动地在每份申请书内附上数千以至数万卢比作为酬金。其他如管理运输和办理侨商入境的机关，也同样乌烟瘴气，贿赂公行。当时在缅甸流行这样一句话："中国商人已经在日寇之先，冲垮了英帝国主义的防线。"

一九四二年初，日军在塔瓦和毛淡棉以东地区穿越泰缅边境侵入缅甸，英军并未坚决抵抗。其所指挥的缅甸部队，一闻枪声，即向后溃逃。日军很快就占领了缅甸东南邻接泰国的沿海狭长地带，而进抵毛淡棉。毛淡棉位于萨尔温江（我国云南怒江的下游）入海口的东岸，为缅甸东南部的主要城市，距仰光一百七八十公里，军事上为仰光东面的屏障。日军渡过萨尔温江后，仰光即无险可守，毛淡棉的陷落更使仰光受到极大震动，感到战火已经迫近眉睫。

这时，仰光突然由盛极一时的黄金时代，变成"孤城落日"的一片凄凉。码头上堆积如山的物资无人搬运，也无人管理了。百货公司正在大拍卖，说是不让任何物资落入敌手。当时英国的非军事人员已全部逃离仰光；印度人的态度是事不关己，神情自若；缅甸人多半用冷眼观看先前压榨他们的人被吓得惊慌失措，很有些快意；旅缅华侨则感到大祸临头，有的准备返回祖国，有的迁往上缅甸，有的逃往乡村，无法离开的只得听天由命。我国驻仰光总领事馆的一些人员却还要趁火打劫，大发横财。因为军事越紧张，华侨的回国签证越难办，一张护照的签证费这时已由几个卢比猛增至一二百卢比，亟待归国的华侨对此极为愤恨。

日军进抵萨尔温江东岸后，其陆军一度停顿，空军的暴行则变本加厉，首先夜袭仰光北面的明加拉东飞机场，白昼又轰炸了仰光的码头区域，缅甸军民伤亡极大。警报解除后，我曾驱车前往巡视，满街都是残缺尸体。市面顿形萧条，夜间开始发生烧杀抢劫情事，恐怖气氛弥漫全市，居民纷纷疏散。从仰光往北的两条公路——一经庇固（勃固）、同古以达曼德勒，一经勃络门以达曼德勒。兵荒马乱，已经出现车马拥塞现象。

一九四二年二月，我军先后动员入缅，第五军参谋长侯腾也以中国军事代表的名义到了仰光，并邀我合作，从此我就协助他对英军的联络工作。

正当仰光形势吃紧，我们准备北撤的前几天，突然到我们寓所来了七八位华侨青年，穿着军服，携带自卫武器，打着国旗，自称志愿参加国军在缅甸作战。他们已经在仰光的华侨团体方面引起了很大轰动，我们当即热情接待，后来才把他们介绍给防守缅泰边境的第六军，这也是滇缅战役中华侨热爱祖国的感人表现。

三月初，日军强渡萨尔温江，其左翼直趋仰光。很快我们就从英军方面得到消息：他们准备放弃仰光，并将总司令部撤至梅苗，我们乃于三月七日离开仰光（三月八日仰光陷落）。七日正午，我们到达庇固，这是当时最接近敌人的地点，人心还显得镇静，可以买到食物。下午我们到达一村镇，发现二三十辆满载汽车轮胎的我国卡车正在燃烧。不见司机，只见很多缅甸人正在灭火抢卸物资，情况颇为紧张。后来得知，此地在前几天原住一美军少校，他听说日军已经占领了一村落，这个村与公路附近的一个村落同名，误认为敌人已经逼近，就下令开枪，将这些卡车汽缸击坏，并放火烧毁这些物资，他和这些司机已经一同北去。我们继续北行，看到沿途还有很多车辆同样被烧毁，或正在燃烧中。

黄昏前，我们抵达同古，这是仰光—曼德勒公路中间的一个大城市，距仰光、曼德勒均约一百八十英里，为下缅甸东部的重镇。我们走访了当地的英军司令部，想了解一些敌人的情况，但无结果。很多华侨见到我们如见到亲人一般，对他们的险恶处境，我们只能黯然同情而已。是晚寄宿于一所华侨小学内。第二天中午，我们到达麦克迪拉，遇见交通部长俞飞鹏，我们将沿途车辆物资被烧毁的情况告诉他，他不作任何表示，只是对我们能够通过这条公路感到意外。后来我们又发现那位下令破坏车辆物资的美国军官威尔逊少校。我们质问他，他却冷漠地回答："这是美国制造的物资，我有权处理，与你们无关！"如此轻率从事，真令人可恼！

我们在曼德勒住了两三天，侯腾自腊戍来会，曾一同驱车赴掸邦棠吉一行。这是英军一个师部的所在地，有公路北通腊戍。在这里我们会见了第六军军长甘丽初和他所属的几位师长，还有英军的师长斯棱也在场，双方在此还商谈了防务。我们第二天回曼德勒，接着就到梅苗去成立中国军事代表办事处，因英军的总司令和总督都驻在梅苗。梅苗位于曼德勒以北约四十英里处，属上缅甸高原地区，风景秀丽，气候宜人，为缅甸避暑胜地，滇缅公路和曼德勒—腊戍铁路都经过此地，并有飞机场一处，交通很便利。滇缅战役的后一阶段，参谋团主任林蔚常来此地进行指挥。

三月初，我第五军第二〇〇师由师长戴安澜率领，到达同古，接收了英军的防务，并在皮尤河南岸构筑前进阵地。此时第五军的后续部队——廖耀湘率领的新编第二十二师，还远在曼德勒以北地区，另第九十六师还在国境线上，相距都在二百英里左右，第二〇〇师已经显得过分突出，在下缅甸形成孤悬之势。日军追击英军的部队狂妄冒进，当其抵达同古以南，突然遭到我军猛烈阻击，伤亡相当大，始知当面已非士无斗志的英军。我军入缅作战的序幕从此揭开。而后历时十二日的同古激战，同古以北的逐次抵抗作战，仁安羌对英军解围的战斗，都是蜚声海外的战斗，殊堪称道。英军在我新编第三十八师的掩护下，迅速向西北方向撤退，等于全部交出缅甸防务。而在泰缅边境设防的第六军的正面，迄未发生战斗，因此把很多军用卡车放在滇缅路上跑生意，而将急速推进的敌人完全置诸脑后。当时从战局表面看，形势对我似乎有利，但我军入缅后，因英军节节溃退，使我完全处于被动地位，毫无作战计划可言，兵力部署亦极分散。由梅苗、棠吉以至腊戍数百里的整个后方，完全空虚，使日军得到乘隙捣虚的机会。

在滇缅战役的整个期间，缅甸的铁道和电信设备都为英方掌管，坚持不交出来。这些机构的负责职位，全由英人充任，低级员工则全为缅甸人、印度人和少数侨胞，人事复杂，分子不纯，亦意中事。他们对我方的军事运输，总是借故拖延，贻误戎机。车站上与我军发生争吵冲突的情事，时有所闻。我方要用长途电话，常常以没有线路搪塞，有时好容易接通电话，又常被撤线，一次电话常须分作数次进行。而最不可理解的是，我军高级指挥官的通话，甚至有关军事部署的最高机密，多是通过由英方控制的有线电话进行。一次，林蔚在梅苗与瓢背的杜聿明通长途电话，商谈军事部署问题，突然在电话中有人大声插话道："我是汉奸。"我在旁边都听得很清楚。林蔚不禁大吃一惊，急忙将电话挂上。这确实是汉奸在讥笑我们，还是好心人的警告？由此可以想见，日军对于我军的一切调动部署是了如指掌的。难怪日军一开始就掌握了缅甸战场主动权，而我军的作战，则处处被动挨打。

东路毛奇公路方面，为我第六军的右翼，由暂编第五十五师防守，日军在这方面一直很少活动。敌人施行声东击西的战略计划，预先将我军主力吸引至仰光—曼德勒的两条公路上，然后在毛奇公路方面一举突破，直趋我军后方。四月中旬，日军已在毛奇方面暗中集结兵力，并出现大量的战车和运输车辆。陈勉吾师（暂编第五十五师）对于敌人动向完全没有察觉，也没有认识到他所担任的防御地段在全部战略上的重要地位，而疏于戒备。四月二十日，日军突然发起猛烈进攻，罗衣考迅告失守，陈师溃不成军。二十三日，敌军即占领棠吉，并继续东犯。二十五日雷列姆亦告失陷。我甘丽初军被敌各个击破，向景东方面节节溃退。此时日军即以快速部队直趋腊戍，深入我军后方，使我在曼德勒一带的部队，有被包围歼灭的危险。真是"棋错一着，满盘皆输"。林蔚乃急电杜聿明派兵回援，此时马维骥率领的新编第二十九师还在畹町国境附近，远水不济近火，乃令第五军第二〇〇师从塔诗东进，企图截断北犯腊戍敌军的归路。第二〇〇师以迅速的行动，一度收复棠吉，局势稍有好转。后来上级似又改变计划，竟将棠吉放弃。戴安澜师长率部向西北转进，中途遭敌伏击，英勇牺牲。

四月二十五日深夜，侯腾得到腊戍参谋团的电话，知道敌人已进抵腊戍东南约三十英里地区，形势极为危殆，他没有告诉我即连夜携眷驱车北去。第二天早上，我才知道这个消息，既气愤又狼狈，设法搭上友人汽车，赶往腊戍。午后到细胞时，我工兵部队正在准备破坏桥梁，我们总算安全通过了，黄昏前抵腊戍。

晚饭后，我随林蔚、萧毅肃等在园内散步，萧突然望着天空说道："天上没有杀气，腊戍还不至有战事。"这真是现代作战中的无稽之谈！晚上林蔚告诉我们，没有担任具体职务的人员，可先退至畹町。第二天我驱车先行，下午至国境附近，见有战车开往前方。后又看到马维骥帅的部队，也向腊戍开拔，但不久又见这些战车折返回来。据此判断：腊戍形势不妙。四月二十九日晨，林蔚等也撤退到了九谷（九谷属缅甸，与畹町一桥之隔，桥上为中缅国界）。这时我才知道，腊戍已于四月二十九日晚陷落，未运走的物资，连同英方先前扣发最后被迫交出的约四十万加仑汽油，全部付之一炬。

我们在畹町住了四天，连日大雨。第四天放晴，一清早我就驱车离开畹町，想尽快通过怒江上的惠通桥。一到遮放，即发现汽车拥塞道路，秩序非常混乱。我参加了大撤退的行列，兵荒马乱，束手无策，经过两三小时的努力，才挤出遮放，在大雨倾盆的深夜到达芒市，借宿当地土司家。以后经过的村镇大都混乱拥塞，我们不得不自动组织起来指挥交通。万千车辆，翻山越岭而去，但因争先恐后而撞车坠崖的触目皆是。

日军占领腊戍后，乘势派出先遣部队，化装难民，驱车直趋惠通桥。五月五日，就到达了惠通桥西侧高地，用炮火封锁惠通桥。我军落在桥西的人员车辆，尽被敌军俘虏。我恰在敌人到达的前一天通过了惠通桥，在保山住了四天，俟天放晴，又向昆明前进。行约一小时，见敌机飞过。后闻保山被炸，居民毫无准备，死伤达两千余人，我住过的南洋大旅社亦被夷为平地。日军封锁惠通桥后，曾企图渡江，被我击退。其后续部队又沿怒江西岸北上，占领了西岸的广大地区，与东岸我军形成对峙。第一次滇缅战役至此告一段落。

挫辱而归的第一次远征

余 韶[※]

中国远征军赴缅作战，虽经中英双方多次协议决定，但因英方意存观望，以致几次动员，又几次停顿。一九四二年二月，日军侵缅日紧，英方始急催我军入缅。于是第六军（军长甘丽初）、第六十六军的新三十八师（师长孙立人）分别进入景东、彦南阳两地；第五军集结芒市、龙陵一带待命，于三月初开始入缅。

芒市—平满纳行军

先是英印军第一师，又称第十七师，英缅军第二师，又称第十八师[①]，曾在皮尤以南与日军数度接战，被日军打得喘不过气来。但他们为了迟滞日军前进，又不得不节节抵抗，后来竟不待与敌人接触，一闻炮声就仓皇后撤。日军嘲笑英军说："英国军队人也大，马也大，炮也大，就是跑得太快，赶它不上。"

我军第二〇〇师（师长戴安澜，附骑兵团，团长林承熙）于三月初驰赴同古，掩护英军撤退。

我当时任第五军第九十六师师长，于三月十八日率部由芒市继新编第二十二师（师长廖耀湘）之后，利用入缅商车和军政部、第五军军部一部分汽车输送，于同月二十三日先后到达腊戍，改用火车输送去平

※ 作者当时系第五军第九十六师师长。

① 作者注：这两个师的士兵全为印度和缅甸人，官长均为英国人。

满纳。

缅甸铁路系窄轨，车头车厢都小，尤其车厢只有一道门出入，两厢之间不相通，运输能力很弱。我军一个团要两个列车才装得下，因此要在腊戍停留候车。

腊戍的华侨热烈欢迎我军，送来牛酒很多，又介绍许多懂缅语、英语的侨胞替我军当翻译。这些侨胞都是经商或从事教育工作的，他们热爱祖国，不辞辛苦地来到军中服务，每师有二三十人。

三月二十五、二十六日，新编第二十二师由腊戍乘火车出发，第九十六师相继由铁道输送。到曼德勒时，因火车发生故障，又下车等了三天。

缅甸自一八八六年沦为英帝国主义的殖民地以来，缅甸进步人士为了谋求祖国的独立自由，进行了坚持不懈的斗争。但另有亲日的德钦党组织，为虎作伥地帮助日军，妄想日军能赶走英国人让缅甸复国。这种"以夷制夷"的伎俩，不仅无补于缅甸的独立，倒是给我军以不少的麻烦。

新编第二十二师于三月二十六、二十七日过平满纳后，续向叶达西前进。此时，铁路员工多有逃亡的，火车时行时停。该师先头团第六十四团（团长刘建章）在中途耽误，只得以后尾团第六十六团（团长谢蔚云）改为先头团。因叶达西情况不明，只得在叶达西以北下车，搜索前进，耽误行程不少。三月二十八日与敌接触。

第九十六师延至四月一日前后才到平满纳。我是一直坐吉普车到平满纳的。过瓢背时，曾到军部见杜聿明。杜说："平满纳是个很好的会战场，你到了那里赶快做工事。"

平满纳会战

平满纳是仰光、曼德勒之间的一座城市，横跨仰曼公路和铁路，东西南三面平坦开阔，北面近山，其间有一大湖，无水。城中有兀勒溪河横贯东西，其南岸又有一线山岭屏障市区，东有戍当河作依托，确为于我有利的会战地区。这是杜聿明三月二十九日放弃同古时的腹案。

四月一日以前，敌机已在这里狂炸多次，炸毁房屋两三千幢，破瓦颓垣，触目皆是，居民早已逃避一空。公路铁桥也被炸垮半边，但人马尚可通过。

四月二、三日，我率各部队长几次侦察地形，按军部预拟：以第九十六师为核心师，第二〇〇师、新编第二十二师为左右翼，开始构筑工事。旋奉军部命令："该师应固守平满纳，阻敌于平满纳以南地区，待军主力转移攻势，为一举而歼灭之的目的，于平满纳附近构筑决战防御阵地。"我师基于这个要旨，划分各部队工作区。

平满纳汉（老平满纳）西南丘阜地上有一宝塔群，约二百座，大小不一，用白色混合土做材料，在地面上塑一圆柱，柱上塑一大圆球，球顶装一玻璃盒，内置宝石，贵贱不一。

四月七日，杜聿明来此察看地势，命我师工兵营将这群宝塔及自平满纳汉以南至列威间的一切坚固建筑物悉数炸毁。这是为了在我军转移时，免得敌人利用这些物体掩护进行抵抗。我认为敌人不会利用这些宝塔。杜严肃地说，这是个有效措施，必须贯彻执行。又加派军工兵团的一个连，携带炸药前来协助。

四月十日，第九十六师政治部上校副主任曹世清，在樊卡纳西边乡村破获一个德钦党组织，为首的是平满纳某喇嘛庙的长老。他的手下人已供称：日军曾对我们说，英国是灭亡你们国家的，日军是来打英国人的，中国人是来帮助英国打日军的。你们看谁是你们的仇敌？谁是你们的朋友？你们应该反对谁帮助谁？我们就从事刺探中英军队情形，报告日军。在中英军的侧后方扰乱或破坏交通，放火，并替日军带路。我们还有日军给的步枪和炸药。我军听了供词后，乃命其缴出枪弹，竟答称："已到你们军队侧后游击扰乱去了，但只是放放冷枪，或捉你们单独行动的人。"再问其组织如何，他们说："这要问我们的头人才清楚。"曹世清又一再审问那个长老，他却矢口不说，用尽方法，也无可奈何。后来此事竟无结果，而缅奸在我军侧后放枪、放火、破坏交通等扰乱活动，曾发生多起，足见他们的口供属实。

四月十一日，军部要我派一个营往萨斯瓦替英人任警戒，派第二八七团（团长刘宪文）第三营（营长陈国武）前往。

自四月三日以来，每日必有十余架次敌机在平满纳及以北地区轰炸扫射。我做工士兵先后受伤十余人；上尉军械员谭楚新往后方运子弹，中途被扫射受重伤，一车弹药焚毁；上校参谋主任蔡略赴军部领地图，所乘之车中途被炸毁，幸人已下车，未受伤；陈国武亦于赴萨斯瓦途中被炸，伤亡士兵二十余人。

四月十五日，杜聿明来平满纳召集各师长会议，问大家做好准备没有。此时，第二〇〇师由同古突围后，已到平满纳以北也真附近集结。新编第二十二师已由叶达西逐步撤至平满纳西侧。戴安澜首先表示，第二〇〇师休息了几天，官兵疲劳已恢复，弹药也补充好了，可以打仗。我说，第九十六师到了半个月，自无问题。廖耀湘说，新编第二十二师稍一转移，就可进入会战地区，无问题。杜聿明说，既然这样，我们就将新二十二师最后那个阵地撤了，把敌人放进来吧。大家同意。

黄昏前后，戴、廖两师都进入了阵地，军炮兵团及战车防御炮营、粮弹交付所、野战医院等都推进就绪，各部官兵均抱有必胜信念，摩拳擦掌准备将敌人主力吸引于平满纳正面，予以沉重打击后，即向敌人东西两面出击，一举歼灭敌军。

四月十六日拂晓，敌机十余架在平满纳上空盘旋轰炸。七时后，敌步骑五十余增至二百余，战车三辆增至六辆，向我第二八八团也那警戒阵地进犯。排长陈成堂灵活应战，以少胜多，迭次将敌击退，毙敌四五十人，我仅伤亡士兵二名。搜获敌军文件，知当面之敌为第五十五师团。

同日十时许，我到威支队阵地前发现缅甸男女五六百人，扶老携幼伪装难民而来。支队长夏鼎（第二八七团中校副团长），明知敌人在同古用过这种卑鄙手段，仍优柔寡断，不忍开枪阻止，被伪装为难民的敌军乘机冲入，敌步骑兵复由两侧抄袭而至，一阵混战，阵地也失掉了。

杜聿明闻报，嘉奖陈成堂，斥责夏鼎。夏鼎畏罪，只身潜逃回国去了。

十七日五时许，敌步骑百余及战车八辆，向我第二八八团新昂久警戒阵地攻击，另有骑兵六七百由侧翼迂回而来。副营长周文率士兵奋起应战，将敌击退，毙敌少尉一员、士兵九名，缴获三八式步枪八支、文件数件，我亦伤亡士兵七名。

六时以后，敌以炮火掩护步兵向我序克林东、扁克比、卫支、新昂久各警戒阵地进犯，另以步骑兵百五十名、战车四辆，进犯平满纳汉，复以便衣队（日人与德钦党人混合编成）抄袭序克林东侧翼之后。平满纳汉仅有我步兵一连及师工作队一部，接战四时余，毙敌便衣队百余、步骑三十余人。终以敌不断增兵，众寡悬殊，乃撤回本阵地，我阵亡连长吴丽生、排长杨汉秋二员，伤亡士兵三十余人。

十八日，敌机整日轰炸，其重炮分向我第二八六、二八八团主阵地射击四百余发。敌战车三辆、骑兵一部、步兵两千余，沿铁路向我第二八六团正面阵地猛攻，复以便衣队与步兵向我第二八八团杨木则进攻，连续五次，均被我守兵奋勇击退。

同日午后三时许，又有步骑联合的敌军（数目不详）附山炮十余门，沿戍当河东岸与我左侧支队接触，该支队利用鳞形工事抵抗，敌军寸步难进。入夜，敌军百余人渗入我阵地，支队长朱昆岳（第二八七团营长）亲率预备队两排增援，战至夜半，将渗入之敌悉数歼灭，我亦伤亡官兵三十余人。

据工作队报告及连日战况判断，当面之敌似有两个师团以上。

战局突变

四月十八日，正当敌我主力逼近，决战迫在眉睫之际，十六时许，突接军部电话（要旨）："……现我右翼英军、左翼第六军战况紧急，我第二〇〇师、新编第二十二师须先援马格威，转赴棠吉救援。九十六师应争取时间阻敌，不必作坚强的决战……"这一来，犹似晴天霹雳，大家的热望顿成泡影。

所谓英军与第六军战况紧急，实际并不严重。只有棠吉（避暑胜地）南至同古，北至腊戍，西至梅克提拉均通汽车，我后方没有预备队，若敌乘虚直入，有截断我后方和包围我军的危险。因之我军不得不放弃平满纳会战，回师挽救。除留军工兵及平射炮各一连配属第九十六师外，廖、戴两师、军炮兵团、战防炮营均于本日十七时撤退。敌遂乘机进占两师阵地，对平满纳形成三面包围之势。

棠吉的得失为缅局胜负关键。假使当时后方有一二支有力的预备队，自可挽救失败，不至牵动全局，而第五军仍可贯彻平满纳的会战。虽然胜败不能预料，决不会演成当时仓皇失措，以惨败告终之危局。

闻国民党的武装力量驻在云南境内的不下五六个军，为何不使用足够的兵力入缅与日军决战呢？皆因蒋介石派驻云南的大军是用于监视龙云，巩固蒋家统治权的。缅战的丧师辱国，蒋介石实负其咎。

此时，第九十六师不独失去左右友军，而且要面对强敌变更既定部署，处境极为困难。入夜后，德钦党十余人偷至第二八六团阵地，破坏铁丝网，被我预设警铃察觉，立被击退。旋又化装难民，乘牛车四辆，企图混入我阵地，亦被悉数擒获。又有一部爬至第二八七团第一营阵地边缘，装鬼叫，声如哑獐。适该营营长林狮巡查至此，大声喊道："那是日本鬼子，快打，快打！"守兵一开枪，即闻一阵沙沙之声，滚向乱草坡下去了。遗尸三具，均为缅人。

二十时后，全线渐趋沉寂，我即召集各部队长开会，告以敌情与军主力的行动，及本师任务。我此时亦别无善策，只坚持要挡住敌人，使军主力有余裕时间解决后方敌人，继续打下去。

二十二时许，军部工作队两个队员，跑得满头是汗来说，有步骑联合的敌军四五百人，由序克林东向吉同岗急进中。我即将此情况打电话报告杜聿明。杜说："你们不要在平满纳等着被围呀！"又说："也真、吉同岗是很好的防御阵地。"杜同意我们立即转移，并嘱我将军部存在平满纳的炮弹运回后方。

这一转移万分紧急，即电话召集各部队长来部，下达命令：除规定各部开始撤退的时间路线外，并指定：一、第二八六团即派一支部队快速占领吉同岗；二、第二八六、二八八两团各留一个营在原地掩护师部的撤退；三、严禁灯火，利用月色行动。我自己仍至两个掩护撤退营中，以备应付非常。

十九日八时许，我行至也真，凌则民正以担心的神情在那里等候他后面的队伍。我问："左翼的枪声怎么这么近？"凌说："这是昨日第二〇〇师撤退后，敌人就到了那里，已经派队阻击去了。"

九时多，我至二六二公路牌附近，我通信连在此架电话，知胡义宾率师部及直属部队已到裱贵，正在造饭。我连日食不下咽，乃不去师部，转往东边侦察地形。傍晚得知各部均已到达新位置。为而后指挥及交通便利计，师部及直属部队连夜由甘蔗地里秘密移至二六二路牌附近，只留工兵营在裱贵为预备队，封锁村落，行人准进不准出。

敌人似乎在今早大举进攻平满纳时，始发觉我师已经撤退，旋以步骑兵两千余人分三路追来。我第二八八团掩护营迭被围攻于500高地及二四九、二五一、二五三公路牌等处。我先后毙敌百五十余，毁敌三轮卡车两辆、装甲车一辆。敌置之不顾，仍重重围裹而来。

二五三路牌战斗最激烈，敌山野炮集中火力向我猛射，战车往来冲突，飞机俯冲狂炸。血战竟日，终被敌左翼迂回纵队截断我也真归路。该团留置也真的部队，亦被敌包围。幸第三营营长漆云鹏指挥得力，冲出重围，想绕道吉同岗撤回。不意复于雅多附近与另一股敌人遭遇，苦战至二十日下午，始突破一缺口，脱离敌军。计伤亡及失踪士兵百三十余人，第二营营长邱志德、第五连连长王宝琛阵亡。

我左侧支队，于同日拂晓以前撤离1382、700高地。朱岜岳以740高地与我师在占领新阵地以前之安全有关，不宜过早放弃，乃以第四连（欠一排）坚守。十时后，敌步骑三百余四面围攻，战至十六时，守在半山上的董其学排士兵全数阵亡。董其学跃出大呼："当与阵地共存亡!"以最后的手榴弹掷地，与十几个敌人同归于尽。这种壮烈的牺牲精神，实可敬佩。该连李连长仍率余众坚守山顶，是夜夜半，始突围归来。计共毙敌七十余、战马四十余匹，获骑枪一支；我阵亡官兵四十余名。

十九日八时后，第二八六团于吉同岗开始做工事。有步骑联合的敌军五百余（据判断，即昨夜军工作队所见之敌）在铁道一侧向我扰乱射击，刘有道恐其影响做工事，乃派一小部队与之对峙。同时，第二八八团主力已在642高地进入了阵地。

敌除三路向我追击外，不让我在新阵地上立足，右翼千余人又向吉同岗东西地区迂回来犯。经我守兵还击，遗尸二十余具退去；左翼迂回的两个纵队，在其飞机大炮战车掩护下，向我也真附近攻击。该地仅有守兵一排，苦战二时余，伤亡过半，阵地被飞机大炮摧毁，因而失陷。

十八时，敌以几个小部队向642高地附近，进行火力搜索，我守兵不发一枪，未暴露阵地，敌人未得结果而去。

入夜，沉寂无战事。

吉同岗和642高地战役

二十日，第二八六、二八八两团阵地逐渐吃紧。

七时左右，敌大卡车十三辆满载士兵，由战车七辆前导，沿仰曼公路直驶而来。我配备642高地的平射炮，俟敌来犯，瞄准射击，第一炮打中其先头战车，第二炮又命中其后尾战车，其余战车、卡车进退两难。我平射炮、迫击炮、轻重机炮、步枪齐发。第一营营长陈启銮复率部向敌右侧出击，敌军纷纷跳车逃窜，狼狈不堪。毙敌大尉一名，遗尸遍地，我军虏获步枪及军用品、文件甚多，轻机枪一挺、重机枪二挺。知敌为第十八师团第二十三旅团第五十六联队。我军士兵兴奋异常，称赞平射炮兵为神射手。

敌人以为我军既放弃平满纳坚固阵地，昨日占领也真时又见我守兵甚少，搜索队亦不见我军动静，故敢乘车冒进，以致受此巨创。

十三时后，敌飞机大炮分别向吉同岗、642高地滥袭猛炸，步兵两千余以包围之势向吉同岗进犯，另有步兵千余向642高地猛攻。

我吉同岗守兵沉着应战，俟敌迫近，即由两侧出击，打死打伤敌人六百余；我阵亡上尉军械员凌裕山一员，伤指战员张保、王立身二员，阵亡士兵十九名，伤二十一名。

六四二阵地本甚广阔，兵力单薄，敌攻势凶猛，凌则民令少校团附宋牧仲率兵增援。接战一小时，毙敌二十余，敌退去。十六时许，敌复以步骑千余，在飞机大炮掩护下向第二八八团第三连猛攻，该连伤亡甚重，阵地一部被占。凌则民急以机枪迫击炮掩护熊辉卿连进行逆袭，敌又遗尸数十具退去，我阵地完整如初。

不久，敌又挟其飞机大炮威力，向642高地猛扑，一时弹如雨下，尘土飞扬。我守兵因烟雾弥漫，射击困难，又被敌人扑至我阵地前，情势异常危急。第一连连长叶良材跃至敌前投掷手榴弹，机三连连长赵天鑫率部冒烟雾攻击前进，毙敌极多，敌又受创退去。

十八时，公路上之敌，附战车八辆向第二八八团二、四、六连阵地反复冲锋，我守兵坚强抵抗，阵地屹然不动。此时，团长、营长均至最前线指挥督战，形势紧张。第六连连长周嘉正率部抄至敌人左侧背，激战至十九时三十分，敌又不逞退去。毙敌无数，生擒敌少尉二人，日造手枪一支。

本日自晨至晚，敌以全力向第二八六、二八八两团猛攻六次之多，我阵地中炮弹及飞机炸弹数百发，工事多被摧毁。幸我官兵勇敢坚忍，迭予敌以重大打击，计共毙敌千余，我亦伤亡官兵三百余。

据所获文件得知，右翼敌军为第五十五师团，左翼为第十八师团。

本日的战斗，因为我师处于新占领的阵地，立脚未稳，敌以两师之众趁势来攻，我们开头都捏着一把汗，鏖战终日，竟能大挫敌锋，大家才松了一口气。将此战况电告罗卓英、杜聿明后，后方盛传第九十六师打了大胜仗，这是他们求胜心切，夸大之词。

入夜后，枪声沉寂。第二八八团第三营由雅多突围归来。凌则民来电话说，敌方时有红绿信号灯及车辆移动声，不知在搞什么鬼。我说，可能是搞新的攻击部署，准备明天大战吧。凌说，敌人步骑兵好对付，就是飞机大炮战车使人恼火。接着刘有道来电话说，敌方有沉重的车辆行动声，怕是战车，明日必以全力来攻。又说，敌人偷听我们的电话，要通信连注意查线。我问，铁路上通敌方的线路割断了吗？刘说，割断了，不知是怎么偷听的。他曾听见敌人用不纯熟的华语喊话：耶隆坝、耶隆坝（第二八六团暗号），白云庄（师部暗号）和你讲话。

二十一日，判断今日必有更大的战斗，刘、凌两团均严阵以待。

七时以后，发现敌一个很长的纵队由 642 高地东侧的牛车路北进。凌则民当令迫击炮连，向该敌施行阻击；令叶良材率兵一排，携重机枪一挺，截击该敌后尾。惜此时我炮弹用尽，抄击部队又被敌人骑兵冲击，未能奏功。然已明了敌人企图是向我左翼包围，即令重叠在第二八八团后方之第二八七团（欠一营）严密注意。

九时许，右翼敌步兵四个大队、战车四辆、骑兵百余，以飞机大炮掩护，向吉同岗进犯，其主力沿铁路左侧向第二八六团第九连攻击。又发现骑兵一部和步兵两千余，潜伏第九连阵地前方甘蔗地里。刘有道集中轻重机枪和迫击炮，出其不意猛烈射击，打得敌人乱滚乱爬，其中一部反向我阵地瞎撞。毙敌岸田大队长、松岗中队长二名，中尉以下官兵五百余人。我亦阵亡连长武金安及兵士三十余名，伤排长胡尚云以下三十余名。随后饭田中队长又率部专攻第二八六团第六连阵地，连长傅祖宪负伤不下火线，敌三次冲锋，我士兵与之肉搏，毙饭田中队长以下八十余名。我排长杨正大阵亡，李同汉负伤，伤亡士兵三十六名。

左翼敌军有两千余人，于九时后以一部向第二八八团第一连佯攻。主力向第七、九连猛攻，在山野炮、小钢炮炽盛火力掩护下，节节进逼。我阵地岌岌可危，七连连长刘德裕、九连连长赖校权勇敢果决，坚强抵抗；第三营副营长刘道伉率另部冒着弹雨往援，激战两小时，敌势稍挫，我官兵伤亡也不少。

其时，向我左侧迂回的敌军，已渗入我第二八八团后方，但对我第二八七团之鳞形配备似未发觉，正陷入我夹击圈内。我以尽歼敌人目的，令凌、刘两团，俟敌深入至我预定地点时，即夹击歼灭之。

师指挥所原设在二六二公路牌大桥下面，我忽而对蔡略说："快搬到后面树林边缘去，要立即行动。"刚刚搬开，敌重炮突向此桥射击三十多发，桥被炸毁，电话线也被炸断。

十三时许，刘宪文电话说："有几百老百姓扶老携幼，要进入我阵前的大村庄来，政工人员劝阻不住。"又说："刚才得报告，已进入村庄了，怎么办呢？"我问他们后面有无敌人，刘说："后面森林荫蔽，看不清楚。这明明是同古、刘威的故事重演，再劝不听，我就开枪硬打。"我说，只好如此。正当我与幕僚研究战守问题之时，军骑兵团巡逻车送来杜聿明手令：

"乔克巴当方面之敌已被孙师击退，彦南阳油田已收复。棠吉情况紧

179

急，弟（杜自称）即率二○○师及二十二师之一团往攻，以保我侧后安全。然后转移兵力，与正面敌人决战。在此时期内，兄与耀湘统归长官罗①直接指挥。而后情况径报长官，并分报弟处。至于阵地抵抗之时日，由兄视敌攻击情形决定，总以广正面迟滞敌人为主，不必作过于坚强之决战。耀湘到后，在瓢背、梅克提拉、他希之间占领阵地，支援兄部战斗。"得杜手令后，遂拟定撤退命令，预送各部队长听候电话执行。

十四时，刘宪文派部队驱逐伪装的难民时，其中竟有数人向我投手榴弹，森林里亦有敌向我射击，他们纷纷向敌方奔去，然已毙伤数十人矣。

向第二八八、二八七两团间渗入之敌纵队一千五六百人，我军佯作不知，让其深入。但第二八八团正面之敌正源源增加，凌则民率队出击，敌集中步、炮火力向我阻击。连长周嘉正弹伤左肩及腹部，仍负疼与敌肉搏，终以弹贯胸部而亡。连指导员接任指挥，旋即阵亡。凌则民率部与敌恶战时，弹中右腿，犹裹伤续战；腰上又中一弹（被潜伏树上的敌人击中），仍挥众前进；继以头部中弹，壮烈牺牲。中校团指导员蒋治策继续率众格斗，左腿又中炮弹。全团官兵为团长的忠义所感动，无不奋勇直前，终将强敌击溃。

同时，深入我两团夹击地区的敌军纵队，被第二八八团第二、三、四路，与刘宪文、朱崑岳部两下夹击。敌腹背被攻，只得作困兽斗，以机枪、炮火乱射。我官兵以歼敌在此一举，无不勇猛格斗。敌终因四面挨打，被歼殆尽，横尸遍野，血流成渠，逃脱者不过数十名。我亦牺牲官兵六百余名，副营长周文一，连长熊辉卿、邹汝栋，排长郭勋、汪家宗等阵亡；而第二八八团少校团附宋牧仲率掩护队百余人，尚被另股敌人包围中。是役战斗之惨烈，为我前所未见，我官兵的壮烈牺牲精神，令人感泣！

陷于包围的敌纵队被歼灭将尽之际，其后续部队六百余，向第二八七团急进。另骑兵四百余由左侧迂回前来，似是救援其被陷部队的。其炮兵不断轰击，飞机猖狂扫射。刘宪文情急智生，跑到敌尸中，捡起一面太阳旗铺在开阔的大桥上，敌机两度低飞过此，果然相继逸去。刘宪文以空中威胁解除，即率各部迎敌，朱崑岳复率兵两排出击，激战四小时，敌渐退去。

---

① 罗是罗卓英。

我按预定计划，令第二八七团撤至大公占领阵地。因第二八八团伤亡过重，撤至甘敏甘最休息，并令漆云鹏代理团长。

右翼吉同岗，九时与敌激战后，至十二时许，敌竟施放催泪性和喷嚏性毒气，继以飞机五架、战车四辆、大炮多门、步骑千余来犯。第二八六团官兵战斗一小时后，敌又渐趋沉寂。十四时，敌复以战车四辆、步兵百余，冲入二八六团指挥所，而团预备队已用尽，刘有道乃率团部官佐、杂兵及卫生队向敌战车投手榴弹，并吹冲锋号以壮士气，格斗数十分钟，将敌击退。刘有道及副团长侯伍头部受伤，并伤杂兵二名。

敌人退去不久，又增加装甲车四辆、步兵一部，转向第二八六团第九连攻击。连以轻重机枪，间以钢心弹还击，另挑选勇敢士兵投掷手榴弹。班长刘月华，携黏性手榴弹数枚，伏于路旁沟坑乱草中，俟敌战车接近身旁，即扔出手榴弹，轰的一声，敌战车立毁。刘看自己身上无血迹，知未受伤，继将所余手榴弹投掷，敌战车、装甲车全毁。毙敌少佐滕信二郎、安田忠雄二员及士兵数十名，生擒一名，虏获三八式步枪三十七支，还有无线两用电话机、钢盔等。后来刘有道问刘月华道："你贴近敌人战车扔手榴弹，不怕炸了自己？"刘月华说："当时只想消灭敌人，没有想到自己。"这种奋不顾身的精神实是难得。

十五时，敌放出烟幕，以重炮及山野炮向第二八六团第十二连阵地射击五百余发，打得尘土飞扬，副营长夏生仁、连长熊芳扬先后阵亡，伤亡士兵三十余人。

黄昏时，敌步兵约一大队又向吉同岗右翼攻击，战斗剧烈。刘有道右手炸伤，第一连伤亡甚多，阵地沦陷。第一营营长陈如岗率众迎战，反复肉搏，终将阵地收复，唯陈因伤重身亡。

同时，左翼第六连阵地亦被敌便衣队攻入，我第三营营长卢致恒率营部官兵将敌击退，毙敌百余。我阵亡连长王敬西一名，伤排长张裕应、夏坤、刘尚勇、康烈四名，士兵伤亡五十余人。

敌屡攻不逞，竟置大批汽油于吉同岗附近，准备火攻，还以一部包围第二八六团左侧后。我师以第二八六团苦战多日，粮弹将尽，饮水缺乏，乃令其按预备命令撤至大公以北待命。并以工兵营在裱贵掩护，全团遂乘夜突破敌人重重封锁，于次日下午到达大公以北地区。

二十二日上午，罗道隆电话说，敌八九百人在裱贵南边停止，其野炮、重炮向裱贵车站及村庄射击数百发后，始以小队步兵搜索前进，一经我机枪射击，旋即退去。敌退去后，又大打其炮。如是反复数次，落弹不下千余发。我问这是何故，罗判断：十九日师部及直属队进入裱贵，为缅奸所见，夜里由甘蔗地里撤走缅奸则看不见。且村庄被我封锁，误以我军有两千人埋伏于此。必是缅奸据此报告了敌人的缘故。问罗，何时撤退？罗说让敌人多打些炮吧，等到夜间再退。

十三时后，敌步骑二百余，沿公路向大公远前方搜索前进，经我骑兵连伏兵击退。

是时，大公东西两端大火，烟焰冲天，判断是德钦党向敌报告我军到达的信号。以后，凡我军退到之处，果有同样烟火。

十六时，前方还有枪声炸弹声。后来有由 642 高地因失了联络穿过森林逃回的士兵说：这是第二八八团突围时不及救护的伤兵与日本鬼子在拼命。他们说，战也死，不战也死，与其白死，不如拼死。这种气势磅礴的民族气节，可歌可泣，令我无限敬佩。

十七时，我与各参谋讨论今后作战方略，都说官兵太疲劳了，伤亡又多，不宜再打硬仗。遂决定用多线阵地，以三个团逐次阻敌：大公为一线，第二八七团担任；老兰东西为一线，第二八六团担任；耶麦升为一线，第二八八团和工兵营、骑兵连共同担任。师部在老兰附近设战斗指挥所。

大公—耶麦升—750 高地等役

二十三日，我第二八七团在仰曼公路、铁路线上的大公占领阵地。九时后，敌以装甲车及战车满载士兵来犯。俟敌来至最近，始迎头猛击，敌纷纷下车抵抗，击毙其三十余人退去，我亦伤亡一百四十六名。

是夜，第二八七团绕道大公东北撤走，敌仍大举进攻大公，扑了一个空。敌首次以战车骑兵进行夜间追击，到老兰附近与我第二八六团混战一场。

二十四日，我第二八八团及工兵营、骑兵连在耶麦升阻击敌人一天，毙敌八九十人，毁战车一辆；我伤亡连长郑声昊以下四十余名。是日，敌人发炮两千余发，耶麦升市区尽成灰烬。

放弃耶麦升后，敌战车、步、骑、炮兵分数路，向我750 高地第二八六团的最后阵地，漫山遍野地疾进。是时，我第二八七团于撤退途中与敌遭遇。第二八八团于印真突围后，行至雪的克，又遭敌军截击。只得两度突围，伤连长刘德裕、卢凯二名。

　　我驱车至瓢背新编第二十二师第六十四团团部，告以敌我情况。刘建章说，他已经准备好了，即可接战。言未毕，忽闻瓢背西北边连珠炮响。刘说敌人快速部队到了，他忙上指挥所去。我刚出门，只见敌炮弹均落在大操坪里，响声虽大，炸力甚小，只能爆去一层薄土，是专为杀伤人马的，遇物即炸。

　　晚上，第二八七团回来说，正与敌混战难解难分之际，忽然狂风大起，黄尘蔽天，敌人莫名其妙地停止了炮击。我军就趁此脱离了敌人。有人说：这是师部放烟幕掩护我们，快打出去。次早，漆云鹏回来也是这样说的。

　　二十五日六时后，敌飞机在第二八六团阵地上盘旋轰炸，敌炮兵亦不断射击。敌步兵四百余向第二八六团750高地攻击，我守兵迎战二时许，毙敌十余人，敌势稍挫。时我军新编第二十二师刘建章团已准备就绪，乃令第二八六团趁敌人受挫时机，经瓢背西侧撤退。

　　第九十六师自四月十六日以来，将附有飞机、战车、大炮两个师团之敌阻止八天，斩获众多。使敌不能与其东西两路同时进展，并使我军主力得到余裕时间对付侵入后方之敌，迟滞敌人前进之任务，初告达成。然阵亡官员达八十八名，伤七十七名，阵亡士兵两千五百七十人，伤一千三百四十六人之多，损失重大，我实难辞指挥无方之责。

　　十三时许，我见各部均已撤到了指定地点，乃驱车前往梅克提拉长官部，请示而后行动。罗卓英一见我就说：“你这次总算努了力。”话未完，警报响了，罗卓英和一些官兵都跑步躲进了防空洞。警报解除后，罗对我说：“杜军长要你到曼德勒东郊集结待命。”

　　我即驰回师部，叫参谋拟行军计划，以电话告知各部队长。此时，最担心的是士兵落伍，乃严令副官杨鑫率卡车八辆、装甲车三辆，往返接运至最后为止。

　　我复驱车先往梅克提拉，长官部已空无一人。忽见我军二八七团第三营营长陈国武率所部回来，我问他们在英人那边做些什么。陈说，他们在那边没有打仗，只是替英国人放哨警戒。我说，英国人不是说那边有敌人吗？陈说没有，现在英国人已向印缅边境撤走了，才让我营回来。我感叹地说：中国军队在正面与日军决战的兵力尚不够，还抽兵替英人放哨，真令人气愤！陈又说：彦南阳方面有敌人，但不多，与新编第三十八师开过火，现在新三十八师也向曼德勒方向撤退了。

　　我将敌我情形告知陈国武，要他在此停下，向他希方面警戒，并收容落伍士兵，俟后尾队伍通过完毕，他再归还建制。

全师通过梅克提拉后，稍事整理，即至某处（忘其地名），见军部有些汽车停在那里，说是接运新编第二十二师的。后又来了两列火车，第九十六师部队才大部上了车。

缅甸全境铁道人员早已逃避一空，商车全停，偶有军车也是中国铁道兵团人员驾驶。押车员对我说："九十六师太辛苦了，我想方设法硬凑了这两列车来接。"我才知这列车是出于铁道员工的同情和热忱搞来的。

蒂勃洛加—他希的掩护战

棠吉敌军约为一个联队，其主力是向腊戌进犯。第二〇〇师曾攻上棠吉山顶，因敌人最后阵地坚固，攻拔不易，又不便在此旷日持久，乃决心放弃，转向追蹑进犯腊戌敌军。

新编第二十二师以第六十六团（欠一、三营）占领蒂勃洛加，监视棠吉敌军，并掩护第二〇〇师转进，并以一、三营部署于他希及以南车站附近。在蒂勃洛加以南还有英军战车数十辆。

四月二十四日，敌战车向他希搜索逃犯，随即以大队步兵袭来，攻势猛烈。幸廖耀湘预先把据守车站的一营调到了他希，兵力增强，迭挫敌锋。第一营营长张淮阵亡，士兵伤亡百余人。是时，左翼敌军亦向蒂勃洛加猛进，与第六十六团第二营接触，经一昼夜激战，毙伤敌人甚多。

二十五日，第二〇〇师向腊戌前进，第九十六师撤退亦通过了瓢背，第六十六团掩护任务已达，乃放弃蒂勃洛加—他希之线向北转进。其一、三营在转进中与团部失掉联络。谢蔚云（第六十六团团长）率第二营脱离蒂勃洛加后，被敌从侧翼截击，蒂勃洛加敌军亦有向该团追来模样。如不先击破一面之敌，势难安全撤退。谢蔚云沉着果断，指挥第二营向侧翼顽敌猛打，将敌击退。六连连长彭文斗阵亡，并伤亡士兵十余名。全团从容向曼德勒撤退。

二十八日，新二十二师已到达曼德勒南郊集结。同日下午，九十六师亦到达曼德勒东郊，以第二八六、二八七两团，沿曼德勒南郊小河警戒。第五军军部也到了曼德勒城中。

东路敌人于四月二十九日攻陷腊戌，继向我国芒市、龙陵急进，我第六十六军战斗失利，溃退。在缅各军后方人员及华侨壅塞于滇缅路上，公私物资的损失不可胜数。此时第五军归国通道已被截断，只有曼德勒至密支那铁道尚可通行，于是下决心渡过伊洛瓦底江，经密支那取道回国。

渡江转进

五月一日，军部和新编第二十二师沿伊洛瓦底江东岸北上，预定至某地渡江。午后一时，第九十六师通过了伊洛瓦底江大铁桥，到了西岸。我们一过大铁桥，英国人就马上把它炸毁了。

军部派员来说：我铁路员工搞好一列火车，不久来此接队伍。遂以胡义宾率师部及第二八七团沿铁道走去等火车，其余皆徒步向四维堡前进。另派车往来收容落伍士兵。

连日沿铁道向密支那方向行进，途中看见车站上车厢很多，有的歪在轨外，所载布匹和缅币、吗啡等物品遗弃满地，成箱的卡宾枪也躺在地下，可见英军撤退时之慌乱情状。不久，胡义宾率部乘火车赶来，与行军队伍会合。胡主张乘车部队下车步行，步行队伍乘车前进，以均劳逸。我遂率第二八六、二八八团及第二八七团之陈营乘上火车。行至半夜，列车在一大桥上出轨，这是德钦党将铁轨的螺丝钉拧松了的缘故。只得弃车步行。

八日黄昏，到达印道，除胡义宾所率的师部与第二八七团（欠一营）外，其余都到达了。官兵疲劳过甚，一到宿营地都抱枪倒地而卧。我往见杜聿明，杜说密支那被敌占领了。我问怎么晓得的，杜笑笑说："敌人广播的嘛。"又说："对岸纳巴也有敌人，有几只轮船停泊在那边。为防敌渡江来犯，已令新编第三十八师刘团杨营在江边警戒，并派吴惕园（军部上校情报科长）率第二八八团何连乘汽车往孟拱侦察。"杜又要我明早率第九十六师已到部队及军炮兵团、战防炮营去打密支那，由军部抽调汽车输送。杜说："将所有炮弹打在那里，不怕打它不开！"我即回师部，连夜准备。

九日，以第二八六团为前卫，骑兵连、第二八七团陈营、第二八八团、军炮兵团及战防炮营为本队，于七时乘车出发，由大森林中的牛车路向孟拱前进。路两旁的树皮都被先行的汽车擦光了，成为天然的路标，循此而行，不需向导。是日行百余里。

十日十一时抵孟拱，与吴惕园会见，得悉密支那只有五六百敌人，商人、居民等均逃避一空。

由孟拱至密支那尚有十八英里，不通汽车。我令第二八六团渡过孟拱河警戒，预计后续部队下午可到齐。忽有四个华侨来报，前天德钦党在此召集几百人，准备欢迎日寇。昨闻我军将至，始作鸟兽散。居民也避往乡间去了。

十六时接杜聿明电令："纳巴敌人已渡江，军即向大打洛—孟版之线转进，该师即向孟缓（孟关）转进勿延。"

原来渡江敌人只有二三百人，不料刘团杨营毫不抵抗就退走了，敌即截断了印道至孟拱的道路，致使杜聿明不得不放弃打开密支那取道回国的企图，而被迫西行。胡义宾所率师部及第二八七团也只得先至大打洛，再图绕道赴孟缓。这是杜聿明及新编第二十二师被迫退往印度的主要原因。

我接到杜的电令后，心想：密支那只有几百敌人，纵然打不开，也可以由那里强行通过，再觅路经江心坡返国，何必去孟缓。这时炮兵团长朱茂臻与吴惕园来了，我将此意与二人商量。他们说：恐怕军长另有企图。我即决心去孟缓，令各部回头至甘蛮宿营。

傍晚到达甘蛮，同时第九十六师上校副官处长姚季刚率军需、副官两处人员（原驻曼德勒）也来了。我惊诧地问："你们怎么来到这里？敌人穿过棠吉时，不是曾电令你们经腊戍返国吗？"姚说，本来接到电报后，就由曼德勒启程往腊戍，行至半路，闻腊戍失守，又找小路想经密支那回国，以后闻八莫有敌，故由八英下游渡江走到这里。

十一日，在甘蛮休息半天，有些官兵以为经密支那回国的最后希望又落空了，忧形于色。尤其半路跟来的别的部队官佐，更有陷入绝境，归国无路之感。

十二时许，工兵营赶来，即令其担任后卫和沿途破坏桥梁道路的任务。

自甘蛮经孟缓至印度列多的公路，是华工新近修筑的，甘蛮—孟缓段已通车，孟缓至列多段的路基，尚未完成。

傍晚抵孟缓，拟在此休息数日。孟缓是野人山中的一个县，人烟稀少，且已逃避一空。我军携带粮食将尽，正在着急，偶于附近找到筑路工人粮仓数处，米面满仓，官兵皆喜。晚上，电告胡义宾，此间米粮甚多，令其速来会合。

漆云鹏、姚季刚来说，部分官兵对回国前途渺茫，惶惶不安。我即集合各部官长说："路是人走出来的，世界上有人的地方就一定有路。不是有句处处有路到长安的老话吗？你们转告士兵们安心休息，我有把握带他们回国。"当即派人四处找向导，不得，尤其没有懂得野人语的。环顾尽是森林，苍苍茫茫，不知路在何处，内心不胜焦灼。

十三日，杜聿明来电，要我折回密支那下游，渡过伊洛瓦底江，择路回国。我不同意。因伊洛瓦底江已有敌轮游弋，偷渡不易。纵能侥幸渡过，而密支那、腾冲、龙陵处处有敌，岂非自投陷阱？立刻复电说，既是回国，最好由我自己选择路线。杜同意了，并要我将大炮抬回国去，所有车辆就地烧毁。

我即召集各部队长开会，决定汽车由各单位驶至孟缓西边焚毁（后闻驾驶员在焚车时，有迟迟不忍点火和痛哭流涕的）。紧接着，即抽派步兵抬炮，挑选壮健运输兵抬电台。并限每个人各自缝好布袋，带足十五天的米粮，我自己亦不例外。

分道离缅

远征军撤离缅甸时分为三路：杜聿明、廖耀湘、孙立人一路；第九十六师及军炮兵团一路；第二〇〇师及黄翔所率军部补充第一、二团一路。为了叙述方便，先写第九十六师一路。

当时决定，第一步先到孙布拉蚌，然后取道经江心坡返国。这是一条直径，又比较安全。但仍留一排人在孟缓收容落伍士兵。随即将师的行动，电告杜聿明、胡义宾。

十四日午后，我自出找向导。寻遍数处，仅见一华侨妇女。我请她帮我找带路人，她向屋内努嘴示意，得一腾冲人，懂野人语，但不识路，愿与我军同行，沿途问路。复于归途中遇二山头人，他们是从英军第十八师逃回的，家住孙布拉蚌。喜极，载与同归。

十五日，八时出发，进入森林，除道上有一线黄土外，余皆草木。这是原始森林，密的地方连狗都钻不进去。行未数里，忽闻群猿哀鸣，甚为凄惨。它们都在树上攀援跳跃，尖脸、长脚、黑毛，身长约二尺许，不下千头。

五月十六日至十八日，均于森林中行军，仍是满目青苍，遮蔽天日，群猿啼鸣，闻之异常刺耳。蚂蟥甚多，草间树梢皆是，人人身上多处被咬，伤口流血。挨近草木坐立，数分钟后，身上蚂蟥已百十条矣。幸而在空旷无落叶的干土地面上，蚂蟥不来，否则是无法露营的。

连日见印度人扶老携幼，自密支那经孙布拉蚌向印度逃去，络绎不绝，抛儿弃女的很多。有一妇人怀抱一婴孩，后面跟着一个五六岁的男孩，边哭边喊地追赶。刘有道恻然不忍，将孩子抱起送与那妇。她说："先生，我自己的命尚难保啊！"此辈皆商人，亦间有公务人员和少数英人，想经孟缓去印度，多数人不知多带粮食，不得不沿途猎取野物、挖野菜充饥。有一老妇坐于路边，奄奄待毙，满身金饰累累：金鼻钏、项链、脚镯及鼻上镶的宝石，随手可得，竟无人取。有一英人以金戒指一枚，求我军一个士兵给换一碗米。士兵说：我自己还要留着救命呀。吁！此时黄金成粪土矣。

十九日，大雨倾盆，这是入缅以来第一个雨天。走近买当港时，山洪暴发，桥梁被冲去，水势汹涌，无法修桥，部队均阻塞道上。乃派人上岸砍一大树，推倒到对岸，成一独木桥，但因人多不济事。复于上游数十步处砍一更大的树，横倒两岸，负担者亦可通行。入夜，渡河宿营。

每晚宿营，必以无线电与杜聿明及胡义宾联络。杜的电台叫不到，胡的回电说，正向孟缓前进，而没有说明他的位置，似有防敌窃听，以免被截击之意。

二十一、二十二两日，均大雨滂沱，泥泞难行，官兵有跌仆数次满身泥污的。想起抬大炮的士兵，行动必更艰难，闻已落后二三日矣！

这条路上土人房屋很少，我们常常要露营。所幸搭临时棚子的材料俯拾皆是，有一种宽约二尺长四五尺的大树叶，盖在棚上可以避雨。但蚂蟥难防，必须将地面杂草铲去数尺，现出黄土地才行。

连日被敌机俯冲扫射多次，伤亡士兵三人。

二十三日，将抵埋冲，大家又紧张起来。因为从地图判断，密支那敌军，很有到此截击我军的可能，只得在前进中做好战斗准备。正午出了森林，忽见一开阔地，有公路及洋房十余幢。先遣的陈启銮来接，紧张心情顿释。更因在密林中行走多日，郁闷已极，忽睹此境，心怀宽畅，大家都有了些喜色。宿营后，陈启銮说：密支那情况不悉，据逃来的英印人说，沿途未见日军，埋冲以东二十里处，有一大铁桥已被英军爆破，现已派了一排兵在那里警戒。

二十四日，向孙布拉蚌行进，并以第二八六团李治华营接替此间警戒。计后续部队七天内可以通过，乃限李以九天为期。

孙布拉蚌有房屋两千余幢，山下为华侨及印侨商场，山上洋房为英人所居，均已逃避一空。此地有英美人逃难时遗弃的汽车甚多，黄启和拾了一辆备我乘坐。两个在此传教十余年的美籍妇人，还待在天主堂里。我请她们帮助找带路人，把我们带到江心坡去。她说这就必须经过四合地，那里山岭极其险峻，绝无粮食，土人没有开化，非常野蛮，在树上往来，敏捷胜于猿猴，常用毒弩伤人。英人以前想派兵去平服，终以道路太险，不敢去。又说："你们千万去不得！"我说不怕。她说你们不怕，带路的人怕。我说多给钱。她说："你将全世界给他，也无人敢去。"我说："你在这里情况很熟，群众感情好，请帮我们另想想办法。"她说："想想再说吧！"

晚饭时，刘有道、漆云鹏来报告抬炮情形，因炮身太重，道路难走，四个人抬不动，再加人又不好行走。有些落在后面很远，已经抬病了百多人，抬死了三十多人。官兵埋怨说："打起仗来没见开过一炮，现在倒来害我们！"我很愁闷，只得等朱团长来了再说。随又与各部队长研究由哪里回国好，并决定在此休息三天。我们一面找向导，一面搜集英人烧残和疏散了的粮食，竟在附近空屋和山沟里找到一包包原封未动的大米。这是英人去后土人搬来藏在此地的，共得数日粮。以后炮兵团及后续部队到此仍续有所获。

屡电胡义宾速过孟缓，他回电屡说照办，但久不见来此，是晚又去电催促。

二十五日夜，因苦思向导之事，竟不成寐。二十六日早餐后，昨日所见之美妇来访。她说葡萄为产米之区，此去仅九十英里，道路平坦，有英国官员在彼。那里有两条路通中国，常有华侨往来，不愁无向导。问我们愿意去否。我说谢谢，待考虑后再答复。旋即集合参谋人员及各部队长商量，咸以军部行动不明，副师长未到，先往葡萄为宜。议既定，即分别电告杜聿明及胡义宾。各官兵闻之甚喜。次日，得杜聿明复电，可往葡萄，并说片马、拖角有敌人。

二十八日原地休息。派政工人员蒋治策率数名队员先赴葡萄；又拟定回国计划，通报各官兵，并与刘有道、漆云鹏商议抬炮问题。苦于炮兵团长未到，而我们又不便在此久停。好在此去葡萄只有五六天路，路宽好走，只好抬到葡萄再说。刘、漆二人同意，乃另派壮健士兵将有病人员换下来，并要他们每日走半天，休息半天，约两个星期可到葡萄。

二十九日晨，向葡萄进发，路宽且平，稍修可通汽车。空中偶闻飞机声，疑是敌机，不敢暴露目标。林间仍时有猿啼。晚接胡义宾电，谓已到新平洋，是绕到孟缓以西了，还硬说孟缓有敌人。我去电力证其无，叫他放胆通过。

连行六天，每隔十余里有英人营房（行军用的木架草房）及土人房子可宿营。六月四日十四时到坎底迈立开江江边，有一英人和摆夷土司村长等来接，知蒋治策已到此三日。此江水流湍急，有大小独木舟九只渡江。舟是用整株大树挖成的，前后各一人操桨，大舟可乘七人，小舟只能乘二人。渡江后驻坎底英人洋房。晚上，电杜聿明、胡义宾。

六日，去葡萄访英人，他们有一位准将和四员校尉官，士兵十余人。这位准将要与我军共保葡萄，愿无偿供应米粮。后访华侨领袖张德凯，商购油盐副食，张答应尽力帮助。

葡萄为群山中一大平原，三面环河，水田颇多，有摆夷族人数千，并有一天然飞机场。数日前，曾有英机降落，接去英人一批。北有二路通云南的贡山、福贡，西北有一路通西康，正西有二路可到列多、截康，形势重要。以当时情况而言，于我国国防关系甚大。

因国内消息断绝，试电蒋介石，居然叫通了。后来知道，蒋介石正因得不到远征军消息，曾令驻印度加尔各答的俞飞鹏，派飞机在野人山寻找（日前在孙布拉蚌以西所闻的机声就是印度来的），不见踪迹，正在着急。而杜聿明电台连日呼不出，原来是电用完了。

六月七日，供应之米已由各农户用象运来，远近妇女亦纷纷挑菜来卖。

我国入缅的铁道兵团、通信兵团、后勤人员及军部的军需、军医两处，与工兵团一部分，以及炮兵团、战防营全部，都随即到此。因恐人多粮不敷用，故要他们配足半月粮，先行经福贡回国。

各部士兵疾病渐生，尤以驾驶人员为多，乃令第九十六师野战医院在弄海开诊，不分部别，尽量收容，先后治愈八百多人。

十一日得蒋复电，要我在葡萄待命，一切需要可径电驻印的俞飞鹏，派飞机运送，并告知俞的电台呼号和波长。

午后，抬炮士兵陆续来到，又抬死了四十多人！

十四日，俞飞鹏派运输机四架来此降落，运来米盐香烟等甚多，随即将香烟分发各官兵。此后，每日有飞机二三架空投米面。

二十一日，接胡义宾电，谓已到孟缓。我即派刘有道率四个连，向孙布拉蚌去逐段掩护，并以一个连至埋冲接应。

我们在孟缓时，估计胡义宾掉在后面，相距只八九天路程，何以走了三十五六日？原来胡离开印道时，跟杜聿明到了大打洛，杜对胡说："找你师长去！"胡才觅路向西北转进。途中遇到原在曼德勒担任警卫的刘伯龙的一个团，他们是在腊戍失守后辗转到此的，遂与胡合并同行。他们狐疑满腹，硬说孟缓有敌人，不敢通过，老在森林中打圈子，一面开路，一面找粮食。在这人烟稀少的野人山中哪有粮食可找？只是搞些野菜和芭蕉根充饥，官兵由饿而病、病而死的日甚一日，两千余人死亡大半。他们瞎撞瞎转到了孟缓附近，发现两个病愈的士兵，问起来才知是本师的，而孟缓就在面前。胡敲着自己的脑门说：该死，该死！幸孟缓仓库的米粮尚多，休息三天后才向孙布拉蚌而来。

二十四日，闻敌数百已占领孙布拉蚌，胡义宾被阻。约其与刘有道夹攻敌军，但刘有道于二十六日行抵多多夏遇敌，头部受伤。敌人凭险固守，屡攻不克，只得折回。乃告知胡义宾，并嘱其注意埋冲之敌。

连日大雨，印度飞机不至。土人说：两日后可望晴。我焦灼万分，乃将此情况电告蒋介石。英人留在这里的班乃德少校来访，他说："只要贵军愿守葡萄，我可以叫夷人的粮食全部交出来，可供贵军吃半年。"我问夷人没得吃怎么办，他说："叫他们到印度边境去就食。"我想，第一不知蒋介石复电如何指示，第二不忍叫夷人弃家远奔，婉言拒绝了。

七月二日，得蒋介石复电，令即回国。我马上通知各部准备，决定由下路（由此至云南有上下二路）经里党、可浪铺，通过高黎贡山至福贡回国；并以工兵营先行，沿途修补桥梁道路。

晚接胡心愉电，在埋冲遇敌，胡义宾阵亡，深为悲痛！七月三日又接胡心愉电，谓埋冲敌军已被击退。当即复电勿攻孙布拉蚌，赶快渡过迈立开江，经江心坡回国。胡于四日渡江。

我师行期既定，附近土司、村长都来送行，准备送我一头大象。他们说给师长驮大炮。我一想，这可不会抬死士兵了，遂答以照价给款。后闻由此至高黎贡山的道路异常险峻，大象庞大蹒跚，无法攀登，乃坚决辞谢。

七月五日，渡江宿弄海，令每个官兵带足二十四天粮食。出发后倾盆大雨，夜宿扁戛。

七月七日大晴。昨日大雨，米袋淋湿，休息一日晒米。夜接何应钦电，要我提防敌人在阿雇截击。当电复万一遇敌，唯有力战，强行通过。但心中因此压上了一块石头。此后电池用完，和蒋、何失去联络。

炮兵团一个押炮员（忘其姓名）赶来说：抬炮士兵已死百余，病二三百。以后的道路更险，这炮终归是抬不回去的。我问他的意思怎样。他说不如埋藏在此，将来设法来搬，但他不敢负责。我说："好，替你负责。"他欣然而去。

自七月七日至十一日，大晴，印度来的飞机投下大米数十包，除分配各部队外，尚留一些补给后面的官兵。

连日发现路旁白骨百余具，是先行有病的官兵被蚂蟥、蚂蚁吃掉的。

士兵之中，有发狂的，如有一小孩，年十五六岁，自称炮兵团勤务兵，要求同我回国。我要他跟着走，一过桥他就折转头狂奔，如是反复数次，时笑时哭，精神失常。以上情形，令人凄怆！

十四日至里党曲江南岸，这里原有的铁索桥，早被德钦党砍断，水流湍急，无法可渡，只得沿南岸往阿雇。一路危崖陡壁，有的地方用扶梯上下，有的地方只能侧身倒地爬过去，尚有陨坠之危。所带牛马尽落河中。

二十一日至阿雇宿营，先行之第二八八团尚未渡江。河深流急，土人结大竹缆，横系两岸高崖大树上为溜索。渡时以溜筒（木制）穿绳于索上，将渡者腰股二部拴住，仰吊索下，脚盘索上。系毕，将身用力一纵，即溜至半渡，再用两脚盘索而进，以达彼岸。次日土人新加二索（共五索）。我渡江至可浪铺休息数日，飞机数次投下米盐干鱼甚多，各部皆得补充。

这一路的土人有卡庆、克弄、明家、大小山头等族，语言大同小异，无文字、无医药、无市廛、无工艺。他们自出生至老死不沐浴，除能构筑粗糙的木架草房及种植玉米洋芋外，生活简单，几同原始人。他们不知中国，只知汉人，传统的崇拜孔明。后来英国人以二十一个英文字母给他们编造了简单文字，并有一篇八擒诸葛亮的短文，是针对诸葛亮七擒孟获，企图煽起对我国仇恨而写的。英国人对他们说："从前汉人统治你们，将来你们要去统治汉人。"

八月一日，至赤拉底，即高黎贡山山脚。自弄海至此，凡二十一站，每站都有英人木架草盖的简陋营房。道路久已失修，到处崩塌，又有许多大树倒在路上，行动益增困难。

八月二日至四日，过高黎贡山。山中纵横数百里无人烟，夜夜露宿。此山每年九、十月开始降雪，深数尺至十数尺，行人绝迹，谓之封山。到次年四五月始化雪。我们若再迟一月，就无法通过了。

五日至怒江边，工兵营编造大竹篮置于竹缆上，上系长绳二根，牵于两岸。渡时岸上扯绳即过，每篮可坐二人，比阿雇渡江轻快多了。

渡江后至福贡，后经兰平、碧洛雪山，于八月底到剑川，收容二十多天，各部均到齐。胡心愉所率师直属部队及第二八七团五六百人，亦于渡过迈立开江后由可浪铺循我旧路归来。

第九十六师在平满纳参战人数为九千八百六十三人，战死战伤者四千零八十一人，生死不明者四百五十三人，在回国途中拖死及抬炮死亡的一千五百余人，幸存者约三千人，然皆病容满面，疲惫不堪。第一次入缅远征即以惨败而告终。

192

第九十六师入缅远征的惨败

陈启銮[※]

中国远征军初次入缅抗日时，我是第五军第九十六师的一个营长，目睹中下级军官和士兵们蒙受不应有的损失，帝国主义对我们的欺凌侮辱，统帅部将我们带领到惨绝人寰的绝境，使人义愤填膺。

在杜聿明的记述中，关于整个战役的始末，已作了全面介绍。兹就中路军第五军第九十六师方面的作战情况，作一些补充。

缅奸的活动与供述

英帝国主义在缅甸六十年的殖民统治，使缅甸人民沦为奴隶，富饶的国土成了垄断资本家恣意霸占、巧取豪夺的场所。但英勇的缅甸人民始终没有屈服，他们前赴后继地进行了顽强斗争。第二次世界大战爆发后，缅甸人民反英情绪更加高涨，使英国占领者完全陷入孤立的境地。

日军侵入缅甸以后，他们利用缅甸人民的反英情绪，打着"大东亚共荣圈"的旗号，以帮助缅甸人民打倒英帝为幌子，对"缅甸独立军"（反英组织）进行欺骗宣传，笼络人心。

因此，不少缅人曾在一段时期内上当受骗，被日军所利用。我远征军进入缅甸后，经常受到缅奸的威胁，他们多数是和尚，给我们带来了很多困难。

我们在入缅以前，就有明令规定，要尊重当地的风俗习惯，特别禁

※ 作者当时系第五军第九十六师第二八八团第一营营长。

止官兵进入寺院。如必须进去，入寺院大殿前，一定要脱鞋，还要合掌祈祷，目的在于搞好我们与缅甸人民的团结友好关系。这一点我们执行得是比较彻底的。但是，我们却发现许多寺院就是缅奸活动的据点和指挥所。我们在平满纳构筑工事时，常常发现一些人窥探阵地。在发现这种情况的当天或第二天，我们就会受到敌机的轰炸。这就使我们警惕起来。在那里本来是看不见人影的，忽然发现一个人，就可能是缅奸在活动。以后凡发现窥探或形迹可疑的人，就进行跟踪，他们总是进入寺院。我们对那些有确实证据的便予以扣留，经过审问，证实了寺院是他们的据点。我在战场上，还曾捉到一个带有手枪的和尚，他绘了我阵地的地形图。这个人当日军向我阵地猛攻时，他却大声吼叫，我就把他枪杀了。以后我们向北部总撤退时，还遇到缅奸破坏铁轨，使我们的列车出轨，造成六十多人的伤亡事故。

根据捉到的缅奸供述，他们反对中国军队的原因主要有两点：第一，他们仇恨英国人，认为中国军队是帮助英国人的，也就不是好人；第二，他们错认日本人是好人，是帮助他们反英的。日本人诓说，日、缅都是信奉佛教的国家，生活习惯相似，如席地而坐，穿着木屐和皮拖鞋等，强调日、缅是一家；还说什么很早以前日、缅是同一民族，宣传"缅甸人要赶走英国人，要摆脱英帝的压迫，只有日本的帮助才能成功"。这说明日寇在缅甸的宣传和地下活动，有很深的社会基础，因而有不少缅甸人上当受骗，把中国军队也当作殖民主义者的帮凶。我们却没有做什么宣传工作，没有去争取他们的谅解和帮助，这就不能不遇到很大的困难，造成许多不应有的损失。

英方贻误戎机，士无斗志

第五军第九十六师向平满纳集中时，第五军第二〇〇师正在同古附近与敌人激战，新编第二十二师已南进增援，情况十分紧急，争取时间第一重要。但是，英方对此漠不关心。从当时他们的动作和态度判断，这不能委之调度失当，而是有意贻误。我们从腊戌到缅甸南方，因为车厢吨位小，只能以营为单位运输。因此第九十六师的先头部队已到达平满纳，而后续部队还在腊戌，相去七八百公里。我营原担任腊戌的警备，是师的后卫部队。由于英军不重视军运和调度混乱，第九十六师部队都走了，我们还不能走。几经交涉，才上了车。可是列车前进的速度很慢，走走停停，不是让车，就是在小站等，实在令人着急。腊戍距曼德勒仅二百九十公里左右，我们整整走了五十多小时。不仅如此，过了梅苗到达山麓的一个小车站时，大约是上午八时，车停下来了。前面联络军官报告："火车头开走了。"几次派人询问，都无消息。这时敌机不断空袭，我们的处境十分危险。十时许来了一辆机车，它却拉着我们旁边的一列货车走了。下午二时许，又来一辆机车，也不是拉我们的。官兵闻知哗然。我即询问车站，回答是这辆机车暂时不能离站。经请示以后，才允准拉我们前进。这样电话往返就搞了一个多小时，到曼德勒已是下午五时。车刚停，一个英军上校来责备我说："在××车站的不愉快的事情，你应承担全部责任。"我亦不示弱地说："上校先生，你当然懂得军队行动贵在神速，你更知道我们应该很快到达前线。如果影响战局，或在前面车站受到空袭的损失，应由谁负责？"这时又有空袭，他溜走了。按上校意见，要我们冒着空袭前进。从此事看来，英方根本无视同中国军队的协作。杜聿明说英方另有阴谋，故意耽误运输，事实正是这样。

中国远征军的伙食，原约定由英方补给。在腊戍时还能吃饱，到了平满纳，头两天供应还算准时，以后就不行了。同时，副食品质量极差，半数是发臭的，腐烂变质的。在战争打响以后，居然绝粮了。他们根本没有给我们补给过罐头食品，不是没有，而是不给。当我们到了缅北人烟稀少的孟缓时，就发现过一个很大的仓库，存放许多罐头。这只能说明英方看不起中国军队，认为我们这些穿草鞋的士兵，不配吃他们的罐头食品。我们由平满纳向曼德勒逐次抵抗撤退时，头两天没有饭吃，靠我们缴获敌人的军用饼干来维持。以后每天能吃到一餐就算不错了。当我们撤到曼德勒以后，奉命守备曼德勒以南的一条小河。这时没有战事，每天构筑工事。可是，在这种情况下，我们只得到一些大米，连烂蔬菜也没有了。从曼德勒向北总撤退以后，补给完全断绝，靠我们自己与各地华侨联系，才买到一些，同时华侨也送给我们一些。我们的长官罗卓英连想也没有想到我们。不过，我们并没有饿死，这要感谢爱国华侨，他们救了我们。

在入缅之初，我们认为这次作战，总不会只靠步兵硬拼，英国的空军和坦克部队，总会协同作战吧！大家对英国军队抱着很大的希望，认为他们的战斗力会是很强的。

实际上，在缅甸战场，英国的殖民军表现得惊人的脆弱。他们在缅甸的兵力有两个整师、一个旅、一个坦克旅（有坦克一百五十辆），有飞机四十五架，还有炮兵等部队。除了有一个旅在东绵（缅泰边境），其他部队都集中于西线普罗美方面。自三月十八日英军从中路同古附近撤向西线后，中路防务由我第五军接替。他们在西线一触即溃，自四月一日放弃普罗美起，以后逐日以惊人的速度后撤。约半个月，于四月十五日以前，已撤到平满纳右后方二百多英里的仁安羌。从普罗美到仁安羌共约三百公里，可见其撤退之"神速"。当时我们中路军正在同古、斯瓦一带与敌鏖战，还决定在平满纳与敌进行会战。可是，英军的撤退，影响整个战局极大。追击英军的日军已在西路跟踪到达仁安羌，东线英军的一个旅，还有我第六军，也是一触即溃，向北溃败；致使我中路军突出东西两路之前约二百英里，有被东西两路敌军切断后路，包围歼灭之虞。因此，我中路军只好忍痛放弃会战计划，并分兵救援东西两路英军。

西路英军逃到仁安羌油田区，被日军包围了两个多旅，英军束手无策，大呼救命。于是由我军新编第三十八师派了一个团前往解围，没有打什么大仗，敌人就被赶跑了。这才发现，原来包围英军两个旅的日军只有一个大队的兵力。

在缅甸战场上，英国的坦克部队根本不起大的作用。英国空军的飞机，我们也从未见过，更谈不上协同我们作战了。因此，日军飞机完全掌握了制空权，使我军经常处于敌机轰炸扫射的威胁之下，严重地削弱了我军的战斗力。

我军统帅无能，军心涣散

入缅之前和入缅之初，我们部队都保持着旺盛的士气。早在贵州、云南一带整训时，杜聿明将军对即将出征的官兵就进行了誓死抗日、保卫祖国的教育，训练时也非常认真。不少青年军官，还加紧补习英语和日语，以备在国外应用。我们到了战场，人人冲锋陷阵，英勇作战。第二〇〇师同古之战，新编第二十二师斯瓦之战，第九十六师在也真、吉同岗之战，都是如此。其中同古之战打得尤为出色。一直打到敌人深入我们的后方二百公里以后，我们才被迫放弃了平满纳会战，而旺盛的士气还是没有受到影响。直到腊戌陷敌的消息传来，军心才开始动摇。

中级军官得知史迪威、罗卓英和杜聿明在作战方针上发生了争论，又感到分散使用兵力，犯了兵家大忌。在曼德勒任守备时，第九十六师师长余韶曾对我说："目前统帅部举棋不定，意见又不统一，很难维持现在的局面。我们更要激励士气，掌握部队。"显然他对整个战局已失去了信心，正在作逃跑的打算了。我们纷纷私议，认为腊戍陷敌，曼德勒无法固守，如不迅速撤离，势必成为瓮中之鳖。于是我们就由曼德勒北撤。到了印道，听说罗卓英已只身逃跑，大家感到非常气愤，就破口大骂起来。

放弃平满纳会战

一九四二年三月下旬，第九十六师在平满纳集中完毕。不久，军副参谋长罗又伦前来传达会战计划。罗卓英也曾来训话打气。

会战计划的兵力部署：以第九十六师担任平满纳的守备。以从前方撤回的第二○○师、新编第二十二师为反攻部队。第九十六师固守城区，吸引敌人于阵地前，予以有力打击。乘敌攻势受挫的有利时机，即以第二○○师、新编第二十二师在军属战车部队配合下，全力出击，临阵歼敌。

第九十六师的兵力部署是：以第二八六、二八七团为守备部队，第二八八团为预备队，在城区构筑坚固工事。这时敌机不断前来轰炸破坏，少则一架，多则十余架，每日三五次不等。我们的工事白天被炸毁了，就在夜里重修起来。每修一次就加固一次，掩蔽部亦可顶住一二百磅的炸弹。我们整个阵地由星罗棋布的小据点构成，有交通壕连结起来，并设置二到三层防御工事。师部还预计战局的发展变化，经常进行演习，特别着重于出击的演习。那时士气非常旺盛，人人摩拳擦掌，准备决战。但终因两路英军的全线崩溃，使我中路军陷于孤立，随时有被东西两路敌军截断后方而被包围歼灭的危险。因此我军不得不放弃会战计划，于四月十八日开始撤离平满纳城。

中路军的逐次抵抗

在中路军撤离平满纳时，杜聿明令第九十六师在平满纳至梅克提拉间，担任逐次抵抗的任务，争取七到十天的时间，掩护主力撤退，伺机组织新的会战。

四月十六日，第九十六师的前哨部队，在平满纳以南地区，与敌接触。十八日，前哨部队撤回，敌跟踪到平满纳城的阵地前，与第九十六师第二八六团发生战斗。

十八日夜，第九十六师乘夜北撤，师主力转进至耶麦升。该师第二八六团撤到平满纳以北十英里（伊洛瓦底江西岸）的吉同岗村，控制着铁路线。第二八八团撤守平满纳以北九英里的也真村（伊洛瓦底江东岸），控制着公路线。自此第九十六师即以逐次抵抗的态势，阻击敌人。

平满纳以北至梅克提拉间，地形开阔平坦，很少隘路可利用，仅能依托一些村落和树林。但敌机专以这些为轰炸目标，如无相当掩体，会遭到很大伤亡。所以，我们只能利用一些小河的堤坎，构成阻击阵地。

十九日拂晓，敌人发现我军放弃平满纳会战以后，即以山野炮和榴弹炮，向平满纳以北铁路公路地区，进行广正面的轰击，我们受到了一些损失。接着日军还出动骑兵和坦克进行攻击，于上午七时，与我最后撤出平满纳的部队，在平满纳以北五公里处发生混战。第二八八团第二营营长亲率所部与敌骑兵展开激烈的肉搏战，他不幸阵亡，官兵伤亡共六十余人。几经战斗，敌不支退去。

当日午后四时，敌沿公路、铁路分两路向平满纳以北推进。与第二八六、二八八团的前哨连续发生激战。敌欲突破我前哨阵地，未逞而回窜。我军阵亡排长以下三十余人。前哨连于夜半撤回主阵地。

三十日拂晓，敌人向我前哨连阵地攻击时，发现扑了空。上午八时左右，敌人以战车、装甲车掩护，率领几十辆汽车，满载士兵，沿公路北进。在吉同岗方面，敌人亦以密集之大部队北犯。

在也真村方面，第九十六师第二八八团发现敌人的车队，即令各部队在公路上梯次摆开，准备出敌不意集中火力全歼来犯敌军。第二八八团阵地与公路线形成"L"形，一头卡住公路，其他阵地与公路形成平行线，因而火力易于集中在公路线上。当敌车队进至阵地前五十公尺时，平射炮首先开火，轰击战车；其他火器，亦同时射击。顿时弹如雨下，响彻云霄，打得日军躲藏无路，顷刻间，车上车下全是敌人尸体。接着我团预备队出击，除了殿后的一些敌人逃走以外，其余全部就歼。据出击部队统计，毙敌四百多人，击毁轻战车二辆、装甲车三辆、卡车三十多辆，房获文件、武器、干粮等等。从文件中得知，来犯敌军的番号是第十八师团。

同日午后一时，敌人像发了疯一样，对也真村的第二八八团阵地，进行报复性的攻击。敌机六架在上空低飞轰炸扫射，地面部队集中了榴弹炮和山野炮，向我阵地猛击。阵地上尘烟滚滚，烟柱高达数丈，整个阵地如被大雾笼罩，我军通信线路不断被炮弹炸断。敌人一次接一次地向我阵地猛扑，我部士兵发挥了各自为战精神，坚守阵地，寸土不让。我前沿阵地有一个突出部，先后五次失而复得。这天下午先后击退敌人六次冲锋。到了午后六时，敌不遑而退，与我形成对峙形势。我们因工事简陋，伤亡了连长以下二百余人。

在吉同岗方面，战斗之激烈也达白热化。敌机轮番轰炸，吉同岗以南森林烈火熊熊。虽竟日激战，敌始终不遑，同样形成对峙。第二八六团伤亡了百人左右。二十一日，敌仍对我军进行强攻。

也真村方面，敌人因为前一天正面攻击失败，此日改取包围攻击的战术。在正面进行牵制性佯攻，主力由也真村以东进行迂回包围。我们虽曾派部队阻击敌包围部队，终以众寡悬殊，无力阻拦。师部知此情况，即令第二八七团增援，在也真村以北五六里的小河北岸地区，进行阻击。同时，师部认为这种态势不宜持续下去，否则将影响逐次抵抗任务的完成。吉同岗、也真地区完成了三天的阻击任务，目的已达。遂令第二八六团向北转进，第二八八团立即突围，向第二八七团靠拢。

第二八八团团长凌则鸣，决定配合第二八七团对敌作战。虽然东边比较安全，容易突出重围，但他不愿放弃夹击敌人之良机，决定正面留置小部队掩护，主力从北面向敌军正面攻击。他不知敌人多隐伏于森林内或大树上，其军事行动正好落入敌人的圈套。战斗一打响，我军即遭到很大伤亡。到午后五时，才突出重围。此役我军阵亡将士有：团长凌则鸣，副营长一人，连长四人和排长九人，士兵伤亡达八百多人。

吉同岗方面第二八六团，安全撤出，伤亡不大。

此后，第九十六师在中路耶麦升、梅克提拉间继续阻击敌人。自十八日至二十六日，共战斗八天，完成了逐次抵抗任务。但是八天的连续作战和一千多人的宝贵生命，并没有换来史迪威、罗卓英"会战"计划的胜利。整个战场陷于混乱状态，部队调动频繁，第二〇〇师东奔西走，新编第二十二师亦穷于应付当面敌军的进攻。由于指挥无能，分散用兵，消耗了我军有生力量，铸成惨败的结局。

曼德勒会战的流产

我们在四月底到达曼德勒，就接到曼德勒会战的命令。按照会战计划，一个营的阵地就有三英里多的正面，在战史上是找不到此等范例的。

特别是前一阶段伤亡极重的情况下，担任这样宽广的正面防御，兵力极度分散，怎能协力作战？我们沿着一条小河，几个要点一摆，兵力就不敷分配了，既不能形成重点，也不能使点与点之间，在火力上达到有效的支援。因此，下级军官都在问："这仗怎么打？""我们是为主阵地打掩护吗？"怨言颇多。当腊戍失陷的消息传来，大家认为补给线已被切断，军心就动摇了。

根据当时的敌我情况，曼德勒会战是不能打的，非流产不可。果然，敌人于四月二十九日占领腊戍后，就向曼德勒袭来。罗卓英被迫于三十日下达总退却的命令。

总退却

从斯威堡到印道

第九十六师在四月三十日傍晚，通过伊洛瓦底江大桥，到达西岸斯威堡，循着公路徒步前进。沿途人车拥挤，一片混乱。我们走了半夜，只走了几里地，就在路边露营了。第二日上了火车，开出十几里路，就在伊洛瓦底江的一条支流的大铁桥上出轨，车厢翻了几节，又走不了了。事故是由缅奸破坏道钉造成的。当时死亡二十多人，伤七十多人。最惨的是重伤员哀号呻吟，血迹斑斑，无法处理。虽然带走了这些伤员，但因缺乏治疗，以后大多数还是死了。

部队在行动中，与新编第二十二师、新编第三十八师，轮流掩护撤退，行动极慢。第九十六师于九日才到达印道。

九日夜，杜聿明令我率第二八八团（这个团幸存者只有千余人，团长凌则鸣已阵亡），立即乘汽车向密支那西南二十六英里的孟拱前进，限令于次日下午傍晚前占领孟拱，而后向密支那方向严密警戒。当时，杜对我说："占领孟拱关系重大，是我们向密支那方面打出一条回国通路的据点。密支那可能已为敌占，行动要特别谨慎。"并说："明日有三架英国飞机掩护你们行动，如果孟拱亦陷敌手，应全力攻占。"当夜二时，我就率第二八八团向孟拱前进。

抢占孟拱

五月十日下午四时，车队正前进中，发现上空有三架飞机。这是我入缅以来第一次看见的英国飞机。它向我们发出联络信号，并指示方向，在我们头上打了一个圈，就向西飞走了。

我把部队展开，向孟拱市内挺进。经过搜索，市内无敌踪，但老百姓已逃跑一空。不久，有些华侨知道到的是中国军队，才回到市内。据华侨说，密支那已为敌所占。我即对密支那方向派出警戒。傍晚，第九十六师师长余韶率师主力亦到达孟拱。我立即向军部报告情况。杜聿明复电说，卡萨被敌切断，本军已不能前进，该师应速向打洛撤退。当时，军炮兵团、工兵团一部亦到达孟拱。余韶决定留我掩护，其余全部连夜经甘蛮向打洛方向撤退。

十一日拂晓，我率第二八八团撤出孟拱到甘蛮，时工兵团已作好炸毁公路大桥的准备。待我部通过后，桥即炸毁，我与工兵团一部向北转进。

到达孟缓

从甘蛮北进不久，就无公路。车队行驶于绵亘起伏的山地上，沿着牛车道在原始森林的缝隙中钻来钻去。对照地图，也弄不清方向，结果我们走了四天，才到达孟缓（孟关）（打洛的东北边）。

当时到达孟缓的有第九十六师的第二八六团和我团，及师直属部队一部，还有军属炮工兵团、辎汽大队。第九十六师的第二八七团和师直属队的主力，在副师长胡义宾率领下，向孟拱前进时，中途被敌切断，只得另觅道路，正向孟缓前进中。

孟缓是一个盆地，四面环山，中间一个小平原，方圆四五十里，东北西三面都是崇山峻岭，峰峦重叠，隐现于云雾之中。平原上遍地野草，高可过人，地多生荒，人烟稀少。大军到后，给养立即成了最大问题。我们原来还带一些干粮，这时已吃光，处于绝粮挨饿的困境，官兵思想很自然地产生对英国人、史迪威和罗卓英的怨愤。

到孟缓的第二天，也是我们绝粮的一天。在野地里找野菜的士兵，遇见三个英国兵，一人背着几个大包，包内都是罐头食品。因言语不通，拉来见我。经问明，在我们驻地东边五六里有一座大仓库，储存有大量粮食和罐头食品，看守早已逃跑。我就请这几个英国兵带路，全团出动去搬运，并报告师长，请通知各部都去搬。这个仓库不但储存量大，而且品种多，有大米、麦片、各种肉食罐头、奶粉、咖啡等等。由于这一发现，全军的给养问题，基本上解决了。

有了粮食，我们还得赶快撤走。第一，前面就是野人山。通过这座大山时，还可能受到敌人堵击。因为山的北麓有一条公路，是密支那通孙布拉蚌的捷径。孙布拉蚌是缅北一个较大的城市，它在一片碧绿的草坪上，山坡上面散布着三十多家商店和居民，还有一所教堂。这条公路，是我们回国或去印度的必经之路。我们必须争取时间，抢占野人山北麓的山口，防止被敌人围困于野人山上。第二，五月下旬，是雨季开始的时候，要在雨季以前，走完这段最困难的路程。第三，给养困难。虽然各人尽量背，也背不多，不够长途行军之用。同时，对野人山上的情况不了解。当地土人说要走十几天，究竟要走多少天，我们心中无数。所以，要赶快走。

我们在撤走以前，集中了无用的物件和行李，甚至作战中不可少的重武器、汽车、炮车等等，忍痛全部焚毁，避免落入敌手。

爬野人山

五月十八日，我们离开了孟缓，开始踏上最艰苦、最凄惨的道路。

缅甸的雨季，自五月下旬开始至十月间止，每天阴雨连绵。雨量一般是中雨，有时大雨。因此，野人山上的溪沟，原来是干涸的，此时山洪暴发，均成激流。既不能徒涉，也不能架桥。不仅用兵困难，即土人相互交往，亦均断绝。我们就在这时爬上了野人山。

上山时，虽然知道过山有很多困难，但是官兵士气仍很旺盛。第一天，沿着羊肠小道蜿蜒而上，虽然难走，还可勉强继续前进。第二天以后，就更难走了。我们深入原始森林，古木参天，不见天日，阴霾潮湿，一种腐烂的气息，使人感到恶心和窒息。漫山遍野的青皮猴的叫声，就好像在为我们唱哀歌！入山愈深，路愈难走，几乎找不到可走的路径。先头部队手提长刀，披荆斩棘，边走边开路，不小心即有踏上"陷阱"（山坑、山凹被树叶积满，与地面一样平坦，表面看不出是山坑，好像陷阱一样）的危险，浅的还可救出，深的就完了。过悬崖时，须临时架设扶手，慢慢爬行而过。独木桥下面是一眼望不到底的深沟涧谷，雨天桥滑，每当过桥，更令人不寒而栗。特别有些山沟，因洪水泛滥，水势湍急，通过时必须搭桥。有时刚搭好即被冲走，须反复搭设才能成功。所以行军极慢，每天走不了几里路。在山上偶然看到一间野人的竹屋，就感到十分亲切。但是，这房子看起来如在眼前，却要走两三天才能到达。总之，困难重重，决非常人所能想象得到的。

过野人山的十多天中，每天阴雨不停，找不到干柴，做饭就成了大问题。第一天我们饭也没有吃到，第二天聪明点了，大家把陈年树叶从底下翻出来，燃起篝火，一面烤柴，一面烧饭。饭当然很难吃，有一股浓烈的烟火味，但谁也不说不好吃，反而感到很香。

在山上露营，倒很方便。砍下五六片大芭蕉叶，就够搭一个棚子。棚下用雨衣当帐篷，可以挡大雨。地上打几个桩，架起临时床铺，就可以睡了。

我们曾遇到过巨蟒和猛兽，但不感到可怕，因为我们有枪。可是遇到了小小的蚂蟥，它虽小但最可怕，我们竟无办法对付它。蚂蟥生活在树上，我想也许是可以吸吮猴子的血的缘故。经风雨一吹打，蚂蟥就掉在我们身上。它小如子了，不注意找，是看不见的。它能穿过我们的衣服和袜子，钻进皮肉里去，不多时吸饱了血就能鼓胀起来。当身上发痒或感到刺痛时，就是被蚂蟥咬了。每天宿营时，各人都可以在身上找到几条，多的七八十条，身上黑点斑斑，真使人不寒而栗。蚂蟥叮在身上，不能去拉，一拉就断，拉断在身上的半截，还是不出来。烟斗油是灵药，一涂上，它的头就立即从肉里退出来。山上还有许多奇奇怪怪的不知名的小虫，连蚂蚁也叮人。蚊子更可怕，大的如蜻蜓，嗡嗡叫的声音像"轰炸机"，叮上了，就会染上恶性疟疾（或叫瘴气）。病魔缠上了身，就很难根治，严重的送掉生命。我曾患这病半年多，险些丧命。地区和气候病繁多，中暑、感冒、寒热病、蚂蟥叮咬后带来的破伤风，以及回归热和其他传染病，就在部队中严重地流行起来。病了无药治疗，才真可怕啊！我们上山的第三天开始发现病号和落伍兵，第四天就有死亡的。这时就被迫开始丢武器，丢行李，只要背不动的都丢到山沟里去。自此，疾病与死亡与日俱增，各团减员每天都有几人乃至几十人。落伍者，大都无法生还。这种悲惨的情况，很快造成一种恐怖气氛，攫住了每个人的心灵。我们的士兵，有些经不起病痛的折磨，不能行走。要背他们走，他们坚决不肯，噙着眼泪，向同伴们告别，只说："我不行了，不能拖累你们，请你们回国后给我家中捎个信吧，就说我不能回来了。"当时沿途死亡累累，尸骨遍野，惨绝人寰！此情此景，目不忍睹。指挥官的昏庸失策，罪责是多么严重啊！

在山上，火柴是个宝，粮食则是宝中之宝。有不少英国人用高价向我们买粮食，用一只钻石戒指或一只欧美加手表来换一杯米，都被士兵们拒绝了，宁可给他一碗粥，而不要报酬。第十二天，开始绝粮，吃了几天野菜，终于走完了艰苦的途程。

我们在野人山上一共爬了十六七天，于六月二日（或三日）到了山北麓——麦通。到麦通后，看见房屋被烧毁，公路上人死车翻，桥梁被炸断，说明此地曾遭过日军洗劫。敌人已撤回密支那，但敌机每天仍前来侦察。我们整顿残余的部队，准备再战。

麦通之战

麦通，距密支那约一百零二英里，有五六户居民的小村。英国人在这里盖的两栋洋房，亦已残破不堪。

余韶师长派我率部在此掩护主力向北转进，等候副师长胡义宾率领的部队。在此驻守的第五天，发现麦通东南五英里一带有敌人活动，与我哨兵隔河对峙，稍有接触即撤去。当夜我亦奉命向北转进。副师长所率部队，因是迂回转进，到麦通尚无定期。

我由麦通沿公路经孙布拉蚌继续北进，于六月下旬到达缅北葡萄休整。

七月初，第九十六师副师长所率部队，亦爬过野人山，到达麦通。这时敌人已在此建立据点。当第九十六师部队到达，敌人即进行阻击。副师长胡义宾亲临尖兵连指挥，不幸阵亡。第二八七团团长刘宪文率所部继续向麦通攻击，激战一天，终于将敌击溃，占领了麦通。但该团因途中缺乏粮食，饥病交加，又经此战斗，损失惨重。第九十六师师长余韶得此报告，派第二八六团前往接应。此团由葡萄南行两天，到达戛戛卡村时，遭日寇伏击，团长刘有道负伤，部队退回葡萄。第二八七团不能到葡萄集中，改变方向，向江心坡转进，于八月中旬才到达云南省剑川县与师部会合。此团回国后，仅存病弱官兵三百余人，损失兵员共两千五百多人。

葡萄困境

葡萄是个小盆地，周围四五十里。四面环山，峰峦层叠，山巅雪封，隐现于云海之中。第九十六师到此休整，一面等待第二八七团归还建制。此地虽有一些粮食，但僧多粥少，部队处于半饥饿状态。

从葡萄西北翻过大山，便可到印度，行程约一周；向东有小径可通云南，约二十天路程。我们考虑，去印度还是回国？由于官兵多愿回国，我们便设法与重庆联系。但因无线电机件不灵，经多日联络，才找到重庆电台。我们首先要求急速补给粮食。重庆政府派了一架小飞机，在我们临时修理的机场降落，送来一个电台和银币（银卢比）五万盾（元）。此地虽用银币，但买不到粮食。我们每日呼救，火速送粮，重庆政府置若罔闻。这些大官饱食终日，无所用心，既不了解缅北情况，也不肯作些调查研究。他们以为在这边远不毛之地，像重庆一样，拿到五万元银卢比，就可以解决粮食问题。殊不知五万元银币，倒成了我们的累赘。因为既买不到粮食，只好分给官兵，每人要背几十元，对体衰病弱的人来说，在艰苦漫长的旅途上，反而成了一个很重的负担。

到了葡萄，传染病又蔓延起来，严重到几乎没有一个不病的人。临时开设的野战医院挤满了病人。因缺医乏药，死亡率大得惊人，每天都有死的，有时多到十几人。于是人人自危，恐怖气氛笼罩着整个部队。在这种情况下，想走走不动，想住住不下去，真是度日如年，如坐针毡。我们就这样被困在葡萄。

归国途中

在葡萄住了约二十日，每天阴雨绵绵，人们的心情是那么焦躁不安。幸好传染病稍稍刹住，但粮食日益困难。由于回国心切，我们于七月上旬冒险向云南前进，抱着侥幸心理，每天向重庆发出求援的电报，但都成了泡影。

在归国途中，死亡相继，尸体遍地，有的被野狼撕啮，惨不忍睹，有的任其腐烂，臭不可闻。我们这些幸存下来的弟兄，身体也虚弱得像纸糊的一样。

部队因极度虚弱，每日行程只有几里至多二十多里。每人手持木棍，背挎小包，衣衫褴褛，踯躅而行，活像一群乞丐。但我们十分注意帮助落伍兵，因为他们一离队伍，死亡就是他们的归宿。因此，挑选身体较好的兵士组成收容队，设法将落伍病号营救回来。我们还规定，野菜必须煮烂了吃，禁止饮生水。但是，病魔总是追逐着我们，不断地夺去战友的生命。

大概走了一半路程，我们到了一条江边，可能是恩梅开江的上游。那天天气晴朗，我军飞机从森林的空隙中看见了我们，投下了米和咸鱼、火柴、蜡烛等。这就是我们一个月来呼救的结果和晴天给予我们的"恩赐"。我们尽可能丢了无用之物，多背粮食。吃饱了，力气也有了。大约一个星期，部队越过了高高竖着的"中缅未定界"石柱，到达了高黎贡山的山麓。

我们用了两天时间爬上高黎贡山山顶，从古森林的空隙远眺，怒江隐约可见，像一条带子绕在山脚下。见到想念许久的怒江，像见到了亲娘一样地高兴。下山时，我们坐着向下滑行，既快又省劲，不到一天，就滑到了山脚。

怒江两岸耸立着悬崖峭壁，江流湍急，既不通船，也无桥梁，只得靠溜索过江。溜索对我们并不陌生，我们依靠它已经渡过了好几条江。

怒江江面宽广，如用水平溜索过江，不但费时，而且官兵的体力也不行。于是我们设计了一种倾斜溜索。在这边江岸找一最高点，在对岸找一最低点，拉上一条倾斜度很大的竹索，挂上溜筒，几秒钟就可以达到彼岸。这次过江很快，全师只用了两天。

过江后，我们经云南省的福贡、碧江、兰坪等县，到达滇西的剑川县休整。虽然也遇到过不少困难，如越过终年积雪的碧洛雪山，通过霍乱流行区等；但与以前的困难相比，已经是轻松多了。中秋节前，我们到达昆明市郊。第九十六师入缅抗日战斗，到此告一段落。

第二〇〇师入缅抗战经过

郑庭笈[※]

第二〇〇师简史

第二〇〇师是抗战初期国民党统帅部新成立的第一个机械化部队。这支部队是在苏联政府的支持和帮助下，于一九三八年初在湖南湘潭编成的。它由两个战车团、两个摩托化步兵团，和汽车兵团、工兵团、炮兵团、搜索装甲兵团等组成。战车团有苏联九吨半战车、英国六吨半威克斯战车、意大利二吨半非亚特战车等等。有苏联军事顾问团，负责对机械化军事教育训练。同年冬，第二〇〇师从湖南开到广西全州，即扩编为新编第十一军，后改为第五军。杜聿明任军长，戴安澜接任第二〇〇师师长，该师是第五军的基本部队。

一九三九年冬，第五军担任对昆仑关的攻坚战，第二〇〇师和荣誉第一师担任正面主攻任务，消灭敌人号称"钢军"的第五师团主力部队，击毙旅团长中村正雄。

第二〇〇师是第五军入缅的先头部队，从一九四二年三月一日入缅，到六月二十五日回国为止，在四个月的时间里，每日都在行军作战中。在缅南参加过"同古平原固守战""棠吉要隘的攻击战"，回国途中冲破敌军重重包围的"缅北茅邦突围战"。

※ 作者当时系第五军第二〇〇师步兵指挥官兼第五九八团团长。

入缅前概况

一九三九年冬，昆仑关战斗以后，第二〇〇师首先集中在湖南祁阳白地市地区整训，然后调到贵州安顺地区继续训练。一九四一年十一月，敌军在泰缅发动军事进攻，云南边境进入备战状态，第五军奉命开到昆明市区担任防守任务，第五军军长杜聿明兼任昆明防守司令官。第二〇〇师正在碧鸡关地区构筑城防工事时，突然间第五军奉命进军缅甸，协助英印军在缅南进行保卫战，昆明防务交由第七十一军接替。第二〇〇师于十二月十六日开始动员，十七日乘西南运输处开往缅甸运物资的放空汽车至保山后，又奉命停止西进，在保山石板桥附近整训。直至一九四二年二月十六日以前，还是在待命的状态中，官兵弄得踌躇不定。到敌人攻占新加坡，从毛淡棉迫近仰光以后，才决定中国远征军入缅，致使第二〇〇师处于孤军深入，后续部队又不能如期集中的不利境地。原计划是三月中旬集中完毕，后来延搁到四月中旬，足足延误了一个月时间。主要原因是当时国民党政府和英、美之间的矛盾无法解决，集中表现于中国远征军入缅或不入缅的问题上，最后敌人迫近仰光，才决定入缅应战。当时第二〇〇师孤军深入，军主力又不能按原计划时间集中，以致整个战役的失败。

从保山到同古

日军从毛淡棉逼近仰光以后，第二〇〇师和军部摩托化骑兵团作为先头部队，迅速进军缅甸占领同古阵地，策应英印军在缅南开展保卫战，掩护第五军主力集中。二月十六日，从保山用汽车运送部队到畹町，三月一日至腊戍，再乘火车到同古。第五九八团为前卫团，四日到达平满纳占领阵地，掩护我师主力的集中。第五九九团和军部骑兵团六日到达同古，随后师部、直属队第六〇〇团相继于八日到达同古，然后第五九八团即归还建制。

畹町是我国沿滇缅公路出境的国门，地处滇缅边境群山之中。九谷是缅甸靠近畹町的一个重镇，只隔着一条畹町小河。这条河就是中国和缅甸在畹町、九谷的分界线。当时畹町没有国防设备，但九谷的市容整齐，环境优美，有英军营房，充分表现了英国对缅甸在经济、政治、军事的殖民统治。当时英国政府和缅甸人民之间存在着尖锐矛盾。日本帝国主义就利用这个矛盾，提出一系列的欺骗性政治口号："东南亚共荣圈""打倒英国统治""缅甸人民独立"等等。据在缅甸的华侨说，日本在战前派来缅甸当侨民的，不是开照相馆，就是当"和尚"，因为缅甸是信奉佛教的国家，按照法律规定，男子都要当三年和尚。日本当局利用这样的习俗，要日侨当和尚并以此掩护其进行特务活动。"打倒英国统治"是缅甸人民的一致要求。中国远征军入缅，是帮助英国打败日军让英国继续统治缅甸人民呢，还是帮助缅甸人民独立呢？这在当时我们是不清楚的，只知道是为了打通和维护滇缅公路的国际交通线。从畹町出国境入九谷，经贵街、腊戍、平满纳等城市，所到之处华侨到处写彩色标语表示慰问和欢迎，如"出国远征，宣扬国威""入缅远征，无上光荣"等等；有的华侨团体还委托专人招待过境部队免费喝咖啡，抽香烟，吃面包茶点等等。因语言不通，我们根本不能和缅甸人民接近和交谈，缅甸人民看到军队一到就逃走一空。我们非常需要翻译，按实际需要，至少每连一人，但出国时连团部都没有翻译人员。有的华侨自动到军队来充当翻译，便给我们解决了这个困难。第二○○师到达同古时，已经看不见缅甸的人民了，后来军队所经过的地方都是如此。

英军在缅甸的状况，由于在平满纳和同古亲眼所见，有所了解。从外表上看，他们装备不错，士兵穿皮鞋，料子军服，步兵连队都有骡马驮背包，士兵行军只背枪和子弹，非常轻便。但他们行军走路就不行了，队形非常零乱。士兵多是缅甸人和印度人，连长以上是英国人和印度人，排长和班长有印度人也有缅甸人。这样的军队官兵之间自然存在着许多矛盾，缅甸士兵从心眼里就不肯为英国殖民者作战。所以，日军在仰光登陆的战争一开始，英军外怕强敌，内怕缅甸人民，只要听到枪炮声，就纷纷向后溃退。

前哨战初胜，喜获敌情

仰光失守以后，同古处于更为重要的地位。它北通缅甸故都曼德勒，西通普罗美，东通毛奇，道路纵横，交通发达，是缅甸南部色当河与培古山脉间的一个大平原，又是一片全无依托的广漠地区。三月间第五军奉命向同古进军，当时正是旱季，天晴日烈，田野干涸，大小河流水浅均可徒涉，一路上并无障碍。三月八日，第二○○师到达同古，接替英印军防务。戴安澜师长就派军部摩托化骑兵团和第五九八团步兵第一连到同古南三十五英里之处——皮尤河畔接替英军前哨阵地，其任务是搜索敌情，掩护英军撤退。三月十八日拂晓，敌人搜索队约二百人，骑着摩托车沿公路向同古前进，到达我前哨阵地。我摩托化骑兵团及第五九八团步兵第一连在林团长指挥下，命令部队进入公路两侧埋伏，待令出击。敌人自占领仰光后，一直没有和英军发生过战斗，目空一切，向北挺进。当敌人进入我口袋里，林团长一声令下，我步枪、轻重机枪和手榴弹一齐向敌人射击和投掷。当时天色尚未黎明，加上地形复杂、隐蔽，敌人还没有发觉我步兵阵地，就被我打得晕头转向，接着我摩托化骑兵团的装甲车也向敌人出击。混战三小时后，敌人纷纷向南及公路两侧逃窜。我军一面向敌追击，一面扫荡战场。在敌人遗尸中有一少尉军官，名字叫矶部一郎，在他身上搜出武器和军用皮包，皮包内有日军侵缅的兵力配备要图和日记本等重要文件，从中获悉当面敌军为第五十五师团步兵第一一二联队的搜索队。其最高指挥官为陆军第十五军团司令官饭田贞二郎，直接指挥第三十三师团、第五十五师团、第十八师团、第五十六师团，还有战车队、炮兵队、骑兵队及海军和空军。据敌人在缅甸作战的部署，占领仰光后，分三路围攻缅甸故都曼德勒（瓦城）。东路以第十八师团攻景东，中路以第五十五师团攻同古，西路以第三十三师团攻普罗美，第五十六师团为军团总预备队。

此次前哨战，被我击毙的敌尸三十多具，虏获步枪二十支、轻机枪两挺、二轮和三轮摩托车共十九辆，还有手枪、望远镜、地图和重要文件等。这是日军发动侵缅战争以来，第一次遭到的失利，不但刹了日本侵略军的威风，同时也转变了英军对中国"草鞋兵"的轻视，他们举起大拇指对中国士兵说："你们打得好！"因为英军指挥官对敌情毫无所知，而中国部队，只经前哨一战，就完全掌握了日军在缅甸的作战部署、使用兵力、部队番号、作战计划等。这样英军就不得不重视我军，后勤补给比初入缅时也大大地改善了。

同古平原固守战

第二〇〇师进军同古的战斗任务，本来是策应英军作战和第五军主力的集中。而杜聿明在腊戍接受蒋介石的指示却是，如果敌人在同古正面只使用一个师团的兵力，就要他集中第五军主力向敌人反攻，协助英军收复仰光，打通和保护我西南国际联络线。

三月二十日，杜聿明和军部指挥所的随行人员亲到同古城视察地形，和戴安澜师长等检查同古阵地工事，并向我师团长以上部队长官指示作战机宜。同古城工事的构筑完全是坑道封闭式的堡垒，缅甸的木材征伐容易，多是锯好的铁路枕木。工事完全用枕木来作掩盖，经十天时间，日夜施工，即完成了非常坚固的工事。同时，阵地里都绘有轻重武器位置和火力编组、射击距离、射击目标等要图，还有夜间固定射击设备，以及炊事和厕所设备。杜聿明等视察后，表示满意。后来在师部连长以上干部会上，杜聿明指出：如果敌人正面攻击受到顿挫时，必从左翼迂回袭击同古北面的飞机场，切断我同古和瓢背军部指挥所联络线，从三面向同古攻击。因同古东面有色当河，南、西、北面是平原，容易被敌人包围攻击。要在敌人包围下独立作战，则要注意预防敌人使用毒气弹，发挥我军在昆仑关战斗中攻必克、守必固的作战精神，为祖国、为民族争光。已经黄昏了，杜聿明等乘车离同古回瓢背军指挥所。这时，第九十六师、新编第二十二师因火车运输延误，未能按计划集中，第二〇〇师只有孤军在同古与日军决战。

三月二十二日，戴安澜写给夫人王荷馨一封信，充分表现一位爱国军人视死如归、为国捐躯的崇高品德。

亲爱的荷馨：

　　余此次奉命固守同古，因上面大计未定，与后方联络过远，敌人行动又快，现在孤军奋斗，决以全部牺牲以报国家养育，为国家战死，事极光荣……

安澜手启三月二十二日同古

当时，同古已经进入战争状态，敌机白天分批轰炸城区和飞机场，城里和城郊房屋已成废墟，老百姓均已逃走。戴安澜命令第五九八团副团长黄景升率领第一营到皮尤去增援警戒部队，配合军骑兵团作战，拒止敌人前进。敌人先用大炮射击，掩护步兵前进，并对森林绵密地带，使用轻重机枪威力搜索，在证实没有埋伏以后，步兵才敢前进一步。敌人还在树上架设轻机枪，向远距离的我军射击，使我军最初受到相当损失。后来我军规定每营重机枪连用高射架，专门对树上敌人射击。由于缅甸树林绵密，树上目标不容易发现，我军又规定部队前进时，重机枪

211

火器对两侧树林横广扫射，致使敌人遭到重大伤亡，以后再也不敢利用树丛为阵地向我军远距离射击了。

二十三日，敌人从拂晓开始，直到晚上攻击不停，这是敌向我前进阵地攻击最猛烈的一天，也是我军伤亡最大的一次。第五九八团中校副团长黄景升壮烈牺牲，但阵地仍在我军固守中。敌军的远射程大炮已经向同古城区射击，我守城部队固守阵地，并无伤亡。敌人的正面攻击遇到了我军强大的还击。

二十四日拂晓，敌人果然从左翼向我迂回，同古城北飞机场和公路遭到敌军炮兵射击。飞机场只有军部工兵团少数部队守备，但得到守同古城北阵地的第五九八团对敌侧击的支援。从拂晓开始战斗到下午五时左右，敌人始完全占领了飞机场，切断了我军后方联络线。敌人占领飞机场后，枪炮声时断时续，双方进入调整部署状态。夜九时左右，戴安澜率领师指挥所人员从城北进入城内，召开团长、直属营、连长会议，研究敌情和作战步骤。当初敌人由于从正面攻击进展迟缓，改从左翼迂回同古城北，占领飞机场，切断公路，破坏第二○○师同军部的联络线，企图从三面包围同古，歼灭我师于同古城里。戴师长指出，固守同古，为国家民族争光，应是我军的神圣职责。同时宣布各级部队长阵亡后代理人员的名单，以表示固守同古的决心。戴安澜又指出：从同古至瓢背的公路虽然被敌人切断了，但从东过色当河经毛奇通瓢背与军部的补给线仍然畅通。军部摩托化骑兵团在皮尤的战斗任务达成后，现正在毛奇搜索敌情。为保护与军部的通信联络和指挥方便，决定把师指挥所从城里撤出。因为城里受到敌机炮火的轰炸，无线电、有线电架设和通信都有困难，师指挥所决定设在渡过色当河后的东岸。城里三个步兵团由我指挥。这样，戴安澜就可以全力指挥全师的战斗。散会后，立刻行动，调整部署，准备战斗。

二十五日拂晓，敌飞机大炮向同古城轰炸，八时左右，敌步兵分三路向同古城南、西、北我守军攻击，因我阵地坚固，敌每次进攻均受挫折。敌乃增加兵力从同古旧城西北角进攻我第六○○团阵地，该团伤亡很大，守旧城的第三营营长王玖龄负重伤。敌人的企图是把我守城部队截为南北两段，从旧城进击色当河畔，从而占领色当河大桥，完全切断我军东路经毛奇同军部的交通线，并使城里部队同师部失掉联络。我当时派第五九八团第二营向第六○○团增援，对敌反攻。敌我在同古城展开拉锯战，进行逐屋战斗，两军相距只有三十公尺左右。这时敌军飞机大炮均失效用，不敢对城里进行滥炸，于是敌机和大炮转向色当河大桥和东岸，施行轰炸和射击。大桥受到损坏，车辆不能通行。

二十六、二十七两日，敌步兵向我阵地进攻，均受挫折。二十七日下午五时左右，敌对我第五九九、六〇〇团阵地施放毒气弹，因我军早作防备，没有遭受损失。

二十八日，城里战况沉寂，当时判断是敌人在调整部署。十二时左右，河东岸炮声隆隆，我得到戴安澜电话，知道敌人从同古南三十公里处渡河，正向师指挥所攻击中。第五九九团第三营和师部特务连伤亡很重，要第五九八团派步兵两连向师指挥所增援。

二十九日拂晓，城里和师部指挥所电话中断，师指挥所情况不明，东岸枪炮声有时激烈，有时沉寂。第六〇〇团团长刘少峰要我派预备队及弹药补充。每隔几分钟刘少峰和第五九九团团长柳树人问我戴安澜的情况，师部电话为什么不通。我说师长刚刚同我通电话，在讲话中电话又断了。同古战斗进入最后的阶段。黄昏时东岸第五九八团第七连连长石磊派兵带来两名缅甸人，是戴安澜到同古后组织的缅甸人便衣队，他们带来戴安澜给我的亲笔命令，并要他们为我当向导。命令要旨为：奉军长杜命令，要第二〇〇师于二十九日夜间从色当河东岸撤出同古城，沿河东岸到叶达西集中待命。撤退时部队由郑庭笈指挥，余在河东岸掩护。戴安澜（签名）三月二十九日下午五时于师指挥所。

我接到命令后，用电话和柳树人、刘少峰两位团长商讨撤退事宜，决定以团为单位，派各团少校团附指挥伤病兵和炊事班，利用色当河大桥到河东岸沿河大道，向叶达西集中。伤病兵过河后由师卫生队收容送后方医治。第一线步兵营，以营为单位派出阻击组向各营阵地前敌人实行夜袭，掩护各团撤退。撤退时按第五九九团、第六〇〇团、第五九八团的顺序。第五九九团从大桥过河，其他部队一律徒涉。各营阻击组拂晓前离开阵地，向河东岸归还建制。布置完毕后，部队依照计划开始行动。凌晨四时左右，全师已安全撤出同古城，在大部队行动时，前线的步枪声、手榴弹爆炸声震动全城，敌人始终没有发觉我军行动。拂晓前，各营阻击组也撤出了同古城。

三十日拂晓，敌人炮兵向同古大桥和东岸不断炮击，到十时左右还能听到稀微的枪炮声。我渡河后率领第五九八团为后卫，掩护全师向叶达西前进。上午十时，由缅甸人带路，在河东一间草棚里会着戴安澜师长，他紧紧地握着我的手，高兴得和久别重逢一样。我向戴师长报告在城里战斗和撤退的经过，撤退中纪律严明，做到对经训练的部队的要求。戴安澜立刻指示，要部队利用绵密的树林地区休息，准备夜间行军。我回到团指挥所，回想到二十九日是同古战斗进入最后争夺的阶段，杜军长果断地下达命令，当晚撤出同古城是多么正确。在月色朦胧中，城里步枪声、手榴弹爆炸声，北方新编第二十二师增援同古的大炮声，不绝于耳。十余天的战斗生活，战壕里又潮又湿，见不到阳光，既艰苦又危险，但士气非常旺盛，作战时勇往直前，撤退时秩序井然，真是一支久经沙场的劲旅。

三十日十二时左右，敌军只占领一座同古空城，第二〇〇师已不知去向了。

第二〇〇师到达叶达西集中后，有两位英国记者到第五九八团团部访问，要我谈谈部队撤退的经过。他们说，同古是一个平原地带，一面是色当河，三面受敌包围，在这样的情况下，第二〇〇师为什么能安全撤退？我说，这是由于：一、杜军长下达撤退命令适时，出敌意料之外；二、新编第二十二师廖耀湘部队正从叶达西沿公路向同古城攻击前进，同古城听到的隆隆炮声，已迫近同古北边飞机场附近，使敌人误认为是增援固守同古的我军；三、正逢旱季，色当河河水不深，可以徒涉；四、军部补充第一、二团编成游击支队，由新编第二十二师副师长黄翔兼司令，率领游击支队向同古城南前进，扰乱了敌人的后方。在这样的情况下，敌人根本不可能判断第二〇〇师有放弃同古的企图，符合出敌不意的战术原则。最后，中国部队是"草鞋兵"，渡河时用不着脱皮鞋，行动迅速方便。记者们听了以后，无不点头称是，哈哈大笑。

准备平满纳大会战

第二〇〇师撤出同古后，敌人沿公路继续北犯，我新编第二十二师廖耀湘部在叶达西地区进行逐步抵抗，阻止敌人前进，以便我军主力集中后，在平满纳进行大会战。该师到达叶达西以北地区后，四月五日下午，史迪威代表蒋介石到第二〇〇师驻地，对全体官兵讲话。他用中国话说：我是代表委员长来慰问你们的，你们辛苦了，你们在同古打得好。缅甸的战斗正在开始，歼灭敌人的机会是很多的。你们要继续发扬在同古作战消灭敌人的精神……

四月六日，蒋介石在梅苗召见戴安澜。他得到召见的电报时很不安，因为刚刚出国到腊戍的时候，蒋介石曾当面交代他要固守同古，待主力集中后反攻仰光，使滇缅公路畅通。他想，现在部队撤出同古了，没有完成任务，蒋介石是否为此而召见他。戴安澜先到瓢背军部指挥所见杜聿明，把他的想法告诉杜。杜说："你去吧，委员长不会责备你的。同古撤退是你执行军部的命令，一切由我负责。"戴到梅苗后，蒋立刻接见他。戴报告战斗和撤退经过，并说，士气始终很旺盛。蒋听后非常满意，要戴加紧整理，准备参加平满纳的大会战。蒋留戴共进晚餐，还安排戴住在蒋的隔壁房间里。这种安排是蒋要表明他对戴的信任。

七日下午，戴回到叶达西师部，即召集营团长开会，报告他在梅苗受到蒋委员长接见经过，说话时满面笑容。接着传达本师今后的战斗任务：平满纳会战即将开始，我们是军的基本部队，经过同古战斗后，部队战斗力愈战愈强，是可以完成军给我们的战斗任务的。九日离开叶达西，十一日全部到达平满纳。十二日上午九时，戴师长在师部指挥所召开连长以上干部会议，并有战车团团长胡献群、重炮兵团团长朱茂臻，及该团连长以上干部。这次会议主要是解决对步兵、战车、炮兵在会战过程中如何协同等事，并到现场侦察。如步兵的攻击准备位置，攻击路线，及各时期的攻击目标，战车的攻击准备位置，攻击路线，到达线，前方集合地，炮兵阵地，各时期集中火力射击目标，及步兵到达后延伸射击目标等。参加会议的干部都表示很有信心，一定要打一个胜仗，为中华民族争光。

十六日，第二〇〇师各团均按规定进入攻击准备位置。同时，新编第二十二师、第九十六师也进入阵地。前哨已经发现敌骑兵，第九十六师前哨已经撤退，俟敌主力进入我预定位置后，以第九十六师固守平满纳阵地，牵制敌人；第二〇〇师、新编第二十二师在战车团和重炮团的火力掩护下，从两侧出击反攻，将敌人歼灭在我军阵地前面。

十七日，杜聿明率领军部指挥所人员到达平满纳指挥战斗。但战况变化了，当日右翼英军因敌人压力过重，退出普罗美、马格威、唐得文伊。同时，仁安羌英军也被敌人包围，还有一部敌人窜至乔克巴当，我军后方交通中枢他希大受威胁。

十八日晨四时左右，戴安澜忽然向各团下达命令：奉命放弃平满纳会战，立刻撤退。俟战车、重炮兵团退出阵地后，按第五九九团、第六〇〇团、师部、直属队、第五九八团的顺序撤出平满纳。

这时，因为英军在仁安羌被敌人包围，罗卓英、史迪威怕敌人从乔克巴当、他希来包围我军退路，要第二〇〇师撤出平满纳，用汽车输送到乔克巴当。杜聿明认为，既然不坚持平满纳会战，就应退守棠吉、梅苗，与敌作持久战，不同意派第二〇〇师到乔克巴当。但是史迪威坚持他的意见，直接下命令给戴安澜用汽车输送第五九九团、第六〇〇团到乔克巴当。到达后，果然如杜聿明所料，乔克巴当根本没有敌人。因仁安羌的英军被我军第六十六军新三十八师孙立人部解围，敌人发现中国军队的战斗力不可忽视后，就停止前进了。

敌人发现我军放弃平满纳会战后，就派第五十六师团从同古经毛奇，进击棠吉，占领腊戍，对我远征军退路实行大包围的计划。

我东路第六军甘丽初正告急时，而第二〇〇师第五九九团、第六〇〇团、师部已用汽车运往乔克巴当。我率领的第五九八团撤退平满纳时是后卫部队，任务是掩护师部撤退，然后沿公路徒步到达梅克提拉。杜聿明叫我到军指挥所接受作战命令。这时，棠吉情况不明，军部机械化骑兵团已经向棠吉搜索前进。戴师长则率领两个团从乔克巴当向棠吉前进。第五九八团也奉命立刻乘汽车利用夜间向棠吉前进。我接命令后，立刻出发。由于罗卓英、史迪威判断错误，把军队东调西拉，给敌人造成了有利机会，致使远征军不战而溃。

棠吉攻击战

远征军主力之战车、重炮兵均在第五军中路方面。敌企图用第五十六师团从东路第六军方面经同古、毛奇、罗列姆、棠吉，占领腊戍，实行大包围，切断远征军的退路。棠吉的得失，关系到缅甸的整个战局。因此，杜聿明建议放弃平满纳会战，应立刻占领棠吉、梅苗，阻止敌进击腊戍，因腊戍是我军通国内的后方交通中心。因此，第二〇〇师从平满纳撤退后应先占领棠吉、罗列姆。但罗、史坚持他们的意见，命令第二〇〇师到乔克巴当。杜聿明到达梅克提拉后，才命令第五军骑兵团、第二〇〇师第五九八团去占领棠吉。军部骑兵团到达黑河时，已经发现敌人。第五九八团接着到达黑河，敌军乃向棠吉撤退。第五九八团在棠吉城郊占领阵地，准备师主力到达后，开始向棠吉攻击。

敌军所以先占棠吉，因为棠吉是左翼作战的重点，西可直攻第五军的侧背，北可直上曼德勒、梅苗、腊戍，断阻远征军退入大后方。

四月二十四日，戴安澜率领师主力到达棠吉郊外，决定在二十五日拂晓开始攻击。以第五九九团、第六〇〇团为攻击部队，第五九八团为预备队。第六〇〇团沿公路向棠吉城攻击前进，第五九九团从侧面高地包围棠吉的侧背，切断棠吉至罗列姆的公路。攻击部队在重炮兵和装甲车的炮火掩护下进展很快。是日下午四时，第五九九团第一营占领棠吉通罗列姆的公路，该团第二、第三营占领棠吉四周高地，完全控制了棠吉城。第六〇〇团攻入棠吉城街道，与敌人发生激烈巷战。第五九八团第一营在装甲车掩护下，进城扫荡。第二〇〇师只经一天的激烈战斗，完全占领了棠吉城。蒋介石闻报后，立即传令嘉奖并颁发奖金。

突围战中戴安澜师长、柳树人团长壮烈殉国

敌第五十六师团并不因我军占领棠吉而停止北犯，他们经罗列姆，于四月二十八日下午到达腊戌附近。二十九日敌陷腊戌，继续北犯。五月三日中缅边境重镇畹町失守，远征军退路遂被切断。第五军奉命向八莫、密支那撤退。第二〇〇师奉命放弃棠吉，向罗列姆前进，到达该地后没有发现敌情。参谋团命令第二〇〇师从罗列姆东进归第六军军长甘丽初指挥，但戴安澜坚持执行杜聿明命令向北前进，归还第五军建制。五月五日，敌从畹町进至云南境内的惠通桥。五月八日，八莫和密支那先后失守，第五军向八莫、密支那撤退计划完全失败。杜聿明率领军部、直属队、新编第二十二师廖耀湘部向印度前进，越过野人山。第九十六师余韶部自选路线向国境转进，罗卓英、史迪威率领第六十六军第三十八师孙立人部向印度列多前进。第六十六军军长张轸率领两个师从腊戌撤退回国。

第二〇〇师从罗列姆归国，就要向北通过三条公路线、两条河流。在不见太阳的原始森林中行军和露营，终日在密林中钻来钻去，越钻越深。对我们来说，大部队白天行军得到了有利的对空掩蔽条件。敌机虽终日在我们头顶飞行侦察，却没有发现目标。有一天，我们行军到达南盘江，这是腊戌通曼德勒到仰光的一条大河，宽达千余尺，水势湍急，很难徒涉。渡河口一只船都没有，也没有桥梁。幸而河岸上竹林很多，当即命令各团伐竹编竹排，作为渡河工具。只费一天时间，部队全部渡了河，过了第一个大关。但前面还有三条公路，就是腊戌到曼德勒公路、细胞到摩谷公路、南坎到八莫公路。最后还要渡过瑞丽江。

我们研究决定，每当过公路的时候，部队白天指定休息地点做准备，

到了夜间再行军。事先派军官化装缅甸老百姓，侦察通过地点及道路，派部队占领阵地互相掩护，在十字路口互派联络兵，以免迷失方向。就这样，我们顺利通过了曼腊公路。现在又过了第二个难关。

五月十八日，当我们通过细胞到摩谷公路的时候，遇着敌第五十六师团的两个大队兵力，我们预先在公路上占领埋伏阵地，以第六〇〇团为前卫。当前卫营通过时，敌人开始向我攻击。是夜，第六〇〇团据守阵地，与敌激战。戴安澜指挥第五九九团柳树人部，向左翼包围敌人。因夜间在密林中进行数小时战斗，敌我双方均陷入了混战。戴师长在混战中负重伤，第五九九团团长柳树人和第六〇〇团副团长刘杰阵亡，遗体都没有找到。半夜，决定部队撤回到原来准备出发的地点。拂晓前，在第五九八团的掩护下，部队脱离了敌人，到达指定地点集合。这时第五九九团、第六〇〇团伤亡很大，只剩下一营的战斗力。

戴师长伤势很重，胸部和腹部各中一弹。我们用担架抬回师部指挥所，在山顶上一间茅棚里，召开团营长会议。会上决定，如果戴师长不幸牺牲，就由我指挥部队，带领回国。这时，大家都很难过，一言不发；副师长高吉人尤为难过，因为他俩是最亲密的战友。十九日，部队在原地休息，决定另选过公路地点，改由第五九八团担任前卫，戴师长用担架抬着跟第五九九团团部走。我派副团长陈辅汉为便衣队队长，选勇敢善战的军官为队员，在郎东二十华里处侦察过公路的地点，准备十九日夜继续前进。第五九八团按照通过曼腊公路的办法，派部队占领公路两侧高地，掩护部队通过。按第五九八团、师部、师直属队、第六〇〇团、第五九九团的顺序通过公路。从晚九时开始，一夜间全师安全通过，这时全部官兵满面笑容，特别是戴师长显得格外高兴。缅甸已入雨季，终日行军，衣服湿了又干，干了又湿，医药非常困难，连药棉都没有。戴师长终日躺在担架上，雨淋日晒，又没有药可换，伤口已经化脓。到了五月二十六日下午七时，戴师长在缅北芳邦村光荣殉国，全体官兵都感到非常悲恸。

这时，我们同军部已经失去联络，参谋长周之再到五九八团来，要我到师部去代理师长职务，指挥部队继续前进。我说，师长职务应由副师长高吉人代理，我俩都有责任帮助高吉人把部队带领回国。遂决定由高吉人代理师长。不久他召开营长会议，宣布就职；同时命令工兵营赶制棺材，夜间将戴师长遗体入殓。并决定即在芳邦附近渡瑞丽江，沿江西岸前进。第五九八团继续任前卫。瑞丽江江面不宽，水势不急，并找到四个木排，每次可渡一营人左右。二十八日，部队全部渡江，没有发现敌情。二十九日，因天气炎热，戴师长遗体流脓水发臭，不能继续抬走，又不能留在缅甸，乃决定火化。我们将戴师长的棺材遗体放在原木上火化后，捡出遗骨，按部位用绸布包好，装在木箱里，跟第五九八团团部前进。六月二日，部队通过南坎到八莫的公路，这是突围中的最后一关，并未发现敌情。六月十七日，部队到达腾冲县附近。六月十八日渡怒江。六月二十五日，全师到达保山县漕涧集中待命。

突围战中，给养困难，路途艰险，还经常在雨水中行军和露营，官兵百分之九十患了疟疾，第五九八团第八连有一天竟有八名战士死亡。出国时全师官兵有一万人左右，回国后只剩四千六百人。

今天，回忆到许多战友为民族生存而英勇殉国，缅怀先烈，不胜悼念。

转战同古、棠吉和过野人山经过

黄志超[※]

远征军士气高昂

一九四二年，第五军辖新编第二十二师、第九十六师和第二〇〇师三个步兵师。杜聿明中将任军长，戴安澜少将任第二〇〇师师长。第二〇〇师下辖第五九八、五九九、六〇〇团三个步兵团。在杜军长的统率下，第二〇〇师于一九四一年十二月二十六日开抵云南保山。为了适应缅甸战场实际要求，部队在保山进行了整补和训练，训练侧重于各种战斗的演习，如射击、冲锋、巷战等等。戴师长以身作则，亲临各团督训。训练时间虽然只有月余，但士兵在掌握个人战术方面，都有很大提高，而且恢复了长途行军的疲劳，增强了体质，对入缅参战打下良好基础。

国民党的一些军需幕僚，他们对待士兵粮饷的克扣和虐待，已成为家常便饭，对第五军当然也不例外。尽管士兵过着吃不饱穿不暖的生活，但是他们认识到国难当头，共同抗日，是人人应尽的一份责任。特别是到了祖国的西南边陲，应当给当地群众一个好的印象，因此军纪是比较好的。当地老百姓杀猪宰羊犒劳"国军"，表现了军民同仇敌忾的精神，也表现了人民群众对我军远征缅甸打败敌人，寄予很大的希望。士兵们士气旺盛，朝气蓬勃，他们常说："出国远征，宁肯战死沙场，也不能丢中国人的脸。"充分表现出士兵们热爱祖国的一片赤胆忠心。

※ 作者当时系第五军第二〇〇师第五九九团第三营第九连排长。

缅甸华侨对祖国军队的热爱

第五军为远征军的第一梯团，第二〇〇师又为梯团的前卫部队。一九四二年二月下旬，在云南保山群众的欢送下，我们乘汽车至腊戍，再由腊戍转乘火车，浩浩荡荡地进入缅境。缅甸华侨得知中国军队入缅抗日的消息，都当作一件自豪和光彩的事情。我们第一列火车到达曼德勒时，侨胞们手拿小旗，满面笑容地拥挤在月台两旁，对来自祖国的军队表示亲切慰问。特别引人注目的是，月台上挂着的横幅标语"欢迎祖国远征军"七个大字。这标语使人精神振奋，也表达了侨胞对祖国远征军的最大热望。进曼德勒直至同古，沿途各车站都是一片欢腾。最使人感动而又永远难忘的就是车到站停下来时，小学生们飞跑到士兵们的面前说："叔叔，你们要买东西吗？我领你们去买。你们不懂缅甸话，买东西会吃亏的。"这些盛情的接待，对士兵们真是莫大的鼓舞。

同古激战十二天

一九四二年三月八日，第五军第二〇〇师进抵同古。其他部队有的正在途中，有的尚在国内而不能按时集结。根据当时敌我情况，第二〇〇师不能再前进了，只有固守同古以待会战。

同古位于色当河下游的东岸，是仰光至曼德勒的咽喉，在战略上居于重要位置，城市的建筑也非常坚固，部队就利用这些有利条件，构筑土木结构工事。当时阵地的配备是这样的：第五九八团与第六〇〇团为第一线，第五九八团位于师的左翼阵地，第六〇〇团位于师的右翼阵地，守备飞机场。第五九九团为师的预备队，守备色当河东西两岸。此次在同古对日作战，采用一面防御的老办法。因此在阵地配备上，就犯了防御不严的错误，致使战斗刚刚开始，师指挥所就受到敌人猛烈袭击，造成战斗上一片混乱。对此错误的后果，下面再作介绍。

部队到达同古后，遵照师部命令，各团营连开始构筑工事。在构筑工事的过程中，白天有敌机不断轰炸，挖战壕做掩体只得在夜晚进行。士兵虽然受到疲劳与死亡的威胁，但精神饱满，干劲十足，并没有因此而泄气。从三月八日到三月十八日，在我军官兵努力下，防御阵地上的交通壕、机枪阵地、散兵坑，以及阵地前鹿寨障碍设备等，不但完成得

221

很好，而且都加上了掩盖，坚固适用。

戴师长很重视同古会战工事的构筑，不断亲率参谋长及各团团长，至营连排班阵地上作具体指导，对一挺机枪射击目标与一个散兵坑监视的方向，都作了全面的了解。战前这些准备，为我军阵地不被敌人攻破，打下了良好的基础。与此同时，团级以上指挥官，对掩体内弹药的补充、干粮的准备、饮水的贮存，都作了妥善的安排。

为了决心打好这一仗，戴师长下了一道命令，从他个人起，各级指挥官都要指定接替人。如师长牺牲，就由副师长接充，以下直到团、营、连、排、班，都必须指定接替人。这说明同古之役，我军是下了很大决心和做了充分准备的。

从仰光登陆的敌军第五十五师团，于三月十八日，迫近同古外围与我军前哨警戒部队发生接触。经十八、十九日两天激战，敌军受到严重打击。我军指挥部为了诱敌深入，将警戒部队撤回同古。三月二十日，同古会战开始。二十一、二十二、二十三日，敌人连日从正面攻击，都被我军击溃于阵地前，敌军伤亡惨重。我军阵地依然屹立，未被突破。

由于敌人从正面攻击受到严重挫折，于是改变攻击方式，正面采用佯攻，主力摸到我军阵地后面进攻。这就找到了我军阵地的致命弱点。如我前面所述，我军阵地构筑及兵力配备，只注意正前方，而对后方兵力配备，及阵地构筑非常薄弱。当敌人从后方发起攻击，师指挥所及直属部队和一些非战斗人员，就被打得七零八落，东奔西窜，一时形成紊乱的局面。此后师指挥所就没有固定的位置了。当师指挥所受到敌军袭击和阵地失守后，同古城内我军阵地就处于四面被围的困境。即使是在这样危急情况下，我军依然坚守阵地，士气旺盛，斗志坚强，军心非常稳定。除第六〇〇团在飞机场的阵地被敌击破外，其他阵地从未被敌人突破。据我亲见，每一次敌人发起的攻击被我军击退后，阵地前的敌人尸体遍地皆是，伤亡颇为惨重。而我军利用掩盖良好的工事，伤亡较少，这一仗打得是很漂亮的。

师指挥所被敌突破后，选择色当河西岸山地设立临时指挥所。三月二十八日，指挥所又有遭敌袭击的危险，戴师长立即调动第五九九团第三营以解师司令部之危。当时该团第一、二营仍在色当河西岸对敌作战，乃令第三营跑步赶到师部，阻敌前进。经过一昼夜激烈战斗，到二十九日上午十时左右，终于将敌人击退；但我营伤亡亦颇惨重，我排士兵伤亡达三分之一。这时突然接到营长张时杰传来的命令，攻击暂停，就地待命，监视敌人动向。各连排就利用这一空隙急忙清扫阵地，赶运负伤士兵。顷刻间又接命令，除派少数人在原阵地监视敌人外，其余部队向后撤退。当部队到达指定地点时，张营长又传来命令，各连速将掩护部队撤下来，其余队伍立即整顿行装，准备出发转进。守备同古之我军，也同时纷纷转进。同古会战，至此结束。总的说来，此役我军取得了一定的战果。

　　同古撤退，据说有下面几个原因。进攻同古之敌第五十五师团，虽在连日进攻中受到我军严重打击，但有坚守已占阵地以待援兵的意图。同时，从仰光登陆的敌军第五十六师团，有增援同古模样。东路英军和西路我军接连败退，影响整个战局。我军前来增援的第六十六军和第五军第九十六师等部队，不能按时集结，而第二〇〇师已连续激战了十二天，粮弹补给十分困难。综合上述原因，放弃同古，保存实力是必要的，否则就有全军覆灭之危险。

棠吉战役

　　一九四二年四月二十一日午后，第五军第二〇〇师奉命由梅克提拉连夜赶运棠吉。当第二〇〇师于二十三日拂晓到达棠吉外围二十余里处，就发现敌人警戒部队。我军立即停止前进，做战斗准备。由于当时情况紧急，连早饭都来不及吃，赶紧补领弹药，擦洗枪支，迎接战斗。我军官兵斗志非常旺盛，听说敌人已经占据棠吉，士兵们高兴地说："第五十五师团在同古成了我们手下败将，今天在棠吉又要和我军较量，无非再次证明他们是败将。"当时我军攻击部署是：第五九八和六〇〇团担任正面攻击，第五九九团攻占棠吉右翼山地，占领阵地后，掩护正面部队进行攻击，并切断敌人后路，将敌人全部歼灭于棠吉。第五九九团团长柳树人根据师长命令，令第一、三营为团的第一线攻击部队，第二营为预备队。我当时在第三营九连任少尉排长，营长张时杰命令我担任尖兵排长。

　　二十四日拂晓，全团在棠吉北面山地与敌人接触，我军士气旺盛，一连串攻占了好几个山头，但伤亡较重。由于我团占领棠吉北面高地，居高临下，对困守棠吉敌军，一目了然，这对掩护正面攻击部队特别有利。当晚十一时，棠吉为我攻克，仅有少数敌人留在坚固建筑物中顽抗。二十五日，从正面主攻的第五九八、六〇〇团，在有利的条件下，将棠吉外围敌人全部扫清。

二十五日晚十二点钟左右，正在激战之际，忽然接到停止攻击的命令，并令各部队迅速到指定地点集中。这道命令引起了下级官兵的许多猜疑，议论纷纷：仗不是打得很好吗？为什么向后撤呀？我当时率领本排士兵退到营指挥所（这是连长施伟在命令中指定的）。营长张时杰问："部队都下来了没有？"我说："第九连只下来一个排。"张接着说："真糟糕！为什么撤不下来呀？"过了不久，张营长生气地说："不等了，大家跟着走。"就率领重机枪连的两个排（该连连长胡定一与一个排尚未下来），第九连的一个排和营部一些勤杂人员，慌慌张张地就离开了阵地，一直向团指挥所走去。我们到指挥所，团长柳树人早就溜了。张营长瞪着眼睛说："等也不等咱们就溜了！"那些营级以上的指挥官，平日那么张牙舞爪，到了这时就害怕得胆小如鼠。更使人痛心的是，阵地上遗弃的伤兵都成了敌人刺刀下的冤魂。

撤过野人山的惨状

一九四二年四月二十六日，第五军第二〇〇师从棠吉的大撤退，标志着中国远征军总崩溃的开始。撤退前下级官兵以为是转移阵地，或是有新的任务，所以军心还比较稳定。可是部队中的情况日形混乱，从前方下来了一些散兵，大都找不到自己的部队；特别是营级以上的指挥官，惊慌失措，失去了对自己部队的控制。撤退后一二日，又从营长张时杰口中透露出来，说是曼德勒已经失守，腊戍告急，我军后路已被切断。这消息一传开，全体官兵莫不垂头丧气，怨声四起。有的说，前方仗不是打得很好吗，为什么会使敌人很快切断我们的后路呢？最高统帅部那些长官全是饭桶！又有的说，这样逃回国去，真是丢丑已极，等等。

营长张时杰从棠吉撤退时，他本人不但失去了与团长的联系，连他自己率领的第七、八、九连和重机枪连的一部，也脱离了他的指挥。他带下来的部队，只有重机枪连两个排、第九连一个排和营部一些勤杂人员，以及收容来的一些零星散兵，共二百人左右。张营长率领这支部队，每日兵不卸甲，马不停蹄，一直向国内逃跑。沿途经过的城镇有很多华侨，他们看到局势不好，就连家也不要了，背上小孩，带着包袱，扶老携幼，跟着部队就走。他们一心想奔回祖国，免受外人的欺凌。不久，前前后后跟着走的侨胞共有四五百人之多。当时部队为了照顾他们的安全，让其和部队一起行动。有的士兵替他们背小孩扛行李，显得非常亲热。同时部队也依靠他们当向导和翻译，使部队得到很大的帮助。

最初我们每日的行程不多，所有侨胞尚能跟上。一进山区，不但对侨胞是一个生死关头的考验，就是对整个部队来说，也是一个生死关头的考验。五六月间，正是缅甸雨季，每日大雨小雨落个不停，道路泥泞，行程日渐减少，困难日渐增加。越向前走，越深入山区，人烟越稀少，给养也越困难。未进入野人山之前，营长张时杰曾命令部队及跟随回国的华侨，必须多准备干粮，以备翻越大山时应用。这个命令一下，部队官兵就变成了一群可怕的土匪，沿途抢夺，鸡犬不留。这不但严重损害了中缅人民的友谊，更在缅甸人民中留下一个恶劣的印象。由于官兵处境险恶，纪律废弛，所抢给养，不能按计划使用，当进入野人山的时候，就全部吃光了。那里没有人烟，断绝了给养的来源。白日爬山，夜间露营，吃的是野果，喝的是生水，加以蚂蟥叮咬，疾病丛生，死亡日益增多。特别是跟随回国的侨胞，因传染病而死亡的更超过部队。在行进的道路两旁，每隔三五十公尺就有一个倒在路旁的尸体。这种惨绝人寰的情景，真是触目惊心。回忆入缅时华侨欢迎的盛况，无不感到万分惭愧。因此士兵们破口大骂，说："死在战场，甘心情愿。拖死在野人山，死不瞑目。"我记得当部队到达新旧老街的时候，有华侨母女二人，母亲五十岁左右，女儿十六七岁。因母患重病，寸步难行，眼看就有死亡的危险，在此万般无奈的情况下，其女不得已嫁给一个迫击炮连连长做老婆（连长广东人，年约三十岁），换得一匹马将其母带回国内。

我们这部分溃逃的部队，爬过野人山，经过片马，由栗柴坝渡过怒江，于当年七月间到达保山、曹涧。回到祖国的侨胞，由原来四五百人减少到几十人。路途中病死和因病而丢掉的士兵，超过战场伤亡的两倍。以本排名额来说，出国前共有士兵四十八人，同古与棠吉战役中，伤亡十二人，在溃逃中病死的就有二十二人，回到祖国的仅有十四人。此次出国远征，落得个丧师辱国的下场，令人痛心！

野人山历劫记

李明华[※]

　　我的祖籍是浙江宁波，生长在上海。民国二十六年（即一九三七年，下同）抗日战争爆发；同年八月十三日，日军进攻上海。当时我就读于爱群中学，凭着满腔雪耻救国的热血，瞒着父母参加了上海市商会童子军战地服务队。同年十一月初，上海战事逆转，辗转撤到汉口，我考入军事委员会战时干部训练团第一团。毕业后先后奉派在后方医院、中央军校六分校子弟学校服务。三十年底调第五军政治部任上尉干事。三十一年春，我随军增援缅甸。这是我国在第二次世界大战期间唯一的一次派遣大军赴外国与盟军并肩作战。后因战事失利，第五军所属新编第二十二师及新编第三十八师分别撤往印度整训，组成中国驻印军。于三十二年底，开始了反攻缅甸的战役。我仅亲身经历了增援缅甸以及穿越野人山向印度转进的一段艰辛历程。

　　第五军在缅甸作战失利，因腊戌和密支那先后失守，遂决定向印度东北边陲转进。当时计有第五军军部、军直属部队和新编第二十二师，总人数在一万五千人左右，而最后越过野人山到达印度者只有三四千人。当时随军部撤退的女同志除战干一团女同学胡汉君和我两人外，还有政工队女队员和几位眷属，共四十多人，最后到印度的只有四人。胡汉君和我是劫后余生者。

　　野人山横隔在中、印、缅交界处，高山峻岭，湍流绝谷，绵亘上千里，原始森林密布，丛草藤蔓满山遍野，如果没有开路先锋，简直寸步

　　※　作者（女）当时系第五军政治部干事。

难行。由于我们经常是结队前进，毒蛇猛兽多被前头人群惊走或杀死，我们在后面并不常遇见，最常见的是吱呀叫唤的猴子，最使人惧怕的是野象群和暗中危害人性命的毒蚊、蚂蟥。山上居住着尚未开化的掸族人，人数少得可怜。行军数日难见一个村落，即使遇到，人也都逃往他处，空留下几间茅舍。

历经两个多月的跋涉，所遇到艰难困厄实非外人所能想象。谨将尚能记忆的摘要记述，但许多人名地名日期都已遗忘。尤其那些蛮荒地区地名，缺少地图为证，全凭口头传诵，错误之处在所难免，尚祈读者谅察！

巾帼壮志空余恨

自从三十一年五月初，在缅北一个不知名的大村落中，全体官兵奉军部命令毁掉全部重武器、装备、车辆，开始徒步进入布满原始森林的山区，从此补给中断，全凭个人自行谋生。初时队伍还能像蚂蚁队伍一般一个接一个前进，几天后就渐渐分散成三三两两的散兵游勇了。断粮半个多月，人人饥饿疲惫不堪，连当天是几月几日都无力记忆。当时国军未曾有过野外求生训练，第五军也未实施过山地与丛林作战训练，很多官兵因饥不择食，吃了有毒的野菜而丧生。

我一直和胡汉君同行，其他政治部同事都失散了。我们几天未吃东西，唯有仰赖山溪清水延续生命。一次汉君不知向何人讨来一点碎饼干分我一半，我以无比感激的心情接过来，以当时的价值而论远远超过连城璧。我舍不得大口吃，吃了两个半块即将剩余的存入背包，留作续命金丹。

当天傍晚我正在山溪边取水解渴时，政工队的高淑梅（参军前是小学教师，人常称她高老师）、王云清和小苑赶到。患难中分别数日，乍见倍感亲切。她们都病得很重，高的那双"解放脚"已肿得如气球一般，仍在咬紧牙关赶路，使我既敬佩又怜悯。听说她们已有许多天未曾进食，我不自禁地将仅存的碎饼干全送给了她们。看她们那副狼吞虎咽的样子，分不清是同情还是感伤，我不禁热泪盈眶。

当晚我们一同宿在一个芭蕉叶搭盖的棚里。次日出发时，高脚痛寸步难行，云清、小苑的病情也未见轻，她们决定休息些时候再走。我和汉君只得先出发，临别还劝她们尽快赶上来。

三天之后，我们爬过两座大山，正在一棵树下休息时，华侨队罗副队长赶来，告诉我们已发现她们仨在溪边的芭蕉棚里长眠了。极端悲恸感伤之后，我回忆起高淑梅参加本军时的感人情景。

高淑梅是小学教师，家境清苦，年高的母亲和尚在小学就读的幼弟全靠她微薄的薪水维持生活。当第五军准备赴缅作战时，驻昆明附近杨林的军政治部成立政工队，招考男女青年，计录取了四十三人，大多为昆华女中的学生和几位艺专师生，王清云和小苑是昆华女中的学生。高淑梅也在录取之列。出国前三天放特别假，队员们个个穿着军装回家了。午后，突然由传令兵引进一位年过半百、衣衫褴褛、面目慈祥的老妇人，声称要见主任或科长。主任和科长都公出不在，我们便问她来意。她一面从黑色包袱里取出一套军服和军帽，一面满脸泪痕地说，她是高淑梅的母亲，高的父亲八年前去世，家中全靠淑梅教书维生，她若随军出国，家中老幼确实无法生活下去，特来恳求长官准她长假……我们听了她的话都十分感动和同情，几人研商之后，决定不等主任回来，先代收下军服，答应共同向主任恳求，请她放心回去。哪知高老太太离去不到半小时，高淑梅笑眯眯地回来了。我们十分惊奇，急忙把刚才她母亲亲来代她请长假的事相告，并问她回来有何事。她笑笑并以坚定的语气说，她早已下定决心随军远征杀敌报国，绝不请长假。母亲一再劝阻也改变不了她的决心，她母亲无奈将她锁在房里。她待母亲离家后，由窗子逃出搭车赶回来。大家仍劝她回去，免得母亲着急。她最后坚定表明，如果大家再劝阻，她宁愿自戕此地以明心志。在如此严肃的气氛下，大家除了无上的敬佩外再也无言相劝了。如今她竟满怀尽忠报国的宏愿暴骨在野人山，我不敢想象，她在弥留时的那种悲恨心情，以及她的老母幼弟倚间望眼欲穿的悲惨景象！

侨生的悲哀

已经进入雨季，山区雨水特别多，时常终日下个不停，人们整天全身浸在雨水里，更增加了患病和死亡率。一天我和汉君正在山腰一棵大树下避雨，只见华侨队罗副队长头戴白铁锅，满身湿淋淋地和几位同伴赶来向我们招手，第一句话就问："有吃的没有？"我们俩只有路上捡的半个生的老包谷，一直未舍得吃。罗副队长接过包谷，不顾生熟肮脏，只几口就连棒子都吞下去了。当我们问他华侨队丁队长和其他队员的情形时，他长长地叹了一口气，含着泪哽咽着说："多半都倒下去了！丁队长半个月前失去联络。"在场的人都默默地低下了头，许久没人说一句话。

军部政治部华侨队是为执行入缅作战之特殊任务成立的。军部进驻下关时，招考就读于保山中学里的缅甸华侨学生，男女共九十四人，以担任随军翻译为主。他们满怀报国壮志前来参加，如今却壮志未酬而暴骨荒山。所有邪恶都因日寇侵略而起。我悲伤惋惜之余，雪耻复仇的意志更增强了。

反　常

近几天雨越下越大，我们的行程一天比一天困难，沿途的尸体也越来越多。溪边、路旁、树下随处可见，终日被雨水浸泡，胀得不像人形，生满了蛆，使人看到就反胃。这些人多由于饥饿疲惫以及被蚊蝇、蚂蟥吮叮致病而死，也有的误食毒果中毒死亡。有一次溪水突然暴涨，卷走了溪边十二个同伴……那种惨绝人寰的景况，比神怪小说中描述的十八层地狱尤有过之。活着的人长久受此种环境影响，普遍产生了极端绝望的情绪。

我曾见吃了野芋和野芭蕉根的人全身浮肿而亡，因此我和汉君都不敢尝试，只得天天用大叶子接些雨水充饥，地上的溪中的水因浸泡过腐尸也不敢饮用。有时运气不错，在猴子窝里找到一些野果，判断猴子能吃人也一定能吃，我俩就分而食之了。这天上午雨时下时停，政工队和华侨队有十多人赶上来，大家都很高兴，因为在这种环境中，只要一落伍就凶多吉少。

午后雨势愈来愈大，我连滚带滑地下山。到山下时已近傍晚，远远望见一座芭蕉棚，精神为之一振，急忙加快步子赶去，渴望就近火堆取暖并烤干衣服。到达棚前，本科罗科长在里面，我如见了亲人一般地高兴，问了一声"科长好"，马上将右脚迈进去。万没想到这平日慈祥而受人敬重的长官，一反常态手执棍棒，疾言厉色将我赶出棚外。我只得强压下满腹悲愤退出来。夜幕低垂，面前是条洪流湍急的河川，一人不敢渡河前行，汉君也不知在哪，我一人静坐大树下，雨下个不停，双脚浸在半尺深的雨水里，肚子一直咕咕叫个不停，满脸分不清是雨水还是泪水。但想到矢志要亲眼看到日寇败亡，所有的悲愤都平息下来，泪水也停了。不能就此倒下去，坚强起来，再艰难险阻的历程也要撑下去。

天亮以后雨小了，寻着汉君姐，我们继续随人们前行。当沿着一棵粗树干搭成的独木桥过河时，我不慎失足掉进河里，幸好一位好心的伯伯一把抓住我的衣服，汉君急忙牵住我的手慢慢拉我上来。我吓呆了，既未向伯伯道谢，也未曾问他尊姓大名，只好将救命大恩永记在心。

四天之后，我们到达一个小村落，找到一个草顶高脚房的角落（屋里早已挤满了人）住下来。晚上汉君向某位同乡要来半漱口缸米汤，分我一半，缸底还有几粒米，这是自断粮以来首次尝到的最美味的一餐。

次日下午遇着华侨队丁队长和三位队员。十几天前听说他们大多倒下去了，现在突然见面，真是喜出望外。据他们当中的陈祈说，罗科长和另外三人已死在溪那边的芭蕉棚里，尸体都腐烂了。丁队长他们砍了四片大芭蕉叶将他们覆盖了。

亲爱精诚

杨纯少校是我们战干一团学员队的同学，比我们大十几岁，旧在政治部任职，性情随和，平易近人，视同期同学如弟妹一般，各科同学都称他"杨大哥"。在一次寻找住宿地的时候，我和汉君偶然发现了杨大哥。他躺在草屋内一小块空地上，当时正在酣睡。我俩既惊且喜，高兴地跑到他身边喊："杨大哥！"他醒来一见是我俩在身边，惊喜得流下眼泪，他原以为见不到我们了。他要我们先将湿衣服烤干，他用二十二师师部一个同事送他的一点面粉和糖做点面糊给我们吃，每人分到半漱口缸。多日来未吃食物，觉得这面糊香甜无比，我两口就喝光了。他见此情形，又把他的半缸分给我们，粘在缸底的一层喝不到，就用指头刮出来吃，也全不顾什么礼貌、雅观了。这才真正体会到管子的"仓廪实，知礼义"的真谛。经过月余爬山越野，天天雨淋汗浸，全身生满虱子，连头发里也不能幸免，随手一抓就是几个，真不敢想象是生存在二十世纪的文明世界里。

经过一夜安静的熟睡，精神和体力好多了。次晨杨大哥又做些面糊给我们吃，他要我们先上路，他明天来赶我们。他说此处离新平洋不远，听说军司令部就在那里。临别时他送我们每人一个手掌大的甜饼以便中途充饥。大家同处在饥饿困苦的垂死边缘，杨大哥毅然将他的少许续命粮分给我们，使我深深体会到这个饼所体现的"亲爱精诚"的精神。握别时，我发现他手心很烫，知道他病得不轻，心中暗暗祈祷他早日恢复健康。谁知这一别竟成永诀！

绝处逢生

辞别杨大哥后，一连走了四天，涉过两条河，又爬过三座山，还未到新平洋。杨大哥送的饼，只有在饥饿难耐时才尝几口，也已经报销了，又开始以清水充饥。这天下午与汉君走散，直到傍晚仍不见她的影子。天渐渐暗下来，我独自一人立在荒山野林中，四周一片猿啼声和分不清的野兽怪叫声，地上到处躺着尸体。平日里我自信很坚强，然而毕竟是十几岁的女孩子，处在如此恐怖的状况下，吓得全身发抖，哭喊着妈妈。不多久，隐约听到有人的说话声由远而近，走来两位四十出头的男同志。他们问我为何独自一人在此哭泣，经我向他们说明与同事失散的情形后，他们以慈祥和蔼的口气安慰我不要怕，并自我介绍说他们一位姓张，一位姓陈，是四川同乡，又同在一个部队当班长。因天已黑了，就在此宿营，待明天陪我去找同事。他们见我不哭了，才放下背包让我看好，陈伯伯提刀砍下芭蕉叶，在附近一个棚架上搭盖起来，张伯伯抱来一些树枝，忙着生火煮稀饭。所谓稀饭不过是米汤，难能可贵的是他们也分给我一份。喝过米汤后，他们从背包里取出两块帆布一件雨衣，将棚子隔成两间，里面一间小的给我住。我迷迷蒙蒙，直到快天亮时才睡着。

猛然听到他们喊我起来吃早饭赶路，醒来天已大亮。急忙来到外间，我一面喝米汤一面从心底涌出无限感激与敬佩。喝完米汤，又踏上了一天的行程。我有他们相伴，惧怕心理消失了，精神大振，脚步也轻快起来。

当天下午越过第二座山头，遇到汉君和师部几位同行者在树下休息，我高兴得热泪直流。汉君找不到我后焦急万分，逢人就打听，现在知道是两位伯伯救了我，她很诚恳地向他们道谢。他们见我找到同伴，才放心离去。当时我明明有千千万万的感激、敬佩，一时却不知如何表达，最后只有轻轻吐出"多谢两位班长伯伯"一句而已。

死人堆里住一宿

日复一日跋山涉水，不由得怨恨大地上怎会有那么多山和水。沿途尸体越来越多，为避免触目惊心、物伤其类，已不敢斜视。每天走的路也越来越短。这天勉强爬过一座大山之后天已晚了，细雨蒙蒙中发现一间茅草屋，汉君提议赶紧去那里休息，明天起早再赶路。到达屋前天已昏暗，屋门半开着，里面已睡满了人。屋里没有生火，凝视半晌，才见唯有门后有一席空地。我们不忍心惊扰他们，放轻脚步悄悄进去，坐在那里不再出声。身体实在太疲倦，不久就入睡了。

一觉醒来天已大亮，心中正纳闷睡着的人们为何仍无动静？忽然闻到臭味，再度细看，发现他们早已气绝，脸手浮肿，臭气四溢，难怪整夜没有半点动静，原来我俩在死人堆里宿了一夜。想到这里顿觉头皮发麻，一阵阵反胃，直想呕吐，急忙逃到屋外，过了好半天才恢复平静。

恩师救恩刻骨铭心

翻过一座山，终于看到渴望数日的新平洋了。可是横隔在山脚下的一条大河，水并不太深，唯流速甚急，没有桥梁，走在前面的一群难友半渡之际有几人被急流淹没。亲眼目睹这一幕情状，使我更加胆寒，但不渡过去只有坐以待毙，与汉君商议后，决定冒险一试。我是只旱鸭子，汉君比我稍强，她先渡，我随后跟着。她安全渡过去了，我渡到河中间时，水没过胸，感觉呼吸局促，支持不住，将要扑入急流之际，一位善心难友递过一根竹杖，我急忙抓住，脱离了鬼门关，并借力渡过了河。渡河之后直到新平洋都是平地，比爬山轻松多了，很快就到达那里。新平洋曾有英军驻扎过，有座简陋的高脚营房，两排竹架统铺，每排可容百余人。虽然已住了不少先到的人，但仍有空位。我和汉君住在靠右的一排，她嘱我先休息，由她去找熟人要点食物来充饥。营房中间生着几堆火，我靠过去烤干衣服并取暖。

衣服将要烤干了，见汉君拿着一大包东西笑眯眯地走来，原来遇到一位熟人，送她一包英国部队给的军用饼干。饼干是人家剩下的碎饼干，几天不见食物，见到它犹如山珍海味，我一口气吃了许多。军用饼干特别坚硬，不易消化，又由于过度疲劳，我吃完即入睡，次日拂晓胃部痛胀难忍。听人说枪子弹药可以助消化，汉君急着到处找，服下很多仍不见效，我痛得在床上乱滚，又听说明天要出发，心里更加着急。汉君仍到处为我找药，幸好第二天早晨痊愈，中午随大家出发。

又过了两天，我不明原因地突然发起高烧，昏昏沉沉倒在路旁。汉君坐在旁边急得直哭，不知过了多长时间，半昏迷中我听到汉君向曾任战一团的教官刘梓皋老师报告我的病情，并说明我们都是他的学生。刘老师给我服下两粒药丸，并介绍与他同行的马荣相、邱中岳两位同期同学，请他们照顾我们。马、邱两位学长慨然应允。我服过药后休息一阵，烧渐渐退了，继续随他们前进。此后我俩便轮流跟随这两位学长的部队行军。他们都是连长。有一次过独木桥时，我又失足跌落一丈多深的桥下，邱学长急忙用一根长竹棍将我拉上来，幸好是条干谷，否则早被洪流吞没了。

怪病与单方

自从进入野人山区已有两个多月，唯一穿在身上的一套衣服，终日经雨淋汗湿，其脏无比，已成虱子的大本营。人瘦得皮包骨，虱子却肥得像粒粒白米。在一个村落休息了两天之后，又步行上另一段新的行程。希望老天爷不再下雨，河水不再暴涨，再就是不要有死尸挡路。我虽然天天与大自然搏斗，时时在死神手里挣扎，然而坚强的意志并未丧失，报国的志愿依旧坚定，决心要走出野人山区到达印度平原。

又经过了四天艰苦路程，到达一个大村落"欠地"，那里有英军遗留下来的简陋平房。我和汉君在角落里找到一席之地容身。附近有一座补给站，天气晴朗时常有飞机空投补给品，据说空投的粮包有米、鱼干、牛奶等食品，可惜空投欠准，大多散落深谷密林，被土人捡去了。这天中午汉君和我也领到一些米和一条鱼干，心里有说不出的高兴。

当天下午我觉得全身不舒服。傍晚汉君用鱼干煮稀饭，我躺着休息。等她煮好后盛了半漱口缸给我，我只喝了两口米汤就吃不下去了。她还笑我没口福。

从下半夜起，病情愈来愈重，身上开始浮肿，先由头部开始，逐渐向下蔓延。天亮前我觉得呼吸有些困难，又不忍惊动汉君与其他难友的好梦，便悄悄地背靠竹壁坐着。天亮后浮肿更严重，双眼已无法张开，有人说如果肿到胸部和内脏就会窒息死亡。汉君见我病情严重，含着泪水不停地安慰我。处在这种恶劣的环境中，多一位友人就是多一条生路。

整整两天两夜，我不能吃不能睡，只是一个姿势背靠竹壁坐着。人在病中特别想家，想到过世的父母，也想到失散数年的每一个亲人，又回忆起自己从"八一三"起的一切遭遇，种种悲愤、辛酸和委屈涌上心头，但我决不甘心死在如此可怕的野人山上，我必须以最大的勇气和毅力坚持下去。

汉君为我的病多方向难友们请教,有人说甜面糊可以治疗浮肿。她设法去见当地的英籍地方官,讨来一些面粉和白糖,不停地坐在火边煮甜面糊,隔一会儿喂我三口。不知是这单方有奇效,还是我命不该绝,第三天出发前我浮肿消了,呼吸畅通,体温也恢复正常。我这条命是汉君姐从鬼门关里拉回来的,这种天高地厚的恩情,使我刻骨铭心没齿难忘。

受之有愧

又经过三天跋涉之后,发现这里的土人们的穿戴有些类似贵州的苗族,当然没有苗族好。有时经过他们的村落,他们见我们并无恶意,也会主动地向我们比手画脚表示友善。有一次我们经过一个较大的村落,见到成群结队的孩子们,抱着老母鸡与煮熟的鸡蛋,表示要向我们换衣服、香烟。听人说两套军服或两包香烟换一只鸡。这样的美味是我数月来梦寐以求的,可惜我只有穿在身上的一套又脏又臭的军服,只得自我安慰:"等到印度以后再说吧!"

第二天我们赶到另一个较大的村落住宿。不知军部从何处买到一些稻谷和包谷,由于数量有限而人员太多,每人只能领到一把稻谷和两个包谷。

我们领到稻谷和包谷之后,回到住处急忙生火烧水,几个人将分得的稻谷凑到一起还不满一漱口缸。最初大家一边烤火一边用手剥谷壳,后来实在饿得忍不住了,不由自主将生米往嘴里送,吃了二十多粒生米后,我首先觉得肚子不舒服,后来汉君及别人也有同样感觉,而且指甲也剥痛了。汉君提议找人用稻谷换包谷,找了许久没人肯换,幸好遇着汉君一位担任连长的同乡,慷慨地送我们每人两个小包谷,如获稀世珍宝。我们立刻把它们煮了吃,连汤都喝了个精光,其味道的鲜美难以笔墨形容。只有饥饿的人才会体会到"民以食为天"的真谛。

下午雨停了,信步到户外走走,看见一个年龄与我相仿的男孩子,头上顶着一口肮脏的白铁锅,边走边在泥堆里捡包谷骨头吃。我不禁产生一股恻隐之心,急忙回到屋里,将自己的两个包谷拿了一个给他。当时他感动得热泪盈眶,接过去就往嘴里送,几口之后连骨头都吃完了。他告诉我,他是某电台的少尉译电员,已经有很多天没吃东西了。同他一批随军部行动的,目前只有他一人活着到达此地。

当我们到达哈巴采补给站的第三天上午,这位译电员找到我们,犹如见到亲人一样欢喜若狂。他从背包里取出米酒、白糖、饼干请我们吃。他告诉我们,米酒是用一套旧军服向土人换的,糖和饼干是三天前从补给站领的,他一直保存着留给我们。起先我们不肯吃,最后被他那极端诚恳的态度所感动,略微尝了些米酒,他才高高兴兴地走了。后来住在印度兰姆伽营那段时间,他已晋升中尉,每次遇到我都是毕恭毕敬地向我行礼。

胞波情谊深

黄昏前赶到哈巴采,再进行约半里地到达补给站,早有战一团的同学杨宁和一位姓陶的站长在等候我们。陶站长分配我们住在站上,协助做些工作,休养好了,等他们任务完成了,再一起撤往印度的集结地区。

我们每人领到两套全新的军服和鞋袜毛巾等日用品,站上又为我们烧好一大锅热水洗澡。从开始转进那天起,算来已有三个月未曾洗过澡。回忆今天的一切恍惚像在做梦。

我和汉君住在补给站上,负责登记后到的官兵,并发给每人三日的粮,有米、面、白砂糖等。

大约过了半个月后,后面再没有人来了,奉上级电令撤收此补给站。陶站长命杨同学率领我们先出发。由这里到印度有三十余里,沿途每隔五里即设有一处补给,补给品靠印度象队与当地土人运送。

到达最后一站仰隆,距国军设在印度边境的收容站仅七里地了,预定在这站多停留几天。土人也是黄种人,有掸族,俗称汕头人,较为开化,对我们毫无畏惧或排斥心理。不少人与我们的先头部队混得很熟,也学会几句生硬的中国话。有一名叫缘谷的少女,在我们到达不久便相识。她也能说几句中国话,又特别喜欢中国菜的味道。我们经常留她一同进餐,很快就成为好友。她说她这一族人原也是中国人,是诸葛亮的后裔。我们反问她:"中国有五千年的历史文化,还有美丽的文字,而你们为何没有文字呢?"她的回答非常妙而且有趣,她说:"在诸葛亮征南蛮时,我们祖先将文字记在牛皮纸上,背了牛皮逃难。后来也像你们一样,由于食粮断绝,迫不得已把牛皮煮熟充饥,于是将所有的文字都吞入腹中消化得一干二净,最后成了没有文字的民族。"

这种说法虽然是无稽之谈,但胞波情谊之深可以想见。

劫后记

第五军各部队到达印度后，先进驻位于印度东北边境的提旁营区集结。中国远征军第一路司令长官派遣新编第三十八师一部在那里开设收容站，不久军部官员即陆续空运回国。民国三十二年元月，长官部奉命撤回滇西，中国远征军改为"中国驻印军"。我和汉君请求分发工作一事如石沉海。汉君先回国，我经友人介绍进入印度国际大学就读。民国三十三年春，应侨领何满源先生之聘，赴印度阿萨密省马冈华侨小学执教，直到抗战胜利才回国。当轮船缓缓驶进上海外滩码头时，我打心底涌出毕生最为欢欣兴奋的狂热情绪。八年来的国仇家恨终于完全涸雪，情不自禁低下头，望着双腿上残留的野人疤，默默告慰当年在野人山上为国捐躯的难友们在天之灵！

入缅抗日二十天

张　轸[※]

在缅甸对日作战期间，我任第六十六军军长，亲身率部参加作战，对该军作战二十天的经过，知道得比较翔实。现就回忆所及，概述于后。

六十六军的成立

一九三九年春，我率领第十三军在湖北随县、枣阳一带与日军作战时，归第五战区李宗仁指挥。当时第十三军的第八十九师张雪中部，系汤恩伯的基本部队，在随县境之官王庙、青苔镇、万家店激战中伤亡两千余人。汤恩伯由重庆回来，听说第八十九师损失甚重，不请示李宗仁，即直接令张雪中将第八十九师撤走。我竭力反对，汤恩伯即呈请蒋介石撤我的军长职务。李宗仁又报我作战有功，请求奖励，并得三等宝鼎勋章。在这种局面下，蒋介石调我到重庆补充训练总处任处长。训练总处部队有特务营、通信营、工兵营、战防炮营四个直属营。总处下辖三个补充兵训练处：第十四训练处，处长邱清泉；第十五训练处，处长王公瑕；第十六训练处，处长石祖德。三个处长都是浙江人，都是蒋介石的亲信。训练处按师的编制，装备优良，士兵比一般部队质量好。从那时起，我驻綦江督练新兵，并兼渝南警备司令将近三年。

一九四一年十二月日军进兵越南，威胁滇、桂。何应钦打电话叫我到重庆，将补充兵训练总处改编为第六十六军。以刘伯龙的别动队编为

新编第二十八师，以陈刚的第十九补充兵训练处编为新编第二十九师，以孙立人的税警团编为新编第三十八师。三个训练处的部队，没有编上一个，我很为不满。第六十六军部成立后，除原有补训总处拨来的四个直属营外，增编辎重兵一团，由贵阳师管区拨兵一千五百人，合军部直属部队所有官兵总共不过三千人。每月所需薪饷公杂等费只有五万余元。因入缅作战二十天，曾折缅币发给一个月经费。当时军部及各师部只有载重汽车两部，运输重要物品大感困难。按照改编命令，将第六十六军编成后，即全部开赴贵州的普安、兴义一带整理训练。十二月底，蒋介石找我谈话，决定把宋希濂的第七十一军和我的第六十六军合编为第十一集团军，以宋希濂为总司令，我为副总司令。当时蒋对我说："宋希濂年轻，你经验学识比他好，你要多多帮助他。"我当时口里不敢说，但心里想，既然说我经验学识比他好，为什么叫我当副总司令呢？因而对蒋介石的决定不满，对宋也有些不服气。直到一九四二年三月八日，部队到云南大理后，我才到昆明就第十一集团军副总司令职。第六十六军虽编在十一集团军，实际入缅作战则归罗卓英指挥。

入缅日期和作战概况

一九四一年十二月，第六十六军成立后，即奉命开赴贵阳以南地区整理训练，并未给作战任务。直到一九四二年二月二十八日，才奉命开赴缅甸参加远征军。我当时以为加入远征军，是蒋介石对我的鼓励和培植，事后才知道蒋把关麟征的第五十二军、宋希濂的第七十一军、王凌云的第二军留在云南，目的是伺机解决龙云。以新成立的第六十六军参加远征军，是应付英美两国，实际上也就是把第六十六军作为牺牲品。第六军的战斗力虽比第六十六军为强，但远不如第五十二军和第七十一军。至于第五军为什么也参加呢？因为杜聿明曾参加以商震为首的缅印马军事考察团，英国人指名要第五军入缅作战。蒋介石也不得不派第五军参加。第五军在同古艰苦作战，成绩很大。放弃同古后，蒋介石拟在平满纳组织会战，调第六十六军的新编第二十八、三十八两师参加。四月七日，蒋介石叫我到腊戍面授任务，并了解缅甸的军事情况。当日我飞回昆明，第六十六军开始入缅。四月十日，孙立人师始车运曼德勒。比第五、六两军一九四一年十二月十一日第一次动员入缅时间晚四个月左右；比一九四二年二月十六日第二次动员入缅时间晚两个月左右。

　　我率领军部及直属部队一部于四月十四日到达腊戍。十五日率军部的一部分到曼德勒，视察新编第二十八师卫戍布置及市区情况。曼德勒繁华街道常被缅奸纵火焚烧。十六日夜又放大火，延及军部附近，军队忙于救火，日夜不安。

　　当时第五军在斯瓦附近战斗失利，平满纳吃紧，新编第三十八师孙立人部于四月十七日奉命开往梅克提拉。同日，英军七千人被日军一个大队（一个营）围困于仁安羌，新编第三十八师派兵一团解了英军之围。英军异常感激。以后英国政府还对一一三团许多军官给以勋奖。孙立人新编第三十八师开走后，归杜聿明指挥。罗卓英来电话，令刘伯龙新编第二十八师担任曼德勒卫戍任务。二十日，刘师已到一团。二十二日，师直属部队和第八十四团到达。二十三日，刘师后尾之第八十二团将到曼德勒，忽奉参谋团林蔚命令，第八十二团速返腊戍。因第五军弃守平满纳，主力退至他希附近。敌机械化部队忽由第六军正面突破棠吉，腊戍、细胞均告吃紧。二十四日，罗卓英的参谋长杨业孔来曼德勒传达命令，要刘师除留一团守备曼德勒归我指挥外，其余立即调往腊戍。我当时听到命令，异常气愤。因新编第三十八师支援平满纳方面作战，不归我指挥。我的军部只有一部分幕僚和一连卫队在曼德勒，其余都在腊戍，万一情况吃紧，将何以应付？我当晚即返腊戍，向参谋团请示。林蔚见到我高兴地说："你来得正好，腊戍后方空虚，情况吃紧，你就留在腊戍指挥作战。"罗卓英原命令我率领刘师一团守备曼德勒，后又听说我回到腊戍，在电话中大发脾气，说我不听命令，擅离职守。林蔚对我说："不要紧，你在腊戍指挥作战，一切由我负责。"

　　二十五日清晨，我偕同工兵指挥马崇六乘吉普车侦察通棠吉的道路情形，派刘师两个营并辎重团新兵四百人（系新成立的团，没有运输工具）破坏交通。但道路均系柏油路，以步兵的工具破坏坚固的道路，效力太小。据悉敌人坦克数十辆将要到达，不得已将细胞东南三英里之桥梁炸毁，破路部队均陷入敌境。四月二十七日，刘伯龙师长率二营半人在七英里地区被敌人包围。激战五小时，损失过半。我率特务营增援，刘师长始得突围而出。

　　四月二十八日，敌以缅奸引路，由密林抄袭刘师之司令部，同时军部左侧枪声亦起。我即派参谋长张勋亭、科长张致广率军直属部队在老腊戍布防，掩护参谋团及后方勤务撤退腊戍。敌快速部队向我猛攻，张致广科长、特务营任作舟连长、董朝翔排长均阵亡。搜索营营长崔照陆负重伤，当天死亡。晚，新编第二十九师马维骥部始开到一个团。

四月二十九日，马维骥师长率兵两团到达新维。新维为丘陵地带，地形于我有利。我同马师长和其两个团长布置阵地，并附第五军的战炮四门归马师长指挥。同时令刘师残部布置第二线阵地，并掩护第一线后侧。敌于夜九时开始向我攻击。马维骥在电话里向我报告，说敌人的火力很猛，特别是集中炮火向我左翼猛攻，请我多预备援兵。我说：敌人夜间攻击，如不到阵地前火力集中地点，绝不妄发一枪，同时切实做到白天所布置要领，一定要有把握。但马师皆系新兵，未经战阵，马师长既无决心，尤无勇气。未及拂晓，师部电话即叫不通。三十日午前四时，我赴第二线阵地闻枪声向左延伸。双方战斗甚为激烈。午前第一线阵地被敌突破。我在第二线阵地督饬刘伯龙师长重新配备兵力，将新编第二十九师第八十五团罗营置于右翼，并以战防炮营阻塞道路。夜十时，敌人开始攻击。先以大炮向我阵地右翼集中射击，继以小部队试探进攻，但我始终未发一枪。随后敌人以大部兵力向我右翼袭击，乃至我火力集中地带，我军方开始猛烈射击。敌狼狈撤退。拂晓，敌人又大举进击，向我两翼包围。但我左翼地形复杂，不易接近，我右翼罗营沉着应战，异常英勇，反复肉搏，击退敌人四次。我战防炮营与敌坦克五十余辆对战，未及三小时，击毁敌坦克十三辆，敌顿时受挫，未敢冒进。午后三时，敌增加预备队，又向我右翼进攻。我罗营经一日苦战，人员牺牲甚多，无力继续支持，不得已将军部特务营全部增加上去，始将阵地稳住。黄昏时，敌人停止了进攻。

五月一日拂晓前，我刚将原阵地调整部署完，敌人即开始猛烈进攻。午前八时，我阵地中央被敌突破，我战防炮营和搜索营肉搏苦战，全部壮烈牺牲。我率特务营一部急至九十二英里处指挥邓营，未及布防，即被敌战车冲散。五月二日，参谋团命我指挥第六军第九十三师的野战补充团和第五军装甲兵团李营，在畹町以北高地布防，阻止敌追击，掩护我军后方各部撤退。但补充团全系新兵，无作战经验，而李营又无斗志，故畹町只守一日。我和参谋团虽用尽办法，终不能挽回败局，而且敌快速部队猛攻猛追，几不能脱险。不得已，于夜九时毁掉第五军的中型战车五辆，阻塞道路。但敌炮追击，仍超过我退却部队。五月三日，我带卫士三十多人、战防炮二门，占领龙陵以西高地布防，速令刘伯龙师长带领残部前来接防。午后四时，刘伯龙带护路队一中队，未及到达，即仓促遇敌，陷入敌境。五月四日，因连日狼狈退却，汽车千余辆拥塞于途，行进缓慢，敌兵尾追猛射，退却更为混乱。直至五日晨始达惠通桥。我第七十一军第三十六师在惠通桥布防，将桥炸毁，凭怒江之险阻敌越渡。我在缅甸作战前后共二十天，至此告一段落。

接着我就在云南祥云对第六十六军作收容整理，为时两月余。我在祥云整训部队期间，宋希濂请求蒋介石对我撤职查办，把在缅作战失败责任归罪于我一人。蒋介石即召集最高军事会议，会商处理。参加会议的有何应钦、程潜、白崇禧、徐永昌、林蔚、刘斐等。白崇禧首先提出，远征军在缅作战失败，统帅部应负完全责任，不能归罪于哪个人。林蔚是亲身指挥作战的，对失败原因更为清楚。因此程潜、徐永昌、刘斐、林蔚等均相继发言同意白的主张，对我未予处分。于是调我为第二十集团军副总司令，代理总司令职务（庞炳勋因病辞职三次），并暂留中央训练团担任副教育长职务。蒋介石如何开会处理这一问题，当时我全不知道，是事后听别人说的。我在最后指挥腊戍作战，终至惨败。当时除呈请严惩马维骥师长外，也自请处分。后虽未受到处分，但我对作战的失败是有责任的。

作战失败的原因

一、放弃仰光已经决定了战略上的失败。仰光为缅甸主要商港，也是全缅唯一的门户，在军事、政治、经济上都居于重要地位。英帝国主义妄自尊大，不严密设防；又怕中国人进入缅甸，故对中英初订的作战计划迟疑不决，以致仰光沦陷，造成战略上失败，使而后作战陷于困难。

二、指挥系统凌乱。先期入缅部队第五、六两军始归杜聿明指挥，继由史迪威指挥，又由英军亚历山大指挥。后派罗卓英统一指挥，参谋团林蔚也同时参与，而蒋介石又不断地直接干预。我到曼德勒第二天，孙立人师即开赴梅克提拉归杜聿明指挥，但我始终未接到命令。罗卓英只教我带刘伯龙师一团防守曼德勒。我到曼德勒第三天，第六军弃守棠吉，腊戍告急。我赶到腊戍视察，林蔚留我在腊戍指挥作战。罗卓英又一定要我去防守曼德勒，并说："如果回来定要严惩。"林蔚却说："不要紧，一切由我负责。"林、罗之间意见分歧。像这种指挥系统的混乱，也是造成失败的主要原因之一。

三、兵力分散被敌各个击破。仰光失陷后，不集中优势兵力选择决战地带以打击敌人，徒使第五军孤军作战，虽在某些战场上获有相当战绩，但终归挫败。第六十六军不于同古失陷以前开入缅甸，直至同古失陷以后方始动员。动员第六十六军入缅为的是参加平满纳会战，平满纳会战不久放弃了，又决定曼德勒会战，而曼德勒会战又放弃了。全局无作战决心，分部处处被动，致被敌各个击破。我入缅只带两个师，孙师归杜聿明指挥，刘师只有三团，由腊戍经梅苗至曼德勒三百余里，重点都归刘师防守。我实际只掌握刘师两个营的兵力。棠吉吃紧以前，不将驻昆明附近的比较有战斗力的关麟征的第五十二军、宋希濂的第七十一军、王凌云的第二军开入缅甸，保护后方，并与敌决战，而于棠吉失陷以后，腊戍大门洞开，才把素无训练的新编第二十九师匆促调来。腊戍失陷时，该师两个团始到腊戍以北的新维桂街，既不明地形，又不知敌情，仓皇应战，致遭惨败。

四、地形及敌情一概不明。我军部无一张缅甸详细地图，师以下更不用说了。地图上有的，实际上没有；实际上有的，而地图上没有。特别是腊戍到棠吉的道路，图上是一条小路。四月二十五日腊戍情况紧急时，我与工兵指挥马崇六乘车侦察道路及阵地，走了两个钟头，都是柏油路。最重要的细胞以南小河的桥梁，地图上都没有。至于敌情则更模糊，友军从来没给我一个通报，上级从来没给我一个正式命令，纵有命令也是口传。只听说昨日第六军某地失陷，今日第五军某地失陷，或者是敌人进到某处，始终也不晓得敌人是何番号，糊里糊涂地在缅甸参加了对日作战。

五、敌我兵力悬殊。缅甸作战，敌人拥有三个师团以上的兵力，多系快速部队，且空军占绝对优势。英军名义上虽有三个师，但不能作战，望风而逃。中国军队有三个军，第六十六军的孙立人师系财政部税警团改编，刘伯龙师系别动队改编，马维骥师是临时拨来的未经训练的新兵。第六军虽比第六十六军强些，但也强不了多少。唯第五军比较强大，也不过抵得上敌人一个师团而已。

新编第二十八师远征抗战纪实

罗再启[※]

一九四二年，我所在的陆军第六十六军新编第二十八师，为适应抗日形势需要，奉命编入"中国远征军"，开往缅甸接替盟军防务，阻击日军西犯，以保我滇缅公路国际交通线。

进军缅甸和接替盟军防务

一九四二年一月，我第六十六军新编第二十八师经国民党军政部派员点验合格后，即奉命向缅甸进军。当时我们由贵州兴仁出发，经兴义进入云南的罗平、师宗、宜良到禄丰集中，全师将士乘坐由东南亚等地回国参加抗日的爱国华侨组成的数百辆大型汽车队，沿滇缅公路，经弥渡、楚雄、下关、永平，过澜沧江到保山，再经怒江惠通桥、龙陵、遮放、芒市、畹町，于一九四二年四月进入缅甸东北重镇腊戍，行程数千华里。

我师刚进驻缅甸腊戍，即一九四二年四月，得知日军藤重康美的混合旅团已由泰国攻入缅甸，正向西进犯，盟国的英国军队已开始向印度撤退。英军把腊戍、梅苗、瓦城（即曼德勒）等地的铁路和伊洛瓦底江上的沙干铁桥等重要交通要道及沿途兵站仓库的供应物资，全部交给我师守卫接防。师长刘伯龙接受任务后，即进行兵力部署：由第八十二团团长梁少雄率领该团守卫腊戍；由第八十三团团长杨砺初率领该团守卫

瓦城；由第八十四团团长薛健仁率领该团守卫梅苗、庙项车站（枢纽站）、沙干铁桥。我营负责守卫沙干铁桥和庙项车站。刘伯龙坐镇瓦城为卫戍司令，副师长胡国泽为副司令，师参谋长傅亚失为参谋长，罗次启书记长为政治部主任，并联络国民党驻腊戌总支部姓刘的华侨商讨组织缅甸华侨抗日救国队。师司令部动员全师官兵坚守据点，阻击歼灭西犯日军。

一九四二年五月的一天，师司令部传来消息说，何应钦参谋总长到瓦城视察防务，要布置陆空联络参谋摆陆空联络信号。在信号未摆出前，突然日机十余架，飞抵瓦城，低空盘旋俯冲轰炸扫射，将庙项车站和瓦城内许多商店、民房炸毁；待撤的英国部队，也被炸死炸伤不少。车站被炸前二十分钟，我正在该站与一位英军中校军官×××洽谈公务，待敌机炸后，我复回车站察看时，那位英国军官已被炸死。所幸我营官兵，因防空监视认真，隐蔽较好，尚无伤亡。

针对在异国作战遇到的种种困难，师司令部要求全师官兵战胜困难，团结友军，誓死与日作战，守住阵地。我带全营官兵积极响应，切实遵行。个个官兵也表示要团结为一心，誓与阵地共存亡。并在我营守卫的庙项车站和沙干铁桥附近，筑桥头堡、修工事、挖战壕、做掩体，全体官兵不分白天夜晚，吃住在工事、掩体、战壕里，构成一个精神与物质的战地堡垒，准备应战。

阻击日军西犯

日寇藏重康美的混合旅团进犯缅甸时，是在一九四二年五月。敌军以一部分兵力进攻我营守卫的庙项车站。当时我营凭借已构筑好的各项防御工事，命令各连按防御计划进入阵地，进行阻击。我营轻重机枪集中火力，狠狠痛击日军，多次打退了敌人的进攻，敌我均有伤亡。不久，日军又以重兵，重点对腊戌、梅苗等地发动猛烈进攻，企图截断"滇缅公路"，占我龙陵、腾冲，使我师无补给之路。守卫腊戌的我师第八十二团和守卫梅苗的我师第八十四团第二营，急电告急求援，我营奉命将守卫的庙项车站任务交我师的第八十三团，即刻转移至雷诺细胞设防，增援第八十四团第二营，堵截日军侵犯腊戌、梅苗。我营到达细胞，在公路两旁布防，连夜赶筑各项防御工事，并挖断公路，设置路障。我营一个排为前哨排，首遭日军尖兵连的猛烈攻击，眼看前哨阵地有被摧毁之势，军心开始动摇。师长刘伯龙得悉后，即亲身来团指挥所，会同团长薛健仁亲自督战，命令在细胞、梅苗各守军，一定要坚守阵地，堵截歼灭来犯敌人，谁敢抗令后撤，即枪毙谁。我营全体官兵，凭借有利防御工事，与敌奋力战斗，坚持了一天。幸因战斗是在公路两旁树林中进行，隐蔽还好，敌机无法轰炸，才打退了敌人的进攻，守住了阵地。进入黑夜，敌人不敢进攻，我们则利用黑夜调换了阵地。我在隐蔽阵地，再次鼓励全营官兵为抗战立功，与阵地共存亡。只要一息尚存，就应与敌拼搏。由于我营在细胞战斗中，守住了阵地，曾受到师司令部通报表扬。后因敌重兵围攻，重点攻击之，腊戍被攻陷。

撤回滇西

腊戍阵地失利后，第八十二团沿滇缅公路且战且退，在畹町、芒市等地进行阻击战斗。刘伯龙师长下令炸毁了惠通桥，以凭怒江天险，固守江防保山。此时，第十一集团军总司令兼第七十一军军长宋希濂率部赶到增援，共守怒江江防，始与日寇形成隔江两岸对峙局面，西陲国防乃得以保住。

由于我师第八十四团和我率领的第一营在梅苗、细胞与师司令部失去了联系，又遭到由腊戍转攻梅苗、瓦城之敌的攻击，第八十四团和我营复逐渐转移至缅甸北部南渡林谷地区。同时，得知腊戍至瓦城防线已被日军突破。在此地，我们一无供养补给，二无向导翻译，三无缅甸军用地图，何去何从，莫衷一是。薛健仁团长乃召开营长以上军官会议，决定率部经缅甸东北部丛林，穿过畹町至腊戍公路回国；并确定在团附刘绍端的协助下，由我营为前导行动。但人生地不熟，语言不通，困难很多。其时虽雇得了一名缅籍华人做翻译，并找得了一张缅甸地图，而地图只标明有主要地名，方向位置，对指导行军作用不大。我们凭借这张地图，用指南针指示方向，从南渡出发，经林谷森林地区，过瑞丽江往南坎等地行进。那里是缅甸有名的柚木林区，柚木树又高又粗，且密密地排列，加上荆棘丛生，行进速度很慢。经过几天几夜走完林区后，虽见到了村寨，但当地言语难懂，问路办事都甚困难。在我们穿过畹町至腊戍的公路时，正是一天拂晓，先已得知日军早几天沿公路向滇西进犯，并占领龙陵、腾冲。我们穿过公路，驻扎在公路侧翼山上监视敌情，发现有敌人车辆和小部队在公路上往来，我和刘绍端团附力主在公路一侧伏击日军，但薛健仁团长不赞成。部队继续撤离缅甸边境，经云南滚弄、瑞丽两地区之间回国。行至怒江渡口，适值夏天，因上游横断山脉冰雪融化，加上夏天大雨，江水猛涨，听说只有一只木船，也因防止日军窜犯，早已转移他处沉没。经过研究，找来竹木，捆扎成木筏几十个，采用木筏渡江。可是，每筏只能渡八至十人，一千多人的军队，经过两天，方全部安全渡过。我们回到保山，与师司令部接上了头，复进行整编补充，参加守卫滇西边防。刘伯龙师长得知薛健仁团长坐失伏击敌军良机，给予其撤职处分。

我师第八十三团和第八十四团第三营和第一营第三连，由于日军攻占瓦城、梅苗、沙干铁桥后，他们的归路也被截断，同时也失去与师司令部联系。于是，由团长杨砺初率领部队向密支那方向转移，且战且退，经缅甸北部八莫等地，分为两路回国。杨砺初率领的一路经野人山、碧罗雪山、高黎贡山、营盘街回国。原有人枪约两千，经过战斗，尤其翻越野人山区，回到云南永平师部时，只有人枪几百了。吴修来率领的一路经八莫，走腾冲，渡怒江回国到永平师部，该路军无甚损失。

总的说来，我师出国远征，由于人地生疏，后方补给困难，加上组织不周密，致使全师官兵损失很大。回国后，经过整编补充，又得以参加守卫我国西陲边防滇西怒江。

滇西大溃败及其他

杨肇骧[※]

一九四二年五月初，侵入缅甸的日军，在击败了英缅军和中国远征军之后，乘胜进犯滇西，把侵略的战火烧到了中国西南边疆的云南，曾被看作抗战大后方的云南，一变而为抗日的最前线。当时我在第十一集团军总司令部任作战参谋，参加了滇西抗战。

滇缅路上的大溃退

一、远征军四路败逃：一九四二年四月底，侵缅日军主力从正面压迫英缅军和中国远征军，其第五十六师团，用装甲车汽车组成快速部队，采取闪击战术，由棠吉沿毛奇公路插到远征军的侧背，夺取了远征军后方基地缅北重镇腊戍，切断了远征军的退路。远征军被分割击破之后，四路溃逃。第五军杜聿明部，退到缅北孙布拉蚌后，丢弃车马武器辎重，攀越悬崖绝壁，从人迹罕至的野人山大雪山，绕道到滇西的泸水和维西，退回大理；杜聿明则率军部退入印度。第六军甘丽初部则避开日军快速部队，放弃棠吉，由缅东景东退回滇西思茅普洱边区。孙立人的新编第三十八师和廖耀湘的新编第二十二师，则和英缅军退入印度。当时作为远征军总预备队，部署在腊戍附近的第六十六军张轸部，则沿滇缅公路大溃退，撤到滇西。蒋介石对这支十万精锐远征军的指挥，除派了原第十九集团军总司令罗卓英为远征军司令长官，会同中国战区参谋长史迪

※　作者当时系第十一集团军作战参谋。

威全权指挥之外，又派遣了以军令部次长林蔚为首的参谋团协同指挥。但是，这些将领昏庸无能，在日军进犯面前张皇失措。当日军突破远征军的正面抵抗线，并抄袭远征军侧背，进犯腊戍的时候，罗卓英便丢下部队，和史迪威一道逃往印度去了。参谋团长林蔚，见大事不妙，虽然还掌握着远征军的野战部队，但也不敢和日军对抗，闻风而逃。

从滇缅路上溃退下来的是第六十六军。这个军本来有三个师的兵力，一个是武装特务部队——别动队改编而成的刘伯龙的新编第二十八师，一个是由税警总团改编而成的孙立人的新编第三十八师，还有一个是马维骥的新编第二十九师。这些部队武器装备都很好，如果能够发挥战斗精神，是能够和孤军深入的日军快速部队决战的。纵然不能挽救整个战局，至少也不致造成损兵折将有辱于国家的惨败局面。但是，一些军长师长在战况紧急时，置国家民族利益和部队命运于不顾，忙着抢运私人的财物，慌忙遁逃。刘伯龙在曼德勒不战而溃，马维骥在日军还没有到达腊戍前，就抛弃队伍逃走，致使日军未遭到坚决抵抗，轻易地夺取了腊戍。从曼德勒溃退下来的新编第二十八师，受到日军前后夹击，东逃西散，溃不成军。军长张轸丢开部队不管，还把大批财物装上卡车，自己坐上小轿车，率先逃回滇西。五月七日，我们由下关到保山途中，犹见溃军纷纷东逃，人挤人，车挤车，乱成一团。

二、畹町大火：在抗战中期，滇缅路是唯一国际交通线，物资都从仰光起运入国内，其中以汽车、汽油、轮胎、兵工器材等军用物资为最多。日军侵入缅甸后，滇缅路就被切断了。由于战事紧急，当时在缅甸的物资分段撤退到腊戍和畹町，这两个地方物资堆积如山，仓库堆满了，就沿路边堆放着。从腊戍、畹町到保山、下关沿途成千上万抢运物资的汽车往来不绝。因腊戍仓皇失守，大部物资沦于敌手。畹町是滇缅公路滇段的终点，是滇西国境重镇。从畹町河边直到山上，满山遍野是仓库货棚，物资积存甚多，仅资源委员会就有三千多吨，加上军事委员会和其他军用民用物资，总数在万吨以上。战局突然转变，使这些重要物资无法抢运。有些抢运物资的车辆，被溃军夺用。有些管理物资的人员，丢下物资逃命去了；有的不忍心把物资留给敌人，一把火把仓库烧掉。据后来从畹町逃出的人说，日军还没有到，畹町就烧成一片火海，一直烧了三天三夜，日军到后，也无法扑灭，任其化为灰烬。这次物资的损失是无法计算的，令人痛心。但更令人痛恨的是，有些无耻之徒还借畹町大火，把业已运到保山、下关的物资，也谎报为遭焚毁，就地出售，将售款装入自己腰包。因此保山、下关的黑市盛极一时。

三、炸毁惠通桥和归侨的凄惨遭遇：莽莽奔流的怒江，是滇西国境的天险。参谋团退到怒江之后，为了阻止日军的追击，命令驻守怒江惠通桥的工兵部队立即将桥炸毁。但是，第六十六军的溃军正潮水般涌了下来，他们把桥把住，只准部队通过，不让老百姓过桥，甚至一般机关人员也不许通行，等到主力部队一过，桥就炸断。这是五月四日的事情。惠通桥是一座吊桥，爆炸之后，桥身即沉入江中，只剩下两根铁索未断，但已不能通行。日军装甲汽车组成的快速部队，就完全失去了作用。

惠通桥炸毁后，滞留在怒江西岸的大批车辆物资和难侨难民，都被大江隔断，不能过来。他们前有大江之险，后有追兵之危，不少人遭到日军的屠杀；特别是从缅甸逃回国的难侨，遭遇尤为惨痛。我国在缅甸的华侨很多，日军侵入缅甸后，不少侨胞不愿留在那里受敌人的欺凌压迫，他们怀着满腔爱国热忱，抛弃毕生惨淡经营的工商企业和财产，携妻挈子，纷纷撤退回国。在缅北腊戌、曼德勒一带的华侨，是跟随溃军一道逃出来的，有的在惠通桥被炸毁之前就逃过了怒江，有的则被阻隔在怒江西岸。日军到达后，他们为了逃命，抛弃车辆财物，沿江乱跑，有的用汽车轮胎当救生圈，从急流滚滚的怒江上泅水逃生，在泅渡中有的被急流卷走，有的被日军开枪打死，有的在夜间泅渡时，又被我守军误认为是偷渡的日军被打死或打伤。过不得江的侨胞，却遭到日军的侮辱或屠杀；从上下游绕道过江来的侨胞，又被溃军抢劫，身上仅有的一点金银首饰也被抢光，弄得饥寒交迫。我在郎义村指挥所就接见过好几批难侨，他们痛哭流涕，诉说自己不幸的遭遇。当即由指挥所派人找车，资送他们去昆明。而大多数人历尽千辛万苦，冒险回国，弄得家破人亡，妻离子散，竟无人照管，情况至惨。

四、腾、龙失陷：由于远征军四路溃退，特别是由于第六十六军不战而逃，日军如入无人之境，长驱进犯滇西。日军于四月二十九日占领腊戌后，一股回窜曼德勒，阻击新编第二十八师，一股继续向滇缅边境进犯。新编第二十八师正由曼德勒溃退下来，遭到日军的阻击，更是溃不成军。后来刘伯龙控告张轸、马维骥弃守腊戌，其原因正是为此。进犯滇缅边境的日军，沿途未遭抵抗，于五月三日占领畹町，四日占领芒市和龙陵县城，五日到达惠通桥，短短一个星期的时间，侵入六百多公里。追击第五军到达密支那的日军，也于五月十日进占腾冲县城。当时腾冲这个国防重镇，没有什么守军，原腾龙督办龙绳武（龙云的大儿子），早已率领他的卫队和在那里抢得的二百多驮鸦片，一溜烟逃回昆明，致使日军唾手而得腾冲。进犯腾冲敌军，曾一度越过高黎贡山，侵占栗柴坝，封锁第五军第二〇〇师的退路。腾冲、龙陵一带国民党地方政府机关，如县政府、设治局、警察局等，都在日军未到之前，纷纷逃跑，没有一个尽到守土保民之责。驻防保山的云南地方部队步兵第六旅和保山专员公署人员，都闻风而逃，滇西怒江两岸的大片锦绣河山，未经战斗，便轻易地沦于日军铁蹄之下。日军进犯滇西，切断抗战后方的唯一国际交通线，在军事上、经济上给抗战造成严重困难，同时给滇西人民带来严重灾难。

惠通桥之战

一、蒋介石惊慌失措：日军以约一个旅团的快速部队，冲垮了第六十六军，长驱侵入滇西，震动西南大后方。如果日军由此再乘胜长驱进犯，则在十天之内即可到达昆明，这显然是一个十分严重的情况。这一情况的发生，一方面，固然是由于远征军的溃败，特别是由于第六十六军放弃守土抗战的责任，避战自保，畏敌遁逃所致；但蒋介石作战指导错误，也是造成滇西失陷的重要原因。当时蒋介石借远征抗战为名，把他的中央军调入云南，企图逐步排挤龙云在云南的统治地位，霸占云南。蒋介石之所以给龙云当昆明行营主任，授给他代表军事委员会委员长指挥驻滇军政机关和部队的大权，是给龙云戴上一顶高帽子，以换取龙云对中央势力侵入云南的谅解。实际上，龙云对中央军的军令政令都无法插手，只不过管管后勤而已。蒋介石醉心于并吞云南的活动，对于云南抗战的军事部署，却毫不重视，这从当时的兵力部署就可以证明。当时蒋介石有两个集团军进驻云南：一个是关麟征的第九集团军，控制滇南文山、马关一带。表面上是担任滇南防务，实际上是监视驻防蒙自、个旧一带的滇军第一集团军。另一个是宋希濂的第十一集团军，总部驻昆明翠湖，宋兼任昆明防守司令。其所属第六十六军已入缅远征，第七十一军则分别由川康入滇，正在运输途中，昆明附近只有驻安宁的预备第二师，还有在曲靖整训的新编第三十九师。按照当时的任务来看，第十一集团军是负责对龙云的直接监视。从昆明到畹町，一千多公里的交通线和国境线上，蒋介石并没有配备重兵。在保山只有云南地方部队步兵第六旅。下关和楚雄，也是云南地方部队特务大队和滇西护路大队驻防。

这些部队都没有什么战斗力。蒋介石的中央军，沿滇缅公路驻有专门进行交通检查的一个宪兵团，另外有一个专门负责守备怒江和澜沧江的公路桥梁的工兵团，和担任日军空袭时施放烟幕掩护桥梁的化学兵营，这些都不是作战部队。蒋介石的军政部，在昆明虽然设立了一个国防工程处（处长是尹隆举），但在滇西的整个国境线上，连一个国防工事也没有构筑。侵缅日军的第二步侵略目标，一个可能是印度，一个可能是云南，而后一目标的可能较大，这是当时的敌情。作为最高统帅的蒋介石，显然是应该考虑到如何在滇西国境线上，利用滇西边境高黎贡山、岩山及怒江、澜沧江等天险，构筑国防工事，配备强大兵力，进行防守，进可以作为远征军进击的支柱，退可以抵抗日军的进犯。但是，蒋介石并没有这样做。蒋介石认为，他的远征军在美国将军的指挥下是能够打垮日军的，存在着一种对美军的依赖思想。不料美国将军和远征军挡不住日军进攻的锋芒，一败涂地。日军突然侵入滇西，这一晴天霹雳，使蒋介石大为震惊。这时，他才急忙调兵遣将，仓皇应战，弄得手足失措，于事无补。

二、宋希濂西上御敌：当远征军被击溃，滇西告警的严重关头，蒋介石可以拿来抵挡攻入滇西日军的兵力，实在是少得可怜。远在滇南的关麟征的第九集团军，不仅远水难救近火，而且实际上也不能调往解救滇西燃眉之急。因为日军已侵占越南，与滇南仅一江之隔，且有配合滇西日军进犯滇南的可能。在这捉襟见肘的情况下，只好拿宋希濂第十一集团军防守昆明的部队去抵挡一阵。蒋介石从长途电话上，直接命令宋希濂率领驻昆明附近部队，星夜兼程西上御敌，并命宋希濂组织第六十六军溃兵应战。但是，这个时候宋希濂拿来挽救滇西危局的部队，也没有多少。第十一集团军的两个军，一个第六十六军已在缅甸被日军打垮，第七十一军则在川康入滇途中，其第八十七、八十八师在泸州、叙永一带，第三十六师则在会理途中，一时难以投入战斗。在昆明附近的只有预备第二师，但它是新成立的部队，战斗力薄弱。另外在滇东曲靖整训的新编第三十九师，也是新由补充兵训练处改编的新部队，战斗力也很薄弱。拿这两个师去抵挡日军的进攻，凶多吉少。而且用汽车运输由曲靖昆明到保山要四五天时间，很难应付燃眉之急。

在这个紧急关头，幸有从西康入滇的第三十六师先头部队，已到达滇西的祥云。这个部队，是宋希濂的基本队伍。抗战初期，宋曾任该师师长，是个战斗力较强的老部队。宋希濂于是决定，先派第三十六师西上，接着调运预备第二师，并催促第八十七师和第八十八师兼程入滇。

蒋介石同意宋希濂的计划，并饬昆明西南运输处，派汽车运输宋军西上，饬宋希濂马上到保山前线指挥。宋希濂即与西南运输处洽妥，派五百辆汽车运输宋军，并令下关和云南驿站就近抽调可能抽调的汽车，集中祥云，运送第三十六师到保山。宋旋又飞到云南驿，当面给第三十六师师长李志鹏交代任务。五月六日下午，宋希濂率领副参谋长陶晋初和作战参谋杨肇骧、高宝书等三人飞往云南驿。到达时，已知第三十六师师长李志鹏业已率领该师第一〇六团到达保山，我们旋即改乘吉普车到达下关。我和宋希濂到电报局给保山打长途电话，接线员说线路不空，却又让商人和保山谈生意经。宋大为恼怒，拍柜台大骂说："我是宋总司令，限三分钟接通保山，不然贻误戎机，杀你的头。"吓得接线员发抖，马上把线接通，找到李志鹏通话，得知该师于五月五日到达怒江东岸和阻击日军情况。宋大为高兴，立即电蒋介石报捷，并请蒋下令迅速赶运第七十一军后续部队。

　　五月七日午，我们到达保山，设指挥所于城北郎义村后山上的庙内。接着我和宋希濂乘车到老农田第三十六师指挥所视察前方。见窜犯怒江东岸的日军数百人，遭到我军的逆袭，攻势顿挫，退据江边构筑工事，顽强抵抗。怒江西岸大部日军，在腊孟附近的松山上构筑工事。日军的山炮不时向怒江东岸我军阵地射击，特别是封锁老农田附近公路，阻碍我军运输。此时第三十六师业已全部到达，正在构筑工事，准备反攻。宋希濂察看地形后，指示第三十六师注意加强阵地工事，配备炮兵火力，封锁怒江渡口，严防日军夜间偷渡。从前方视察归来途中，我们顺便到金鸡村会晤参谋团长林蔚，该团参谋长萧毅肃也在座。双方交换了对当前敌情判断的意见，言谈之间，林蔚等对于破坏惠通桥阻止日军前进一事，颇恃功自傲。林蔚把撤退经过叙述了一番，似乎算是和宋希濂办理了交接任务的手续，接着就回重庆向蒋介石交差去了。

　　三、惠通桥阻击战：惠通桥横跨于汹涌澎湃的怒江上面。怒江江面宽六七百公尺，江流湍急，两岸山势险峻。公路沿山曲折迂回，从东岸的老农田到西岸的腊孟，遥遥相对，距离不过三五里路，而汽车一下一上，需要半天。山上没有森林，双方部队活动一目了然。怒江东岸只有一个简陋的桥头堡，供守桥部队驻守。五月五日，日军进抵惠通桥时，桥已被炸毁，只剩两根铁索，其装甲部队无法继续前进，即派约一个大队的兵力，乘橡皮船抢渡到达怒江东岸，占领了桥头堡，并沿公路搜索前进。正在这千钧一发的时刻，第三十六师的先头部队第一〇六团的两个连，已乘车到达老农田附近，见日军攻到东岸，遂下车阻击日军。师长李志鹏和副师长也赶到了，他们二人各指挥一个连，居高临下，向日军猛攻。第一〇六团主力陆续到达，逐次投入战斗，日军在仰攻的不利条件下，颇有伤亡。第二天，第三十六师的第一〇七团和第一〇八团赶到，加入战斗，虽在没有地形隐蔽的条件下，遭到对岸日军炮火的猛烈射击，仍奋勇进攻，经过两天的激战，把日军压缩到怒江边上。到第四天即五月八日，全师发动总攻，日军不支，一部乘橡皮船逃回西岸，大部被歼灭在江边，也有在江中被打死的。第三十六师肃清了窜犯怒江东岸的日军，稳住了惠通桥阵地，然后沿江部署防务，加强工事，防敌再度进犯。日军第五十六师团的后续部队，在快速部队抵达怒江东岸之际也陆续到达，见先头部队遭反击失败，即停止东犯，并在松山上加紧构筑工事。其炮兵则加强封锁怒江东岸的交通运输，并沿江搜索警戒，防范我军渡江反攻。惠通桥战役，虽然规模不大，参加作战的部队不多，战斗时间也不长，只是双方先遣部队的一次前哨战，但能够以一个师的兵力，在仓促应战的情况下，阻止住了乘胜追击的日军锋芒，挽救了滇西垂危的战局，不能不说是打了一个具有重要作用的胜仗。

四、隔江对峙：第三十六师顶住了日军的攻势，稳住了怒江前线战局之后，第七十一军的后续部队也陆续到达保山集结，预备第二师也运抵保山。宋希濂判断，敌军主力集结之后，可能沿江大举进犯。当即决定加强怒江防务，派第八十七师和第八十八师把守双虹桥、红木树、攀枝花、惠人桥各怒江渡口；预备第二师把守栗柴坝渡口。因为怒江水急滩多，两岸多悬崖峭壁，除上述渡口以外，船只亦无法渡过，把住这些渡口，就能够阻止日军的进犯。同时命令各部队派遣搜索部队，过江搜索敌情，加强补给运输和交通通信等后勤设施，逐步加强备战工作。另外，由昆明总部调来一批幕僚，加强指挥所的业务。时值盛夏，怒江边上，天气炎热，疟疾流行，俗称蛮烟瘴雨之区，部队只能在夜间天气稍凉时候，在江边构筑工事，白昼则移到山腰修建竹棚，以作久住之计。

日军第五十六师团主力集结在龙陵至腊孟一带，惠通桥西只有少数警戒部队防守，沿江不时有少数搜索部队出没。日军在腊孟附近的松山，征集大批民夫，搬运木石材料，构筑工事，为了固守和防范我军反攻。从腾冲窜至栗柴坝的小股日军，不久亦撤回腾冲。第五军第二〇〇师和黄翔部队，曾因日军封锁栗柴坝渡口，过不得江。日军撤后，预备第二师即派部队渡江，到高黎贡山接应第二〇〇师部队归来。蒋介石见第三十六师一个师的兵力，就顶住了日军的攻势，认为日军力量薄弱，产生了侥幸心理。命令宋希濂乘日军立足未稳之际，派部队反攻松山、龙陵之敌。但结果遭到日军第五十六师团的坚强抵抗，攻击没有成功，这是五月底的事情。当时指挥所判断，认为日军不敢继续东进，隔江防守。其主要原因是日军占领缅甸全境，兵力分散，后方秩序亟待巩固，孤军不敢深入。故向蒋介石建议，加强江防，积极整训部队，待机反攻。蒋介石命令宋希濂负责指挥滇西军事，把第十一集团军总部由昆明移驻大理；把昆明防守司令任务交给新任第五集团军总司令杜聿明；第五军退回滇西，余部也到昆明集结整训。

五、部队热衷于发国难财：在破坏惠通桥的前后，有的部队于阻击日军的同时，热衷于个人发财，掳掠车上的公私财物。一般士兵多半掳些香烟、食品、内衣、毛巾、袜子、电筒、电池之类的日用品。排连长则掳掠布匹、毛呢、化妆品和日用百货，营团长师长还大量掳掠五金、电料、汽车零件等贵重物资。这些物资被运到保山、下关乃至昆明去出售。当时军中普遍流行着"张百万""李千万"等诨号，互相以发财来夸耀。官兵发了财就大吃大喝，聚赌或抽鸦片。阵地上的掩蔽部里，也经常彻夜聚赌。不少官兵纷纷汇钱回家。还有些下级军官，纷纷请客结婚，叫作娶"抗战夫人"。

六、战役检讨会议：六月间，宋希濂在保山指挥所召开滇西战役检讨会议，总结经验教训。参加会议的，有总部参谋长车蕃如，副参谋长陶晋初，参谋处长欧阳春圃，作战科长蒋国中，兵站分监李国源，第七十一军军长钟彬，第三十六师师长李志鹏，第八十七师师长向凤武，第八十八师师长胡家骥，副总司令兼六十六军军长张轸，新编第二十八师师长刘伯龙，新编第二十九师师长马维骥，新编第三十九师师长成刚，预备第二师师长顾葆裕。宋希濂在会上对第六十六军的溃败和后果，进行了严厉的批评；对第三十六师在惠通桥的作战，大加表扬。他认为只要各部队都像第三十六师那样恪尽职守，勇于见危受命，滇西战局是可以挽回的。会议开了三天，主要争论的问题，是滇缅路上大撤退的责任问题。刘伯龙在会上吵得特别凶，他把全部责任都推在张轸身上，说张轸手里抓着新编第二十九师，但不抵抗日军，日军未到就先逃走，致使新编第二十八师从曼德勒撤下来，前后受敌。甚至用手指着张轸的鼻子，大骂张轸腐败无能，贪污敛财等等。后来人们说，刘伯龙存心要把张轸搞垮，以便他代张轸而当军长。张轸则说马维骥未奉命令私自撤退，说刘伯龙不服从指挥不与军部取得联系，也把责任推得一干二净。云贵监察使李根源也参加了战役检讨会。他在会上作了慷慨激昂的演讲，谈了一些"天下兴亡，匹夫有责"之类的话以后，很沉痛地说："现在我的家乡（指腾冲）也沦陷了，我不能当亡国奴，不能当顺民，不能当俘虏，我要豁出这条老命和日寇拼了。"

会后，宋希濂为了整饬军纪，报请蒋介石撤销第六十六军和新编第二十九师的番号，并惩办张轸、刘伯龙和马维骥。滇西人民对于不战而溃的第六十六军，也很愤慨，纷纷向云贵监察使署控告。李根源接受民意，电蒋介石请惩办失职人员。后来蒋介石批准宋希濂的建议，撤销第六十六军和新编第二十九师的番号，把马维骥关了起来，撤了张轸和刘伯龙的职。刘伯龙想当军长当不成，连师长也丢掉了。但是，这些人都在缅甸发了大财，回到重庆乃大肆送礼，和各方面拉关系。不久，蒋介石任命张轸为中央训练团的教育长，刘伯龙被派去训练新兵，马维骥因得黄埔同学向蒋介石求情，也释放了出来。

七、英国对中国远征军的态度：一九四一年十二月二十三日，中英签订共同防御滇缅路协定。英方同意中国派遣部队入缅作战，实际上是利用中国军队替它保护殖民地。一九四一年底，中国组成了远征军，调到滇西边境，准备进入缅甸。英方突然变卦，拒绝中国军队入缅。直到一九四二年二月初，日军由泰国攻入缅甸，情况紧急时，英方才请求中国军队入缅，仓促应战。我军丧失了在缅布防的机会，种下了失败的远因。在缅作战期间，英军不堪一击，纷纷溃败，影响了整个战线。英军被日军击溃后，主力即撤入印度，一股被日军遮断，从缅东退入云南的卡瓦山区，后来被中国军队接到保山。英军系由一中将旅长率领，撤退初期，原有一千余人，沿途遭日军阻击，死伤枕藉，到云南保山时，只剩下八十余人，大都衣衫褴褛，形容憔悴，狼狈不堪；经兵站发给他们服装和粮食，给以种种优待，然后送往昆明，转飞印度归队。

一九四二年七月，滇西战局稳定后，我奉命侦察怒江、澜沧江之间的斜交阵地位置，从保山到泸水，途中有英国传教士梁之音（译音）夫妇同行。梁自称在滇西居住二十多年。他不仅会说一口流利的中国普通话，而且还精通傈僳族语言。他曾用拉丁字母创造了傈僳文字，并编写识字课本。课本的第一课上写道："汉人来了，我怕。"他长期就是这样挑拨汉、傈民族关系的。他说最近从英国接太太来，在重庆住了一个时期。梁之音在怒江东岸麻栗坪山上，盖了一栋洋房，用小恩小惠收买民心。后来我在大理再和他见面时，他已穿上了中校的军服，我很惊异。他说英国政府已派他担任联络官，与中国军队秘密联系，洽商有关反攻缅甸的问题。后来才知道这个梁之音是一个英国间谍，长期在滇西活动，这次是为了了解中国对缅甸的态度，而出任联络官的。从这件事情上，可以看出当时英国这个所谓同盟国家，是怎样对待中国抗战和对日作战的共同事业的。

保山浩劫

一、日机滥炸保山城：一九四二年五月四日，日军在滇缅边境追击中国远征军第六十六军溃军的时候，日机几批在保山以西滇缅公路线上，侦察扫射，并飞抵保山城进行轰炸，城内落弹数十枚，南门外亦落弹数枚，一个汽车停车场也被炸毁。由于日机来得突然，事先未发空袭警报，城内居民没有疏散，伤亡的人很多，城内房屋被炸毁十之五六，十字街一带繁华市区，几乎被炸成废墟。五月七日，我进城去县政府找县长，商量解决救济难民难侨问题。见城内静悄悄的，却闻到一股腐尸的臭味，断垣残壁间有人在挖扒被埋没的死尸，饿狗成群地在街头乱跑，乌鸦在树梢悲鸣，满目荒凉，情景十分凄惨。县政府大门上着锁，连一个人影也没有，后来派人在板桥把县长刘言昌找回来，宋希濂当面告诉他，立刻派人清除死尸，救济难民，整理街道，恢复秩序。刘县长派了大批民夫挖掘尸体，挖了一个多星期，据说被炸死的有一千多人。此后居民虽然陆续回城，但已是满目萧条景象了。

二、龙奎垣洗劫保山：龙奎垣是云南省主席龙云的侄儿，当步兵第六旅旅长。该旅驻防保山，代号为"梁河部队"。这个番号，在保山附近地区，几乎老幼皆知，谈虎色变。第六旅上至旅长，下至连长，都利用枪把子，勾结商人，大做鸦片生意，个个发了大财，营长以上都成了百万富翁。军官们日以抽烟（鸦片）赌钱为乐，对部队训练很不重视，入伍很久的士兵连步法也走不齐。当龙奎垣听到远征军溃败的消息，料定滇西必不能守，就把派到怒江栗柴坝、蒲瓢等处的队伍撤了回来，准备逃跑。及至溃军先头到了保山，传闻畹町失守的时候，他决定洗劫了保山城再走。他命令部队把四门把守起来，只许出，不许进，借检查为名，搜取居民贵重财物。城内中央、中国、交通、富滇等银行仓库的金银物资，全部都被抢光；只有龙云办的兴文银行，因给龙奎垣送了大量礼物，才免于浩劫。第六旅抢了保山城后，坐上汽车就往永平跑。龙奎垣装了两卡车财物，率先逃出保山，到永平后见第三十六师部队西上，才停了下来。第十一集团军指挥所到保山后，饬龙旅回驻保山。龙奎垣深怕宋希濂追究，就用异乎寻常的客套话，写了一封白话信给宋希濂，称呼宋为"亲爱的宋总司令"，内容更是俗不堪耐，当时传为笑柄（据说那封信是龙奎垣口授，叫秘书一字不改地写出来的）。后来地方机关和老百姓都纷纷告发龙奎垣抢劫保山的罪行，宋希濂因碍于龙云的面子，不好处理，就把状子都转给龙云。龙云一看，如果让龙奎垣继续干下去，对他的声望影响太大，就免去了龙奎垣的职务，派潘朔端接任第六旅旅长，并把该旅调到楚雄整训去了。

三、溃军到处掳掠：从缅甸退回来的溃军，因无人指挥，失去掌握，他们三五成群，数十成伙，到处乱窜。军纪废弛，无以复加。他们逢村吃村，逢寨吃寨，到处向居民勒索饮食。有的到处放枪，恐吓老百姓，弄得鸡犬不宁。有的把枪支子弹也卖掉。一些很坏的士兵，还沿途奸淫妇女。不少归国华侨，也被乱军抢劫侮辱。宋希濂发现这一情况后，即派指挥所的几个参谋，率领第三十六师的两连兵力，沿公路要道收容溃军，不论官兵，一律强迫编入收容队，并由兵站拨粮拨款，解决他们的生活问题，不到三天，就收容了一千多名。接着由昆明总部派来一批军官，在永平、保山、下关各地，设立收容所，先后收容一万多人，编入重新恢复的新编第二十八师。第五军从泸水撤退回国的第二○○师，尚保持建制，算得是败而不溃。唯从中甸、维西退回的部队，也是十分狼狈，大部分士兵把枪支子弹卖掉，沿途拉夫封马，要粮要草，纪律废弛。第五军在下关设收容所收容，然后送往昆明集中。

四、霍乱流行：随着战争的蔓延，滇缅边境地区发生霍乱传染病，在保山地区尤为严重，民间都叫它作"瘟疫"。滇缅边境地区，夏季就是雨季，天气忽雨忽晴，特别暴热。从缅甸撤退回来的溃军，特别是难侨，以及从沦陷区逃出的难民，在战乱之中，昼夜奔逃，日晒雨淋，风餐露宿，不得休息，不得温饱，生活条件十分恶劣，更谈不上什么卫生和医疗，所以霍乱首先在难侨难民之间流行，接着溃军也传染上了，他们经过的村庄也就很快传染开了。保山驻军传染上了霍乱，弄得人人自危。从缅甸逃回国的华侨数以万计，他们冒着敌人的炮火逃出战区，劫后余生，本可庆幸，但又遭到霍乱的袭击，多数人又无医药治疗，因此死的人很多。有的全家死在一堆，有些死尸被遗弃在路边的沟壑里；呻吟哀泣之声，处处可闻，其状至惨。第十一集团军指挥所曾命令保山县长，动员当地医疗机关全力扑灭霍乱；但因当地医务人员大都在战况紧急时，逃往下关昆明去了，霍乱在部队和居民中流行很快，很难控制。当时我和军医娄滨汶来到惠通桥前线，娄医官拿"大健凰"进行救治，收到了奇效。指挥所的一个传令班长，就是这样医好的。这个方法立即在部队中推广，发挥了很好的作用，不少居民也得到挽救。此后，霍乱还沿公路一直流行到昆明，下关、大理一带尤为严重。此次霍乱流行，仅保山一地就死了几千人。

五、善后之灾：保山人民遭到战火兵灾和瘟疫的重重浩劫，生命财产损失惨重，地方元气大伤。保山县长刘言昌（是国民党军政部长何应钦的亲老表，仗势欺人，异常跋扈）借口办理善后事宜，召开了镇长会议，摊派大量款项。保山有三十六个乡镇，每乡镇摊派三万元，共一百零八万元，当时折合黄金一千余两。这笔巨款除了用于救济难民的一部分外，大都装进了私人腰包。各乡镇长又借摊派善后款项的机会，追加派款，大肆敲诈，老百姓的实际负担就不止一百零八万了。这里应当特别提到的是，在滇西作战中，保山人民贡献人力物力财力，尽到了最大的责任。十来万军队需要的粮秣，多半由保山就地筹措，部队运输需要的马匹民夫，大部向保山人民征调，前线构筑工事需要的木石材料，也大都向保山人民索取；惠通桥附近一带的老百姓，甚至把门板也抬给部队做工事。部队住的房子，吃的蔬菜肉食，无一不仰给于保山人民。这对滇西抗战的胜利，起到了决定性的作用。

对峙中的战斗

赵雨林[※]

滇缅公路上的阻击战

　　滇缅公路是我国唯一的国际交通线。沿线高山绵延，峻岭重叠，公路盘山绕岭，蜿蜒曲折。爬高山汽车如老牛拉车，下旋道则踏紧闸门，方向盘忙个不停。路两侧一面是高山陡峭，车身擦峭壁而过，另一面是深谷万丈，如同无底的地狱。一时失慎，车翻人亡，永埋谷底，令人不寒而栗。越高山峻岭，已属万难，要通过两条断山而流的澜沧江和怒江，更是难上加难。澜沧江、怒江都是发源于青藏高原，江水穿流于高山峡谷之间，两岸高山对峙，流水湍急，舟楫不通，人车过江唯铁索桥是赖。

　　一九四二年夏，我部即从昆明附近的安宁，乘车沿滇缅公路西进。这时，听说杜聿明第五军已先行入缅，与日军展开激战。故我部加速前进，在通过保山进抵由旺时，公路已被挖断，汽车已不能向惠通桥前进。我部即徒步行军，到达惠通桥时，得知第五军已被敌切断，首当其冲的第二〇〇师已垮，师长戴安澜负伤。日军快速先头部队已经越过我国境直抵龙陵，部分主力直插惠通桥，企图夺桥而过。我第七十一军先头部队第三十六师的前锋部队，正在惠通桥与敌激战中。我师受命快速抢占惠通桥下游沿江据点和渡口。第八十八师进抵保山时，受命急进蒲漂，抢占惠通桥上游沿江各线及渡口。我所在的第二六一团即连夜冒雨向施甸方向挺进，第一营、第二营分别抢占攀枝花渡口和大黑渡渡口，并占

　　※　作者当时系第七十一军第八十七师第二六一团连长。

领沿江要地；第三营属团的预备队，进抵沿江附近的施甸和大兴街。除惠通桥正面在激战外，两翼所有部队都进入战斗态势。

当时，我在紧张心情之下挺进第一线，思想上认为随时都有牺牲的可能；但是又想，为了保卫祖国，血染山花，骨埋边土，固属军人之天职、民族的义务，是义不容辞的。

咬郎山下第一次战斗

惠通桥下游东岸的施甸，是军事上交通上的重镇。军事上它是控制两大渡口攀枝花和大黑渡的中枢，交通上也是从龙陵（渡攀枝花）从芒市（渡大黑渡）通往保山交通枢纽，它还是怒江东岸沿江地区行政领导中心。我所在第二六一团指挥所，就设于此。我第七连奉令接防大黑渡防务，防区就是渡口。渡口的形势，两岸高山对立，树林密布，江宽约二百米，水流平稳而回旋，易拢岸，便于筏渡。过江边爬山到达山顶，约需九十分钟。下山可到达平戛镇，需三十至四十分钟。平戛直通芒市。芒市是产米区，驻有敌军几百人，既可得粮米供应之利，又有从芒市至龙陵的公路运输物资之便。大黑渡的防守原则，不仅要封锁江面，防击敌人强渡，还要在山上构筑防线，以控制渡口附近地段。山上树木丛生，有碍视线，构筑防线时要完全扫除正面的障碍，是无法办到的。因此防守的重点放在渡口，高地上的防线作预备战线。连指挥所设在山顶，山上山下以电话联系。我在前敌哨所，将过去防哨留下的草棚加固加大，用毛竹架成低铺，上面铺上千山草，很松软，比地铺好多了。晚间用油松条照明。

在江防严密警戒之下，敌军有时出现在对面高山上，有时也向我阵地盲目发射几炮，以显示威力。我们为了不暴露目标，不予理睬。各指挥所都派遣便衣侦探，潜伏敌占区，监视和侦察敌军行动。我们在敌占区的侦探工作，得到同胞们的帮助和掩护，还是很安全和可靠的。敌军每次出动于江防线之前，我方已获情报，就严加防范。无敌情时，我常带一二士兵，在哨所左右登山下谷，察看地形。一次在察看地形中，打到一只草獐，我们全排士兵开了两天洋荤。士兵由于营养不良，经常出现夜盲。遇此情况，即派人去后方买猪肝，烧汤吃，很快就会恢复视力。

大黑渡对面大青山（记忆中此山叫大青山）下的平戛镇，为此地农副产品和生活资料贸易场所。芒市敌军巡逻队经常到此。虽受敌军威胁，集市贸易照常进行。我们防地生活所需蔬菜和日用品，也到平戛采购。天亮前渡江，至九十点即可返回防地。但事先须与西岸便衣联系，然后行动。于大有是我第一排中士班长，他几次往返平戛买菜，发现对岸盐缺价贵。他说平戛皮匠愿将简便皮鞋换食盐，问我的意见。我再三考虑了两天，决定不报告连长，以防被他阻止。拿我的薪金和向别部排长高介军借点钱，买了三驮盐巴（盐做成圆鼓形，每个重十斤，一驮十二个），换回四十三双简便皮鞋，全排士兵每人一双，我自己不要。连长很快就得知此事。我这样胆大妄为，完全是为了弟兄，不是为我自己，花的是我的钱，借的是我的债。当连长看见士兵脚上的皮鞋时，只是对我一笑，心照不宣就过去了。我之所以记述这件生活小事，是要说明当时物资太贫乏，士兵太苦了，连一双鞋都这么费事。军中下层士兵的艰苦生活实际，是不易为高层将领所体会的。

不久，我连又接受新的使命，渡江到西岸进行游动性的警戒。由团部从施甸征集了一百多套便衣，官兵全部换上，带足子弹，轻装渡江。我连为便于行动，减小目标，决定以排为行动单位，连长率连部成员及部分侦探，向各乡镇周围进行实地侦察。更重要的是向当地百姓及地方组织联系，以扩大联络网线，使得警戒或遭遇战斗时有回旋余地。各排将多余弹药贮存在各个村落里，委托保甲保存备用。我们分别活动于龙陵及芒市周围的群山之中。滇西同胞看见我们化了装，冒险活动于敌占区之内，就给予我们多方面的帮助。这是同胞的感情，是同仇敌忾的表现。正因有同胞为后盾，我们人数虽少，却处于主动地位。

咬郎镇距芒市十几华里，镇右为咬郎山，镇以山得名。左为茄子山，山顶一小村，不足十户人家，少数民族与汉族杂居。村民认定我们是中国人后，虽因穿便衣带着枪引起了好奇，但知道我们是打日本的，便对我们问茶问水，十分热忱。

咬郎山对面的大山背后是厥叶坝村，十几二十户人家。就在这三个山脚衔接的大路上，我第一次进行火线战斗。当天下午，厥叶坝村到了几百日军，夜里就住在这村。我得到情报时是夜九点，离敌军只是一山之隔，怎么办？经再三考虑，决定偷袭敌军。于是立即组织突袭组，订好袭击计划。但因没有找到向导，这个战斗计划没能实行。第二天拂晓，日军顺着山边大路从厥叶坝向咬郎山走来，还有若干骡马，队线很长。我立即命令全排，跑步下山，占领山脚下小高地。第一班在右，机枪位置在小路附近，封锁侧右方咬郎山与不知名大山的山口，切断敌之来路。

第三班占领小高地左侧，封锁往咬郎镇去的大路，防敌逃跑。第二班占领小高地顶部，火力指向咬郎山正面山脚下的大路，与第一、三班构成严密火网。另外留二名哨兵在咬郎山顶，命令他们，不听山下射击，不准开枪，以防惊动敌人。山下打响，他们仍留山上，快速游动向敌人射击，不停地射击，给敌人以假象，误认为山顶还有我们的人而不敢冒险往上爬。等下面枪声减少时，才可撤退到指定地点集合。

我伏在第二班机枪旁边。几分钟后，敌人开始进入这道死亡线上，继之而来的一匹白马和一匹红马，上面骑着两个军官。他们手摇树枝，悠然自得。估计前头敌人快到茄子山口终点，枪声一响，敌军官饮弹坠马。这枪声，也是全排猛射的命令。机枪声、步枪声、手榴弹爆炸声，响彻山谷；重创敌人的哀嚎声、拼命窜逃的惊叫声、惊马乱蹦乱跳的嘶鸣声、肉搏的喊杀声，惊天动地。

正在激烈战斗中，第三班的机枪发生故障，第一班第二班的弹药也快打完了，还阵亡了两个士兵。我便立即命令撤退，到指定地点集结。这时火网内的敌人死亡殆尽，未进入火网的敌人也逃命去了，这一仗打死敌人六十余。从战斗开始到撤出战场，最多不超过半小时。为了预防敌人反扑，我们迅速脱离战地范围，并派两个副班长随机清扫战场，妥善处理阵亡战士的尸体。我率全排向另一大山区急进，到了班公村停下来休息。

第二天上午，派去清扫战场的人回来了，带回了战友的骨灰袋。他们说，战场已被龙潞游击队清扫。龙潞游击队是龙云属下的空头组织，虽称游击队，实则没有什么武器，人员也不多，三五成群地散潜在当地民众之中。敌来则躲，敌去则回。不过他们消息灵通。到中午，龙潞游击队派九人赶来十八匹骡马和驮子，向我面交战利品，这些战利品被他们隐吞了一部分。记得送来战利品有步枪三十七支，子弹若干，骡马十八匹，钢盔四十余顶，呢军大衣三十五件，浅草绿军上衣二十余件，太阳旗十几面，黑纹公文皮包一个，内装上等毛西装料一套，其次如袋米（米用完，袋可当袜子），饭盒，罐头，其中以凤尾鱼最多，也最好吃。我留了三件大衣，给营连长各一件，我自己一件。其余如武器、骡马等，交班公村保长保管，等我撤防时来取。这样的收获，我非常满意，遗憾的是，阵亡了英勇的三名战友。四十年后的今天，当我记录这一段往事时，对这三位烈士为国捐躯的崇高品德，表示由衷的敬佩和缅怀之情。

瓦房街江防战斗

当敌人知道在咬郎山下伏击他们的是一群身穿便装的只有几十人的部队，在短暂的时间内使他们遭受很大伤亡，敌人恨之入骨，发誓要把我们全部消灭掉。从咬郎山逃脱的部分日军，又从芒市增添军力，于第三日上午扑向咬郎山山麓，在严密警戒之下，对"不知名"大山的密林深处进行全面扫荡。这天下午，他们在扫荡一无所获之后，为了解恨，竟把山腰几户农家的房屋全部烧光。

当我重返班公村途中，遇连长王玉白，命我写战斗详报和绘战斗略图，以备上报；并令我连经平戛撤返保山整休；又命派人取回战利品，限期到平戛集结。战利品取回后交给了团部，在营长主持下还举行了三位阵亡士兵骨灰埋葬悼念会。第一次战斗至此结束，我们的队伍开始驻防马王屯整休。

一日，彭震宇（湖北云梦人，后来在反攻中战死）、赵致中（山东潍坊市人），他们是我在军校同班同学，专程来访，三人相聚，倍感亲切。我赠彭、赵各一件日军呢大衣，作为我初战得胜的纪念品。想到来日都要征战沙场，出生入死，将来是否还能相聚畅谈，实在难以预卜。不过，我们宁可血染黄沙，也决不贪生怕死，不把敌人彻底消灭，不能算是中华民族的好男儿。历史已经证明，我们黄金般的年华，并没有等闲虚度。我们以鲜血和生命的代价，完成了民族赋予我们的光荣使命。

不久，我们受命去瓦房街担任江防任务。当我们抵达江岸时，原防守部队已经撤防，我连奉命进入第一线，沿江布防。两岸都是高山，唯我方山脚下离江岸尚有一片开阔的农地，此地已种植甘蔗。因为地势平坦，无有依托，我们利用原有的简略工事，迅速进行加固，同时增筑了机枪巢、掩蔽部、散兵坑、交通壕等。

江岸之上便是阵地，也是驻地。阵地设有岗哨，轮流值勤，任务是监视江面，加强警戒。我的掩蔽部构筑在第一班机枪巢旁边，夜间我要巡岗查哨，督察哨兵提高警觉。

士兵给我筑的掩蔽部，形扁而长，如同略大的棺材坑，长约二点四米，宽约一点六米，深一点四米，上加三十公分围基，盖上毛竹木棍山草，上堆沙土，加以伪装，像个大坟包。坑里，靠一边留一土铺，上铺山草，草上铺一条灰军毯，这就是行军床。睡上去，狭窄而铁硬，恰似棺材底。纵然如此，在作战的第一线，这可算很难得的了。

一天，东方已晓，忽听我机枪急速扫射，我一跃而起，正要跳出去，哨兵跃至我跟前报告说，对岸发现长串敌军在行动。我急速跑到江岸散兵坑观察，见敌军正沿江岸山脚下大路急速行军，但没有渡江的迹象，我的心才稍定。我的散兵坑射线广阔，命机枪到我处就地向敌人射击。敌以平射炮对准我身边机枪连发三炮，头一炮打在我散兵坑上一米多的地方，尘土直冒，热浪扑面；第二、三炮因炮身震动，打在江岸上。我立即命机枪转移位置，紧跟着敌人机枪向我这里连续点射。全线已进入对战状态。连长一面向营指挥所报告敌情，一面率第二排向第一线跃进。部队通过约二百米的开阔地带时，在敌纵深火力射击之下，第二排未到第一线已阵亡士兵二人，伤下士班长一名，还有传令兵二人、通信架线兵一人受伤。与此同时，我营重机枪和迫击炮向对岸森林密处敌火力点，进行压制性的猛击，持续约四十分钟。敌虽还击，但已招架不住，似乎是在撤退。

在对击最激烈的时候，我发现左前方的山顶上有敌人集结，我立即接过机枪扫射过去。同时我方迫击炮向左前方四华里一小镇散发数炮。一小时多，全线沉寂。我在连长同意下，率两个班用竹筏渡江，实行武装搜索。连长又命第二排两个班，渡江向右方武力搜索。我们进入小镇搜索，见到两位老人，他们告诉我们，自从那边枪响，百姓跑了，日寇拼命向这里跑，扶着伤的，驮着死的，不久又撤跑了。

在清扫战场中，只捡到两支步枪，山林中到处甩些衣服，其中有一件上等草绿色军大衣，两排铜扣，熠熠发光。骡驮上的军需品来不及带走，我们把它全部带回阵地。我对士兵们说，这件好呢大衣，我留定了，谁也不给。一登岸，营长把这件大衣打开看看，赞不绝口。没过半小时，连长就同我讲，营长想以他的皮夹克换我的大衣，我说什么也不换。他又说不是营长自己要，是送给他舅舅（姓杨，第六军上校军法处长）。他舅舅年纪大了，在军中需要，我们还年轻，以后机会有的是。用软的办法，把我心爱的战利品，弄到第六军去了。由于这一关系，以后杨促成了我的婚事。

这场战斗胜利结束后，我们把阵亡的战友埋葬在山后。不久，部队又接到新的使命，接守第三十六师惠通桥一线的防务。在接防行军路上，接到师部任免令，连长王玉白升任第三营副营长，我被提升为上尉连长。我从军校到部队，只有一年零十个半月，这可以说是一次冒尖性的晋升。

怒江沿岸的防守

部队抵达江岸，便进行交接，诸如防守范围、工事位置、火力配备、日军活动规律等。接防后，还须熟悉地形，加固阵地，清理射界，划分警戒范围，安排前哨阵地等，虽都是军中必做之事，但也需时日，才能部署周密。我的防线中心是打口寨，在惠通桥上游。江岸两端是山脚梯田，中段是大片滩积农地，地平而开阔，面积稍大。右邻为红泥塘渡口，是别连的防地。红泥塘上游，即为第八十八师防地。我营指挥所设在红泥塘后山顶甘浩村。打口寨对面江岸是横宽狭长的较高的丘陵地带，在江岸后面山脚是新城。新城土司线光田，已跑到保山居住，由其手下人执行土司的政务。敌来时游动而避之，敌去又回城执事。新城为日军巡防必经之地，所以我防地经常受到敌人威胁性的炮击。纵然是盲目的炮击，我也须立即进入阵地，加强警备。

我连防守正面有三千至四千米，右距红泥塘七百米，左邻惠通桥约四百米。全阵地形势，左山高势险，右绵延大丘陵，中为沙滩地，平坦开阔，为阵地中薄弱点，便于敌人作尖锥形侵入，这样就会影响整个江防，以致"保山不保"，后果不堪设想。我即令第二排、第三排分守两翼突出据点，我率连部和第一排扼守打口寨；另派一个班沿山布防，控制白淌沟，监视江面，加强工事，以巩固阵地。责任所在，未战之前，日夜提心吊胆。

初到这一防地上，生活艰苦得出人意料，无法买到蔬菜，派人背篓寻村找寨，最多买到几个南瓜，如果买到几斤韭菜，就算口福不浅了，多数时间都是盐水泡饭。还是士兵们是创造者，江岸生长着许多芭蕉树，把芭蕉根嫩的部分切成小块，先用水泡三至四天，然后切丝炒熟，不但可吃，而且饶有风味。

怒江沿岸，千百年来被视为不毛之地、瘴毒之区。农民百姓不管农忙到何种程度，在清明后中秋前，绝对不能住宿江岸。白天到江边干活，在太阳下山前必须回到山顶上的家里。秋收后至清明前才可以住宿江边。中上瘴气，九死一生。对瘴害，百姓可以趋避，而对我们这些保国卫士们，不但不能躲避，还必须不分日夜守卫在瘴毒笼罩的地带，置生死于不顾，连当地百姓也为我们捏一把汗。一九四四年初夏以后，瘴气开始光顾我们了。士兵中许多人生了病，高烧不退。烧得最厉害时，不能讲话，称之为哑病。到了这时，真所谓病入膏肓，不可救药了。营卫生所虽集中医治，但因医药缺乏，结果我连病死了十八名，九连死得最多，有三十多名。这一凶恶的瘴敌，夺去了我们许多战友的生命，大大减少我们的战斗力。不久，美国医疗队进驻保山，发给大批奎宁，防治结合，效果很好，直到秋天，都未发病。

此后不久，出现两件坏事。其一是第五班班长伙同一百姓周礼国偷牛过江，这在军纪上是极为严重事件。既要严肃军纪，又要考虑强敌当前，随时都有激战之可能，且战斗力已被瘴疠所削弱，民族抗战高于一切，处理时应慎重。我于是命令全连集合，宣布第五班班长违法犯纪的罪行和经过，命他向全连坦白，认罪改过，给他记大过一次，仍担任班长，让他立功自赎。偷牛犯周礼国，痛斥其严重罪行后，由其兄弟担保领回。其二，是王排长在前敌阵地上吸鸦片导致失火。王排长吸大烟，夜深疲乏，弄倒了鸦片烟灯，点燃了铺上干草，整个兵房都是干草和毛竹盖的，立即起火。当士兵醒来时，火势已大，无法扑灭，只抢出枪支弹药，其他物品全被烧光。我于天亮前到达该排查看现场，并令派人整修炊具食具，令司务长照应起火造饭。我又立时回连队，作上报处理。依我当时之气愤，必将他押送上级法办。阵地上玩忽职守，应当罪加一等。但我考虑再三，下不了这个决心。想到王排长当兵十几年，从"七七"事变起，经过无数次战斗，才升到排长的地位。如果按我气愤之下押送法办，必定被开除军籍，他抗战多年功绩即将化为乌有，也许还会成为流落他乡的流民。有感于此，我就以另一理由上报：夜间换岗时火烛失手，兵房易燃，迅即烈焰冲天，无法扑灭。责在我管理欠当，愿承担一切责任，等候处分。幸而枪弹无损，但被服皆已烧光，请发一个排的全部被服，以解决战地需要。几天之后，团部通知我去领被服，未提处分之事，可能也是对我这个年轻的连长来个姑息吧。

在怒江边上防守了几个月，曾遭敌人多次炮击，终因敌军无强渡怒江的计划，我们总算完成了艰苦的江防任务。此后换防撤至后方十几里的太平街、东别寨进行休整。

第 三 章

中国驻印军的反攻

从印度整训到反攻告捷

王及人[※]

一场意外风波

第一次入缅抗日失利，新编第三十八师向缅印边境撤退。当部队撤入印度境界后，英方派驻师部的联络官急急忙忙地离开部队，搭车赶往英帕尔，向英军首脑报告我师的行踪。英军对我师行动之迅速感到非常吃惊，但又认为中国军队在进入印境之前没有通知他们，是不可思议的事情。他们一面指定我们驻扎的营地，一面向印度总督报告。他们出于对被压迫民族的歧视，深恐中国军队鼓励和参与当时由甘地领导的印度民族争取独立的革命斗争，又慑于我军勇敢善战，不易为其控制，以印度总督蒙巴顿为首的一些人，居然不顾中英两国订有军事同盟，要求我军向他们缴械。在这桩事件发生过程中，新编第三十八师师部唯恐激起部队的愤怒，就封锁了消息，仅仅下达了加强戒备准备战斗的命令。

这场风波的交涉内幕究竟怎样，我虽然不十分清楚，但可以断定是很费周折的。从下列事实不难看出：第一，风波平息不久，就接到国民党政府一个命令，严禁驻印中国官兵干预或参与印度内部一切政治活动；严禁中国官兵与印度人民接近和往来。第二，成立驻印军总指挥部，委派美国军官史迪威任总指挥，将中国军队交给美国人统率，以消除英国人的疑虑。后来重庆方面先后派去副总指挥罗卓英和郑洞国，都是有职无权，形同虚设。第三，孙立人在师部会议上曾经有所透露，他说，新

※　作者当时系新编第一军新编第三十八师炮兵第一营营长。

编第三十八师入印初期面临覆没危机，经他费尽心机，东奔西走，才得转危为安，要部属体念他的一片苦心。所有这些都留下了这场风波的蛛丝马迹，而孙立人是起过斡旋调停的作用的。

从这个活生生的事实中经历过来的我，确实擦亮了眼睛。帝国主义者为了自身的利益，纵然大敌当前，对于当日患难与共而且有德于彼的同盟者，尚且如此，其他便可想而知了。

我们撤到印度后，最令人关心的是第五军残存部队的下落，孙立人师长竭力要求英军首脑派飞机侦寻。由于当地的雨季已经开始，气候异常恶劣，野人山区又是一片林海，飞机多次侦察，均未发现。在上述风波平息后，英方让我们移驻印度东北角铁路终点站的列多。那是一个人烟稀少、地点偏僻的印缅边境地区。列多后来成为中国驻印军反攻缅甸的基地，也是中印公路的起点。

驻印军的训练、装备和发展情况

史迪威被任命为中国驻印军总指挥后，一面积极组织总指挥部，一面制订装备中国军队的详细计划。随即派来许多负责训练的美国军官，设立庞大的后勤供给部，成立第二十六航空队（空军），调来机械化筑路部队和铺设油管的工程兵部队。同时选择完善的训练营地，经英方同意，把比哈尔邦兰姆伽营房内关押的意大利俘虏全部迁走，将营房让给驻印军作为训练营地。这个营房地处比哈尔邦中部平原，在加雅（据说即《西游记》中说到的小西天）以南三十英里处。营房不远的周围都是起伏不大的丘陵，地多沙砾，不宜种植，故人烟稀少，极利于野战演习与实弹射击，是个理想的练兵场所。我师进驻营地不久，第五军残存部队三千多人也陆续到达，杜聿明则因损兵折将，灰溜溜地飞回重庆去了。

史迪威是一个中国通，能讲生硬的中国话。他担任总指挥后，第一件大事是和部队见面。他依照中国军队的旧礼节，召集部队举行上任的布达式，站在台上用中国话说："我奉蒋委员长的命令，任驻印军总指挥，你们必须绝对服从我的命令，听从我的指挥。你们不要害怕日本人的飞机大炮和机关枪，我保证美国有更多的飞机大炮机关枪给你们。"语极简略，从此他运用总指挥的权力，装备和训练中国军队，并亲临前线指挥作战。

新编第三十八师从缅甸撤退损失甚微，编制齐全。新编第二十二师损失重大，包括第五军直属部队在内，残存人员仅三千多人，而且疲劳过甚，亟待休息补充。故装备训练先由新编第三十八师开始，该师原为一个三团制的步兵师，总指挥部指令该师将一个没有受到损失的步兵团，改编为师属三个炮兵营，由美国凯伦上校负责装备训练。我被任命为炮兵第一营营长。随后国内新兵源源运到，充实了新编第三十八师与新编第二十二师的兵额。装备完毕后，很快形成了练兵高潮。

总指挥部为了切实控制中国军队，对于训练进度与装备情况，以及战时贯彻执行任务和武器弹药补给等情况，都由总指挥部直接掌握。营部、团部都派有与营、团长同等级的美方联络官一人，次一级的军官一人、军士一至二人，师部还派有总联络官。中国军队的补给，除被服给养通过师部军需处统一配发外，关于武器弹药、各种车辆以及其他一切装备等，概由派在单位的美方联络官直接配发和补充，军师各处均无权过问。这种补给方式使部队要什么有什么，固然便利，但也往往促使部队长过分依赖美方联络官，从而更助长了美国佬趾高气扬、嚣张跋扈的气焰，有时甚至越权干预部队长的指挥权力，引起摩擦。

史迪威采取美国出武器、我国出人力的传统政策，在训练上只顾眼前，越快越好，以期驻印军早日参加作战，减轻美国在太平洋战场的负担和兵力消耗。这种速成训练，很少学习军事理论，只采取专业分工、各习一技的单打一方式。就炮兵来说，训练两个星期的基本操作后，就整日整月地进行野外演习与实弹射击。营长、连长、观测员、计算员等，每人实弹指挥射击达三百至四百发，这完全是靠消耗弹药来训练的。营区附近炮声隆隆，机枪嗒嗒，如同临阵实战一样。这种训练在操作技术上效率高成效快，使新成立的炮兵部队三个月后就能投入战斗。片面地从速成意义上说是成功的，但在实际战场上，各部门之间，特别是炮兵部队各部门之间，就会出现伤亡比例的悬殊，在第一线指挥射击与步炮协同的指挥员（如连长、观测员等），必然产生补充不及的困难，从而降低部队的战斗力。

史迪威以打通中印公路、敷设油管援助中国的名义，要求蒋介石向印度方面抽调两个师，一个工兵团，一个辎汽兵团，重炮、重迫击炮、战车各一个营（均系徒手空运，到印后再装备），并源源不断补充新兵，以适应战争需要。这些要求均得到蒋介石全力支持，因而驻印军发展很快，在反攻以前其兵力如下：

中国方面：新编第一军，军长孙立人，下辖两个师，由唐守治新编

271

第三十师、李鸿新编第三十八师组成；新编第六军，军长廖耀湘，下辖两个师，由李涛新编第二十二师、潘裕昆第五十师组成；总指挥部直属重炮兵一营、战车一营、重迫击炮一营、工兵一团、辎汽兵一团、宪兵一营和一个中美混合团。

美国方面：总指挥部（内部组织庞大，实情不明）总指挥史迪威，副总指挥郑洞国，以及少数参谋、副官、随从人员等；下属庞大的后勤组织——SOS，包括若干前后方医院、军需、军械、兵工修理、汽车修理厂等单位；空军第二十六航空队、工兵、通信、汽车，筑路与油管敷设工程等部队，以及若干联络军官和军士等。

开始反攻与打通中印公路。

第一个旱季攻势

一九四二年冬，新编第三十八师曾派遣一个先头团配属一个炮兵营进入列多，并以一个加强连的兵力深入缅境。不久，日寇即行试探性的攻击，以一个营的兵力包围这个连达四十多天之久，经几次接战，日寇死伤惨重，知难而退。这个先遣连为而后部队反攻取得了丛林战的一些经验。一九四三年十月，驻印军对缅北日军发动反攻，雨季一过即开始行动。新编第三十八师攻占缅境新平洋后，新编第二十二师即担任正面攻击，向孟缓挺进。新编第三十八师在森林中开路前进，担任侧翼包围，一举击溃了敌第十八师团，占领了孟缓；连敌十八师团的印章都被我部缴获，敌师团长逃入森林，仅以身免。部队乘胜进击，战果一天比一天扩大，森林作战的经验也日益丰富。

在原始森林中作战是一种特殊的战斗，看不到人烟村落，茫茫林海中寸步难行，全靠每人一把砍刀开路，靠特制的指北针修正方向，一天走不到五英里路程。如果遇不到林空，一个星期见不到太阳是常事。敌人的防御阵地，都设在要路两侧的密林中，既不扫清射界，也无须设副防御。阵地构筑成一个圆圈形，内中交通壕四通八达。在古老大树上，还用沙包筑成一些小碉堡。这样的防御阵地是很难攻击的。由于森林中大树甚密，猛打猛冲是行不通的，连坦克也无法冲进去。我军凭借优势的火力，先用各种火炮进行广泛射击，把敌阵周围的森林炸得枝叶尽秃，只剩下一根根枯焦的木桩，如同大火烧过一样，使敌人阵地完全暴露出来。在炮击的同时，步兵掘壕前进，围绕敌阵构筑包围工事。将敌阵围住后，然后用迫击炮、火箭筒、喷火器、机枪及手榴弹等，一齐向敌阵猛烈发射。这种打法，才能彻底消灭敌人，取得攻击的胜利。美国人也认为这是丛林战的创举。

在缅北原始森林中作战，除了对付日寇以外，还有两个大敌，一是疟蚊，二是蚂蟥。不管你预防得多么周到，也不免遭到它们的侵袭。据美方卫生人员统计，恶性疟疾发病率达百分之四十。蚂蟥虽不致使人立即病倒，但草丛中和树枝上到处都是，防不胜防。它咬人不痛，等到发觉，血已被它吸饱，还从创口往外流，使人感到周身发麻，长时间被咬也会影响身体健康。

自一九四三年十月至一九四四年三月，驻印军在缅北丛林中艰苦战斗五个月，取得了第一个旱季攻势的很大胜利。部队前进了一百五十多公里，消灭了万余日寇。从缴获敌人的文件中得知仅第十八师团已补充新兵十几次。敌文件还说："支那军归家心切，锐不可当。"第十八师团是日军最精锐的近卫师团改名出征的，是一伙最凶恶的敌人，在我军凌厉的攻势下，终于吃了败仗。

美国人在缅北战场上的贡献

在缅北战场上，美国筑路部队和油管敷设工程队，紧紧在驻印军后尾跟进，日进数英里，几乎是部队打到哪里，他们就跟到哪里。孟缓战役中，坦克能适时参加攻击，大出日寇意料之外。修筑这条公路，虽然是高度的机械化施工，但许多地方要从原始森林中通过，单是扫清施工的地面，就要克服难以想象的困难；已修好的道路，一到雨季路基被淹，到处塌方，又需连忙抢修，所以修路任务是异常艰巨而紧张的。此外，遇到河流还要架设许多大小桥梁，载重量要求通过五十多吨的中型坦克，也不是一项轻而易举的工程。由此可见，美国的筑路部队确实为战争做出了很大贡献。

美国的空军第二十六航空队在缅北战场上取得了完全的制空权，迫使敌机根本不敢露头。运输机的空投补给也能做到要啥有啥、不失时机，对战争的支援确是难能可贵的。在作战过程中，官兵受了轻伤住前方医院，重伤及时地用飞机运往后方医院治疗。医院的裹伤所接近第一线，上药包扎及时，伤口上受到感染的皮肉，用手术刀挖去后再行包扎。美方医务人员技术好，疗效高，这是我亲眼见到的；但是挖治创伤不作局部麻醉，使人痛得大汗直流，我认为太不人道。一般四肢上的枪伤，两星期即可医好出院，大大支援了前线的战斗。

特别值得回忆的是，美军参谋工作做得很好，军用地图都印上了红色方眼格，四周编上号码，使地名都变成数字；各部队长也都编了数字代号；各种武器弹药和人员伤亡都有代号。营级以上的部队长都配发一本空中照相册，每页可连接，从缅北公路起点到中缅边境必经地带，都印在照相本上，比地图清楚，也不像地图那样会受到地形变化的影响（如河流改道、新建的公路铁路与阵地构筑等）。他们对各项任务计划周到，准备充分，例如中印公路必经地区，有多少大小河流，需要架设多少各种桥梁，事先均已调查清楚，准备妥善。架桥材料全是预制构件，而且及时运到，使架设工程得以加速进行，积极支援了前线的作战部队。

总指挥史迪威，是一个年近六旬、中等身材的瘦老头。他常亲临前线督战，方法很特别。如果一个敌人阵地久攻不下，他就独自开着小吉普到前线团部蹲着不走，表面上从容不迫，说是到前方来看你们打仗。团长当然心中明白，只好让副团长陪着他不让他乱跑，自己到前线去指挥作战。如果等了一两天还不见攻下来，他又到前线去蹲着不走，弄得人们为他提心吊胆，师长也不得不到前线来陪着他。等到敌阵攻下来了，他讲几句奖励的话才高高兴兴离去。

第二个旱季攻势开始

正当驻印军准备发动第二次旱季攻势前夕，日寇沿着当年英军撤退的路线，先发制人侵入印度东部边境，向英帕尔进攻。如果英军作战不力，英帕尔方面失利，日寇就会到达铁路线，切断驻印军后路。因而中美双方一致督促英印当局加派重兵作战。英军调去数百辆坦克，构成钢铁长城，在美国空军协助下将敌击溃，印度方面始转危为安。

一九四四年四月，第二个旱季攻势开始，新编第三十八师从密林中开路迂回到敌后孟拱以北地区，占领了敌人所设的仓库地带。新编第二十二师从正面压迫，前后夹击，敌人开始全面崩溃，损失惨重，残余部队窜入了森林。驻印军主力向孟拱挺进时，新编第三十八师派出一个团的兵力从密林中开路前进，直向敌人的远后方——密支那潜行。总指挥部调新编第三十师全师兵力，在后方机场待命，并准备了大批滑翔机在机场待命准备牵引起飞。新编第三十八师派出去的这个团在密林中潜行了七天，奇袭密支那机场成功。电信传到后方机场，新编第三十师全部登上空中列车，一架接一架地在战火纷飞的密支那机场强行降落，很快肃清了机场周围的敌人，向密支那进攻。孟拱方面的敌人，在新编第一军、新编第六军强大攻势下全部崩溃，驻印军占领孟拱车站与铁路沿线，于六月间攻克孟拱，结束了缅北丛林战争。正当驻印军在缅北大捷向前挺进时，国内战争发生了重大变化。日寇占领广西后乘虚向贵州挺进，重庆当局慌了手脚，即将新编第六军空运回国；打通中印公路的后期任务，便由新一军单独负担。

孟拱与密支那攻克后，蓄精养锐的英军也进入缅甸西北，沿铁路线向南推进，打算乘机收复缅甸。因此，驻印军已无后顾之忧，随即渡过伊洛瓦底江向中缅边境重镇八莫挺进。日寇以一个联队兵力背水列阵，死守八莫，企图迟滞中印公路通车。经过二十天的围攻，空军炸，炮兵轰，把整个八莫夷为一片焦土，守敌除少数漏网外，全部就歼。以后驻印军乘胜挺进，势如破竹，直达中缅边界南坎。这时南坎以南一线长形高地，被日寇占据，拼死顽抗，远征军以一个加强团的兵力两次进攻均未成功。我随新编第三十八师副师长陈鸣人侦察敌情与地形后，即赴远征军师部主动请战，要求让我们前去攻打。经取得师部同意，驻印军于当天下午，派出一个步兵营、一个炮兵连、一个迫击炮连，再次向敌发起进攻。部队到达攻击线，立即以猛烈炮火开始攻击。这时东北侧各山头上站满了远征军官兵，多达万余人，一边观战，一边助威，更加激发了我们的士气。不到两个小时，进攻部队便在炮火的掩护下冲上了山头占领敌阵地，残余敌人夺路而逃。当我部向逃敌展开追击战时，远征军官兵从各处涌上高地，来察看战绩。他们看到战壕中到处都是被击毙的敌人尸体和被毁武器，大加赞赏，夸奖我部"计划周到，准备充分，步炮协同良好，官兵勇敢善战，让我们看到了极好的实战示范演习"。

第二天，在滇西边境畹町，驻印军与远征军在卫立煌主持下举行隆重的会师典礼。在礼炮隆隆声中，满载物资的庞大车队，浩浩荡荡沿着中印公路向云南境内疾驰而去，历史赋予远征军的神圣任务，至此胜利完成。

悲壮激烈的胡康河谷反攻战

丁涤勋[※]

抗日战争爆发的第二年，一九三八年的八月，我感到国难日亟，乃投笔从戎，在湖南沅陵雅礼中学考入国民党财政部税警总团干部学校第二期。两年毕业后，分配在国民党新编第三十八师第一一二团第一营重机关枪第一连当见习官、少尉排长，以后历任中尉连附，连、营、副团级等职。从一九四二年起至一九四五年春，参加过远征军、驻印军新编第三十八师在缅甸各次抗日战役。这里所记述的主要是缅北胡康河谷的反攻战役。

新编第三十八师于一九四一年秋，由财政部监务总局税警总团改编成立，不久，即奉令从黔南都匀、八寨、独山等县移防贵州西南兴义县。日军在缅甸登陆后，新编第三十八师即编入远征军序列。一九四二年一月，新编第三十八师沿兴义、师宗、宜良、昆阳、安宁的驿道前进。在安宁休息二日，然后乘军事委员会西南运输处的汽车经下关、保山、畹町入缅甸，于二月十三日到达缅甸腊戍西南郊十六英里的乡村待命。

新编第三十八师奉命担任保卫缅甸第二大城市历史古都曼德勒的任务。孙立人任曼德勒警备司令。全师布防在曼德勒周围要地和他希一线，积极构筑工事，准备拒击来犯之敌。

※ 作者当时系新编第一军新编第三十八师第一一二团第一营重机枪第一连连长。

仁安羌解英军之围

日军从仰光登陆后，英军节节败退。四月中旬，英印军第一师在仁安羌油田被日本军队包围，水源断绝，粮食将尽，似无再战之力。该师师长电报英军总部亚历山大将军，请求火速解救，否则就要投降。

梅苗是缅甸风景优美的避暑胜地，英军总部驻此。四月十九日前后，英军总部在此召开盟军师长以上高级干部会议。亚历山大将军等提出仁安羌方面的战争情况和英印军第一师请求解救的电文，共研对策。孙立人师长说："不能投降，投降就是同盟国的耻辱。"亚历山大说："怎么办？"孙说："要去救。"亚说："谁去救？"孙说："我去救。但有两个要求：一个要求是在两个小时内给我八十辆汽车，另一个是四十八小时内不准投降。"亚历山大立即用无线电话与被困的师长通话；孙也接过话筒与这位师长对话。英军师长疑虑中国军队装备差，怕孙师长的话难以兑现。孙说："中国人说话算数，我仗义救你，一直到我死为止！"孙立人立下的军令状，非同小可，使到会的人都为他担心。并肩而坐的杜聿明将军，悄悄地伸出手去连连扯孙的上衣角，似在劝孙三思而行。但孙装作不知道，有义无反顾之意。

为了解英军之围，全师迅速西移。刘放吾团长领着第一一三团官兵，分乘八十部汽车向拼墙河开去。我们第一一二团从他希阵地调防乔克巴当，负责乔克巴当以西至拼墙河之公路警戒，第一一四团集结在乔克巴当待命。

当日黄昏，侦察兵趁夜幕渡河侦察后，在对岸用联络信号频频报告，沿岸无敌情。指挥官们根据报告，判明敌人在仁安羌东部是采取"地障包围"战术。师长当即命令第一一三团趁机全部渡河。部队在接敌运动中被敌发现，展开了激烈的战斗。由于我军夜以继日向敌人采取猛烈的攻击，逼敌后退，对敌进行了反包围。在中英两军内外夹击下，敌人伤亡惨重，弃阵溃逃。仁安羌油田解围，英印军全部获救。

第一一三团全体官兵，在为国争光的精神鼓舞下，终于以劣势的装备战胜了优势的敌人。仁安羌大捷，名扬中外。被救的英军有七千多人，有坦克部队、装甲部队、炮兵、骑兵和步兵。他们在撤退途中，一见我军就跷起大拇指，感激地说："中国好！中国军队好！"

这次战斗的胜利，孙立人师长代表全体官兵于一九四三年在印度接受英皇乔治十六授予的 C. G. E. 勋章。

从缅甸转进印度

一九四二年四月下旬，由英国军、中国军、印度军组成的同盟军，在抵抗日本侵略者的缅甸战场上受挫。首先是英军的溃退，使日本乘机以快速部队占领中缅边境，把第五军的一部和新编第三十八师包围在缅甸的北部和中部，整个形势岌岌可危。

新编第三十八师在退却中，担任缅甸战场的总掩护任务。这时整个部队还在米轧火车站以南。会后，孙师长连夜赶回部队，在米轧车站附近与部队相遇，命令部队向后转，师长走在尖兵排后，朝温藻方向前进。那天拂晓，尖兵连在温藻车站南头与日本追击部队遭遇，战斗激烈。孙蹲在一株大树下督战。他命令尖兵连就地坚持抵抗，自己领着大部队上山，朝无路的森林、河谷和高山峻岭走去，迷惑敌人，使敌不明我去向。

从温藻到滂渡，都处在敌人包围之中，容易遭受敌人的截击。其中更的温江又是这一段退却中的天障，对岸才是滂渡。

为了使部队不暴露目标，行军时远离道路、村庄，天天坚持走山路；山路走尽了就是两岸高山峻岭、悬崖峭壁的河道。这条河不知叫什么名字，河水较浅。部队在水里行军四五天，夜里宿营就睡在山上或河边沙滩上。当我们的部队距离更的温江只有一天行程时，为了抢渡，师长命令第一一四团来个夜行军，在黑夜里横过河谷平原，于拂晓前占领滂渡渡口。为了部队迅速渡江，以重金雇用当地船户和船只。第一批部队安全渡江后，沿河构筑简易工事，防止敌人的进犯。不出所料，就在当日的中午，一艘满载敌军的汽船，溯江而上，被我两岸轻重火力集中猛击，敌船受伤，狼狈而逃。

我军胜利渡过了江宽水深的更的温江后，整个部队脱离了被敌人控制的封锁区。

滂渡位于阿拉干山脉东麓，更的温江由丛山淌出平原，江面展宽，河幅有一千多米。滂渡背山面水，是一千多人口、风景优美的小镇。全师在这小镇休息了一天半，进行了筹购粮食和上山的一切准备工作。

阿拉干山脉是喜马拉雅山向东南伸展的山脉，山峰重叠，悬崖峭壁，树木参天。猿猴特多，几十成群，长鸣不休。山中靠缅境住有少数的"山头人"，他们过着原始的生活。从滂渡上山有一条羊肠小径，是"山头人"走出来的，从这里越向西去，连羊肠小路也时有时无，逐渐消失了。

路是人走出来的，中国军队在这座山上走出了一条中缅印友谊的大道。中国军队在山上忍饥挨饿苦行十余日，才跨过阿拉干山进入印度英帕尔地方的奎龙村。中国军队军容整齐地进入了印度，这是出人所料的转进。因此英印官员齐夸中国军队是一支从天而降的神兵。

至于从胡康河谷转进的第五军情况却十分凄惨。第二〇〇师由缅甸向国内撤退时，在缅边遭日军袭击，师长戴安澜殉国。新编第九十六师由高黎贡山回国，饿死大半。新编第二十二师廖耀湘部，在我军进入印度后约三个月才撤到印度，兵员饿死病死很多，仅保存了部队建制。杜聿明军长和他的直属部队情况更惨，进入胡康河谷后，就与各地电台失去了联系，国民党派飞机在这个地区长时间侦察，才发现他们。他们在野人山区饥病交迫，辗转挣扎五个多月，只有杜军长等少数人是幸存者。由新编第三十八师第一一二团第三连连长周友良带领全连士兵，带着医生、药物、营养食物、服装等深入野人山的打洛，才把这位将军营救出山。

在兰姆伽整训

兰姆伽位于印度中部的比哈尔邦，是兰溪县的一个小镇。这里原是英国的一个营区，建有二十几座大营房，内部设有三万多床位，还有游泳池和电影院等设施。

一九四二年六七月间，新编第三十八师从阿萨姆邦的列多一带移防兰姆伽，从此这里变为中国驻印军的训练基地。接着远征军长官部和新编第二十二师驻在这里。美国为了帮助中国装备和训练军队，在此设立了指挥部，由麦克甫将军和各兵种军官组成。

国民党军事委员会想把驻印的两个师编为炮兵部队，接受美国装备训练后空运回国，所以在短短几个月内新编第三十八师编为十个炮兵营，官兵都学习了几个月的炮兵。但蒋介石的美国参谋长史迪威力主保持这两个师，由美国装备训练后，从印度反攻缅甸，打通中印公路。于是撤销远征军长官部，罗卓英、杜聿明回国，成立驻印军总指挥部，由史迪威任总指挥。以后新编第三十八、新编第二十二两个师编为新编第一军，郑洞国任军长；新编第六军由廖耀湘任军长。只留两个山炮营和一个重炮营，作为师的炮兵部队。其余各部队全面开展各兵种训练，步兵团的迫击炮、战车防御炮、火箭筒、重机关枪、轻机关枪、冲锋枪，直到步枪和手榴弹；还有工兵营、通信营、辎重营的汽车驾驶和修理；骡马的驮载和保养等都接受美军的训练。并为而后的森林作战作有针对性的训练计划。还选送了大批的优秀军官学习各兵种理论、技术和作战方法，使全师官兵的素质大为提高。

胡康河谷的反攻战

新编第三十八师的第一一四团和第一一二团在一九四二年二月从兰姆伽移防到列多以北的卡图。这时敌人已侵入野人山区。为了消灭入侵之敌，掩护修建中印公路，师司令部移驻卡图，第一一四团和第一一二团陆续进入野人山区。第一一二团担任由打洛至塔家普一线长约五十英里的防御。新编第三十八师是缅北战场的主攻师，日本的所谓精锐部队第十八师团以及第二师团均先后被我军歼灭和击败，克复缅北全部失土，掩护中、美工兵部队修筑中印公路，为抗日战争打通了一条国际陆地运输线。

我当时是第一一二团重机关枪第一连连附，现以我所在的第一一二团为主，将胡康河谷的战斗情况，分几个重点回忆整理出来。

一九四三年十月，驻野人山上的第一一二团，由防守转为进攻。根据盟军总司令部命令，为了在缅北前线建立空军补给基地，第一一二团两个营和直属部队的大部准备十月初出发。我接到命令，在反攻之前，由我与李纯明两人率一个加强班和做向导的三四名当地"山头人"，深入敌后新平洋地区侦察敌情和修筑机场的适宜地形，来回约一个月。十月一日完成任务返防，详细向团部汇报了侦察情况。

十月二日，部队从塔家普出发，向新平洋推进，掩护工兵部队修建飞机场，作为反攻基地。

为了确保新平洋基地的安全，部队必须向东南推进到大龙河和更的温江的右岸一线，建立沿河据点。我团进驻新平洋后，只留一个连担任警戒任务，主力向临干萨坎以东以南的于旁、加滚、卡道和大龙河与塔卡内河的交会点前进。出发时以第二营为前卫，第五连为尖兵连。当部队进入只隔于旁约六百米的高地时，发现高地前有大片林空，东西长六百多米，宽一百多米，部队马上停下来，掩护尖兵连继续搜索前进。当尖兵越过林空进入森林之后，误入敌人一个加强排的埋伏圈，两军立即展开激烈的肉搏战，中尉排长刘治阵亡，连长江晓垣身先士卒反复冲杀，负伤不退，光荣尽职。这场恶战仅仅一个多小时，敌人被全部歼灭；我第五连官兵除几位负重伤幸存者外，全部壮烈牺牲。

战后，我增援部队夺取了阵地，控制了两个林空，推进了二百多米，距敌主阵地仅五十余米，形成敌我对峙的局面。当时，我正在塔家普休息，得到团部紧急电报，十月底即赶回前线，投入战斗，负责守卫大龙河和塔卡内河两河交汇点的防守任务。

敌人的主阵地选择在于旁林空以北森林中的东西两侧，约有两个连的兵力。它的炮兵阵地摆在大龙河的南岸，通往太白家的中途，炮火夜以继日地向我阵地轰击。白天敌人在炮火掩护下猛攻，夜间在炮火掩护下向我骚扰，连续五十余日。敌人的进犯一次又一次地被我军击溃。机关枪第一连连长吴瑾在第二次战斗中阵亡。

于旁位于大龙河的右岸，是孟拱到新平洋必经的渡口，是敌我必争之地，而于旁后面的高地更为重要。

一天傍晚，约有一个营的敌兵，利用夜幕包围了高地我军阵地，接着向我阵地发动猛烈的攻击。这里是我们团指挥所，只有一个特务排的兵力，在敌众我寡的情况下，阵地被敌突破，形成混战。团长陈鸣人率部趁机突围，几经拼搏才冲出重围，第二日脱险回到临干萨坎。一个美国中校联络官，躲在掩体内不敢出来，结果被俘。

这次战斗，我阵亡十多人，高地被敌占领，李克己营的第二连、机一连的一部、迫击炮连的一个排，被困在长约二百米、宽一百多米的范围内，后来这里因这次战斗被称为"李家寨"。

当时我被升为连长，奉团长令将大龙河和塔卡内河交汇点的防守任务移交给第一一四团，要我率这个加强连共二百多人，增援"李家寨"。这是一个艰巨的任务，二百多人要在敌人五十公尺的空隙中钻入"李家寨"是不容易的。在临干萨坎出发时，我向全连官兵交代两点：一是决定在夜零点后通过敌人的包围圈。如被敌人发现，迅速就地卧倒，敌人射击我们，不准开枪还击。如失掉联系，不许乱走，就地停下来。二是零点以后阔叶林和芭蕉林露水增大，水滴成声，且有节奏，我们的脚要踏着水滴声一步一步地轻巧前进，不能乱步，使敌人听不出我们的脚步声。零点以后，我走在部队最先头，领着全连进入敌包围圈的空隙，士兵们小心谨慎顺着水滴声越过了空隙封锁线，顺利地进入"李家寨"。这样，"李家寨"就增添了生力军。

李克己营长和全体官兵死守阵地，英勇抵抗，屡挫顽敌。在粮食、弹药、饮水等特别困难的情况下，坚持阵地五十余日，为部队的反攻，赢得了充分的时间。

人多智多，这句话一点不假，在艰难的日子里，士兵们积极地出主意，想办法，解决了喝水问题。此时水就是生命，人不喝水，饭不煮熟怎么行？士兵们在阵地内外，把树藤砍断成斜形，在藤的断面中心钻一小孔，倒置在盛器内，水就一滴一滴地滴下来。一根树藤，每日可滴下二至三斤清水，解决了煮饭用的水。补给虽有空投，但弹药储备有限。官兵们从战争的实践中摸索出节约弹药的战法：白天敌人的步兵在炮火掩护下向我反攻，士兵们沉着地躲在掩体内，连警戒兵也一枪不发，让敌人接近，等到敌人接近我三十米、二十米时，各种自动火器齐发，痛痛快快地把敌人歼灭在阵地前。因为原始森林里树多，各种火器在五十米以外射击，不能发挥火力作用，只能消耗自己的弹药。每天夜晚八点以后，敌人开始夜袭，我们也采取了对策：在阵地前三十米内外设陷阱，把手榴弹置于矮树上或树的旁边、树藤里，有距离地一层一层地设置妥当。树藤就是自然的障碍物，就是爆炸物的导火线，只要敌人一动就骤然爆发。警戒兵站在战壕的掩体中，凭着两只耳朵敏锐地判断来犯之敌，必要时以手榴弹消灭他们。敌人夜袭时又一个惯例是距我阵地五十米以外就开枪射击，对我们来说敌人的枪声正好起了向我们报警的作用。待敌前进到我阵地前三十米时，零星的手榴弹炸了，再往前进时，多数手榴弹被触动都爆炸了。我们就是以手榴弹击溃了敌人五十多天的夜间袭击。

我们不向敌人进行夜袭，但是白天在敌阵地前和我阵地两侧设埋伏，每天拂晓前派出伏兵，下午七点左右撤回。我们的伏兵在阻止敌人接近我阵地，掩护陷阱、手榴弹和各种障碍物的设置，起了良好的作用。

在我阵地的北端，有一棵很大的榕树，树围十多米，树枝并成辐射状向四周伸展。它高大雄伟，在丛林中俨若一座突出群林的小丘，覆盖地面的半径超过二十五米。由于它长在两个林空之间，人在树上对两个林空的毫毛细物也看得清清楚楚。

我们在这株树上和周围，布置了一个加强排，树上构筑了重机枪和轻机枪的掩体，无论白天和黑夜都可待在树上。其余兵员和火力设在地下，封锁敌方。被这棵大榕树控制的两个林空，有一个在我阵地内，长三十多米，宽二十多米，作为我军空投场地。我们需要的粮食和弹药全靠空投，因此大榕树成了敌人的眼中钉，曾多次以重兵攻击，却屡败于我守军手下，死伤惨重。

一九四四年元月，打洛方面的防务奉命移交给新二十二师廖耀湘。第一一二团的第三营归还建制，接着第一一三、一一四团分别从兰姆伽和卡图地区赶上来，集结在新平洋和临干萨坎之间待命。这时新平洋飞机场已修好，飞机可以降落了，缅北战争的形势处在由防御转为反攻的前夕。

全歼于旁之敌

反攻的第一个目标是消灭于旁之敌。第一一四团彭克立营第三连担任占领于旁高地的攻击任务。一九四四年元月中旬的一天，天气晴朗，部队按计划在上午八时做好一切攻击准备，八时半 F51 战斗机四架凌空，向地面部队要求指示目标。地面部队以布板联络讯号指示了目标，空军连续两次循环俯冲，弹弹命中敌阵，向地面部队报告任务完成，翱翔而去。监军飞机投弹后，我各种口径的炮火，从两个方向发射，集中轰击高地之敌，敌人拼死顽抗，战斗异常激烈。指挥官命令炮兵部队改变射击方法，采取集中火力于一点，把敌人的掩体和火力点摧毁，毁掉一个占领一个。经四个多小时的恶战，高地之敌被歼灭，十二时战斗结束。在清理战场中，缴获大批枪支弹药、日本旗、指挥刀等，八十具敌尸遗弃在阵地上。

这一场战斗，我伤亡二十余人，连长许炳新和一位排长光荣殉职。

第二天，第一一二团李克己营第二连，受命攻击敌人最后的据点，也是敌人的主阵地。第二连与当面之敌已相持了近两个月，对敌阵地配备和火力点的位置，全连官兵是一清二楚的。在作战方法上，吸取了前几次战争的教训，李纯明担任主攻任务，他采取了以优势火力集中消灭敌人的火力点，又以火力搜索敌人的其他火力点。只要发现火力点，又以炮火集中轰击，直到全部消灭。在接敌运动中只派一个排，而排又只使用一个班的兵力潜伏于敌阵地前，负责搜索敌火力点，并占领攻击阵地。在这次战斗中，八一迫击炮在彻底摧毁敌据点时起了很大的作用。这场攻击战耗时四点多钟，死守阵地之敌全部被歼灭。坚持两个多月的于旁攻防战胜利结束了。

于旁之战，我团的损失是很大的，第五连全连官兵壮烈牺牲，江晓垣、许炳新、吴瑾和五位排长阵亡，现在回忆起来仍很痛心。

原始森林是一个特殊的环境，部队作战必须总结出适于原始森林的战法，才能扬长避短，达到消灭敌人保存自己的目的。"李家寨"的士兵在被围困和反攻中发挥了集体智慧，创造性地制定各种战法，经师长、参谋长的精心研究和改进、充实，推广到了全师。这些战法在胡康河谷的大小战斗中发挥了威力，先后歼灭和击败了所谓精锐无敌的敌人第十八师团和第二师团。

攻克孟关、消灭日军第十八师团

新编第三十八师的三个步兵团、两个山炮营、一个重炮营和其他师直属部队，于元月底至二月上旬，全部投入战斗。下一个主要攻击目标是胡康河谷的军事重镇孟关。

孟关距于旁约五十公里，是一块荒无人烟的大林空。顽强的敌人凭着抬头不见太阳的原始森林，寸土必守，我军要打到孟关去，就要与他针锋相对，寸土必攻，这一仗真是一场硬碰硬的恶战。

第一一四团团长李鸿攻克太白家后，正面展宽了。打到孟关去，由第一一四团和第一一三团担任主攻任务。第一一四团在中间，向正面的敌人攻击前进；第一一三团为右翼。第一一二团在左翼，为师的总预备队，阻击敌人的侧翼袭击，并伺机向敌后迂回，截断敌人后路。孙立人师长平日蓄着胡须在第一线督战，并表示"不打下孟关，不剃胡须"。整个部队越战越强，尤其是第一一四团在猛烈的炮火掩护下，把敌人的据点一个又一个地攻下来了，战斗进展既顺利又快速，整个战场形势大好。

孟关是日军第十八师团司令部的驻地。敌人为了保卫孟关和指挥所，调集了大量军队在孟关附近赶筑工事，企图向我发动一次报复性的打击，妄想一举歼灭我军于孟关以北，彻底粉碎我军旱季攻势。

敌人的企图早为我指挥官所料，并对敌人的行动作了严密的监视。当发现敌人向孟关方向移动时，师部命令第一一三团立即跟踪向右翼展开大迂回，出敌不意地把孟关以南的道路占领。敌人的后路被切断后，内部立即混乱起来。

这场拼搏，是决定敌我在胡康河谷整个战斗成败的关键。因此敌人企图利用有利地形和已设的坚固野战工事，在孟关附近给我军以致命的打击。第一一四团和第一一三团的全体官兵，在我优势空军和炮火以及各种自动火力的掩护下，从南北两方向敌中心阵地夹击。首先，将其外围据点一个一个摧毁、占领。此时敌人只有招架之功，没有反扑之力了。当外围阵地被我攻下后，紧接着炮火指向核心阵地。敌人知道败势已定，无法挽回，守在阵地里是死，逃出阵地也是死，只有以武士道精神做垂死的挣扎。有的跳出阵地闯来，被击毙在我阵地前，有的感到绝望而在阵地内自杀。

孟关之战，缴获敌第十八师团的军旗和关防，以及无数的步枪、轻重机枪、手枪、小钢炮、电台。敌遗尸四百多具。只有第十八师团师团长田中新一逃离了火线。

孟关大捷不仅消灭了第十八师团的主力，更重要的是整个敌军从此军心瓦解，士气沮丧。我军士气则越战越旺，兵不解甲，马不停蹄，乘胜追击。三个步兵团连续向敌后发动几次迂回截击战，把盘踞在沙都苏（夏都赛）、瓦鲁班（瓦拉本）等地之敌一一击溃，胡康河谷失地大部被我军克复。

西同截击战

我师右翼是新编第二十二师廖耀湘部。敌人利用英康加唐以北有利地形，妄图在雨季来到之前，集结重兵，阻止新编第二十二师前进。陷我军于胡康河谷，以取得喘息机会，再卷土重来。为此对英康加唐的战斗，我军十分重视。在一次向敌总攻击时，曾发动飞机一百架次、坦克五十辆，配合新编第二十二师的进攻。可是那次进攻，只前进两公里许，一时难于取胜。

师部命令第一一二团绕道山兴洋，迂回敌后，强渡孟拱河，进入西同，截断公路，切断敌人补给线，阻止敌人增援，协助新编第二十二师和整个胡康河谷部队消灭敌人。团长陈鸣人接受任务之后，在一比一（一英里比一吋）的地图上，详细研究地形，如何绕过敌人的侧翼警戒，确定迂回路线和前进方位。这是一条海拔一千米到两千多米的高原路线，沿途全是高山峻岭，人马只能攀援前进。在一个山头接着一个山头的密林中行军是艰苦的，一连走了四天多，才到达第一个目的地——山兴洋。

忽然搜索班传来报告：山兴洋山头上发现敌情，大约有一个排的兵力。团长命令尖兵连消灭这股敌人，自己领着全团官兵绕道高地向既定目标前进。

我军的接近出敌意外，敌人警戒兵伸着腰在阵地外走来走去，士兵三三两两地坐在阵地外晒太阳，嬉戏打闹。我尖兵连利用地形潜进到敌阵地前，做好了攻击准备时，敌人发现我们，惊叫"敌人来了"，争先溃逃。这一战，我一兵不损，就占领了敌阵地，打死敌人十多名，缴获枪支十多支和一些弹药等战利品。

我团从山兴洋经两天多的战备行军，顺利地到达西同对岸的密林里，就派人侦察早已选定的一个渡河点。通过实地观察，这的确是一个理想的渡河点。河幅一百多米，水流平稳，河道向我方弯过来，对岸地形突出，我方掩蔽良好。下游河沿有一条长一百五十多米、宽十多米的场地，中间无丛林，是一个适宜空中吉普降落和空投的场地。

不久，前卫营派来了一个尖兵班先渡河，他们的任务是侦察敌情、地形，掩护部队渡河。部队在敌前渡河，曾经过严格训练，因此不需要多久时间做准备工作。先由两个士兵手执粗绳跃入水中，一瞬间就游到对岸，把绳系在树上了。士兵们有的扛着轻重武器沿绳而渡，有的用胶布雨衣打成背包，放它在河里漂游而过。不到半小时，步兵连都过了河。只有山炮连和一支掩护部队暂时留在原地进入阵地，做好射击准备。

先渡河的尖兵连已潜进到公路附近，监视公路，掩护部队渡河。忽然发现一个敌兵在公路旁割草，越割越接近我们，士兵们盯着他，很想等他再接近些，活捉或刺死他。没料到我军却被他发现了，他反身拔脚就跑，一面跑一面喊，被我军一枪打死在公路上。

这一声枪响，西同的截击战就开始了。这时驻守在右侧山腰上担任医院警戒之敌以猛烈的火力向我射击。尖兵连连长周友良率全连士兵奋不顾身地沿公路两侧的森林朝北奔跑，一路击退阻敌，一口气前进一千多米，扩大了截断距离，占领了这段公路上仅有的一座冬瓜形的高地。公路从它的腰部横过，地势险要，有利于防守。

截击战和遭遇战一样，士兵们抢时间构筑了简易工事。不到二十分钟，敌人闻声赶来了，我们潜伏在工事里。敌人约一连的兵力在自动火器掩护下，向我阵地扑来，被我击退。接着敌增至一营，最后增至一个团，接连反扑，均未得逞，形成敌我对峙的局面。

我们的决心是截断这条路，歼灭敌人。敌人只有拼死打通这条路才有生路，它关系着整个战争的成败。我军只有固守阵地，歼灭敌人，才能完成截击任务，达到在雨季前打通孟拱的战略目的。为此，我们利用一切可利用的时间，加强工事，加强火力点，检查火网交叉的情况，准备充足的弹药和干粮，保持内外通信联系，竭尽全力死守阵地。在三天中，敌人连续发动五次攻击，使用的兵力由整营到整团，集中各兵种的火力，还出动了飞机，采取循环式的、夜以继日的猛烈攻击。在第四次攻击中，敌人的步兵从右翼渗透到我阵地后，截断我补给线，使我阵地一时成了孤立据点，腹背受敌，电线截断，对外只能用步话机联系。敌人紧接着又发动第五次攻击，战况愈益猛烈，士兵们的战斗意志也愈益坚强。连长周友良负重伤，说不清话还在指挥，排长一个阵亡，两个负伤，士兵大部负伤或阵亡。伤亡人员都躺在战壕里运不出去，形势非常严峻。

上士班长陈应明，身负重伤，他忍痛斜躺在两个火力点的轻重机枪的掩体外，看见有几个敌人向我阵地爬来，他用最后的力气使用两挺机关枪，把残敌全部消灭。

陈应明二十一岁，出生于云南大理地区，一九三九年入伍，先在第三连当战士，后当班长。平时训练，他刻苦学习，作战时在历次战斗中英勇沉着。每次担任阻击、埋伏都完成了任务，尤以这次截击战中功劳最大。最可贵的是在全连都倒下去了，在千钧一发的关头，他作为一个重伤员，还使用两挺轻重机枪，把敌人全部打死，使我军增援部队能够及时赶上来，保全了阵地！不幸的是，英雄陈应明终因伤势过重，在手术台上就停止了呼吸。

敌人的伤亡也是惨重的，五次攻击共伤亡两千多人，再也无力攻击了。残余敌人只好分散溃逃，有的跳入一条河道，有的朝森林里乱窜。

我军对残敌展开扫荡战，由公路方面调来一个营到河岸，防止敌人顺流而下。这里正处在旱季过渡到雨季的时候，孟拱河水量充足，流速稳定，只是河幅较窄，有利于我截击，而不利于敌人顺流逃生。据我们侦察得知，敌人曾在上游砍伐树木，积集河岸，准备抱着木头逃命。入夜后，一批又一批敌人，三个两个一组，将树木送到河心的速流线，然后每根木头上附着几个人，荷枪实弹，顺江而下，企图越过我封锁区。我军在河岸日夜防守，只要发现河里有浮动物体，轻重机关枪立即开火，敌人来一个死一个，来一批死一批。连续四夜之后，河中的浮动物绝迹了，敌人也全完蛋了。

这次战斗，周友良（广西人，二十五岁，高中毕业）连在夺取高地后，固守阵地三昼夜，彻底粉碎敌人五次连续攻击，敌人伤亡两千多，在我阵地前弃尸一千多具。在西同山的腹部，摧毁敌人野战医院一所，给养库一所。在河里消灭妄想顺水逃窜之敌四百多人。我师在这次战斗中的伤亡，是于旁之后最大的一次，但我与敌伤亡数字之比，则是一比二十。

这次战斗缴获敌人各种小口径武器一千多支，弹药近万发，给养仓库一个，其中有味精、酱油、干菜、海带等物品甚多。

在西同的战斗中，日军进行垂死的挣扎，最后一次攻击曾使用零式飞机助战，但还是挽救不了它覆灭的命运。我们彻底粉碎了敌人对新编第二十二师和新编第三十八师的防卫计划，使这两个师能够畅通无阻地向南推进。西同战斗的胜利就是整个胡康河谷战役的最终胜利！

从八莫之役到凯旋回国

史　说[※]

本文对中国驻印军一九四四年雨季以后，由密支那打通中印公路的后期作战，回忆于下：

从密支那到打通中印公路

驻印军的重新编组与新六军回国

驻印军于攻下缅北孟拱、密支那后，已进入一九四四年雨季，不便于战斗行动。全军在孟拱、密支那地区停下来休整，重新编组部队。把新编第三十八师、新编第三十师编为新编第一军；由原副军长兼新编第三十八师师长孙立人，升任军长；第一一四团团长李鸿升任新编第三十八师师长；新编第三十师师长胡素，因进攻密支那时，与指挥进攻的美总指挥部参谋长鲍德诺发生矛盾，被史迪威撤职，由新编第三十八师副师长唐守治升调师长。新编第二十二师、第十四师、第五十师，编为新编第六军，由新编第二十二师师长廖耀湘升任军长，新编第二十二师副师长李涛升任师长。第十四师、第五十师，原是陈诚系部队，编入新编第六军后，仍由原任师长龙天武、潘裕昆分任师长。原新编第一军军长郑洞国，调升驻印军副总指挥，有职无权。不久，史迪威因和蒋介石有矛盾，被调回国。他的中国战区参谋长职务，由魏德迈接替，驻印军总

指挥由三星将军索尔登接替。

一九四四年旱季开始（九月末），驻印军计划再向缅甸中部日军进攻。新编第一军由密支那进攻八莫，新编第六军在新编第一军之西，由孟拱直向南切断八莫、南坎一带日军后方。十月中旬，开始行动。此时日军在中国发动攻势，打通中国到越南的战线，已陷衡阳、桂林，进逼贵阳。蒋介石匆忙把新编第六军军部及新编第二十二师、第十四师空运云南沾益，以保卫重庆。（日军先头部队到贵州都匀后，退回广西。新编第六军又由沾益运至湖南芷江。）在缅甸作战的只有新编第一军的新编第三十八师、新编第三十师和第五十师。于是由新编第一军向南进攻八莫，第五十师和英军由孟拱沿铁路向曼德勒南进。

围攻八莫与卡的克遭遇战

从密支那南八十公里到大盈江（由中国腾冲发源，到八莫北侧流入伊洛瓦底江），日军都无抵抗。在八莫东北二十余公里，通密支那公路上，大盈江南岸的苗昔特高地，日军没有前进阵地。新编第一军以新编第三十师在正面敌人火力下渡江进攻，新编第三十八师由东迂回。苗昔特东十余公里的大盈江上桥梁，日军未破坏，新编第三十八师争先渡江，再向西与新编第三十师夹击敌人，消灭了日军前进阵地。日军警戒阵地设在八莫以西，北自飞机场南到莫马克一线。新编第三十八师先攻占了八莫西约十公里公路上的莫马克，而日军在飞机场的警戒部队，却以三个人一组，每人一挺轻机枪、一个掷弹筒、一支步枪，据守一个点，成面的分布抵抗，并由八莫主阵地以炮兵支援。新编第三十八师不得不以迫击炮摧毁这些小据点。费时两三天，消灭了这个警戒阵地。由于日军死守，每个据点都要肉搏，杀死最后一个敌人，才能占领。

日军守八莫的主力为第二师团骑兵联队（名为骑兵，实际上是步兵，比一个步兵团编制小些），及步炮兵各一大队，共三千余人。西面依托伊洛瓦底江，沿北、东、南三面在市郊构筑纵深阵地固守。敌人曾用很长时间构筑工事，用铁路枕木及大钢板为主要材料构成据点掩体；以重机枪为主，辅以防战车炮，配置成近距离隐蔽的交叉侧防火网；步枪、轻机枪也都以侧侧、斜侧为主。阵地相当坚固。新编第三十八师的进攻，是攻下一个据点再攻一个据点地前进，每天自早晨开始，先以空军轰炸，炮兵射击破坏，然后步兵在坦克配合下进占。当时有总指挥部直属部队战车第一营，十点五榴弹炮和十五点五榴弹炮三个营，化学兵团改编的十五公分重迫击炮一个营，还有美国空军协同新编第三十八师攻击。差不多每天夜间日军都进行逆袭，我军必须把他们击退。渡江后约一个月，才攻入八莫市中心。

当新编第三十八师西向进攻八莫，新编第三十师渡江南下经莫马克，折东沿八莫南坎公路，在重峦叠嶂中向南坎前进。自莫马克以东至南坎公路盘山而上，狭窄弯曲，只能单向行车，待占领南坎后，才由工兵开阔，成为中印公路的一段。日军从缅甸和滇西的各师团中抽出八个步兵大队，附炮、工兵，由南坎向西北推进，企图西击新编第一军侧背，解八莫之围。在中途卡的克与新编第三十师遭遇，发生激战。新编第三十师在公路上的一个团，被日军由南插入，切成两段，一个炮兵连阵地被占，空投粮弹的飞机亦被日空军击落二架。新编第三十师以一个团，由公路北侧山地包围日军。新编第一军军部亦同时抽调新编第三十八师第一一二团，由八莫用汽车输送到卡的克附近，再由北侧山地向东迂回日军右侧背。经过战斗日军大败，溃退南坎。新三十师缴获轻重机枪、步兵炮及步枪等武器甚多，并有骡马、大象及辎重等。

八莫主阵地已被我突破，日军感到解围无望，把所有重伤兵近千人，生沉于西面的伊洛瓦底江中，而以残部于夜间沿江滩向南突围。突围日军大部被击毙在江滩上，仅百余人散窜到八莫以南山地。八莫攻克时，房屋全部被炮火所毁，仅华侨新建的一座关帝庙独存。

进攻南坎与畹町会师

新编第一军继续向南坎进攻，正面以新编第三十师扫荡日军满布在山地要隘的警戒线。新编第三十八师第一一二团在左翼，越过云南边境垒允。新编第三十八师主力，由八莫加入右翼，两翼向敌包围。先后渡过瑞丽江。（自云南龙陵西南，流经畹町北侧，与云南陇川发源向西的水流至南坎东北侧汇合，再西流入伊洛瓦底江，在中国境内名龙川江，在缅甸名瑞丽江。在南坎东北与支流汇流处为云南省境的突出部，即垒允。在日军入侵前，做过美国人陈纳德飞虎队的飞机场。）日军主力在南坎北侧正面江岸抵抗。当新编第三十八师主力由西渡江，将形成包围时，敌即向南坎以南山地撤退。新编第三十师当即渡江占领南坎。

由南坎东北公路到畹町，是中印公路在缅甸的末段，而中缅公路则在畹町附近分岔（分岔处名芒涟，是一山洼，没有村舍）。在中印公路畹町到南坎段的东南山地以东，南通腊戌。两条公路中间夹一个山地。在战术上，应该在占领南坎以后，立即越过东南山地，截断正由云南沿中缅公路向腊戌退却的日军退路。但美总指挥部因为英国不愿意中国军队再向缅甸中南部去，在前进的方向上，沿南坎东南山脊横向画了一条战斗地境线，不准新编第一军南进，命令折向东北，去和由云南西进的中国远征军在畹町会师。只令由后方来的一个美军步兵旅（由在密支那作战的美步兵团扩编而成，美军在缅作战的步兵，只有这个步兵旅），越过南坎东南山地到中缅公路边上去。该步兵旅不敢截断公路，只在公路西北侧占领阵地，坐令日军侵入云南的几师残部从容撤退。新编第三十八师第一一四团，曾不顾总指挥部命令，派了一个营越过山地到中缅公路上去，被日军前后夹击，阻止在公路西侧。

新编第三十八师由南坎东行，扫清残敌，在畹町与由云南西进的远征军第五十三军（东北军，军长周福成）会师。

日军撤退时，到处埋设地雷，并埋伏持有轻机枪、掷弹筒、步枪各一的三人小组，狙击扰乱后方。我和新编第三十八师、新编第三十师师长李鸿、唐守治，在南坎到畹町的公路边一个团指挥所，协商部队行动时，曾被这样的日军小组埋伏袭击，被机枪打死了卫兵和汽车司机三四人。

驻印军和远征军会师以后，在畹町举行了中印公路通车典礼，由宋子文主持。美总指挥索尔登和新编第一军及远征军的将领参加了典礼。当时已是一九四五年一月二十八日。

攻占新维、腊戌、细胞

由孟拱向曼德勒前进的英军，对日军怕极了。我第五十师先是在铁路两侧掩护英军，待新编第一军攻占八莫以后，也由八莫渡过伊洛瓦底江。为了策应英军攻曼德勒，新编第一军和第五十师又南下向腊戌和细胞（在腊戌到曼德勒公路上）进攻。

新编第一军追击败退之敌，沿中缅公路占领了贵街，随后和战车部队协同新编第三十师攻占新维，新编第三十八师攻占腊戌。第五十师则由南坎以西，南下攻占细胞。

英军等到曼德勒日军退尽后，华侨出去迎接时，才进入曼德勒。后来日军因在菲律宾失败，收缩战线，全部退出了缅甸。

一九四五年春，新编第一军在腊戌附近准备回国。第五十师正式奉命编入新编第一军建制。

在缅甸作战的有关情况

指　　挥

按照中英美联合对日作战的协定，中国战区包括中国、中国香港、越南北部，由蒋介石任统帅，史迪威任中国战区参谋长；缅甸属于西南太平洋战区，由英国蒙巴顿任统帅。中国驻印军总指挥，前期是史迪威，后期是索尔登，都兼任印缅美军总指挥，受蒙巴顿的指挥。在这样的指挥系统中，发生着种种矛盾。

英国人和中国军队间隔着一层美国人，想干预中国军队的事干预不到，所以处处限制驻印军在印缅的战斗行动。但英军自己作战，实在太不争气，非要驻印军任主力开路不可，矛盾百出。一九四二年，日军侵缅，我新编第三十八师退到印度英帕尔，英国不顾在缅甸撤退时新编第三十八师在仁安羌有为英军解围之恩，要想缴他们的械。新编第三十八师坚决表示，你来缴械，就和你战斗。英国人不得不作罢。一九四四年至一九四五年反攻时，英国限制中国军队的战斗地境，只沿中印公路及其以北，到南坎后不准新编第一军南进；但英军由孟拱向南，寸步难移，又不得不请求第五十师护送。

美国人想利用驻印军打通中印公路，以其废旧武器装备蒋介石军队，以援助中国抗战为名，猎取特权，使中国成为美国的殖民地。当史迪威提出以新编第三十八师、新编第二十二师从缅北反攻时，国民党政府的军事委员会军令部就不同意。他们认为，如由列多经野人山向缅甸北部进攻，日军如从缅甸中部向印度进攻，有将中国军队后路切断，饿死在原始森林中的可能。即不然，如在一个旱季不能攻到缅甸中部，一到雨季，也无法在野人山行动，进退为难。不如把这两个师在印度改为炮兵部队，接受美械装备并予训练，然后空运回国。史迪威则认为，美空军已占优势，补给可以空投，有机械化工兵，在原始森林中开辟公路也不难。蒋介石同意了史迪威的计划，并于一九四四年初空运一个由补训处改编的新编第三十师到印度兰姆伽训练，准备一同进攻。到一九四四年春，进攻初获胜利，日军以三个师左右兵力，由缅中向印度英姆法尔进攻，想突入印度，切断中国军队后方，英印军陷入一片恐慌。新编第三十师由兰姆伽运到列多时，蒋介石于一九四四年四月间也从中国空运第五十四军的第十四师、第五十师到列多附近，准备支援英印军，保卫后路。但日军在印缅边境，已是强弩之末，加之补给困难，一到雨季，就不能前进。

美国人一贯排挤中国的高级指挥官。史迪威拒绝了第五十四军军部由中国运到印度，对新编第一军也越过军长郑洞国，直接指挥到师。初期的新编第一军军部，只有一个特务连是直属部队。总指挥部也限制军部到前方去。部队里每个排都有四分一、一分一的缅甸地图（英四分一地图是一英里在图上四分之一英寸，一分一地图，一英里图上一英寸，约当二十万分之一和五万分之一地图）。攻坚固阵地时，还有空中照相图。但军部要领用地图，却很困难。美国人在驻印军中，自营以上，都派了联络官，监督作战并掌握补给大权。总指挥部有时直接通过联络官，指挥到小部队。后期对新编第一军的指挥，虽通过孙立人的军部，但协同作战的炮兵和战车，仍由美国人掌握。孙立人的联络官凡那脱说，中国军队是美国的雇佣军。这种侮辱性的话，曾激起多数翻译人员的义愤。美总指挥部参谋长波特诺（战前曾在美国驻华大使馆做情报工作，史迪威也曾做过驻华武官）特别轻视中国人，说中国部队不可待遇太好，更不可与美军同等待遇。驻印军下级军官为走路、过河、坐飞机时受美军的气，时常与美军争吵。到全军回国以后，美国联络官成了太上皇，他的面孔更难看了。新编第一军官兵和美国飞机驾驶员、汽车司机打架，美国人说新编第一军倒像是敌人了，以后不好再装备国民党部队了。急得在昆明的中国陆军总司令何应钦把新编第三十八师师长当面骂了一顿。

装备和补给

驻印军的编制装备，比国民党的一般美械师好得多。每师步兵三团，骡马驮运七五山炮（十二门）兵一营。新编第三十师山炮二营，一营骡马牵引，一营吉普车牵引。新编第三十八师、新编第二十二师初期有两吨半卡车牵引十点五榴弹炮一营十二门，七五山炮两营。到改编成新编第一军、新编第六军时，十点五榴弹炮营各直属于军，山炮营各拨出一营编入第十四师和第五十师，于是这四个师各有山炮一营。摩托化搜索兵一连，工兵一营（三连），通信兵一营（有线电、无线电各一连），汽车辎重、骡马辎重各一连，及特务连、卫生队、野战医院等。步兵团有步兵三营，骡马驮运八一迫击炮一连十二门，吉普车牵引三七防战车炮一连八门，通信兵一连，骡马辎重兵一连，及特务排、卫生队等。步兵营有步兵三连，骡马驮运七点六二重机枪一连八挺，火箭炮一排四门

（小火箭炮，由一人肩负，一人在后引发，防战车及破坏工事用）。步兵连有步兵三排，每排步兵三班，六〇轻迫击炮一班二门。步兵班十二人，轻机枪一挺，冲锋枪两支，步枪八支。全师约一万二千人。新编第一军、新编第六军两军分开后，两军直属部队有十点五榴弹炮一营十二门，工兵一营，通信兵一营，及特务营。新编第一军将回国时，还编有骡马辎重兵一营，汽车辎重兵一营，及野战医院一个。

总指挥部直属炮兵第四团、第五团是汽车牵引的十点五榴弹炮三十六门。炮兵第十二团，是汽车牵引十五点五榴弹炮三十六门。化学兵两团，一团改为重迫击炮团，有三营，每营四连，每连汽车装运十五公分重迫击炮四门，另一团改为独立步兵团（因为化学兵不需要）。工兵第十团和第十二团，没有机械化。汽车兵第六团有两吨半载重汽车四百余辆。其他还有骡马辎重兵团，通信兵营等。战车训练处，本拟成立战车七营，但只装备了三营，参加作战的只战车第一营。装备有三十五吨中坦克和十四吨半轻坦克，以及三七防战车炮等。在印度兰姆伽驻印军训练地，还设有中美训练处，蒋介石派国内大批将官，轮流去受美国的训练。

驻印军的武器弹药都根据中美租借法案，由美国供给。武器除了十点五榴弹炮、三十五吨战车、小火箭炮，是美军在第二次世界大战中的武器外，其余都是美军换下来不用的武器品种。每师有骡马一千四五百匹，由澳洲运来，也是美军不用了的。每师大小汽车四五百辆，也是美军供给。驻印军的给养服装，是根据中英租借法案，由英国交给美军后勤司令部转发。因为天热，全年是夏季服装，冬天加一件毛线衣和夹呢夹克。给养有大米、面包、罐头等，比国内是丰富些，但罐头吃多了，没有新鲜蔬菜，也难忍受。

在印缅作战的补给，完全由美后勤司令部办理。第一线部队进攻时，后方公路未通，每天由飞机空投粮食、弹药及补充损失的武器。因为日本已丧失制空权，除了南坎日军想解八莫之围时，用战斗机打下二架美军空投飞机外，其他时间尚不受日空军扰乱。地面部队进攻，每到一地，即修飞机场，由运输机降落补给。待后方公路修通，再同时用汽车输送补给。这样在深山丛林中作战，尚无供应不足的现象。

军队行军作战，都不进入居民地宿营（在野人山没有村落，在密支那以南，有村落，也很少进入）。我们用空投补给品的降落伞搭成帐幕住宿，所以军队所到之处，山岭上都是红红绿绿的帐幕。

缅边瘴气特别厉害，兵士每天吃"阿的平"二粒，预防疟疾。在阵地上，夜间头上戴头罩，手上擦防蚊油，防止蚊咬。

第一线重伤兵，都用运输机直接运回后方美军医院，当运输机不能降落前，则用可在道路上降落的小联络机输送。联络人员与指挥官前后方来往，及到敌后侦察，都用小联络机（那时印缅战场上，尚无直升机）。轻伤兵送到前方师医院治疗。

美军的作战和补给，离不了飞机与汽车，所以每到一地，修飞机场是最重要的事。美军在印缅的一个航空队，组织相当庞大，另外有机械化工兵部队和由黑人驾驶的汽车部队。为了补给三个师的进攻，在中印公路上的汽车昼夜不停，平均每分钟有一辆汽车经过。汽油由加尔各答铺设油管到列多，随军队前进而前进。中印公路打通后，油管直到昆明。公路随军队前进而向前开辟，用机械化工兵筑路，所需人力不多。桥梁是先做好的制式材料。中印公路在缅边一带路面宽处可以五辆汽车并行，但一到雨季，则大部被冲毁。

回　　国

一九四五年春，新编第一军在腊戍附近准备回国。英国人还怕中国军队在缅境南进。美总指挥部以便利补给为名，把新编第一军军部和新编第三十八师，由腊戍空运回密支那。一九四五年夏，新编第一军人员马匹，都由缅甸空运到云南沾益。共计人员四万余，用飞机约一千五百架次；骡马四千余匹，用飞机一千余架次（失事飞机人员一架，马匹一架）。另新编第三十师骡马及全部汽车两千余辆，则经中印公路回国（少数指挥官吉普车用飞机运）。其余总指挥部直属部队各团，也先后经中印公路回国。因为云南境内公路桥梁只能载重七吨，不能通过三十五吨与十四吨半坦克，所有全部汽车，均移交给英国军队。

新编第六军于一九四四年秋，空运到云南沾益后，又运到湖南芷江，准备反攻湖南日军。新编第一军到一九四五年夏，空运回云南沾益，随即空运到广西南宁，准备向广州湾日军进攻。尚未接战，日本就宣告投降了。

密支那攻防战

戴广德[※]

密支那位于伊洛瓦底江西岸，密曼（曼德勒）铁路的终点。伊洛瓦底江拱卫东侧，复杂崎岖的山峦蜿蜒于西南北三面，是密支那的天然屏障。有铁路通卡萨，公路至八莫，另有小路东通腾冲，是中缅甸的前卫，也是中印公路的要冲。

一九四四年四月下旬，中国驻印军在孟拱河谷展开攻势的同时，另又派出一支先遣队向密支那迂回进击。这是我军在缅北开辟的第二战场，完全出乎敌人的意料之外。

敌人以第十八师团的第一一四联队的第二大队分布在密支那外围的孙布拉蚌，索渣铺有一中队，傍利有一中队，彭根英根有一中队，而以第五十六师团第一四八联队的一大队据守密支那和宛帽，另一大队配备在瓦商及马未英一带。敌人企图以这个加强混合联队保全密支那，同时作为孟拱的机动部队，并担任保护密支那到孟拱的铁路和公路交通的任务。敌人满以为这海拔六千米的野人山是一座攻不破的缅北钢铁堡垒。

史迪威料定敌人将错误地估计我军不会在雨季里作大规模的军事行动，更不认为我军会对密支那发动突袭战。因此，史迪威经过缜密计划，不顾一切困难，把中美联军从地面和空中迅速调运到密支那地区。

一九四四年仲春，野人山上没有人，也没有路，正像胡康河谷和孟拱河谷的原始森林地带一样，大部队运动困难，补给不易。然而这支强大的中美联军——新编第三十师和美军支队，发挥高度的战斗精神，排

※ 作者当时系《武汉日报》随中国驻印军特派员。

除万难，日夜兼程前进。在漫天大雨中，他们从四月下旬至五月中旬，以二十多天的时间走完了这段崎岖泥泞的征途，完成了对守敌的大迂回，沿途还消灭敌军一个中队。

五月十七日清晨，伊洛瓦底江的水静静地往下游流着，敌人还在梦乡，美国第十航空队飞机成群结队地飞临密支那上空，炸弹像冰雹似的倾落在密城市郊，敌人狼狈逃命，连鞋子裤子都来不及穿。一阵轰炸后，接着是冲锋枪、机关枪、迫击炮、山炮、野战炮一齐在距城二英里的敌人机场上怒吼起来，我军步兵蜂拥而上，守敌乱作一团。下午一点钟，我军占领了整个机场。敌人在机场附近堆满给养和弹药的仓库还是完好的。

十八日，我军另一支奇兵——新编第三十师第五团降落在飞机场上，紧接着降落的是各兵种的部队。他们开始向密支那城北的伊洛瓦底江之敌攻击前进，断敌交通，切断其退路。

十九日早晨，攻城战开始。敌人施放黑色烟幕弹，掩护密支那外围守敌撤回城区。我军冒着敌人的炮火冲向西车站。敌以重炮拒我，我攻击受挫。经过三四个回合的拉锯战，敌人终因伤亡惨重，又无援兵，于二十日放弃西车站。旋因我军失去联络，遭敌反攻，车站得而复失。

从此以后，敌我展开了主力战。我军使用火焰喷射器对市区进行猛烈的"火攻"。敌人躲在民房中间星罗棋布的坚固工事里顽强抵抗，坚守每一条街巷。巷战的两军距离往往只有二三十码。巷战限制了攻击部队的大规模运动，因而拉长了战斗的时间，给敌人以苟延残喘的机会。在此期间，虽然我军的阵地得到了加强，但也给敌人以增援的机会。

我驻印军切断密支那通往曼德勒铁路交通后，敌人增援的路线只剩伊洛瓦底江。由于我驻印军已占领孟拱，远征军在滇西又发动猛烈攻势，敌人顶多只能增援两个大队，连同原有的一个大队，加上从傍利等地撤退到此的一个大队，估计守敌约为一个加强联队以上兵力。

敌人为什么要不顾一切去死守密支那呢？首先，从战略上讲，在新编第三十八师攻占西通（色登）、加迈和孟拱后，密支那已成为敌人在缅北的最后据点，密城不守，整个缅北便无立足之地，滇缅战场上的残敌就会遭到灭顶之灾。其次，密支那俯瞰伊洛瓦底江下游，是八莫和腾冲的屏障。敌人如能守住密城，就可牵制滇西我远征军对腾冲的攻势，以便挽救滇缅战场上的败局。最后，缅北正值雨季，我军的地面部队和空军的活动受到阻碍，在攻击中不能充分发挥我优势火力，守敌得以苟延残喘。但是我们有信心地说，不管敌人怎样顽强抵抗，不管他工事多么坚固，在我军飞机轮番轰炸下，逐步缩小包围圈，敌人要么投降，要么被歼灭，没有第三条路可走。

密支那攻防战开始于五月十七日，结束于八月五日，连续激战八十天之久。战役分三个阶段：五月十七日至六月初旬，这是我军陆空攻击最猛烈的时期，也是推进最迅速的时期，从外线打到敌防御的核心；六月底至七月初旬，为敌我胶着时期，我军攻击到敌主阵地，敌人抵抗很顽强，因此进展缓慢而形成对峙状态；七月七日以后，我军调整部署，加强兵力，收缩包围圈，运用新战术，对敌展开总攻击；最后十天，我军攻势达到顶点，摧毁敌主阵地，长驱直入市区，把残敌全部肃清。

密支那战役的特点就是丛林战。敌人凭借伊洛瓦底江沿岸错综复杂的丛林地带为屏障，以市区为防御中心，几千个大大小小的工事构成网状堡垒群体，分布在四周。在主阵地的正面和左右两翼则密布着星罗棋布的散兵坑壕，在市区内步步为营，处处设防。由于敌人的阵地得到丛林和蒿草的掩护，使我攻击部队射界不宽不远，难以接近敌阵，虽相距咫尺，亦难发现目标。敌人躲在工事里，任凭你怎样猛烈攻击，他始终不还击，一直等你攻到十码甚至五码时，子弹才突然从工事的枪眼里打过来，阻击兵的机关枪也从树上从芦苇里打过来，使我攻击顿挫。丛林战正面狭小，兵力不易展开，双方均多采用运动战，但也不易收效。所以，要战胜敌人，必须采取新的战术。

新编第三十师参谋主任唐泊三上校认为以血肉之躯去硬拼不是办法，于是创造出一种活动的堑壕战。报载我军开凿地道，进行隧道战，其实不是；而是沿密城周围挖凿无数三条平行的蛇形堑壕，向敌阵前延伸。在每条深达五尺堑壕的前端三面堆放活动沙袋，一面向前堆放沙袋，一面挖出泥土，掩护前进；在堑壕里设有若干轻机关枪射击点，每点布置射击手、弹药手和预备射手各一人。这三条平行的"堑壕"火力可以互相支援，逐渐向前推进。等到接近敌阵时，将手榴弹捆在长约二丈的竹竿前端，安装导火线。使用时先点燃导火线，待手榴弹将爆炸时，就送进敌阵地的枪孔里去消灭敌人。这时活动堑壕继续向前伸延，逐战逐进，由点的攻击进而到面的占领。密支那攻防战的最后阶段，我军在强大空军和炮兵协同攻击下，地面部队的攻势更加猛烈，很快突破了敌所有主阵地和散兵线，彻底粉碎了敌人的有组织的抵抗，终于在八月三日完全占领了密支那。密支那的攻克，为完成中印公路最后一段工程创造了条件，也为肃清滇缅战场上的敌人奠定了胜利的基础。

新编第二十二师对日军的最后一仗

恽志谦[※]

　　一九四四年八月，我军攻占密支那后，在原新编第三十八师和新编第二十二师的基础上，扩编为新编第一军和新编第六军，以期加快打通滇缅公路的速度。新编第三十八师和新编第二十二师自从一九四三年十月由印度列多出发后，一直在前方作战，对在原始森林里开路攻击前进，有丰富的经验。在扩建我军的编制后，这两个师依旧是完成主要作战任务的战斗师。一九四四年十月雨季过后，新编第三十八师和新编第二十二师分路向八莫前进，新编第三十八师打八莫，久未攻下。我新编第二十二师绕过八莫，继续在原始森林中开路前进，到达南坎西南的瑞丽江右岸。

　　南坎，是缅甸边境重镇，有敌军防守，为我军进入云南必经之地。瑞丽江由滇西龙川江流入，沿江山高林密，水流湍急。

　　当时，我是新编第二十二师工兵营第三连中尉排长，这次行动配属第六十六团随前卫营前进。工兵排是四班编制。出发时工兵营运输连配给我四匹骡马，带有轻型橡皮舟、探雷器、炸药、木工用具等器材。这天下午到达瑞丽江边，因我方未暴露行动，对岸敌人没有料到我军已抵江边。从江岸森林边缘透视，发现对岸河滩有两名穿白衬衫、光头的日本兵在散步，我们判断是南坎日军据点的外围警戒。

　　我随前卫营长在森林边沿对当面的河流、地形进行了侦察。营长命令我在天黑前做好渡河准备，夜间渡河。江面宽度不足百米，但流速大。

　　※　作者当时系新编第六军新编第二十二师工兵营第三连排长。

两岸高山峻岭，谷底形成河槽，江水从上游直泻而下。我们在上游平缓处选择了渡河点，经过粗略计算，估计四十五度角向下游漕行，即能到达对岸敌人哨所附近。我们带有四只橡皮舟，每舟两名工兵操桨，可供五至六名步兵渡河，一航次可渡过两个步兵班。我组织各工兵班在渡河点的荫蔽处摊开橡皮舟，充气，铺上底板，检查木桨，系好缆绳；组织每个工兵察看渡河乘船的位置，向对岸漕行的方位和上岸位置。最后，区分漕渡任务：工兵第一班负责第一、二航次，第二班负责第三、四航次，第三、四班为预备班。我对大家说，只要保证完成四个航次，就可使两个加强排到达对岸，立住脚跟，为而后扩大战果奠定基础。

天黑前，营长前来检查工兵排的渡河准备情况，我带领他们在现场察看，并作了说明。营长命令深夜一点渡河，争取偷渡成功，如被敌人发觉，就进行强渡，由全连迫击炮和轻重机枪火力支援。工兵排与渡河的先头连当场协同动作。

深夜一时，步工兵按预定计划上船，工兵第一班班长在第一舟指挥第一航次漕行，四只橡皮舟均准确地漕行到预定上岸地点，敌人没有发现。工兵班长随即指挥橡皮舟回到我岸，载运第二航次的步兵班登陆。当敌人发觉有情况时，第一航次的步兵班已经用手榴弹解决了敌人的一个掩蔽部。由于大雾弥漫，能见度很小，敌人慌作一团，盲目射击。我方立即还击，掩护工兵继续漕渡，无一伤亡地完成了四个航次，把两个加强排和一个连部送到对岸稳住立足点。随后我跟到对岸，指挥工兵加固了临时码头，继续漕送步兵和迫击炮。拂晓前，我全歼敌人一个连，巩固了对岸的阵地，防御南坎方向的敌人援军。

团长来到江边命令我准备架桥，要我立即提出架桥计划和架桥所需的器材，并规定在空投架桥器材开始后，两小时内完成可通骡马驮行的浮桥。我接受任务后，即开列出需要上级支援的橡皮舟及辅助设备清单，用无线电报发出去；又将工兵排区分为继续漕渡任务和准备架桥材料两部分，由排附负责指挥漕渡，我负责指挥架桥。

清晨六点，雾渐消，飞机来空投，投下第一批架桥器材。我方空军轮番压制敌炮火，掩护渡河、架桥。此时，我工兵砍伐树木制作的桥桁、垫材、桥板等，均已完成。收集空投的橡皮舟等立即送到江边，紧张的架桥作业开始了。当打开器材包时，我发现没有绳索和粗网绳。绳索是用来捆扎桥梁上部结构的，粗网绳用于橡皮舟之间的连接和贯通两岸以固定整个浮桥，免被水流冲击而弯曲、解体。绳索和网绳是必需的材料，没有它，浮桥绝对架不成。这是我疏忽的结果，在空投材料的清单上，忘了把它列入。在原始森林里无居民，无从征集。部队正源源不断地开到江边，四只橡皮舟漕渡不过来。对岸正激烈战斗，大家亟待浮桥架起，可以大批地迅速地从桥上通过，投入战斗。此时，我的思想极度紧张，完不成架桥任务，个人杀头事小，影响进军成败事大。

在此紧急关头，必须采取应急措施。我立即召集各班长，把情况如实地讲清楚，又诚恳地征求大家的意见。办法终于找到了。缅甸原始森林里，树干和地面多蔓生藤条，粗一二公分，拉力极强。这里又有大片天然竹林，以竹篾编成竹缆，拉力亦强。他们提出用藤条、竹片各两股扭绞起来，有很强的拉力，可作为网绳的代用品。桥梁的上部结构，用降落伞绳捆扎。刚空投物资下来的降落伞的绳子就足够使用。绞绳末端连接处，亦可用降落伞绳捆扎。这是非常有效的措施，充分显示了我们广大工兵的聪明才智。不到上午八点，即如期完成架桥任务，而且桥梁极坚固。虽然瑞丽江的流速大，但浮桥的稳定性始终良好，直到最后一匹骡马通过，从未需要修理、加固工作。我当时喜悦的心情，绝非任何局外人所能体味。

瑞丽江畔的这次战斗，我们经历了偷渡、强渡和架设浮桥的短暂过程，保证了我军胜利攻占南坎。这是我驻印军新编第二十二师与日本侵略军在缅甸战场的最后一仗，不久驻印军就和滇西的远征军会师于畹町。至此中印缅公路完全打通。

我于一九四三年秋毕业于陆军军官学校成都本校第十八期第二总队工兵科，自愿去印缅战场作战。从昆明空运到印度兰姆伽，然后到列多，分配在新编第二十二师工兵营任排长。刚到工兵营就跟随部队到前方作战，经孟关、孟拱、密支那、八莫进到瑞丽江右岸，整整一年零三个月没有下火线。师工兵主要配属步兵团完成战斗任务，我们曾先后配属第六十四、六十五、六十六团在原始森林里开路前进，开辟空投场，渡河，架桥，排除前沿地雷和担任侧翼警戒任务。

在原始森林里作战，连内的官兵，每人都有一把锋利的砍刀，这是一种特殊的武器。如同缅甸人一样，我们都很喜爱砍刀。砍刀的用处大，不仅开路要使用，每天宿营搭帐篷、搭床铺也要使用它；短期休整期间，搭造临时营房，制作桌凳，更离不开砍刀。我们还经常为廖耀湘构筑师指挥所，侦察并绘制侧翼的详细地形图，校正作战地图上地貌、地物的不实处，供廖决策的参考。我们还多次架设供坦克、炮车通行的载重桥梁。

我在缅北战场曾多次见过史迪威将军亲临前线，观察地形和战况。有一次，我带领工兵在卡盟前沿维修道路，连续几天大雨，道路泥泞难行，从后方到这里还要徒涉几道山洪小溪。史迪威身穿士兵服装，肩挂卡宾枪，带了一名卫士来到我们这里。他问我到最前沿还有多远，我回答五百米左右。他又问道路状况如何，我说我们刚从那里下来，沿途的障碍物均已清除。史迪威随即带领卫兵继续前进。我还几次看见史迪威在师指挥所与廖耀湘共进晚餐，谈论很长时间，然后住下。他从来没有要我们工兵为他专门构筑掩蔽部，也不要特务连加派岗哨。史迪威的行动，从来不像中国的将领那样每到一地必前呼后拥，戒备森严。我对史迪威的印象很好，钦佩他平易近人，深入前方，亲自掌握第一手情况。

美军的工兵顾问专业知识丰富，现场研究问题很认真，不打官腔。我们要求的工兵器材，总是准确无误，在时间、种类、数量上，从未有过差错。我师前进路线多在拟建公路侧方，但有时亦正好在拟建路线上。我们曾两次与美军工兵团挨次开路前进。美工兵多是黑人，他们身高体壮，使用重型筑路机械在我们后面跟进。黑人工兵勤劳，耐力强，不分白天黑夜持续作业，名副其实是前方打到哪里，公路就修到哪里。

美军装备精良，但战斗力不强，不像我们中国军队那样不怕吃苦，英勇顽强，敢于同日军拼杀。因此，在前方作战时，我新编第三十八师、新编第二十二师都是担任战斗的主要方面、重要部位，而美军则担任次要方面、不重要的部位。卡盟战斗进入激烈阶段，敌人飞机空投日本天皇的诏书，要求日军死守阵地，与阵地共存亡。要夺取敌人的阵地，我中国军队必须坚持与敌进行肉搏战，全歼守敌，才能攻下卡盟。于是有的步兵连只剩下几个人，每前进一步都要付出大量血的代价，可以想见其战斗的激烈程度。在瓦鲁班的战斗里，美军与日军小有接触就溃败下来，随后由我中国军队顶上去，才阻止了敌人的进攻。我经过瓦鲁班时，见满地丢弃着美军的被服、装备、弹药和给养，极其狼狈。美军的虚荣心却很强，我经常见美军用香烟、卢比换中国士兵在战场上捡到的"武运长久"太阳旗、"千人针"等，然后把它摆在胸前照相，冒充自己在战场上缴获的战利品。

瑞丽江之战，是中国驻印军新编第二十二师在缅甸战场上与日本侵略军的最后一仗。这一仗行动隐蔽神速，出敌意外，有助于全歼南坎之敌，使驻印军与滇西远征军胜利会师于畹町，中印缅公路亦得以全部打通。这次战斗，工兵发挥了技术特长，他们机智勇敢，在急流中熟练地漕渡、架设浮桥，保证了作战的顺利进行。应该说，工兵是立了战功的。但是，在新编第二十二师回到云南曲靖后，美军方面给这次参战的官兵授予勋章，表彰他们攻占南坎的战功，而对工兵的功劳却不予表彰，没有一个人得到勋章。这无疑是抹杀了工兵的重要作用，现在想起来，仍感愤愤不平。

第 四 章

中国远征军的反攻

滇西纵谷地带的反攻战

夏 时[※]

一九四一年十二月，日本偷袭珍珠港，发动太平洋战争，继而侵占香港，掠取越南、泰国、缅甸及南洋群岛，对中国西南边陲形成包围。日军从仰光登陆后，中、英缅军抵挡不住，直趋中缅边境，并于一九四二年五月，进占滇西各主要战略要地，盘踞将近三年之久，切断我国际运输线，严重威胁我大后方的安全。

为了解除日军对我西南边疆的包围，收复滇西失土，打通国际运输线，中国政府乃重建中国远征军，于一九四四年五月间强渡怒江，对侵占滇缅边境之敌发动反攻。激战至一九四五年初，先后收复腾冲、松山、龙陵、芒市、遮放、畹町等重要城镇。一九四五年一月二十七日，中国远征军与中国驻印军会师芒友，取得了滇西缅北反攻作战的巨大胜利。

部队的整训和装备

云南高原之地势北高而南低，高山深谷都是南北走向，即横断山脉中的滇西纵谷地带。此地崇山峻岭有高达四千公尺以上者，水流倾泻，形成瀑布，汹涌奔腾，舟船绝迹。我军于一九四四年四月末，就移驻于保山双虹桥以东地区，正逢阴雨连绵，潮湿严重，瘴气弥漫。我军在这样的季节和地区出师远征，使我感受到转战在山深林密、河流湍急的征途上，强渡天险、夺关斩将的艰苦历程和悲壮气概。

※ 作者当时系第五十三军作战课长，后系该军副参谋长。

第五十三军是东北军旧部，九一八事变后，曾驻在北平至保定一带，那时直辖四个步兵师（第一一六、一二〇、一二九、一三〇师）和一个骑兵师，有六万人左右。西安事变后，蒋介石对东北军特别警惕，将其四十多万军队，缩编为六个军（第五十一、五十三、四十九、五十七、六十七、骑兵军）；炮兵独立编制；其他工、辎、通信各兵种则采取"并、缩、消"的办法解决。至于东北军原有的海空军早已为蒋介石所兼并。他还使东北军各军处于孤立无援的地位，即使是在战时，也不让有两个东北军在同一战场上活动，并用嫡系部队分别加以监视。因此，第五十三军原先所统辖的四个师，六万兵力，缩编后就只剩下两个师，每师两旅，每旅两团，兵力也缩减了一半以上。第五十三军军长是万福麟，行伍出身，目不识丁，但有些军事经验，善于迎合长官心理，富有左右逢源的手法。在北平军分会时，他与何应钦私情甚笃，嗣后则与蒋介石保持直接联系。在西安事变时，他对张学良的行动，表现极为冷淡。

七七抗战开始，第五十三军由保定、石家庄附近，进到雄县、文安、大城等地区，展开于大清河右岸一带，与敌接战。那时官兵们都害有"恐日病"，抵抗不久就纷纷败退，转战于冀、豫、晋各地，一度在晋东南打过游击。后来又渡黄河，跨长江，参加保卫武汉的大会战。武汉会战失利后，万福麟调任第二十集团军副总司令，由副军长周福成升任军长，第五十三军受命守备洞庭湖三角地带，为时四载，使日军不得西逞；并时常袭击岳阳守敌，两次策应长沙会战，取得了一定的胜利。一九四三年春，第五十三军编入中国远征军序列，撤离洞庭湖地区，经湘西横越滇黔两省，长途行军三千公里，到达滇西弥渡、蒙化一带整训。

不久，第五十三军得到了美械装备，美国还派来了"参谋联络组"，有五六十人。其中军官、军医多数是职业军人，其他人员中有商人、律师、农民、教员、自由职业者等等。这些人应征入伍后，经过短期军事训练，就派到中国战区来工作。

联络组到来之后，先筹办"干部训练团"，负责部队的训练工作。受训人员以下级干部、尉级军官和军士为主，使他们了解各种步兵火器及其各部件的名称、性能和分解结合的方法等，再进行射击训练和小部队演习，以提高部队的战斗力。这批美国人在训练期间，样样事情都要参与，好像是部队有了美械装备，就应该由美国人来训练，凡事都要听他们安排。在中国远征军系统里，从司令部到各集团军、军、师、团，有的到营，都派有美国的"参谋联络组"。他们处处表现出极端的优越感，根本看不起中国人。

在美械装备下，远征军每军配备一个榴弹炮营，每营有十点五公分榴弹炮十二门。每师配备一个山炮营，每营有七点五公分山炮十二门。每个步兵团有一个战车防御炮连，配以防御炮四门。每个步兵营有一个火箭排，配以"伯楚克"式火箭两枚，还有一个迫击炮排，配以"八一"迫击炮两门。步兵营的重机枪连配以重机枪六挺，步兵连配以轻机枪九挺、"汤姆森"式手提机枪十八支、六〇迫击炮六门和火焰放射器一具。各军各师都配有设备完善的野战医院一所。自军至连都配有完整的通信器材，包括无线和有线报话两用机等。每个工兵营配以较完善的工兵器材和运输工具。显然，经过整训和装备，第五十三军以及整个中国远征军的火力和作战能力大大加强了。

这里顺便提一下第五十三军主要的指挥人员和部队的番号。军长周福成，副军长李汉章（原是韩复榘老部下，派来我军后不久即离去），继任赵镇藩，参谋长刘德裕，副参谋长郭业儒；不久郭调任第二十集团军参谋处副处长，由我继任副参谋长。第一一六师师长赵镇藩，副师长刘润川，参谋长张绍贤；赵镇藩升任副军长后，刘润川升任师长，张绍贤升任副师长。第三四六团团长张儒彬，第三四七团团长刘焕堂，第三四八团团长毛芝荃。第一三〇师师长张玉挺，副师长王理寰，参谋长王冠英；张玉挺因在滇西江苴街战役中擅自退却，遭撤职处分，由王理寰继任师长。第三八八团团长佟道，第三八九团团长魏宏烈（魏在腾冲会战后撤职，由王京山继任团长），第三九〇团团长傅广恩。

战略展开和攻击准备

中国远征军的战略部署是，以第二十集团军为攻击部队，决定由栗柴坝、双虹桥沿岸强渡怒江，向腾冲进攻；以第十一集团军为防守部队，固守怒江东岸；又以各军各派一个加强团渡江进袭，策应第二十集团军之攻击。各部队均须于五月十日前完成攻击准备。

第五十三军为第二十集团军的左翼，一九四四年四月二十六日，全军在弥渡、云南驿附近，由汽车兵团输送至保山以北老营街地区，进入攻击准备位置。第一一六师为军之右翼，展开于双虹桥以北地区，在渡河成功后，当立即向唐习山、大坪子高地守敌发动进攻。第一三〇师为军之左翼，展开于双虹桥附近地区，在渡河成功后，当立即向马蹄山、大塘子一带敌人据点发动进攻。

当时，远征军的作战方案和计划已基本确定，但在战斗开始之前，大家还是议论纷纷。有的说，作战方案决定得不好，为什么让第十一集团军担任防守任务？第十一集团军兵力较强，对滇西的敌情和地形也比较熟悉，为什么反而采取消极行动？大兵团作战，尤其是这次关键性的反攻，两个集团军都应该采取积极主动的行动才对。有的说，敌人在滇西一带盘踞已久，阵地十分坚固，又有重兵驻守，且缅甸境内又有庞大敌军可随时增援，这一仗是不好打的。有的说，第五十三军战斗力不强，哪能打这次硬仗？这些议论显然是抗日初期的"恐日病"又在作祟了。

强渡怒江

五月十一日拂晓，我军开始强渡怒江，预先选定数十处渡河点，用一百多只橡皮舟更番抢渡。西岸敌人凭借怒江天险，在高黎贡山东侧马蹄山、大塘子、大坪子、唐习山等各高地筑有坚固工事，可以钳制怒江两岸。我军开始渡江后，即被敌人发现，密集的炮火遂向我渡江勇士袭来。我军一边抢渡，一边向对岸敌人还击，战况极其壮烈。战幕一经揭开，士气为之一振，大家同舟共济，义无反顾，终于取得了渡江作战的成功。真所谓"置之死地而后生"，"恐日病"亦为之一扫而光。后来在战地上流行一首"信天游"诗歌，描写当时强渡怒江的悲壮场面：

> 怒江在咆哮！
> 狂涛在奔腾！
> 飞射弹雨不分，狂炸烟雾笼罩。
> 高山怒水响云霄，浪头尖上人在跳。
> 渡江人海横断了流，
> 刺刀排浪涌上陡岸。
> 不怕暴风雨，不怕枪炮弹，
> 挑破铁丝网，冲垮阵地线。

十五日拂晓前，我军向唐习山、大坪子进攻的第一一六师将敌击溃，占领了敌人盘踞的高地。但第一三〇师正面的马蹄山、大塘子的敌人仍在顽强抵抗，激烈的争夺战持续了七八天，迄无进展，形成了对峙。师长乃增派第三八九团加强攻击，敌利用坚固工事掩护，还击的火力依然很猛烈，而且时有反扑的企图。激战至五月二十四日，在我军不断猛攻下，第三八九团终于占领马蹄山高地。这时，大塘子方面的争夺战尚在激战中。为策应第一三〇师在大塘子正面的攻击，第一一六师抽调第三四七团的战车营插入敌人的侧背，截断敌后方联络线。又经过三四天的激烈战斗，敌渐不支。二十六日夜间，大塘子高地及附近地区各据点遂被我军全部占领。此役敌死伤极重，遗尸累累。我军伤亡也很大，第三八八团团长佟道负伤。至此，我军取得了渡江作战第一个回合的胜利。

南斋公房及江苴街战斗

敌人江防战线被我肃清后，又采取逐次抵抗的战略，企图消耗我方兵力。他们在标高约四千公尺的高黎贡山主峰上占领阵地，拒止我军前进。

我军稍事整顿，于六月二日，开始从唐习山和大塘子推进。一路上都是陡坡，有的坡度竟超过八十度，而且都是羊肠小径，崎岖难行。连绵阴雨已下了一个多月，大部队的行动真是难上加难，最感困难的则是兵站粮秣弹药的补给。美军联络组原以为空投物资可以代替兵站补给，就在战地附近山坡较平缓处设置三四处投置站，也曾空投过一两次防雨用具。但因山地气候变化无常，在山高雨大的情况下，飞机看不见地上标志，无法空投，补给只好靠畜力驮送，时有时无，难以为继。

在这样的高山地区进行战争，战史上是空前的。当时我军分为两个纵队前进，以第一一六师第三四六团为右翼，攻击南斋公房的敌人；以第一三〇师为左翼，攻击江苴街附近的敌人。

在南斋公房方面，山高路隘，不能展开较多的兵力，敌人的抵抗又十分顽强，我方仰攻屡遭挫折，打打停停，相持六七天时间。第三四六团乃挑选精干小部队，从右方攀登山崖，迂回敌人侧背，经过两天攀登，小部队直插敌人背后，予以突然袭击。这一出敌不意的行动，使据守天险的敌人惊慌失措，不得不仓皇溃逃。六月十一日，南斋公房终于为我占领，创造了滇西反攻战的一个奇迹。进攻标高超过四千公尺的高地敌阵，而能取得成功的，在战史上也是绝无仅有的战例。

在江苴街方面，第一三〇师越过高黎贡山就直达江苴街附近。这是高黎贡山西侧一个较大的村落，敌人盘踞已久，工事极为坚固。师部三位指挥官虽已面临敌阵，却不敢立即发动进攻。因为他们一看到敌人坚固工事，就失去了作战的决心和信心，又怕背后牛粪背方面敌人前来增援，有腹背受敌的危险。于是，他们就放弃进攻，率领第一三〇师由原路退入高黎贡山。

这样一来，不仅影响整个战局的进展，而且第一三〇师的广大士兵也遭了殃。他们一退退到高黎贡山的顶巅，气温骤降，天雨不止，没有雨衣的士兵就有冻死的危险；加以空气稀薄，难以举炊，部队得不到熟食，很多人都病倒了。军长得到情报后，立即命令第一三〇师重新组织对江苴街的进攻，同时增派第一一六师（欠第三四六团）参加战斗。这时，第三四六团肖营已尾追敌人到达江苴街，经过激烈战斗，反而在左翼部队赶到之前，抢先攻占了江苴街。

腾冲会战

腾冲是一个群山环抱的盆地，更有龙川江卫护，形势极为险峻。腾八（腾冲至八莫）、腾龙（腾冲至龙陵）、腾保（腾冲至保山）三条公路辐辏于此，是滇西的战略重镇。腾冲城垣坚固，外有护城河，南面依托来凤山，敌人筑有坚固的核心阵地带，由日军藏重康美强大混成旅守备。腾冲会战，成了滇西反攻作战的转折点。

我军攻占南斋公房和江苴街后，经过一段休整时间，于七月初完成了对腾冲的攻击准备。于是，全军分别在四五个渡河点渡过龙川江，并在龙文桥旧址架起一座木桥，作为后方补给线。这次渡江没有被敌人发现。渡江成功后，即命第一一六师攻击腾冲以东各高地，第一三〇师攻击腾冲东南方各高地，两师各以一个团截断腾八、腾龙两条敌人联络线。

七月十一日前后，各攻击部队开始行动，进展极为顺利，两师的主力很快将腾冲以东和以南各高地的敌人击溃，并将各据点尽行占领。同时，担负右翼攻击任务的第五十四军，也将腾冲以北和以西各高地全部攻克。我第一三〇师第三八八团已到达南甸附近，将腾八公路遮断；第一一六师第三四六团到达孟连附近，遇到敌后勤部队和卫生部队正在向龙陵方向移动，当即将其击溃，俘获许多人员和物资，腾龙公路亦被我完全截断。腾冲敌军遂陷入我四面包围。

我军为扫除攻城作战的障碍，必先攻取腾冲城南来凤山之敌阵，如来凤山被我攻克，就可全力进攻腾冲守敌，而无后顾之忧。敌人为了固守腾冲，也首先要守住来凤山，以便牵制我攻城部队。因此来凤山之得失就成了腾冲会战成败的关键。

攻击来凤山的任务，由我军较为精锐的第三四六团配以工兵一部来担任。这个团从强渡怒江以来一直是士气旺盛，连战皆捷。来凤山战斗一打响，我军即以炽盛炮火猛烈轰击，并有美空军一小队协同作战，来凤山立刻变成一片火海。但山上守敌仍然据险顽抗，且有敌机前来助战。我军虽屡次发动攻击，但都被敌击退，战况至为惨烈，敌我伤亡都很大。在一次空战中，敌机数架被击落焚毁，敌势遭受挫折。这样，经过两天的激战，在陆空的有效配合下，我第三四六团于七月二十七日终于将来凤山完全攻克。

于是，腾冲攻城战随即展开。在滇西反攻战中，腾冲之役是最为艰苦的。腾冲城垣高达三十多公尺，厚十余公尺，敌人置有重兵，又筑有半永久性工事。尤其东南城一带有城隍庙、文庙，东郊有帮办衙门和税务司等坚固建筑物，皆被敌人用作守城据点，更是易守难攻。第二十集团军总司令霍揆彰命令我第五十三军担负东城一带的攻击任务。当时我军第一三〇师尚在腾冲外围各高地担任警备，并负有截断腾八、腾龙两条交通线的任务，对腾冲东城的攻击，只能由第一一六师一个师去担当。敌我兵力约为三与一之比，要向全城最坚固的据点实行强攻，任务的艰巨是可想而知的。

七月二十七、八日，第一一六师已逼近城垣，先以步炮兵火力掩护我工兵作业，向城垣进行挖掘坑道作业。八月二日，开始进行爆破。与此同时，我空军飞临腾冲上空进行轰炸，在南门东侧炸开一个缺口，于是我步工联合一拥而上，登城即告成功。敌人为了堵住这个缺口，竭尽全力猛扑过来，展开一场激烈的肉搏战，双方伤亡极重，我工兵营范甫红副营长就在城垣缺口处壮烈阵亡。三日拂晓，我军攻入城内，与敌展开巷战，一墙一屋，在所必争。特别是城隍庙、文庙、帮办衙门和税务司等各据点，敌人筑有地上和地下相配合的堡垒工事，防守严密，火力炽盛，我军久攻不克，伤亡极重。值此紧要关头，第一三〇师赶来增援。两师协同作战，敌势顿挫，城内各据点大部被我占领，残敌被压缩在东门一隅。但是敌机时来助战，并投下粮弹，企图挽救被围孤军。我空军亦及时奋起迎击，经激烈空战，敌机多被我击败，或中弹坠毁。这时我军不断加强攻势，残敌亦负隅顽抗，战况越演越烈，我预备第二师李团长不幸阵亡。在我陆空协同猛攻下，敌渐不支，守备腾冲之敌军指挥官藏重康美见大势已去，又不甘心做俘虏，遂剖腹自杀。九月十四日拂晓，残敌突围逃窜，腾冲遂告克复。此次攻城战延续四十多天，战斗至为惨烈。胜利结束时，将士们莫不欢欣若狂，共同高呼"抗战胜利万岁！""中华民族万岁！"

腾冲突围之敌，由我第一三〇师第三九〇团跟踪追击，追至腾冲以北坝湾附近，将其全部歼灭，其中大都是卫生部队以及少数营妓。至此，腾冲守敌全被我军歼灭，并俘敌万余人。腾冲的胜利，使美军联络组对我军作战英勇非常佩服，他们说，周福成军自从强渡怒江至攻克腾冲，战无不胜，攻无不克，打得真好！军长周福成、第一一六师师长赵镇藩、第三四六团团长张儒彬、第三四八团团长毛芝荃等四人获得了美国颁发的勋章，以表彰他们在滇西战役中所建立的功勋。

十月二十九日，我第五十三军调归黄杰第十一集团军指挥，随即参加龙陵之战。敌人屡战皆北，军心动摇。当时龙陵已被远征军重兵包围，我军奉命从右侧背威胁敌人，敌感到有被围歼的危险，即行溃退。

芒遮会战

芒市和遮放都是滇缅公路上的要地。芒市四周皆山，是个小型盆地，易守难攻，但地位不如遮放重要。因此，敌人在芒市略为抵抗，即退守遮放。我军于十一月十四日开始行动，仍担任右侧背之攻击任务。大部队深入山区，在崎岖狭隘的道路上行军，运动极为困难。但我军以高昂士气，克服重重困难，终于按计划插到敌人的背后。我军一三〇师立即向遮放守敌的北侧发动攻击，相机切断滇缅公路；第一一六师主力展开于第一三〇师的右翼，协同作战。接战后，敌即向第一三〇师正面反扑，反复冲杀，战斗十分激烈。二十八日，第一三〇师指挥所一度遭到敌人袭击，可见其反抗之顽强。敌我双方空军亦时来助战。二十九日，正面敌据点三台山高地遭到我空军猛烈轰炸，火光四起，烟柱冲天，予敌以致命打击。激战至十二月一日，我军将来劳山、红球山、老城、蚌哈、蛮里等敌据点相继占领，并将滇缅公路完全截断。从正面进攻敌人之第七十一军，随即克复遮放。

攻克畹町和胜利会师

畹町是中缅边境的一个门户，城北有黑山门之险，又有瑞丽江卫护，敌军主力驻屯于此。畹町之役，我第五十三军担任包围敌之左侧背、切断敌后联络线的任务。十二月二十五、六日，各部相继进抵瑞丽江北岸，先以第一一六师主力攻击猛卯，留置一部掩护军主力渡江。一九四五年一月三日，当掩护部队率先强渡瑞丽江时，敌桥头堡阵地以猛烈炮火进行阻击，我伤亡甚重，但犹奋力还击，勇往直前，终于强渡成功，攻占了敌桥头堡阵地，掩护军主力安全渡过瑞丽江。我军渡江后即向龙卡、南托攻击前进，包围敌之左翼，并切断滇缅公路。

这时，黑山门正面的友军第二军和第六军已与敌激战二十余日，美空军亦时来轰炸助战，战斗之激烈为滇西战场所罕见。敌人每天向我反扑不下十余次，但每次都被我军击退。我军虽处于背水作战的不利境地，然犹鼓足勇气，不断向守敌猛攻。一月二十日，在我陆空协同猛攻下，黑山门敌人阵地被彻底摧毁，黑山门遂为我占领。与此同时，我第五十三军已进击至龙卡和南托附近，敌不支向腊戍方面溃败，畹町遂告克复。至此，滇西国土完全光复。

一月二十二日，我第一一六师第三四六团沿中印公路西进，与新一军第三十八师在木姐会师。一月二十八日，畹町举行盛大的会师典礼和通车典礼。国内外要员宋子文、魏德迈等都赶来参加。滇西缅北之反攻作战至此胜利结束，中印公路完全打通。中国远征军和驻印军为夺取这一胜利，付出了巨大的牺牲，他们为抗日战争和世界反法西斯战争的最后胜利，做出了不可磨灭的历史贡献。

卫立煌率师反攻滇西

王理寰※

卫立煌接任司令长官后的措施

一九四二年五月，中国远征军由于统帅部的失策及其他原因，在缅甸境内遭到惨败，退守怒江东岸，形成敌我对峙状态。滇缅公路的交通从此中断，中国西南半壁河山处于敌人的严重威胁下。当时虽有中英共同防御滇缅公路协定和中英军事同盟，却于危机无补。蒋介石乃转向美国与史迪威进行协商，计划反攻滇西，打通中印公路。

一九四三年四月成立远征军司令长官部于楚雄，初以陈诚为司令长官。陈诚到任不久，对蒋嫡系军官的指挥颇感掣肘（当时的"黄马褂""陆帽子"，指黄埔军校毕业和蒋政府成立后的陆大毕业者，都是蒋的亲信，颇难指挥），遇事头痛，遂辞去职务回重庆养病。蒋介石再次召卫立煌赴渝（卫原任第一战区司令长官，因其执行统一战线团结抗日甚力，不合蒋的初衷，被调西安行营主任。一九四二年春，蒋派专机接卫由西安赴渝，要他就任远征军司令长官职务。卫因在洛阳时赴前线视察，马惊坠落，震伤脑部，不能就任，在成都疗养一年始愈），坚持要他继任陈诚职务。

卫立煌到云南宣誓就任远征军司令长官后，鉴于陈诚对"黄""陆"两派人物还不好统带，长官部如不接近前方，对实际情况不能亲睹，将更难于指挥。此外，他并不同意蒋暗示杜聿明等监视龙云行动的办法。

※ 作者当时系第五十三军第一三〇师师长。

他常常说，中国抗日如不能把全国全民团结起来，是不能胜利的。因此，卫立煌到昆明，首先与龙云接洽，建立团结的关系，解除龙云的疑团，取得他多方谅解，应允对卫支援接济。卫到保山后，召集各将领，晓以救国大义，捐弃私见，联系地方群众，不分种族。当地彝族共有土司十几个，其中芳土司、龚土司、阚土司、刀土司等，在地方上统治势力很大，握有地方上人力、物力和经济力量，对粮食供应潜力尤大（土司等自收粮租），对搜集敌人情报也极得力。所以卫立煌到任后，首先将长官部由楚雄推进到保山，并在诸葛营设立前方指挥部。这一切战略战术的部署，奠定了滇西反攻胜利的基础。远征军统辖四个集团军，共十二个军，三十六个师，约四十万人，卫立煌都一视同仁。蒋的嫡系霍揆彰、宋希濂、何绍周等人，虽未把卫立煌放在眼里，但卫的为人宽宏大度，不拘小节，坚决以抗日恢复失地为己任，终于克服了一切困难，达到胜利的目的。

远征军的教育是以军委会驻滇干训团和兰姆伽训练学校的教育为基础。该两校教官多数是美国人，训练美国新式武器的使用。各部队选初级干部到驻滇干训团受训，毕业后，各回原部队担任教育骨干。卫进一步令各部队军部成立干训团，师部成立军士训练班，毕业后为师团营连的教育骨干。所以远征军各部队的教育是一元化的。卫立煌特别重视军事教育，时常亲自到各部队视察教育的进度，并加以指导，所有十二个军都亲自视察过。有一次到第五十三军（军长周福成，第一一六师师长赵镇藩，第一三〇师师长张玉挺）视察，历时约五天整。现将视察经过追述如下：

卫立煌在第二十集团军总司令霍揆彰陪同下（因第五十三军此时归第二十集团军指挥），先视察军部干训团。干训团教育长是我（当时任第一三〇师副师长兼任教育长），训练每期两个月毕业，共分八周：一、二两周进行典范令的教育，三、四两周兵器训练，五、六两周射击训练，七、八两周战斗训练。典范令教育分为：预备、讲解、复习、整理、应用等五段教授。兵器训练（以美国新式武器为标准）：（一）武器各部名称的认识和功用。（二）拆卸结合的方法。（三）故障排除的道理。（四）瞄准的练习。（五）实弹装填的练习，射击训练。1. 环靶；2. 人头靶；3. 散兵靶；4. 冲锋枪散兵靶；5. 各种重武器的射击靶。战斗教育：班、排、连、营、团的实地战斗训练。

卫立煌视察之后，甚为满意，最后集合两师在弥渡阅兵。当检查武器时，见步兵连每连六〇炮仅四门，按编制应为六门，尚少两门。卫马上问："为什么不都拿出来？"周福成答："第二十集团军扣留未发。"霍揆彰在旁面红耳赤地说："是准备补发的。如一次发完，坏了就没得补发。"卫问："第五十四军、第二军为什么都发了呢？"霍当时无话可答。卫立即以很严肃口气说："大敌当前，宜以整体计划为重，不应再存歧视心理。少发两门六〇炮，减少火力，这是自己配苦药给自己吃。都是国军，有什么东北西南之分呢？"霍答："明天即发。六〇炮在库里存着呢！"卫即集合全体军官讲话，其要旨谓：大家在这个时候应加紧训练，中国是中国人的中国，杀敌复土，人人有责；军队是国家的军队，不得视为谁的私有物。请大家放心，今后第五十三军不论是谁，都应平等看待，对补充上一律按司令部的规定，不听命令，必受处罚。卫立煌走后，霍揆彰马上把六〇炮补发。从此以后霍揆彰对第五十三军，表面虽好，暗中更为歧视。尤其是他的参谋处处长刘召东（"陆帽子"），在各方面都给第五十三军以掣肘。

初期和中期的反攻情况

开始攻击后，各集团军的攻击行动如次。

第十一集团军派遣新编第三十九师的一个加强团，于一九四四年五月十一日，在惠通桥上游附近渡江成功，十二日攻占红木树。又第七十六师、第八十八师组成的两个加强团，于五月十二日，在三江口、攀枝花渡江，会攻平戛敌人。十三日残敌突围，窜逃芒市，两个加强团遂占领平戛。

第二十集团军的右翼是第五十四军。第一九八师于五月十二日由栗柴坝渡江，以一团的兵力迂回，攻占桥头、马面关等地。第一九八师主力围攻北斋公房敌人的第一四八联队，敌人凭险死守不退。第五十四军左翼的第三十六师由双虹桥附近渡江成功，将敌人击退，占领唐习山。十三日，敌人激烈反攻，双方伤亡甚重，我方复丢掉唐习山，退到江岸。此时第二十集团军，命第五十三军全部渡江增援。五月十四日，第一一六师又收复唐习山阵地，第一三〇师攻占大塘子。五月十八日，第五十三军分两路向高黎贡山追击敌人。经过巴地和蛮黑河天两处的激烈战斗，将敌击退，开始向高黎贡山山顶敌人主阵地攻击（此时第一三〇师师长张玉挺因指挥失当，军长周福成商请长官部撤张玉挺职，长官部允调张玉挺为长官部高参，遗缺以副师长王理寰接充）。第一一六师、第一三〇师齐头并进，攻到高黎贡山山顶时，官兵随身携带的给养均已吃光。时逢雨季，山顶云雾满天，飞机不能投掷粮秣，官兵一律挖野菜和竹根充饥。森林茂密，松柏参天，山上山下温度悬殊，山下怒江两岸温度为摄氏二十五度以上，高黎贡山山顶上仅摄氏七八度，入夜更低。山上气候，变化无常，时有阵雨，雷电交加。此时官兵一律都是穿单衣向山上进攻的，边攻击边开辟道路；虽有美式胶皮雨衣亦无济于事，而且雨衣湿后，冷似冰霜。地滑坡陡，山路崎岖，悬崖绝壁，只有屈曲攀登。如山石滚下，即有砸伤人马之虞。三百里内无人烟，得不到群众的一点帮助，这是滇西反攻最为艰苦的。到六月十日始攻占瓦甸、江苴街以东之线。六月二十日攻占江苴街，随即尾追逃敌，于六月底，第五十三军全军进抵腾冲城以南地区，切断腾冲城内敌人归路，并准备会攻腾冲城。

各部队渡江后围攻敌人据点奏效后，重庆军委会鉴于我驻印军先头部队，已开始攻击密支那，判断日军无力再调大量军队增援滇西。为迅速打通中印公路计，令远征军相机进攻腾冲与龙陵，以主力渡江扩大战果。远征军长官部遂在中期变更部署，以第二十集团军为右集团军攻占腾冲，第十一集团军为左集团军（欠预备第二师）攻击龙陵、芒市，并限第十一集团军各部队，于五月底以前，完成攻击准备。两个集团军的战斗经过如下：

右集团军于六月初，以预备第二师渡江接替第一九八师桥头、马面关防务。俟第一九八师以全力攻克北斋公房后，第三十六师即经北斋公房前进。当准备进攻瓦甸时，六月九日被敌军反攻，突破我军桥头、马面关阵地，与困守北斋公房的残敌取得联络。第一九八师败退后，第三十六师以一部监视瓦甸之敌，以主力增援第一九八师。预备第二师、第三十六师于六月十四日协力再攻克北斋公房。十六日又攻克桥头、马面关。我方乘势前进，相继攻占固东街，于六月底到达腾冲西北郊。第三十六师于六月二十日攻占瓦甸后，亦到达腾冲东南，与第五十三军取得联防后，也开始准备攻击腾冲城。腾冲城为古时腾越，城墙历代均以青石板筑城，特别坚固，形势险要。城西南二三里许为来凤山，山势险要，为腾冲城的制高点，控制全城；城南三四里许有东董和西董两大重要村落。腾冲为云南西南重镇，因此敌人以重兵死守。

左集团军右翼部队为第七十一军（附以新编第二十九师），于六月一日，由惠通桥、三江口地区渡江，到六月四日，新编第二十八师始攻克腊孟街，进围松山敌人。松山系敌军第五十六师团第一一三联队所守的坚固据点，所有重机枪掩体和掩蔽部都能抵抗重炮弹，是左集团最难攻的一个据点。第八十七师渡江后，其一部于六月九日攻克镇安街，以其主力及第八十八师于六月十日攻占龙陵。敌军由芒市增援反扑，第七十一军不支，于六月十六日退据龙陵东北郊，与敌对峙。我军恐敌北进迂回，以新编第三十九师由龙江桥南下掩护右侧。七月初旬，第八军（军长何绍周系何应钦的侄儿，作为继承子）的荣誉第一师、第八十二师、第一〇三师由昆明向滇西移动，归远征军长官部指挥，为长官部的总预备队。荣誉第一师主力开抵龙陵附近，于八月中旬，对龙陵作第二次反攻，但未成功。左集团的左翼部队第二军，于六月上旬渡江，以第七十六师的一个团攻占平戛后，掩护我军左侧，其余向象达、芒市前进。第九师于六月二十四日攻克象达，续向芒市前进。第七十六师主力于八月上旬攻克放马桥，截断敌人龙芒间的公路交通。

反攻后期的胜利

远征军反攻的后期，攻克腾冲、龙陵、松山主要城镇。

腾冲是以第二十集团军所指挥的第五十三军和第五十四军全力攻克的。七月初旬，先以预备第二师、第一一六师进攻城垣。敌人以城西南来凤山周围坚固阵地为掩护。第一一六师首先攻下来凤山，敌人退守城内。第一一六师尾敌后登城，由西南角攻入城内。预备第二师由西北角登城亦进入城内。敌利用街道墙垣及群众房屋，顽强抵抗，进行巷战，我伤亡很重。于是以第一三〇师增加第一一六师的攻击正面，以第三十六师、第一九八师增加预备第二师攻击正面。第五十三军和第五十四军两军战线，由腾冲城东门至西门，连成一线，线上属第五十三军。但城内北部多系果园和空地，地势平坦，属于第五十四军。城内东南部完全是大街小巷，房屋毗连，尤以城隍庙、孔庙、关岳庙，房屋高大，墙垣坚厚，炸弹和炮弹均难摧毁。这些敌人坚固据点均划归第五十三军战斗地区内，每攻取一墙或一个院落，非先用炸药爆破，将墙垣房屋炸倒，不能前进。敌人最后据守东门里路南一个大院，拒不投降，战斗至为激烈，由开始攻击到八月上旬，我军伤亡颇重。到八月下旬，日机时来投送弹药和给养。二十三日午后，敌战斗机九架，保护运输机三架到腾冲上空投掷弹药，被我军预先查知。我方飞机按预定计划，起飞战斗机十五架，包围敌机，在空中鏖战，击落敌机一架，其余敌机且战且逃，我机追到缅甸边境芒市大河左近，将大部敌机击落，我机亦有损伤。这是在围攻腾冲一役中，最大的一次空战。直到九月十四日，才将腾冲敌人尽数歼灭，腾冲城宣告收复。腾冲城的收复，一尺墙、一间房、一个院落都是官兵的汗和生命换来的。

腾冲城攻下以后，霍揆彰忌恨第五十三军的功绩，捏造情报，准备解散第五十三军，竟直接报告蒋介石。大意如下："查第五十三军军长周福成、第一一六师师长赵镇藩、副师长刘润川、第一三〇师师长王理寰，均系东北军张学良的余孽，腾冲作战不力，应予撤职查办，组织军法会审。所遗各部队分拨各军补充空额，以充实力。"蒋介石接此电后，转令"远征军司令长官卫立煌遵照办理具报"。卫接到此令，即以电话向霍揆彰质问："收复腾冲城，打的是胜仗，第五十三军的战斗要报，每天前进若干公尺，歼灭敌人若干名，缴获敌战利品若干件，都是你第二十集团军总部报告长官部的。现在你呈报第五十三军作战不力，如果属实的话，那是你战斗要报报错了，你应受军法处理。"霍揆彰无言以对。卫立煌又以长途电话向蒋介石说明此事，蒋说："无其事，就算了吧！你不要告诉第五十三军。"霍揆彰因此无颜再留，就悄然溜到昆明养病去了。卫立煌一面将第五十三军调归第十一集团军指挥，一面整理第五十四军，并向蒋介石呈请，说明抗战团结大义，现在滇西反攻尚未完全成功，霍揆彰这种做法，是破坏团结，有利于敌；同时第五十三军副军长遗缺，保荐第一一六师师长赵镇藩升任，遗师长缺以该师副师长刘润川升任。此后第五十三军官兵更为团结，人人效命，勇于战斗，对卫立煌印象更为深刻。

松山的围攻：松山在怒江西岸，位于惠通桥附近，六月四日，新编第二十八师攻克腊孟街后，进围松山敌人第五十六师团的第一一三联队。敌凭据坚固阵地，顽强抵抗，我始终未能攻下。七月间，将松山攻击任务移交第八军。经过战斗后，虽将敌后方归路切断，但敌仍据险固守不退。到八月底，第八军攻击尚无进展，伤亡甚大。卫立煌亲到松山前线视察，对第八军军长何绍周进行反复指示，并说："敌人已是山穷水尽，精疲力竭，可选用适当战术，出奇兵攻之，松山很快就能攻下。"卫回指挥部后，给何绍周一个详细攻击命令，限该军于两周内攻下松山，以绝后顾之忧，以利于整体向缅甸边境前进。何绍周当时在电话里表示攻击不下来，并说："长官先把我枪毙，另找旁人来松山吧！"卫在电话里笑说："不用急躁，不服从命令，当然枪毙。"后经萧毅肃参谋长多方晓以大义，并告诉他，在阵地前，依恃家庭势力是要吃亏的，卫长官是敢作敢为的。何绍周这才不得不按命令实行。结果不到十天，果然把松山攻下，敌人全部被歼灭。松山战役也是滇西出色的一个歼灭战。

龙陵的攻击：龙陵县位于腾冲至缅甸的要道上，是敌人堵击中国军队南进的一个要点。在这方面负责的是第十一集团军总司令宋希濂。八月底，他估计龙陵敌人兵力不大，令新编第三十九师攻占龙陵城。次日夜间，敌人由芒市增援，包围龙陵城，新编第三十九师几乎全部被敌歼灭，一部退回原阵地。敌人乘胜追击，大有动摇原阵地之势。该师师长洪行，单人突围，乘吉普车向昆明开去，在途中桥上翻车轧死。宋希濂要求长官部派兵增援，卫立煌遂命第二〇〇师火速增援，方才保全了原阵地。宋希濂要求入陆大将官班学习，遗十一集团军总司令职，以第六军军长黄杰升任。九月上旬以荣誉第一师、新编第三十九师一部、第五军的第二〇〇师，先行切断龙陵、芒市间的敌人联络线。十一月三日，攻克龙陵城。黄杰到任后，很顺从长官的命令，在龙陵附近重新整理各部队，加强团结，准备打通中印公路以便与驻印军会师。

中缅边境会师和卫立煌出国

日军经过腾冲、松山、龙陵惨败后，第五十六师团、第三十三师团、第十八师团、第二师团因伤亡惨重，国内又无力增援，企图从缅甸东北部，退归越南固守。这个情报为我国远征军长官部所侦知，遂命第十一集团军总司令黄杰率第五十三军、第七十一军的主力，第二军的一部，以及第二〇〇师主力展开总攻击。于十一月二十日和十二月一日，先后攻克芒市、遮放。继以左翼第七十一军、第二军的一部和第二〇〇师向畹町攻击；右翼第五十三军第一一六师向芒友攻击，第一三〇师经过大小陇川向猛卯攻击。于一九四五年一月二十日左右，各部队先后攻占畹町、芒友、猛卯（以上各地点均在芒市大河北岸）。二十一日，第一一六师渡河攻占木遮；第一三〇师渡河攻占道坎，将敌人在中印公路上的归路截断，又沿中印公路向西扩大战果。一月二十二日，与驻印军的新编第一军的先头部队取得联络。至此中印公路上所有日军被扫荡尽净，中印公路完全打通。

一月二十七日，远征军大会师于畹町、芒友、木遮之间，当时参加的部队，有第二军、第五十三军、第七十一军、第二〇〇师、驻印军的新编第一军、新编第六军；各集团军总司令、军长、师长以及美英法联络军官、将领。卫立煌由保山乘飞机到木遮机场降落，亲莅会场阅兵。阅兵后向官兵训话，宣告滇西反攻胜利。

总结这段九个多月的战果，日军第十八师团、第五十六师团，全部被我军歼灭；第二师团、第三十三师团也损失大半，残余逃往越南边境。中国远征军方面，伤亡人数亦达四万多人。

远征军胜利后，举国欢腾。蒋介石嫉贤妒能，开始撤销远征军，调卫立煌为中国陆军副总司令（空衔）。同时另行成立四个方面军，将远征军所属蒋介石的嫡系各部队，大部分调拨几个方面军指挥：一部分归第一方面军总司令卢汉带领入越南，留第五十三军在云南归杜聿明指挥。第五十三军军部和第一一六师驻昆明附近的禄丰，第一三〇师驻昆明附近的安宁县。卫立煌接到命令后，移住昆明城内翠湖东路二号，于短期内，将远征军的一切军务结束，交代清楚。卫立煌不久出国，考察军事和政治。出国前，他告诉我说："为将之道，必须待人以诚，甘苦与共，上下一心，军队才能克敌制胜。像现在国民党这样腐败，灭亡在即。延安的作风，必能统一中国。"

强渡怒江的工程准备和取胜经过

周 鑫※

强渡怒江的工程准备

一九四二年五月，中国远征军第一次入缅抗日失败，撤退到滇西以后，即与日军在怒江隔岸对峙。滇缅公路被切断，国际援助物资无法运入国境，蒋介石大为焦急。为了向侵缅日军实行反攻，一九四二年十一月间，制订了中、美、英联合作战计划。一九四三年四月，成立了中国远征军司令长官部，指挥在滇西的国民党军队进行反攻的准备。

怒江是一道天然屏障，河面不太宽，平时宽约二百公尺。但两岸陡峻，水深流急，除原有少数渡口外，其他地段无法渡河。加之怒江对岸的高黎贡山为日军盘踞，火力可以控制我军的行动。要实行反攻，首先必须强渡怒江。因此，在反攻之前，渡河器材的准备，就成了当务之急。

一九四三年某月，远征军司令长官部命令成立怒江渡河工程处。以长官部交通指挥官傅克军兼任处长，以独立工兵第三十五营（营长张祖武）为基干，并雇用民工，专门负责制造渡河器材。到一九四四年五月反攻前，计造好载一排人用的大木船和载一班人用的竹筏数百只。这些船筏都停放在怒江东岸，北自栗柴坝经猛古渡、水井渡、康郎渡、猛獭渡、缅夏渡、大沙坝渡、双虹桥、龙潭渡……南至三江口各渡河点。每一船、筏都雇有当地船工操桨。除少数渡河点配有橡皮舟和帆布船外，这些船筏是当时主要的渡河器材。

※ 作者当时系中国远征军工兵集训处教育组副组长。

一九四四年二三月间，为了要用美国渡河器材来装备工兵部队，远征军司令长官部特地在下关成立一个工兵集训处。以傅克军兼任处长，王乃楷为副处长，下辖教育、器材、总务三个组。教育组组长陆钟俊、副组长由我担任。我原在陆军工兵学校任渡河教官，是临时由湖南零陵调去的。我去时带了一个少校教官周登坡和两个上尉助教——陈国钧、芦荫权。器材组组长杨某（名字忘记，到任不久即被第一九八师师长叶佩高调去任副参谋长）。总务组组长曾子英、副组长赵廷梁。这个处成立后，并没有真正负起训练工兵部队的责任，只是做了一些调集部队的工作。部队调集后，又交涉车辆，运送到怒江各渡河点，由美国人负责进行训练。

美国渡河器材是一种前尖后方的帆布船，由十几个尼龙气囊组成，用一块长方形的胶合板做垫板，能载武装战士一个班。其优点是轻便，泄气后折叠装入背囊，一个人可以背走。但是垫板太大（长一点八公尺，宽一点一公尺），不能折叠，搬运时要占用一个人。

训练是在漾濞江进行的，由美国人亲自训练战士充气（可以用气囊打气，也可以用嘴吹气）、装拆、搬运、上下船、行军等基本动作，最后演习一次夜间渡河。每次集训一个工兵营，每期训练时间一个星期。第一批集训的是陆军工兵第二团第一营（营长张奉琳）。训练后，这些帆布船即装备受训部队。一共训练了三批，后来因为反攻期近，到四月底，集训就停止了。

参加强渡怒江工程准备和实行强渡的工兵部队，计有陆军工兵第二团（团长林松）的三个营和独立工兵第三十五营，共四个营。另外还有各军师建制的工兵营、连，总兵力四千人左右。在由栗柴坝至双虹桥间五十多公里渡河地段上，这些工兵部队保障了第二十集团军（集团军司令霍揆彰）几个师同时渡过怒江。从战术、技术上来看，准备工作是做得很成功的。

渡江作战为何能旗开得胜

一九四四年五月，渡江工程准备完毕，部队随即集结于怒江沿岸各渡河点。正待命出发之际，攻击部队的将领向我们交通指挥部提出一个要求：部队渡到对岸后，如遭日军顽强抵抗，不能占领登陆场时，工兵部队要负责把他们接运回来。我记得很清楚，这一要求是第五十四军军长方天提出来的。（附带说明一下，强渡怒江时第五十四军军长不是阙汉骞。阙是副军长，而且他已在四月间率领第十四师和第五十师去了印度。）当时我和傅克军都在缅蒦渡第二十集团军主力渡河位置，听到这个要求，感到问题很严重。因为在五十多公里江面上，有好几个师同时渡河，如果要回来，都会争先恐后拥向近旁的几个渡河点，那么，工兵部队是完成不了这项任务的。因此，我向傅克军建议，攻击部队万一要回来时，必须做到由哪个渡河点过去的部队，仍然由哪个渡河点回来，否则工兵部队不能负责。

五月九、十两日，我们曾沿江进行侦察，到缅蒦渡时，我们还用新制大木船渡到对岸。当时我们有许多人参加这一侦察行动，时间又是白天，但出乎意外的是，日军并没有向我们射击。五月十一日黄昏后，攻击部队开始渡江，直到十二日上午九时以后，才开始听到枪声。原来日军并没有在怒江沿岸布防，而是利用高黎贡山的险峻山势，采取扼守要隘的集中配备。所以直到我攻击部队爬上高黎贡山，接近敌人阵地时，敌人才开始射击。因此，我军得以顺利渡江，旗开得胜。但这里也说明这样一个问题：滇西反攻虽然作了长时间的充分准备，但国民党的高级将领，对敌情的了解并不十分清楚，对滇西反攻也缺乏信心和决心，所以他们还没有渡过江去，就先考虑怎样回来的问题了。

连战皆捷的滇西反攻战

熊新民※

隔江对峙

日军侵占缅甸之后，以狼奔豕突之势，悍然沿着滇缅公路入侵我畹町、遮放、芒市、龙陵，直窜过怒江，到达惠通桥北岸，向我保山急进，如入无人之境。我国由缅甸装载大量物资入境的约两千辆运输汽车，抛弃在公路沿线，落入敌手。越过怒江的敌先头部队，眼看就要逼近保山了。我首先开进云南的第十一集团军，立即征集大量汽车，把所属第三十六师飞速运到怒江惠通桥北岸之高山上。其先头熊正诗团与敌遭遇，展开激战。后续部队陆续赶到，纷纷投入战斗。他们一鼓作气，向敌人猛冲猛打，终于把虎狼之敌，又赶过了怒江对岸。敌人仓皇溃退，把装甲车和卡车，其中有从我方抢去的运输物资的卡车，抛弃在惠通桥我方这边，不是摔在公路上，就是摔在悬崖下，一辆挤一辆，横七竖八，东歪西倒，途为之塞。

这时我第七十一军已全部赶运到怒江北岸，加强怒江防务。惠通桥（含）以东百多里阵地，由第八十七师防守；以西百多里的阵地，由第八十八师防守。军司令部和另一个师则驻于保山。我们一面搜索、监视敌情，一面构筑永久性工事。与惠通桥对岸盘踞松山之敌，隔江对峙了两年多。怒江两岸尽是几十丈，甚至百来丈的悬崖峭壁。站在两岸的山顶上，可以隔江喊话呼应，但翻越不易，上山下山整整要用一天工夫，两头摸黑，行

※ 作者当时系第七十一军第八十八师副师长。

人视为畏途。两岸的渡口，惠通桥和新建的公路桥，已被松山之敌控制，无法通过。上游只有古渡口惠人桥可以通过。下游只有古渡口攀枝花可以渡过。江面上看到的是滔滔江水，激流漩涡，连鸟儿也难飞渡。

首战告捷

为了迎接由印度经缅甸打过来的驻印军，我第十一集团军奉令打通滇缅公路。以第三十六师、预备第二师、第五十三军等，攻击腾冲之敌；荣一师等围攻松山之敌；第二军等绕道攻击在滇缅路以东之敌；我第七十一军绕道进攻龙陵、芒市、遮放、畹町，深入缅境，与由印度打出来的驻印军会师。这就是这一主战场的作战任务。

部署定当后，我第七十一军奉令由古渡口攀枝花渡江。我第八十八师，在预先偷渡之掩护部队掩护下，全师用小橡皮船渡河。成功后，即沿山岭插入敌后，逐步推进到龙陵附近之蚌渺，再详细侦察敌情。龙陵城北，滇缅公路东约二十华里的一座高山上，有敌构筑的坚强阵地。敌阵前在一座较低的山梁上，还设有敌之前进阵地。经侦察确凿后，即展开一个步兵团，配属炮兵一排，以一步兵营向敌攻击，一举夺得了敌之前进阵地。我又率领团、营长和炮排长到刚夺得之阵地，再仔细侦察敌设于最高山头上的阵地。阵地直前南北两边，地势陡峭，树木丛生，无法攀登；只在其东边山脊上有一线狭窄稍缓的山梁，勉强可以展开攻击；其西面一条山梁很陡，但有小径可直达滇缅公路上。在这小径中途又分出一条小径，可以下到龙陵坝子。于是与炮兵协同，向敌阵地展开攻击，另以一个连向阵地南北两翼佯攻。经反复冲杀，敌以火力控制岭脊，屡攻不下。第三天，另调一个营再行强攻。命令我炮兵猛轰一阵之后，稍停，等敌人刚出掩体防守时，再突然用炮火猛轰。这样反复多次，发现敌的枪声越来越稀，最后只听到一挺机枪在嗒嗒作响，似孤雁哀鸣。我乘势又一阵猛冲猛打，冲上敌阵去，只见一个被打死在机枪旁的未僵尸体。我军首战告捷，上令给予嘉奖。

激战龙陵

我军首战告捷后，又立即奉命沿着这条山脉向东折向南，经龙陵坝子以东，逐步向龙陵城东的山上搜索前进。中经一座突出的小山，山头上有一座小庙，叫尖山寺。又缓缓搜索前进，直抵县城东南，紧靠城的一座高山头，叫老东坡。敌在此构筑有坚固阵地，我当即展开攻击。由于这老东坡阵地三面都是峭壁，只城东北有一小片稍缓的山坡，勉强可以展开攻击，而敌人又偏偏把火力集中在这地段。敌人还利用地势筑有既曲且深的交通壕，可以输送补给，所以攻击很难奏效。

　　龙陵城的大平坝子，就像一个玉米棒子，长约十华里，县城就在这玉米的苞部。玉米由南向北躺着，玉米的顶部直指我军首战告捷的山脚下。龙陵城和龙陵坝子赖以屏障的周围崇山峻岭中，除我师正向敌攻击的老东坡最高之外，还有比这更高的制高点，在龙陵西南，叫回龙山。我师攻打龙陵城之难，就难在这两座山上。一在东北，一在西南，互为犄角，居高临下，钳制着全城及其周围，以及经过龙陵城内的滇缅公路。不攻下这两个制高点，就休想打通滇缅公路。激烈艰苦的恶战，就在这两座山上展开。

　　时值雨季，倾盆大雨，昼夜不停。我军虽已绕过松山敌控制的滇缅公路以东地区，直插到龙陵城，但粮弹接济已很困难。弹尚可节约，粮却不可缺，而且大部队在战场上运动，实在无法解决。所有官兵，一面日夜淋着倾盆大雨，一面忍饥挨饿，空着肚子作战。战斗又激烈又艰苦，而上令又催得特紧，一再限期攻克龙陵。集团军总司令宋希濂，一再亲临前线指挥，严令前线突击冲锋，但总是不能冲入敌阵。宋总司令原是我军的老军长，在官兵中威信很高，他亲临督战，士气大振。尽管官兵浑身淋个透湿，个个饥肠辘辘，只要一声令下，还是鼓足勇气，奋不顾身，爬也要爬上去打冲锋。轻伤不下火线，人人英勇作战，无一畏缩后退的。在我军凌厉攻势之下，守敌也只有招架之功，毫无反攻之力了。

　　攻打老东坡，接连调换了三个团，步炮协同攻了好几天，还是攻不下。于是重新研究了敌情，作了新的部署。当时我是第八十八师副师长，每战必须亲临最前线，直接指挥作战。按照总司令的新部署，另组三个冲锋敢死队，再在步炮协同下，进行攻击。由早晨直到黄昏，几经冲锋，还是攻不下，打算第二天再攻。我在垂头丧气返回尖山寺师指挥所途中，突然传来一个大好消息："老东坡已被我军占领了！"我立即赶到老东坡，登上山头，亲见敌阵地被我打得七零八落，到处血迹斑斑，罐头、饼干、纱布、绷带丢弃满地。看到敌人惨败的狼狈相，我们都感到高兴和自豪。我官兵连电话兵都下坡去追击敌人去了。此时已是黑夜沉沉，看不见任何人。我一方面催电话兵赶快接通电话，一方面太疲倦了，想搭个临时铺打个盹，让警卫监视坡下的情况。忽然从城内回来一个传令兵，手拿战利品，向我报告说："龙陵城已被我军占领了！"一会又来一个传令兵，手拿战利品，也报告占领了龙陵的消息。前方还不通电话，可是后方已把消息传开了。当电话一接通，长官部立即打电话问尖山寺师指挥所，宋总司令还亲自打电话来问我："龙陵占领了，确不确实？"我答："天又黑，又下大雨，我现在就是在老东坡阵地上。前线从城内回来的传令兵都说占领了，到处搜索，都没遇到抵抗，他们还带回许多战利品，牛肉罐头、饼干，我都吃过了。电话还未架通，我看是占领了。"于是宋总司令委派了龙陵城戒严司令，由他率领队伍进城。

攻克龙陵的消息连夜震动了国内，也传到了国外。但听说日本天皇却一口否认，说龙陵还在他们手中。当我进城部队刚开到城边，却遭到敌人猛烈攻击。这时天已破晓，前方的电话也架通了，连营长都打电话来说："敌人在城中心靠滇缅公路西侧，占领一座堡垒，还附有一门小炮，死命抵抗。"谁料到敌人真是把阵地设在"九泉之下"，还有盘踞回龙山之敌的掩护，龙陵确实还在敌人手中。这是我一生在战斗中所发生的一大错误。前方没有一个连营长向我报告过占领龙陵的情况，只听传令兵传说，便轻率地说是占领了，错误更大。这影响到宋总司令被人挟嫌诬告而调了职（后由黄杰代理）。我们师长也请假到后方住院看病，命我代理师长职务。我本内疚之不暇，不配担此重任，但命令已下，只能服从。

龙陵城中心这座敌人的堡垒，很快被我集中的炮火炸为平地。但回龙山还在敌人手中，龙陵城还没有确实占领，滇缅公路在龙陵城内这一段，还被敌人控制着。我军收复腾冲的几个师也调来攻击回龙山，仍久攻不下。上令急如星火，要限期收复。于是黄杰又找陈明仁和我商量说："回龙山久攻不下，上面限期收复。我看第八十八师，虽然伤亡大，士气还很旺盛，有好的作战经验，打算调第八十八师再攻击回龙山，你们看怎样？"陈军长望着我。我考虑了一下，说："上面的命令，当然绝对服从。不过听说回龙山敌人的工事，比松山的还要坚固，任务重，得先行侦察之后，再订作战计划。不管怎样，我认为步炮协同顶重要。对炮兵的使用上，须事先有一个周详的计划。"黄杰要我明天就进行侦察，并先把第八十八师调到回龙山前的地区；一面指定陈军长负责统一指挥，着重与炮兵指挥官和炮兵各营长事先研究好协同作战的计划。所有的炮兵部队，连同友军的炮兵部尽可能集中起来，在统一指挥下作战。尤其炮弹的准备和补给，既要及时，又要源源不断地得到补充。我将全师调到回龙山前，亲率团、营长、炮兵指挥官、各炮兵营长、参谋们赶到回龙山前，仔细侦察。发现除回龙山的正面，除有可以攀登的一小块狭窄地段勉强可以冲击之外，其他地段都是陡坡，无法立足，难以进行突击。我决定：炮兵集中轰击敌堡，掩护步兵。步兵除以一部分绕出敌后佯攻扰乱之外，在炮火掩护下，集中主力，一浪高一浪地猛冲猛打。黄杰和陈军长都完全同意。于是炮兵预先一齐瞄准回龙山敌堡及其直后方两大据点，命令一下，万炮齐轰，以最猛烈炮火优势压制敌人，炸毁敌阵前所设之铁丝网、拒马、鹿寨等障碍物，扫清冲锋路面。同时突击的步兵到达发起冲锋的预定地点，等炮兵的火力一延伸，立即猛冲猛打，突入敌阵，只许前进，不准后退。我把指挥所设在敌堡正前方的小高地上，黄杰总司令也和我在一起。先后攻击了好几天，调换了两个步兵团，但还是屡攻不下。有一次，眼看已攻入敌垒，被敌人反扑，又垮了下来。尤其最后一次冲锋，敌人用战刀接连砍死我几位冲上去的官兵，我冲锋部队又垮下来了。我和黄杰看见了，都满眶热泪往下流。黄杰说："不要再攻了，明天再说。"

我回忆每次失败的原因，敌人乘我炮火延伸时进行反扑，已成固定格式，我们应该改变攻击冲锋的老套。我们一发炮，敌人躲起来，炮一停，一延伸，敌人又一拥而出，进行殊死的反扑。加上我军的体力不如敌人，非变更一种攻击方式不可。我把设想向军长、黄代总司令报告后，他们都深表同意。于是我叫前线炮兵观测所，推进到我步兵发起冲锋阵地的直后方，由前线担任冲锋的指挥官直接指挥。他叫发射就立即发射，叫延伸就立即延伸。又叫各炮兵阵地预备极充分的炮弹，以备长时间发射。再叫观测所指挥炮兵时，有时照步兵的要求，集中炮兵长时间地大面积地发射，有时短速发射一阵即停，有时又阴一炮、阳一炮、前一炮、后一炮地发射。又令准备冲锋的士兵故意松松垮垮、满不在乎，表现出一种不打算冲锋，只让一个劲发炮射击的样子。开头，我一放炮，敌人显得紧张，炮一停，却不见冲锋，久而久之，敌人也视同寻常。我炮兵发射也罢，不发也罢，敌人都不十分注意了。一次，我炮兵一直发射了两小时以上，眼看敌人习以为常，无任何动静。最后，我冲锋兵事先吃饱了饭，命我炮兵集中火力迅速发射，并以三分之二火力猛击回龙山敌堡，以三分之一火力遮断敌堡直后方，阻止敌之反扑。等我步兵冲锋时，令三分之二炮火，立即延伸敌之直后方。大约敌人也因伤亡，疲惫得不行，而且疏忽大意了，我冲锋兵这次竟没有遭到敌人的反扑，而顺利地把敌人阵地占领了。我们胜利了！我军司令部连美顾问们都给我们奖励，向我们表示赞扬和祝贺。

与此同时，我第二军占领了敌人后方的芒市。消息传来，我军士气倍增。

攻克遮放、畹町

上级命令我师在公路两翼友军的协力下，乘胜沿公路搜索前进。离遮放不远的西北，翻过公路垭口南端，在一个遮断芒市与遮放的山头两侧，发现有敌人把守的一个坚强阵地。这也是打通滇缅公路中的一大障碍，不把它攻下，大部队和补给就无法通过。于是我立即下令，由原先攻占回龙山的第二六四团发动攻击。由于这个团已有成功的经验，步炮协同得好，没费多大劲，只用两天时间，就把它占领了。

于是我们继续沿公路前进，公路是沿着遮放坝子弯弯曲曲的缓坡下去的，一下坝子，就进入遮放市街。这里的群众不像芒市那样，都敢出来表示欢迎，并主动报告敌情。他们说，遮放、畹町间，靠近畹町那座隔断两个坝子的高山顶上，敌人筑有坚固工事，有重兵把守。我得知这情况后，立即命令搜索侦察。又亲率团营长，由向导领我们爬上一座高山，发现敌在靠西一个更高的山头上占领阵地，控制着这边山头和畹町坝子。这两山之间隔着一条较低的山谷，谷西两山相连，滇缅公路就在此稍西的垭口上穿过。这两座山上的森林高耸入云，藤葛又与森林竞长，地形很隐蔽。敌人又没有在这座山上设前进阵地，只在其堡垒周围下端扫清了一段射界。这种地形有利于我军接近敌阵地，便于攻击。不过炮兵火力的弹着点不易观察，只能概略地大面积发射。我们发动了几次进攻，但都未奏效。我向美顾问赫奇少将请教。他是参加多次战斗的老军官，镇静而又勇敢。他说："我跟你明天实地侦察一番后再说。"第二天，他带着望远镜，一同到第一线交通散兵壕里穿来穿去，敌人一打冷枪，他就俯身躲一躲。侦察了一阵之后，他说："这除了用大批飞机轰炸之外，绝不应用步兵去硬冲，否则徒遭牺牲。等回去与上级联络之后再决定。"他随即与美方总部取得确切联系。我叫师部预先架设好飞机来取图纸用的天线。美军派来一架小型飞机，飞来我上空盘旋，发现我联络信号后，低飞侦察一番，然后把横空高悬在天线上的、美顾问画的简要地形图，放下钩子钩了上去。

次日，赫奇携带无线电陆空联络报话机、剪形望远镜等器材，跟我同去昨天到过的火线上。我把炮兵观测所也设在这里。约定的时间到了，果然一批三架轰炸机，飞临上空盘旋。只听赫奇叫我赶快指挥炮兵发射烟幕弹，等烟幕弹击中敌堡时，赫奇立即在喊话机上说了几句。我听不懂，翻译正要翻译时，又听赫奇一个劲地喊："使末克！使末克！"大概是指照着烟幕弹投弹。飞机上则传来"OK！OK！"的回声。只见三架飞机拉开距离，一字儿摆开，一机一机地轮流俯冲轰炸。这批把弹投完飞走了，接着又飞来一批三架，照样在发射烟幕弹后，轮番轰炸，如此者三。奇怪的是，经过这番密集大面积长时间猛烈轰炸之后，敌人没有对空发一弹。我命步兵前去搜索侦察。赫奇还说："只要发现有敌人，就不可硬冲，我们再来轰炸就是。"我搜索侦察部队，小心翼翼地接近敌阵地，直到钻到敌垒内，仔细一看，连一个日本兵都没有了。于是，我侦察兵频频举手大喊："一个敌人都没有了！一个敌人都没有了！"我们所有官兵，连美军都跳起来，互相拥抱，兴高采烈，很多人高兴得热泪盈眶。我顿时命令部队迅速追击，一直追赶到畹町街上，越过畹町桥，也没有追到一个日本兵。

芒友会师与最后胜利

收复畹町，越过畹町桥后，我仍马不停蹄地猛追穷寇，一直追击到缅境的芒友，与由印度打出来的驻印军正式会师。我官兵乍见他们身穿美式服装，手拿美式武器，又是坦克，又是装甲车，前是越野吉普车，后是载重十轮大卡车，个个威风凛凛，精神抖擞，既新鲜又羡慕。我们亲切握手，相互祝贺，好不开怀。紧接着开来好几十辆十轮大卡车，满载着作战物资，沿着滇缅公路，经畹町、遮放、芒市、龙陵开进。沿线群众，人山人海，扶老携幼，夹道欢迎，好一派凯旋归来的兴奋喜悦景象。

我师连胜利的会师大会都未来得及参加，就奉命复员回保山整训。此时日寇已陷桂林、柳州，先头曾窜到独山，贵阳吃紧。于是我师又奉命空运贵阳。一下飞机，便投入战斗，把敌人赶出独山，继而收复柳州。正与盘踞在阳朔之敌激战，准备围攻桂林，这时日本天皇向全世界广播，宣布无条件投降。我们和当地群众，还有美军，奔走相告，相互握手，拥抱，共同庆祝胜利，一片欢腾。

紧接着，我军奉命复员回上海，接收这座我国唯一的、也是世界有名的大城市，担任警备任务去了。

血战松山

王景渊[※]

　　一九四四年六月下旬，由于攻击松山的第七十一军第二十八师，已激战二十余日，伤亡很大，未能奏功，远征军长官部将收复松山的任务交由第八军接替，并限期攻克。第八军军长是何绍周，我任该军第八十二师副师长，负责攻取松山顶峰的任务。

　　固守松山之敌为日寇精锐第五十六师团第一一三联队，是一个加强联队，兵力三千人，配有重武器。他们有独立作战能力，加上坚固的野战工事，凭其传统的武士道精神，抱着与阵地共存亡的顽固信念，曾发狂言说："支那军队不牺牲十万人，休想夺取松山。"

　　整个松山敌阵地，是由滚龙坡、大垭口、长岭岗和松山顶峰四个可以独立作战又互为犄角的坚固据点组成，以松山顶峰为主阵地。每个据点依地形在制高点构筑一至两个主堡，两侧构筑若干子堡，在阵地前构筑侧射伏射小堡，连接以有盖的交通壕。敌人防御工事构筑的特点是：深入地下，隐蔽而且坚固；工事盖材都是二三十公分中径的树干，二三层，盖土在一公尺以上；工事表面有巧妙的伪装，地面及空中都不容易发现。

　　第八军从一九四四年六月下旬接替攻克松山的任务起，到同年八月底，每天虽用飞机轮番轰炸，重炮不断猛击，步兵昼夜不停地攻击，但敌人占据的松山顶峰堡垒，未受损坏，因而久攻未下。这个时候，霍揆彰、宋希濂两集团军与敌鏖战于龙陵、腾冲之间，驻印军与敌在缅北地

　　※　作者当时系第八军第八十二师副师长。

区酣战，因松山未克，影响滇缅路的总反攻；加上广西日寇正向贵州进犯，妄图实现其与滇西敌军在昆明会师的目的。在此情况下，远征军司令长官卫立煌传达蒋介石的紧急命令，限第八军于九月上旬内收复松山；如违限不克，军、师、团长将以贻误戎机论处，依军法从事。处此紧急关头，军长何绍周召集副军长李弥、军参谋长梁筱斋、荣誉第一师师长汪波、第八十二师师长王伯勋、副师长王景渊、第一〇三师师长熊绶春、副师长郭惠苍等将领开紧急会议，商讨攻克松山计划。当即决定，以第一〇三师师长熊绶春为左地区攻击指挥官，指挥该师及荣誉第一师第三团，攻取滚龙坡、大垭口、长岭岗敌阵地；以王景渊为右地区攻击指挥官，指挥第八十二师第二四六团（团长曾元三）和军部工兵营攻取松山顶峰。我受命后，从九月一日起，命令第二四六团每天昼夜不停地用小部队在松山顶峰周围向敌阵扰袭，掩护工兵营进行对壕作业；命令工兵营在松山顶峰日军阵地垂直下约三十公尺处，进行对壕作业，掘进两条地道，构成两个炸药室，装进十吨 TNT 黄色炸药。经过不到十天时间，完成爆破准备工作。九月八日晨，军长下令起爆，轰隆一声，松山顶峰整个山顶被炸翻，日寇第一一三联队全军覆灭，无一幸存。

最后在松山其他地区的扫荡战中，顽抗之敌挥战刀与我军进行白刃战，拼命厮杀，尸横遍野，敌酋第一一三联队长切腹自杀。事后收听到日本国内广播，谓松山战役中日军"全员战死"。

第八军在松山战役中伤亡官兵三千多人，表现我抗日将士的民族正气，可歌可泣，永垂青史。

松山克复后，龙陵、腾冲相继收复，我军继续向西攻击，连克芒市、遮放。一九四五年一月二十日克畹町，二十七日滇西远征军与驻印远征军进攻缅北的军队在芒友会师，打通了滇缅公路及由印度经缅北进入中国的国际交通线，使盟国大量援华物资，昼夜不停地经中印公路运入内地；并沿中印公路线安设油管，大量战时急需的汽油不断流入中国。同时，由广西进到贵州独山、都匀的日寇，也因"昆明会师"的梦想破灭而向广西退去。

松山攻坚战

陈一匡[※]

滇西松山战役时，我是第八军第一〇三师第三〇七团中校副团长。一九四四年七月二十三日，反攻松山，第三〇七团对松山滚龙坡攻击中，我率领第一、三营奋勇冲入敌阵，在风雨交加、敌人浓密火网下，攻击顿挫，我被敌枪榴弹炸伤左上臂，当夜由腊孟街军野战医院裹上石膏绷带后，车送保山第三十六后方医院治疗。我对松山地区抗日战役之回忆，仅以我团（第三〇七团）对滚龙坡之攻击，较为详细；其他部分则以我所见所闻，认真回忆撰写而成。

滇西抗日战役概况

中国远征军第一次入缅抗日失败后，日军直逼怒江，形势危急。当时国民党中央军在云南的有两个集团军：一个是远在滇南文山、马关一带防守的关麟征第九集团军，另一个是宋希濂的第十一集团军。在昆明附近只有两个师的兵力，一个军已入缅远征，一个军正由川康回滇途中。在保山、下关、楚雄之云南地方部队，装备差，战斗力弱。为了阻止日军东进，我云南工兵总指挥部下令将惠通桥炸毁。惠通桥原系吊桥，桥身被炸沉江中，仅剩两根铁索未断，敌快速部队之坦克车、装甲车、汽车都被隔断在西岸。怒江水流湍急，两岸悬崖峭壁，又无渡船，步兵难以飞渡。第十一集团军赶运两师到江边，解除危殆于万一。但日军为窥

※ 作者（原名陈伟）当时系第八军第一〇三师第三〇七团副团长。

视昆明，并不停止前进，即由怒江上游渡过四五百人，与第十一集团军第三十六师先头部队激战三日，敌大部被歼，小部逃回怒江西岸，方遏止了敌军继续东进的企图，形成敌我隔江对峙局面。

六月三日，日军又集结于惠通桥西岸，兵力有千余人，企图进犯保山。已有数百人抢渡至怒江东岸，第三十六师迅速堵击，再次将渡江之敌全部消灭。占据腾冲之敌亦曾屡次企图渡江东进，均被我怒江守军预备第二师击退，终未得逞。云南形势，稍呈安定。

自一九四二年五月起，我军第三十六师、预备第二师陆续潜入腾北，对敌进行游击，予敌相当打击。一九四三年五月以后，第三十六师在怒江西岸、腾冲南北地区，乘虚进击，迭摧强寇，多有斩获，予敌以沉重打击。

一九四四年夏季，为策应驻印军之缅北攻势，远征军司令卫立煌令：以第二十集团军（总司令霍揆彰）为右翼，率第五十三军、第五十四军、预备第二师及第三十六师向腾冲推进；以第十一集团军（总司令宋希濂）为左翼，率第二军、第六军、第八军、第七十一军、新编第二十八师向龙陵推进。五月十一日，反攻腾冲之第二十集团军，由栗柴坝孙足河口渡江，各团分别从猛古渡、水井渡、康即渡、缅夏渡、龙潭渡，在夜间利用阴雨大雾，出敌不意，一举而顺利渡过天堑——怒江。各部队驱逐西岸少数敌军后，即向高黎贡山各要隘——邦瓦寨、苦竹林、岩头、小横沟、灰坡、大寨、一把伞、唐习山、大颠山之敌阵地背水仰攻。进攻部队在气候恶劣、地形险峻、日军据险筑垒顽抗的情况下，鏖战旬余，迫敌溃逃，退守腾冲。日军利用腾冲坚固城墙，构筑堡垒，壕道纵横，凭城固守。我右翼各部队于八月二日开始围攻，得盟军飞机助战，轰炸城垣工事，又配有强大炮火，经我军四十余日之苦战，至九月十四日，将顽寇两千余人全部歼灭，收复全城。

一九四四年五月十一日，反攻龙陵之第十一集团军，为牵制当面之敌，使第二十集团军进攻腾冲取得进展，先由第七十一军派两个加强团在大黑渡、七道河渡过怒江，顺利地占领马鹿塘、青木岭、张寨、平夏、东山各据点。平夏得而复失。至五月二十二日，第十一集团军全部渡过怒江，向攀枝花、毕寨渡、火石地、葛石地、葛蒲厂及平夏各地区集结，以第七十一军为右翼攻龙陵，以第二军为左翼攻芒市。

自六月四日起，第七十一军之新编第二十八师攻击松山，先占领腊孟街与竹子坡，继占阴登山。卒因松山敌阵坚固难攻，死伤过大，未能奏功。至七月一日，攻取松山任务，交由第八军接替后，新编二十八师开至黄草坝归还建制。

六日，第七十一军之第八十七、八十八两师，进抵龙陵东南郊，向敌阵地攻击。十日，占领城郊各高地，包围龙陵城，敌退守城内各据点。嗣后敌由腾冲、芒市集结两千余兵力，进行反扑。而松山为敌据守，尚未攻下，攻龙陵的部队，后路截断。且连日阴雨，道路泥泞，军需补给，全赖民夫骡马驮运，补给不继。当地地瘠民贫，亦难就地征购粮食。因此到六月中旬，左翼各部队放弃进攻龙陵县城，与敌鏖战于象达、平戛等地。第十一集团军总部指挥所，转移到猛冒街附近之廖家寨。六月十九日，第八军副军长兼荣誉第一师师长李弥率领荣一团、二团（欠一营）及一个重炮营增援，击退由腾冲、芒市反扑龙陵之敌，继而发起进攻，再度进占龙陵东南各据点。我军控制了龙陵至松山及腾冲之公路，并威胁芒市，使松山、腾冲之敌，成了瓮中之鳖。但松山未克，滇缅公路未通，补给仍是十分困难，只好暂停攻击。至九月上旬，有第五军之第二〇〇师，及炮第七、十团之榴弹炮、野炮十余门增援。我第十一集团军又转移攻势，而松山于九月八日克复。并调收复腾冲中的一部军力，加入龙陵作战，到十六日，完全恢复龙陵城北原有之阵地，包围龙陵。我军进攻龙陵城二次受挫，于十月下旬再度攻城，战至十一月三日，完全克复龙陵。

攻击芒市之第二军，渡过怒江后，六月四日，进攻平戛。九日，包围象达。经两月之逐步进攻，于八月十日，进占芒市附近山区。敌死守据点顽抗。当时因龙陵未克，与敌相持月余，至十月二十九日，完全攻克芒市外围山寨及所有山头阵地。十一月三日，龙陵之敌崩溃，窜回芒市。第二军跟踪追击，与第七十六师会合，占领芒市附近高地。至二十日，敌自芒市撤退，我军追击至遮放，遂包围遮放。十二月一日，敌退出遮放，我军随即进占遮放。一九四五年一月二十日，克畹町。二十七日，远征军与驻印军攻缅北的部队，在畹町附近的芒友会师。至是滇西沦陷区域，全部收复。滇西反攻，经过八个月的艰苦奋战，收复了腾冲、龙陵、松山、芒市、遮放、畹町，打通滇缅公路和中印公路，使大量载重汽车载运着盟国大批物资，昼夜不息地经中印公路源源运入内地。同时，由印度沿公路线安设油管，将汽油大量输入中国。滇西反攻，是抗日战争中的一次重大胜利。

松山战役经过

松山战役，自一九四四年六月四日开始进攻，至九月八日克复松山，苦战三个月。反攻滇西龙陵、芒市之第十一集团军，于六月四日，以新编第二十八师攻占腊孟街。六月六日，克阴登山。敌退上松山既设阵地，凭险死守。我攻击龙陵之部队，曾一度攻克龙陵县城，因松山为敌据守，尚未攻下，大部队补给困难，六月中旬又放弃龙陵县城。新编第二十八师伤亡过重，无力攻取松山。至六月二十四日，远征军长官部命令，由第八军接替新二十八师，防守腊孟街、阴登山既得阵地后，该师转向龙陵补充整顿后，攻击龙陵。由于松山不克，滇缅公路不通，交通不便，补给困难，以致龙陵、腾冲得而复失。所以说松山战役，是滇西反攻中关键性的战役。

第八军原驻滇南文山、古木一带，归第九集团军关麟征指挥，军长何绍周，副军长李弥兼荣誉第一师师长，参谋长梁筱斋。军辖三个师，即第一〇三师、荣誉第一师和第八十二师。

第一〇三师是何绍周的基本队伍，早在一九二五年于贵州安顺成立。那时为陆军第二十五军（军长王家烈）第一师（师长何知重），以后参加"八一三"淞沪抗日、武汉保卫战，取得显著战果。一九三九年，开到云南，驻文山、古木，师长是熊绶春，副师长郭惠苍。第一〇三师既是在贵州成立的部队，官兵大部是黔籍。经长期训练，又经同日本军队多次作战的锻炼，具有相当强的战斗力。

荣誉第一师是由在抗日战争中伤愈官兵组成。原师长是杜聿明，在广西昆仑关战役中，战功卓著，调来云南归何绍周第八军建制，李弥任师长。这个师是一支强有力的部队，士气高，但稍有骄傲情绪。

第八十二师，原系贵州地方武装，收编为第八军建制后，因第二四四团（团长余××，副团长陆宗侠）在古木叛乱，何绍周军长以严厉的手段解决第二四四团，派王伯勋为师长，王景渊为副师长。经过改组，加强了这个师的战斗力。

当时，第八军已列入美械装备军，在军部派有美军联络组，由司派特上校负责，协助军部组建的干训班的美式训练。担任军干训班教育长的是第八十二师副师长王景渊，我是教育组长。只办了两期军官队训练，即因开赴滇西作战而告结束。四月中旬，第八军奉命开滇西，部队徒步行军，经开远、昆明，各师到达凤仪、祥云、弥渡、保山等地。六月中旬，奉命以荣誉第一师（第三团及第二团一个营）从攀枝花渡过怒江，进驻镇安街，加入龙陵方面之攻击战斗。到七月一日，奉长官部命令，第八军专负攻击松山之任务。

第八军投入攻击松山战斗的兵力为：第一〇三师三个团（第三〇七、

三〇八、三〇九团），第八十二师三个团（第二四四、二四五、二四六团），荣誉第一师第三团及第二团一个营，一个山炮营，共计七个半团及军直属队，有五万余人。

松山地形及气候对进攻部队的影响

松山位于怒江西岸，东距惠通桥约二十二公里，西到龙陵约三十九公里，是惠通桥至龙陵的咽喉，也是滇缅公路上一个战略要地。

松山包括阴登山、大小松山、大垭口、滚龙坡、长岭岗等山，周围二十五公里，山峦棋布，丘陵起伏，顶峰海拔较高，位于纬线二十五度以南，经线九十九度以西。旧地方志里说："高山夹箐，地险路狭，马不能并行。"滇缅公路往惠通桥向西，依丘傍村，环绕松山后，经过宽不满三五十公尺之狭长起伏岗岭——滚龙坡、大垭口向西，公路自腊孟街出，经阴登山陡坡而下，延伸至松山脚，尤为险峻。敌占据松山，完全截断滇缅公路，控制了怒江惠通桥附近的腊孟大渡。松山地形险要，山高林密，大树参天，浓荫蔽日。日寇侵占松山后，大树用作工事建材，小树用作障碍物，修筑了坚固的堡垒群。

松山地处高原，气候冷热无常。我军反攻滇西，正是夏天雨季，时晴时雨，一日数变。整天满山云雾，忽而急风暴雨，步履维艰。壕内经常水满脚踝，攻击中匍匐滚爬，浑身污泥。在如此恶劣气候下，强攻敌坚固堡垒，必然造成我军的重大伤亡。

日寇在松山的工事构筑与设施

敌人于一九四二年五月三日，以快速部队乘虚进占龙陵。五日，窜抵惠通桥西岸，企图进犯保山；未遂，被迫退守松山。敌以一个工兵连队担任构筑坚强工事，经年才竣工。并储备大量粮食弹药，准备长期据守，断我外援，阻挠我军反攻。

占据松山之敌，为日军南进中精锐的第五十六师团第一一三联队，是一个加强联队，配有战车、山炮、工兵、医院，甚至随带军妓，兵力约三千四百人，组成一个能独立作战之劲旅。敌人以传统的武士道精神，抱着"困兽犹斗"的顽固信念，死守松山。曾发狂言："中国军队不牺牲十万人，休想攻取松山。"

松山敌阵的坚固，可从下述几个方面看得出来：

一、敌阵地编成：整个松山阵地，以松山顶峰为主阵地，将滚龙坡与大垭口构成独立坚固据点，互为掎角。在大寨、黄家水井、马鹿塘等处，均构成堡垒群，有体系地散布于松山南北之密林丘壑之中。山上有天然石洞七个，利用大寨、黄家水井、马鹿塘山脚村庄，构筑工事及掩蔽部为指挥中心。总的说，整个松山阵地，以四个独立作战的坚固据点组成——松山顶峰（称为子高地）、滚龙坡、大垭口、长岭岗（包括大寨、黄家水井、马鹿塘）。每个据点依地形在制高点构筑一个或两个主堡，在两侧构筑若干个子堡，在阵地前构筑侧射潜伏小堡；各堡间用交通壕（部分有盖）相连接，互相呼应，互为支援，成为一个坚不可摧的防御阵地。

二、工事构筑：敌人防御工事构筑特点是，深入地下，隐蔽坚固，不易破坏；伪装巧妙，不易发现。大小堡垒均有掩盖之工事，盖材用中径二十至四十公分树干一二层，甚至三四层，积土在一公尺以上，中间铺盖钢板。工事表面有巧妙的伪装设施，地面及上空均难发现。因之飞机炸弹及轻重炮弹均难命中，不易破坏。主堡内分二至三层，下面做掩蔽部，以贮存弹药、粮食及其他军用品。堡垒间连接之交通壕内，设有轻机枪掩体，立射散兵坑，纵横交错，皆有暗壕相通。

三、火网编成：主堡内有重机枪，子堡及侧射潜伏堡内有轻机枪，交通壕内有步枪、枪榴弹、掷弹筒，主堡后有轻重迫击炮。远距离用火炮，中近距离用步枪、机枪、掷弹筒、冲锋枪、手榴弹。使用各种直射、曲射兵器，在阵地前构成浓密火网。接近敌堡垒是非常困难的，要想破坏堡垒更非易事。

四、障碍物及附属设施：阵地前有铁丝网一至三道，鹿寨一至二道，重要地点铺设地雷及陷阱。阵地内附设有水管，埋设地下电线，并有无线电话，在大垭口谷地有小型发电厂一所，以供照明之用。指挥所附近有医院，卫生设备亦甚完善。粮秣弹药储藏丰裕，足供支持固守。

盘踞松山之敌，利用地形，有计划地编成堡垒林立的阵地，死守阵地之敌又极其顽固，我军攻击之艰苦，牺牲之重大，可想而知。

对松山各据点攻击经过

攻击龙陵之第十一集团军，自五月十一日分别渡过怒江，第七十一军以新编第二十八师攻击松山。六月六日，攻占竹子坡。七日，攻占阴登山。因对敌判断错误，认为仅有敌兵数百而已，岂知松山乃敌之坚固阵地，强力进攻，遭受巨大伤亡，毫无进展，徒劳无功。因松山不下，攻龙陵得而复失。远征军长官部乃调第八军接替新二十八师防守腊孟街、阴登山既得阵地，专负攻克松山之责。

攻击松山之第八军军指挥所设在阴登山。参加攻击松山之兵力是：第一〇三师、第八十二师、荣誉第三团、荣誉第二团第三营、工兵营、炮兵营、输送团、军野战医院（设在腊孟街）等。六月二十四日，荣一师主力由攀枝花渡过怒江，攻击龙陵。

松山之敌，自五月十一日起，经我军一个月来的攻击和飞机轰炸，加之怒江东岸重炮射击，已将敌炮多门、战车二辆毁坏，仅存炮二门，在我强大炮火压制下，很少发射。同时，敌人后路已被攻击龙陵之我军截断，只有死守阵地，作困兽斗。

由于敌人防御工事构筑坚固，不是一道道的防线，而是许许多多的堡垒群组成几个能独立作战的据点，而且敌人顽强死守。因此，首先要将堡垒一个一个攻陷，将敌人全部歼灭，才能克复一个据点。所以对松山的攻取，必须排除万难，不怕牺牲才行。

一、对滚龙坡之攻击

七月十日，第一〇三师由惠通桥渡过怒江，主攻松山之滚龙坡、大垭口。以第三〇七团（团长程鹏）为先头部队，预定十三日拂晓攻击滚龙坡。当第三〇七团通过惠通桥时，因桥身已被炸毁，在仅存之铁索上铺一层薄板，人马过桥时，振荡摇动，只能缓步前进。入夜才开始登山，山高路狭，偏逢大雨滂沱，山路崎岖难辨，攀登十分困难，只得一步一步往上爬，稍不小心，人仰马翻。艰难困苦之状，非笔墨所能形容。由江边至腊孟街，只有十余公里，经整夜攀登。部队到达腊孟街时，已将拂晓。在彻夜强行军后，战士疲劳不堪。晨曦中，我怒江东岸重炮已开始对滚龙坡敌阵地轰击。我团第一营不避艰险，迅速进入攻击发起线，待我炮火延伸，即向滚龙坡发起冲锋。经一小时激战，顺利地攻占敌前哨阵地，继向滚龙坡敌之前缘阵地（公路西侧）进逼。因受到敌炮火及轻重机枪火力阻击，我部在夺取公路西侧小高地后，停止进攻，就地构筑工事，准备对滚龙坡敌主阵地之攻击。

十一日白天，我军用一个连分散向滚龙坡敌据点发动攻击，使敌各堡之火力点完全暴露，并发现障碍物布置情况。十二日，以第一、二两营对滚龙坡各堡进攻。因气候影响，阵雨和大雾，攻击前进困难，敌许多荫蔽之侧射潜伏堡未能发现，致第三〇七团第一阶段对滚龙坡的攻击受挫，伤亡增大。

为了明了敌阵地情形，夜间派侦察小组摸到滚龙坡后方，搜索敌阵地内部情况，发现掩蔽部、水管及照明设备。

　　根据侦察结果，在团指挥所（在滚龙坡东侧后方一千公尺左右的一个小村）设置沙盘，模拟敌阵地配备，把滚龙坡划分为甲、乙、丙、丁、戊高地。集中全团连营长干部，由我说明夜间侦察情况，及滚龙坡敌阵地配备，总结上次攻击受挫的经验教训，研究对滚龙坡攻击方案。

　　七月十三日拂晓，对滚龙坡第一阶段攻击开始了。当我轻重炮火对滚龙坡乙、丙、丁高地集中火力射击两小时后，敌阵地有掩盖之交通壕、散兵坑大都被击露，工事亦有倒塌的。待炮火延伸射击后，第一、二营便发起攻击，我英勇官兵前仆后继，越过敌外壕，通过障碍物，向滚龙坡敌主阵地突入。接近丙、丁高地之敌阵地约五十公尺时，敌以猛烈火力射击，对丁高地攻击之第二营，受到丙高地反斜面山下侧防机枪之斜射，及乙高地敌火之集中射击。此时偏逢大雾弥漫，急风骤雨，攻击部队无法前进，不得不停滞在敌阵地前，因此伤亡甚大。第一营一度占领丙高地棱线，激战至下午，受到敌二次之逆袭，多数官兵壮烈牺牲。当时，想对凭借坚固工事顽强死守之敌，进行强攻而一举歼灭，诚非易事。我部乃抱定寸土必争之决心，攻到哪里，占到哪里，就地挖坑，在夜间进行掘壕作业。敌我在近距离战斗中，敌用轻重机枪及枪榴弹筒射击，我用六〇迫击炮及步机枪还击。我一度冲进敌壕，与敌互投手榴弹，进行白刃战。此次攻击，我阵亡连长二人、排长四人，伤亡士兵一百五十人。

　　此时滚龙坡敌我相距甚近，只能使用近战武器，为避免我炮火误差，免受无谓伤亡，我炮火暂停支援，重炮仅对松山子高地及大垭口轰击。我军曾用炸药炸敌堡，但敌火猛烈，难以接近敌堡，我英勇的炸药手冒着炮火前进，大都牺牲在敌堡射孔前，死在无数弹雨中，壮烈之状，扣人心弦，真是惊天地而泣鬼神。

　　对滚龙坡第一阶段攻击中，虽然没有将滚龙坡全部攻占，但已取得一些成果。滚龙坡公路西南高地均为我占据，并且筑成了轻重机枪掩体，各个散兵坑用交通壕连接起来，形成简单的野战阵地。敌炮被我击毁，不能射击，敌战车两辆亦被击坏，停在公路上。敌人借以掩蔽敌垒的树木，经过炮击燃烧，已化为灰烬。唯敌堡垒坚固，无法摧毁，这是攻击松山最大的难题。

　　七月二十三日，我军对滚龙坡发起第二阶段攻击。在这次攻击中，我军使用了火焰放射器，它是盟军提供的摧毁敌垒较为有效的新武器。使用它使攻击取得较大进展，对摧毁敌堡有决定性作用。火焰放射器是用化学药物与汽油混合溶液压缩装在一个薄钢筒内，由射手背在肩上，用皮管连接喷射枪，打开喷射枪按钮，溶液通过喷射管喷出枪口后，与空气混合，自行燃烧，成为一条火龙，喷入敌堡垒后，引起堡垒内物体燃烧，弹药爆炸，人员窒息而死亡。被喷射燃烧后的堡垒内保持高温，因此增援之敌亦不能马上利用。就这样一个一个地摧毁了敌人的堡垒，一批一批地消灭了死守堡垒的敌兵。然而初次使用，由于射手操作不熟练，放射不准确，火焰射不进堡垒。有时因敌火力猛烈，使射手未能进到发射位置就牺牲了，不能发挥火焰放射器预期效果。因此我团集中火焰放射器射手，由我负责训练，把全团射手编成八个战斗小组，每组由火焰放射器射手正副二人、轻机枪组四人组成。在团指挥所后方一个小村中训练一周，对火焰放射器使用要领、发射操作、运动方法、火力协调等，反复演练。等动作纯熟后，配属于第二阶段攻击部队对敌堡垒之攻击。

攻击开始时，以第一、三两营为前锋，步炮密切协同，轻重机枪适时压制敌火力，火焰放射器发挥了效能，陆续攻破了敌阵周围的堡垒。在即将夺取滚龙坡敌主阵地（甲高地）时，不料大垭口方面攻击失利，敌人顽强抵抗、反扑，高地得而复失。同时，敌乘大雨浓雾之际，猛扑丙、丁高地。正当与敌鏖战时，我被敌方雨点般的枪榴弹击断左上臂，身负重伤。第一营营长刘家骥亦负轻伤。入夜后，敌复向丙、丁、戊三高地逆袭，我攻击部队均被击退。这一周攻击中，阵亡连长二人、排长五人，士兵伤亡二百余人。

军长何绍周在观测所用望远镜看到第三〇七团正在攻击滚龙坡的情景，发现副团长手执手枪，率领官兵勇敢冲杀，冲进丙、丁高地时，对站在他身边的参谋长梁筱斋及参谋人员说："你们来看，那个身披雨衣、指挥官兵冲进敌阵地的是第三〇七团副团长陈一匡，他是军校第十期生，这样英勇善战，谁说军官学校学生怕死啊！"

七月二十五日，我军对松山守敌发动全面总攻，这也是对滚龙坡进行第三阶段之攻击。与此同时，龙陵之敌正被我左翼集团军主力围攻中，松山敌后路断绝，仅靠空投补给。二十六日下午，敌机多架临空，扫射我第一线部队，并投下供应品二十余包。经我防空部队予以猛击，击落敌机一架，坠于冯家坡附近烧毁。此时敌孤军死守，成了瓮中之鳖。

二十六日晨，第一〇三师第三〇七团肃清丙、丁高地反斜面之敌，第三〇八团加入战斗，彭剑明营攻无名高地，协同攻击甲高地。第三〇九团、荣誉第三团攻大垭口，第八十二师攻松山子高地（松山顶峰）。各部队同时发起进攻，不分昼夜，步步逼近，一个个堡垒摧毁，一股股日寇被歼灭。

持续到八月二日晨，我军攻占了滚龙坡。八月四日，肃清残余之敌。一部进抵大垭口侧后，破坏敌人之水源。经五天战斗，甲堡垒附近敌遗尸六十八具，内有军官三个，获大小炮及轻重机枪、步枪、掷弹筒等武器。滚龙坡之攻克，犹如斩了松山守敌之首，敌似惊弓之鸟，惶恐不已。

二、对大垭口之攻击

第一〇三师第三〇七团、三〇八团，对滚龙坡攻击之同时，以第三〇九团、荣誉第三团及荣誉第二团第三营（营长陈贵亭）、对大垭口之敌发起攻击。大垭口处在松山腰部，左得松山子高地控制，右以滚龙坡为掎角。对大垭口攻击，受到松山子高地火力瞰制和滚龙坡侧击，仰攻大垭口敌阵地，困难重重，伤亡甚大，曾两度进攻，毫无进展。七月十五日，配合对滚龙坡之进攻同时，对大垭口各堡垒发起攻击。因敌反扑而失利，团长赵发毕、营长陈贵亭负伤，连排长以下官兵伤亡甚众，只好固守既得阵地，与敌对壕相峙。迨至八月二日，滚龙坡克复后，第三〇七团、第三〇八团沿岭脊进逼大垭口，第三〇九团、荣三团及荣二团第三营正面进攻，第八十二师第二四五团从右夹击。经过一周的激烈战斗，于八月十日，才攻克大垭口，敌人大部被歼灭。

攻击大垭口时，曾将军直属山炮推进到离敌最近的炮兵阵地。对敌堡垒直接瞄准射击，增大命中效果。八月七日，荣二团第三营攻占大垭口高地，与敌肉搏，伤亡奇重，最后仅剩战斗官兵十八人（其中仅一个排长）。

三、对松山子高地之攻击

子高地（松山顶峰）是松山控制滇缅公路的最高点，为松山敌之主阵地。该处日军构筑极其坚固之工事，侧防火网最严密。母堡两个，子堡多个，深沟密垒，围以铁丝网三道，并有掩盖交通壕直通指挥阵地。这个据点配有轻重迫击炮、火箭筒、枪榴弹筒、轻重机枪，构成密集火网。地势险要，山高坡陡，不易攀登。第八十二师一个月来对子高地的攻击，障碍重重，伤亡颇大，始终无法接近敌堡垒。

自从攻击松山以来，虽经我飞机轰炸，重炮不断轰击，但是子高地敌堡垒从未损坏，其坚固程度，可想而知。此时，我反攻滇西二大主力部队，与敌鏖战于龙陵、腾冲之间，因松山未攻下，滇西公路不能打通，影响反攻全局。远征军司令长官卫立煌转来蒋介石紧急命令，严令第八军限期克复松山；如违限不克，军、师、团长应以贻误戎机领罪。在此紧要关头，军长何绍周召集副军长李弥、参谋长梁筱斋、荣誉第一师师长汪波、第八十二师师长王伯勋、副师长王景渊、第一〇三师师长熊绶春、副师长郭惠苍等将领，连夜商讨攻击子高地计划。经研究决定用坑道爆破，炸毁子高地。指定第八十二师副师长王景渊为指挥官，统率第八十二师第二四六团（团长曾元三）和军工兵营，进行坑道作业，在子高地直下挖坑道，开设药室，用美国 TNT 炸药爆破之。八月十一日起，由工兵营开始坑道作业，在松山顶日军堡垒直下三十公尺处掘进两条地道，构成两个药室，装进两卡车（约六吨）TNT 炸药。于八月十九日完成作业。二十日上午九时，军长下令起爆。轰隆一声，浓烟突起，直冲云霄，松山子高地整个山顶被炸翻，炸成两个约三十至四十公尺直径、深十五公尺之漏斗坑。全部日守军，除奄奄一息的四名日军外，其余全部炸毙。我进攻部队从四面围攻而上，占据了松山顶峰。这种大爆破阵地之攻坚法，是罕见的。

我军攻占子高地后，顽敌二度夜袭，均被我第三〇九团击退。而该团第三营伤亡甚众，营长黄人伟，身负三伤，仍坚持督战。自二十五日起，至九月二日，第八十二师之第二四五、二四六团，第一〇三师之第三〇七团、第三〇八团、第三〇九团、荣誉第三团、荣誉第二团第三营全部投入战斗，围歼在松山子高地南侧大寨困守之敌。连日苦战，日寇死战不投降，敌我短兵相接，进行白刃战，拼命厮杀，尸横遍野，壮烈空前。尤以对子高地争夺战中，在一个未经破坏的大掩蔽部中，有我军连长一人、士兵十二人据守其中。掩蔽部内敌遗尸二十余具。在阵地内发现，敌我士兵相互抱打而死者六十余对，填满沟内。可见在松山战役中，我军官兵英勇壮烈地为民族争光而捐躯，多么可歌可泣！

四、松山最后据点堡垒群之攻击与扫荡

盘踞松山之敌，以松山顶峰、滚龙坡、大垭口构成三大据点外，在长岭岗周围五百平方米面积之黄土坡（一、二、三高地）、黄家水井、马鹿塘等地，利用小村庄、七个山洞构成堡垒群。这里地险林密，攻击也很困难。我军克复滚龙坡、大垭口、松山顶后，不顾两月来攻击战斗之疲乏和重大牺牲，于九月一日调整部署，进行最后攻击敌群堡，扫歼残余之敌的战斗。

九月二日，先以第三〇九团攻击黄土坡三个高地，再以荣誉第三团协同攻二、三高地。经两昼夜争夺战，反复肉搏，最后占领这三个高地各堡。第三〇九团陈永思团长手执冲锋枪，亲身督战，身负重伤，撤下火线后，暂代团长王光伟亦负伤。第三〇九团仅剩数十官兵归荣誉第三团团长赵发毕指挥，确保既得阵地。五日，第二四五团（附第二四四团一个营）分攻黄土坡谷地三个大堡垒，最后以工兵爆破而占领之。

黄家水井、马鹿塘，由第一〇三师发动猛攻。第三〇七团于二日夜猛攻黄家水井。三日，占领黄家水井边缘家屋一座。因伤亡甚大，无力再攻，后增加第二四六团的一个加强连，及第一〇三师工兵连、搜索连。再度猛攻，突入黄家水井，占领两个堡垒。迄五日拂晓，黄家水井完全占领。敌遗尸一百五十余具，获敌轻重武器无算。

五日拂晓，第一〇三师以第三〇八团与第二四五团协同向马鹿塘攻击，受阻于马鹿塘前约三百公尺附近。六日，激战终日。七日，我军突入马鹿塘阵地与敌肉搏，顽敌不支，东窜西突，被我围歼，无一生还，敌酋切腹自杀。松山全部日寇仅数十名逃窜四方，分别被我民兵虏获或击毙，最后在掩蔽部内俘虏二十余名勤杂人员及军妓十余人。大批战利品中有完好小汽车一辆，炮两门，轻重机枪、步枪、战刀、弹药等军用品，以及呢大衣、皮鞋、压缩饼干、各种罐头食品等。在最后的扫荡战中，我荣誉第三团政治副团长陈叔铭触地雷阵亡。

第八军围攻松山，费时两个月又四日，经无数次之攻击，因伤亡多，战斗员锐减，最后勤杂人员均编为步枪兵，军、师直属队亦直接参与火线战斗。第八军克复松山战役中，战死者三千八百余人，伤者亦相等。共歼敌三千余人。此役充分表现我抗日战争中民族正气，永垂青史。

松山攻下，腾冲收复，龙陵再克，迅速地收复芒市、遮放、畹町，最后与驻印军进攻缅北的部队，在畹町附近的芒友会师，滇西战役胜利结束。打通滇缅路，接通中印公路，盟军大量物资源源运入内地，同时由印度沿公路铺设油管，解决空军及机械化、汽车等汽油问题，加强抗日全面反攻机动能力。滇西战役胜利，对抗战事业产生的作用和影响是巨大的。打通滇缅路，也是抗日战争取得最后胜利的因素之一，而克复松山是滇西战役中一个关键性的战役。

整个滇西反攻，经过半年之久，消灭日寇，取得辉煌战果，系我全体将士喋血抗战，英勇牺牲所致。滇西反攻胜利后，云南军民在昆明市圆通公园建立"滇西战役第八军阵亡将士纪念碑"。文曰："岛寇荼毒，痛及滇西。谁无血气，忍弃边陲。桓桓将士，不顾艰危，十荡十决，甘死如饴。瘗忠有圹，名勒丰碑。懔懔大义，昭示来兹。"

回忆滇西反攻

黄 杰※

一九四二年五月，敌军自缅甸入侵我国滇西，占领腾冲、龙陵及怒江以西国土，致使我国唯一的对外交通线滇缅公路，遽被切断，对盟邦美国援助的重要物资与军事装备，唯有仰赖空运。从印度经驼峰到昆明的空运，虽然十分繁忙，但终究杯水车薪，不能满足军事的要求。故就当时全般情况而言，配合盟军作战，收复滇西国土，打通滇缅公路，重开国际路线，是为我国最优先的任务。因此我国与盟邦无时不在筹划反攻之中。一九四三年一月卡萨布兰卡之盟国参谋会议，五月华盛顿会议，八月魁北克会议，对反攻决策，即已决定。十月，先由我驻印军与盟军在印缅地境发动，我远征军改换美式装备，实施短期训练，至一九四四年四月亦已完成。如是乘我驻印军进迫密支那附近，滇西我军遂亦决定反攻，以策应驻印军之作战。

一九四四年四月二十六日，委员长蒋公电示："此次渡江出击之胜负，不仅关系我国军之荣辱，且为我国全局转捩之所系，务希各级将领，竭智尽忠，达成使命。"从这份电文中，即可体认到当时反攻滇西战役的重要性。

作战时间，开始于一九四四年五月。我于是年九月，奉命接替第十一集团军总司令职务。当时隶属集团军指挥的战斗部队有：第二、第六、第五十三、第七十一一四个军，第九、第七十六、新三十三、预备第二、第九十三、新三十九、第一一六、第一三〇、第八十七、第八十八、新

※ 作者当时系第十一集团军副总司令兼第六军军长。

二十八等十一个师。配属集团军指挥的有：第三十六、第二〇〇、荣誉第一师三个师，与重炮兵第十团、重迫击炮第七团混合营、通信兵第九连等特种部队，及滇康缅特别游击队第一、第三、第五等三个纵队。我的任务是要再兴攻击，克复龙陵、芒市、遮放、畹町四大据点，打通中印公路，重开国际路线。基于这项任务，经过一月余的策划准备，我于一九四四年十月二十九日下达命令，围攻龙陵，至一九四五年一月二十日，我们连续克复了龙陵、芒市、遮放、畹町四大据点。于一月二十八日十一时，与新一军及盟军在缅北姆色（Muse）举行会师典礼，十四时在畹町举行通车典礼，完成了本集团军的作战任务。当时曾奉到委员长蒋公侍参字第一七七三号电："第十一集团军黄总司令勋鉴：三月二十五日报告悉，滇缅国境会战，山河重光，功在党国，希转知所藏官兵，保持过去光荣，努力整训。"

在这连续数月的战斗中，每一分钟的作战行动，都是艰险的，每一寸国土的收复，都是各级将士抛头颅、洒热血的代价。残酷的鏖战，至今记忆犹新：

——龙陵庙房坡之争夺战：十一月一日，第八十七师攻击庙房坡各山头，其中六号山头较高，西、南两面，均受到敌人侧射，攻击艰难。当我军一度攻上棱线时，即受敌人猛烈反攻，我部队立足未稳，几度动摇。在情况危急时，幸得该师二六一团第八连中士班长许庆瑞，独立山顶，勇敢奋战，目见彼在数分钟之内，投掷手榴弹数十枚，击退反攻之敌。六号山头，赖其一人之支撑而确保。第八十七师也因此而继续克复了五、九号各山头，并占领庙房坡阵地。由此可知在危急战况中，能得一二勇敢奋战者，常可转危为安，获得胜利。为表扬许士官战功，当时我即在战地召见，立即晋升他为少尉排长，并与之合影，发给奖金。战地英雄，满身光彩，大家都为他勇敢的战绩而感到振奋。

十一月三日晨三时，我军攻克龙陵，中央社战地记者彭河清、黄印文二君，以电话向重庆中央社萧社长同兹告捷。旋据萧社长电告，彼即电话报告委员长，时已午夜三时半，委员长谓："我正在等待这消息。"由此可知龙陵战役之重要性与统帅在战时宵旰忧勤之情景。

——三台山南坐寺之争夺战：三台山南坐寺是遮放的大门，也是芒市的前进阵地。我军为巩固芒市的守备，就必须占领三台山南坐寺，占领了三台山南坐寺，就可攻略遮放。十月二十二日，第七十一军八十八师二六四团，开始向三台山南坐寺攻击。迄至二十六日，虽数次冲入敌阵肉搏争夺，终因敌阵地坚固，该团第一营营长董雨兰负伤，攻势顿挫。当时陈军长、胡师长，以该团鏖战五日，伤亡重大，拟另派生力部队，接替攻击任务。讵知该团全体官兵，意志坚强，宁愿全团牺牲于阵地，坚请继续攻击任务。如是再次攻击，彻夜激战，卒于二十八日晨，完全攻占南坐寺。此种勇敢牺牲精神，与争取战绩之荣誉心，诚足为我国民革命军之楷模。此一阵地，我曾于一九四四年十二月十九日，陪同卫长官与美军魏德迈将军（时任中国战区参谋长），前往视察，目见五线配备之纵深阵地，与坚固之堡垒，尽为我炮兵、空军摧毁，茂密之森林，仅剩有焦黄之枯枝，散挂着战死者肢腿残骸，凄凉战地，令人惊心动魄。

——畹町回龙山之争夺战：畹町以北，有回龙山之屏障，形势险要，工事坚固，敌人凭险固守，我军屡攻未克。一九四五年一月八日晚，我约第七十一军陈军长[①]来前线指挥所，研判敌情地形及连日来战况；并决定十日派该军第八十八师接替第二〇〇师回龙山阵地，对回龙山行中央突破之攻击，占领回龙山，即钻隙突进，击破畹町之敌。是时，适总部美军联络官司徒德上校、费尔特中校、白古拉少校，偕同美国记者白修德，来指挥所访晤。司徒德上校面告："畹町战况，美方魏德迈将军，对伊颇有烦言，并云如战事仍无进展，而后之空军协助将生困难。"言外之意即畹町如不能迅速攻克，将不予空军支援。我当告以魏德迈将军曾研判本集团军当面敌人兵力约五百人，但据俘虏供称，与敌文件证实，本集团军当面之敌，实为第五十六师团全部（第一四八、一四六、一一三共三个联队），敌人兵力强大，凭险固守，故我各部队攻击进展较缓。同时严正表示：我国军作战目的，系为世界和平，为人类正义而作战，为民族生存、为国家独立自由而作战，敌人未完全消灭，我国军无论在任何状况下，亦必作战到底，至敌人完全消灭而后已。有无空军支援，并不能改变我们对敌人作战的决心与目的。至美方予吾人以协助，打击共同敌人，当为吾人所希望，亦为吾人所感谢者。在此谈话中，在座的美记者白修德，曾询问陈军长对回龙山之攻击，是否有占领把握。陈军长以坚决之口吻答复，有必胜把握，如十日开始攻击，不能一举成功，我与攻击部队之官兵，即全部在回龙山成仁。当时白修德记者聆悉陈军长之答复，耸肩伸舌，表示惊讶。盖彼不知中国军人，有不成功即成仁之传统精神。元月十日，我第八十八师二六三团、二六四团，在二十四架

---

① 据查，当时第七十一军军长为钟彬，副军长为陈明仁。

飞机与四十门火炮向回龙山轰击后，于十二时三十七分，开始向回龙山攻击。至十七时，我第二六三团、二六四团，由回龙山反斜面攻上山顶。在此最后十分钟争夺山顶之战斗，手榴弹纷掷，密如骤雨，硝烟尘土，血肉横飞，杀声震天，山崩地裂。斯时副长官黄琪翔中将，与美方司徒德上校、白修德记者，均在前线山顶观战。白修德记者始于此亲身目见中，敬佩我国军英勇奋战之精神，一改其过去轻蔑误解之偏见。本日回龙山之战，乃整个畹町战局之转折点。回龙山被我军占领，敌守备畹町正面之右翼支撑点即被突破，我部队即向畹町坝钻隙突进。一月二十日，我第九师、第八十八师占领畹町。

　　总计反攻滇西全战役，自一九四四年五月十一日起，至一九四五年一月二十七日止，共费时八个月十六天，我军官兵伤亡四万八千五百九十八名。赤胆忠魂，永镇河岳，其冒白刃、洒热血、精忠贯日之精神，将永垂青史。

巧取来凤山　强攻腾冲城

方　诚※

腾冲之战，在八年抗战史上，虽然其规模和影响并不很大，但却是中国远征军所发动的滇西战役中第一次攻坚战，也是影响到整个战争局势的一次关键性战役。此役以我军全歼腾冲守敌而告结束，为肃清滇西日军，配合驻印军反攻缅北，打通中印公路，奠定了胜利的基础。

战前准备

一九四三年四月，为了配合中国驻印军和盟军在东南亚作战，国民党当局正式成立中国远征军，设长官司令部于云南楚雄，司令长官是陈诚。他曾在大理第十一集团军司令部召集团长以上干部，开了三天军事会议。会议决定远征军的战略目标是：首先肃清滇西日军，防止敌人东进，使之不能与内地日军连成一气；然后进入缅甸与反攻缅北之驻印军会师，打通中印公路。一九四三年冬，由卫立煌接任远征军司令长官，辖第十一、第二十两个集团军。

中国远征军组建后，立即着手准备滇缅战役。当时远征军都换上了新式的武器装备，为了熟悉这些武器装备的性能，以便与盟军协同作战，远征军组织了团以上的干部，分批赴印度中国驻印军驻地兰姆伽进行训练，并与盟军军官共同商讨使用这些武器装备对日作战的方法。

笔者在印学习时，应邀到加尔各答参观，看到担任该市警备任务的

※　作者当时系第六军预备第二师第六团团长。

英军官兵对中国军官非常尊敬。经询问才知道，这支英国部队曾在缅甸仁安羌被日军围困，经我新编第三十八师师长孙立人亲率两个团增援，始将他们救出重围。听了这段故事，我们对日军的认识又进了一层，尽管日军在东南亚曾显赫一时，但也并非不可战胜的。同时也感到，中国远征军第一次入缅作战虽以失败告终，但也不是毫无战绩的，如仁安羌解英军之围，称得上是扬威异域的一次漂亮仗。

一九四四年四月底，滇缅战役的各项准备工作已告就绪，远征军司令部也由楚雄推进到永平、保山间的一个村镇。战役第一阶段的任务，就是要攻克腾冲和龙陵。

腾冲旧称腾越，早就是对外开放的商埠，也是滇西的战略重镇。入侵之敌进可以越怒江窜扰昆明，退可以直达缅北中心密支那。因而盘踞滇缅边境之敌把密支那作为后方基地，而把敌之滇缅战区总司令部设在腾冲；并驻有步兵第十五军的一个精锐师团，正企图伺机东进。

当时，远征军司令部把攻克腾冲的任务，交给第二十集团军（总司令霍揆彰，下辖第五十三、五十四军和预备第二师），由预备第二师担任此次战役的先遣任务。现将预备第二师的一些情况，作一简单介绍。

预备第二师（师长先是陈明仁，后是顾葆裕，副师长彭劢，参谋长马涤心），原属第十一集团军的第六军建制。一九四二年秋冬，预备第二师曾在腾北一带打游击，主要任务是侦察敌情、地形，并负责掩护远征军撤退回国的伤残人员的安全，第二〇〇师师长戴安澜的遗体就是在这时运回国的。后来，预备第二师改属第二十集团军，反攻开始前驻扎在保山西北、怒江东岸的漕涧一带，并有部队与日军保持接触。预备第二师下辖步兵第四、五、六团三个团，每团约两千人，加上师直属队，全师足额约八千人。预备第二师有与日军作战的经验，因而在滇缅战役中始终能保持高昂的士气。

强渡怒江，翻越高黎贡山

要攻克腾冲首先须在敌前强渡怒江天险。怒江源于青藏高原，在高黎贡山和碧罗雪山间构成怒江峡谷，谷深流急，水势汹涌，流入缅境称萨尔温江，在毛淡棉附近入印度洋。我们把渡江地点选定在漕涧的西边，距泸水县约五十公里。这里是保山经高黎贡山至古永或腾冲的石板骡马大道的中间渡口，水深约二十米，江面宽三四百米。湍急的江水从怒江峡谷奔腾而下，在原始森林中盘旋回绕，流到这里的水颜色发绿，据说有毒，不能饮用。高黎贡山属横断山脉，在腾冲境内海拔四千米左右，东侧属老林，西侧多悬崖绝壁。山中居民分归各土司管辖，也还能帮助中国军队打击敌人。当时，日军在渡口西岸和高黎贡山隘口，布置约一个大队的兵力。我渡江先锋队由预备第二师的步兵团配属渡江工兵团、山炮营及电台等组成，其任务是强渡怒江，占领渡口阵地，然后越高黎贡山，占领腾北桥头（界头），以便集团军主力包围并歼灭腾冲守敌。

战斗在五月某日凌晨开始。怒江东岸我集团军炮兵群及所有重武器一齐开火，霎时间地动山摇，我先头营在炮火掩护下，分乘数十艘橡皮船（每船可载一个班）向西岸进发。西岸守敌被我猛烈炮火压得抬不起头，无法阻挡我先头营的渡江进攻。我首批渡江部队只有二人受伤，就顺利地攻占了敌人的渡口阵地，敌弃尸三十余具，向高黎贡山隘口撤退，继续顽抗。

先锋队全部渡江后，各部指挥官立即分析敌情，研究下一步作战行动。当前只有高黎隘口一条路通往腾冲，隘口有强敌把守，如实行强攻，不仅伤亡重大，而且会被敌人拖住，贻误战机，使腾冲守敌有可能向隘口增援，而我军的反攻就会受到阻滞。经过讨论决定，我军只派小部队追击渡口撤逃之敌，佯攻高黎隘口；主力由步兵第六团团长亲自做向导，凭指北针确定方位，翻越深山老林，绕过隘口，抄袭其后路。主力部队很快到达隘口南面数里处，将部队化整为零，拆散重武器，分别背负前进。我军仿效三国时邓艾攻蜀的方法，在悬崖峭壁上攀藤附葛而行，辅之以铁桩粗绳。我军到达高黎贡山西麓要塞桥头（界头）附近，迅速地在桥头与腾冲之间占领阵地，构筑工事，一举使腾北之敌无路可退，腾冲之敌无法援救。

桥头是日军在腾北的一个重要据点，对隘口和怒江西岸渡口负有支援任务，对腾冲则负有掩护任务。步兵第六团在切断桥头与腾冲的联系后，即命第三营包围桥头守敌，相机予以占领。该营营长叶南惠求胜心切，试图一鼓而下，但因敌据险顽抗，明碉暗堡，火力很猛，我军无法接近，叶营长当场阵亡，团部乃下令该营停止进攻。等到后续部队到达后，才发起总攻，经过激烈鏖战，将敌人四个大堡和十余个小堡彻底摧毁，守敌一个大队全部被歼，桥头遂告攻克。至此，第二十集团军完成了对腾冲城的战役包围。

巧取来凤山，强攻腾冲城

腾冲筑有高大而坚固的城墙，且有来凤山作为屏障，是个易守难攻的战略要地。来凤山是笔架形的五峰山，属高黎贡山余脉，光秃无林，一溜斜坡。山的鞍部有隧道直通城里，中峰比城墙高一百五十米。要攻入腾冲城，必先夺下来凤山。

集团军命令预备第二师迅速夺取来凤山，为攻城创造条件。师部部署步兵第四团（团长吴心庄）攻占西南面 A、B 两峰，步兵第五团（团长李颐）攻占西北面 C、D 两峰，步兵第六团（团长方诚）先作为师预备队，待四、五团进攻奏效后，一举夺占中间主峰，不让一个敌人逃入城内。

盘踞来凤山之敌颇有山地战经验，战斗开始后，中峰之敌用各种火器向两翼侧射我进攻部队，并利用堑壕进行短促突击，致使我四、五两团虽多次接近 B、C 两峰，但屡被阻击，迟迟未能攻克。此时步兵第六团官兵临机应变，在空军和炮兵掩护下，由团长亲率特务排，以迅雷不及掩耳之势，急速匍匐前进，进至敌堡火力达不到的死角，首先将其入城通道阻塞，然后用炸药包、爆破筒、火箭筒、手榴弹束塞进敌人堡垒。在一片轰炸声中，我全团战士从四面八方向中峰蜂拥而上，机智勇猛地夺取了敌人阵地。敌人遗尸近百，还有大量轻重武器，我方也有较重伤亡。由于解除了中峰的威胁，我第四、五两团也顺利地达成了任务。预备第二师在滇缅战役中首立大功，立即得到长官部的电报表扬。

拿下了来凤山，腾冲就整个暴露在我军面前。集团军重新作了作战部署，以一个军的兵力直接攻城，另一个军分兵向龙陵、梁河、神护关方向前进，担任阻援防逃的任务。预备第二师作为总预备队。

九月上旬某日，攻城部队在飞机大炮掩护下，轰开城墙，占领了城内一角。守敌拼死顽抗，虽经我政宣人员不断喊话，敌人始终不愿投降。于是双方展开激烈的逐屋巷战。为了尽快解决战斗，预备第二师也投入了巷战。步兵第五团团长李颐在巷战中不幸中敌冷枪阵亡，他是腾冲战役中牺牲的我军级别较高的指挥官。经过拼死搏斗，腾冲终于在九月十四日被我攻克，守敌除了二三百人乘夜雨潜逃外，全部被我歼灭。我们进入敌军指挥部时，看到敌人已把全部文件销毁的痕迹，还看到随军妓女——二三十名朝鲜姑娘的尸体赤裸裸地被抛弃在瓦砾堆中，令人惨不忍睹。清扫战场时，我们在城内外发现多处埋尸坑，还有几个焚尸场，余烬未熄，臭气熏天。日本侵略军的残忍暴虐，由此可见一斑。

第二十集团军攻克腾冲的胜利，鼓舞了第十一集团军反攻龙陵和中国驻印军反攻缅北的士气，也给予整个侵华日军以心理震慑。

为了追歼从腾冲逃出的残敌，第五十四军阙汉骞军长直接命令预备第二师步兵第六团跟踪追击，限短期内彻底消灭这股逃敌。根据各种迹象判断，逃敌多半是向密支那方向流窜。在当地干部和老百姓协助下，步兵第六团很快追上了逃敌，当即击毙其二百余人，生俘三十余人。步兵第六团追歼敌人有功，受到了奖赏。被敌人蹂躏三年之久的腾冲城终于得到了光复，老百姓也得以安居乐业了。

一九四四年十一月三日，第十一集团军攻克龙陵。至此，中国远征军全部推进到滇缅边境，胜利地完成了滇缅战役第一阶段的反攻任务。

腾冲歼敌记

董 铎[※]

全歼高黎贡山日军，直逼腾冲

一九四三年，我远征军进驻楚雄，积极整顿在滇部队，改善装备，加紧训练。同时利用祥云县南驿的老飞机场，加以扩建，数月内建成了可供二百架以上各型战斗机起落的机场。

一九四四年五月，远征军以第五十三军由惠通桥附近渡怒江，肃清龙陵附近敌人。以第五十四军由怒江上游强渡，直取北斋公房，于消灭高黎贡山顽敌后，西向收复腾冲。第一九八师是第五十四军的先锋师，我第五九四团则是该师的先锋团。光荣艰巨的任务和民族的深仇大恨，交结于全团官兵心中，鼓起我们百倍的战斗决心和视死如归的勇气去与敌人战斗。

首先，我详细侦察了强渡怒江地形。怒江水流湍急，两岸怪石嶙峋，舟楫不行，惊涛拍岸，渡江极难。抬头远望，高黎贡山海拔约五千米，高插云天，山上竹林杂树丛生，一片葱茏。要想渡江攻山，难于大象穿过针眼。

这里有一条铁索桥可通西岸上山小路。不过日本兵在山顶筑了碉堡，安有大炮，随时向江边打炮。而且铁索桥上木板早被敌人破坏，无人再敢去那里了。后经深入调查，发现铁索桥上游两里许，有百米长的一段，水流较缓，可以船渡。我们高兴极了，决定由此渡江，去攻击歼灭盘踞高黎贡山上的守敌。

军部即刻拨来橡皮船十六只，每只一次可载全副武装官兵十人。我团照预定计划，黄昏时开始强渡。到深夜两点钟，共渡二十次，全团安然渡过。

记得那是五月中旬的一个晚上，月光朦胧，南国山野，遍地花草，迎风飘香，沁人心脾。全团官兵精神振奋，衔枚疾走，奔赴目的地，歼灭敌人。拂晓前，我命令一营快速爬上高黎贡山，向斋公房敌堡作牵制性进攻，又亲率两营向通往山顶小路两侧的三座敌堡攻击。等到我们悄悄地摸近敌堡时，敌人才发现。敌仓皇用山炮向怒江岸边盲目发炮。我们已接近敌堡，利用火箭筒和火焰放射器烧射敌人。霎时间，敌垒被摧毁和燃烧起来，火焰漫天。我团战士一拥而上，攻占了三座敌堡，击毙敌兵五十多人、驮马三十多匹，缴获山炮一门、弹药一堆。这是我团渡江后，旗开得胜的一战，全团官兵精神振奋。从此，上山小路控制在我手中，我团重新架起江上浮桥，我后继部队和接济物资，得以顺利运送上山去。

高黎贡山，从江边到北斋公房山顶，约七十五华里。直到山顶的小道两侧散设着敌堡。不全部摧毁敌堡，就无法攻到山顶，全歼敌人。兵贵神速，我团狠狠追击败退的敌兵。第二、第三两日，又相继攻占敌堡十几座，毙敌计百余人，残敌狼狈溃逃。

第四日，我率领的两个营距山顶已不远了，和先上山的一营也已取得联系。于是决定向敌人发起总攻击。我们的火箭筒和火焰放射器大显威力，敌人惊恐万状，纷纷溃逃，逃敌又被我们两面夹击，全部歼灭了。一天战斗，我团推进了二十多华里，摧毁山坡下的全部敌堡，敌人伤亡极为惨重。至此，高黎贡山东侧已全无敌踪。

当时南国是多雨季节，高山之上和山谷之间，温差很大。渡怒江时，我们穿单军服还汗流浃背，可是攻上高黎贡山山顶时，如临严冬。加之单衣被雨打湿，深夜寒风狂吹，气温在零下十几度，真是使人冻得够受的。但为了消灭敌人，收复失地，全团官兵忍受着寒冷，没有一个叫苦的。

当晚，接到命令："留少数兵力监视敌人，主力向斋公房北撤退一千米，让飞机来消灭敌人。"我团依命令撤到丛林里隐蔽，架上篝火，大家围火而坐，笑谈歼敌故事，心情十分欢畅。

次日凌晨，我空军成梯队飞来，每次九架，出现在怒江上空，向斋公房敌堡扫射时，无数红色绿色的曳光弹照耀在山顶敌堡附近，构成五光十色的战争画面，令人眼花缭乱。

接着飞来的是轰炸机，它们轮番向敌堡投弹，一批飞去，一批飞来，投弹十分准确，一座座敌堡被摧毁。这一天，不知投下多少枚炸弹，也不知有多少敌兵被炸死。这是一场大快人心的战斗！是一场完全胜利的攻击！也是日本侵略军的末日！

此时，十五华里高黎贡山山路两旁被炸毁的敌堡里的残敌，还利用颓垣残壁作困兽之斗，不肯投降。我协同一部分兄弟部队，绕到山的西侧，截断敌人的逃路及其和腾冲方面的联系。然后我团采取逐段包围，一堡一堡清除顽敌的办法，全部彻底歼灭敌人。我团用了三天时间，清除了十五华里沿路两侧所有据堡顽抗的残敌。留下的是遍地敌尸、死马，那人血、马血混合的血浆与大雨后山间小道上的泥土拌和着，结成一种臭不可闻的殷黑色的泥巴。

在这次反攻高黎贡山的战斗中，兄弟民族参加了战斗，其中有：怒族、傈僳族、苗族、崩龙族等。散居于怒江两岸的兄弟民族，都自动组织起来带路、送饭、运弹药、抬伤员，日夜不停，不辞劳苦，不怕牺牲，和我军真是情同骨肉，令我永远难忘。有了他们的大力支援，我团才能取得收复高黎贡山、全歼敌军的大胜利。我们站在高黎贡山顶峰上，兴奋地指着四十里外的日军据点腾冲，大声呼喊："你们命在旦夕了！"

乘胜挺进　鏖战腾冲

从高黎贡山下来后，我团乘胜直扑敌战略据点腾冲。沿途四十里虽没有工事，但无敌人据守。当天下午，我们抵达腾冲城外。登高瞭望，只见南面来凤山和北面飞凤山上，敌堡高低连绵不断，落日余晖里，山顶上的铁丝网呈现出一片灰白色。我强大空军正在轮番扫射轰炸，敌人死伤惨重。接着又被兄弟部队攻下两个山头，残敌纷纷逃入腾冲城内，据城固守。

腾冲是个一公里见方的城池。城墙用大青石条垒砌而成，高丈余，十分坚固。据说建于明朝。东北两面是小河、水田，不易接近；南面是居民区，西面是小山区。我团驻于城外。深夜，忽然从北城墙上悄悄跑出三个敌人，向我团投诚。据其供称："城内尚有日军四千余人，唯粮弹医药奇缺。明晨，有飞机从曼德勒来投送。"我们听后，十分高兴，当即反映上级设法对付。

第二天凌晨，我飞机即在高空盘旋等候，地面只微闻机声。九时左右，敌机果然来了，四架战斗机在前，四架运输机在后。等到敌机进到于我有利的空域，我机迅即由高空俯冲下来。刚一交火，敌战斗机两架被击中，尾冒浓烟，霎时撞在来凤山山顶，另两架低飞逃脱。四架运输机胆战心惊，连忙将所运物资弹药盲目投下，落荒而逃。但这八架敌机，经我机追击，终于被全部击落。

残敌龟缩在城里，我军得抓紧时机歼灭，师部决定，由另一个团从西面利用小山接近城墙登城。可是敌人非常狡猾，初时一声不响，让我军集结接近城墙。待我军爬城时，敌人一齐跃上城墙，以手榴弹、小炮、轻机枪一齐向我军射击。因此我军伤亡很重，登城失败。

这时，我建议由南面登城消灭残敌。理由是：南门外大街长五百米，宽二十米。除靠墙约三十米没有房屋外，两边都是木结构平房和两层老式楼房，平时为赶集之场所，可架机枪掩护我工兵在城墙根挖洞，埋炸药，炸开缺口，让步兵登城。师长接受了我的建议。

次日上午，我飞机先轰炸城内顽敌。满载重磅炸弹的轰炸机九架，在战斗机掩护下进行轰炸。只听轰隆轰隆的爆炸声，响成一片，一霎时浓烟冲天，笼罩着整个腾冲。这次毁灭性轰炸，不知投下多少吨炸弹。后来，据敌俘说，那天早上，守城最高长官藏重康美在城门洞里，集合中队长以上军官数十人开会，计划顽抗到底，不料炸弹命中城门洞，全被炸死。城内士兵伤亡约两千，占总数的一半。

当天下午，我团偷偷地在南门外街道楼上，用沙包垒成二十个机枪掩体。拂晓前，重机枪一律安放好。同时工兵营派了一百人分十组，携带工具、炸药，只待机枪一响，就分头潜赴城脚，挖洞，埋药，安引线，然后用速燃导火索，一齐爆炸。

东方发白时，我一个信号，楼上所有机枪同时发射，十组工兵同时接近城墙开始工作，我第一、二营乘机迅速隐蔽到城墙附近民房内，等待登城。

约时许，工兵任务完成，迅速退出。此时敌人尚未察觉。我又发出红色信号，机枪立即停止射击，工兵一按电钮，十处炸药一齐爆炸，城墙随声炸开个大缺口。我战士呐喊震天，纷纷登城，敌人不支，慌忙后退。

腾冲城内，已无一间完好房屋，尽是断垣颓壁。敌人仍在利用断壁坑挡构筑工事，企图顽抗到底。我军喊话"缴枪不杀"仍不奏效。

次日，我们用战防炮和平射炮，把所有墙壁摧倒，敌人多葬身于墙土之下。经过一日夜的巷战，残余顽敌，被迫集结于城南二百米方圆的地区内。此时，我又喊话："放下武器，投降不杀!"穷途末路的敌人只得乖乖地立起白旗。五十三个日军，一律低着头，跪在地上投降了。从此滇西敌人被肃清，保住了西南国际通道和祖国西南大门。敌人妄图切断我国际交通线，进而逼迫我国投降的美梦被粉碎了。

我团在鏖战中伤亡很大，营长鲁砥中、副营长宋承虎、连长岳振鹏等七位指挥员和数百名士兵，为了保卫祖国，消灭敌人，光荣地牺牲了。他们视死如归的英雄气概，永远铭记在我的心中。

滇康缅边境的抗日战斗

刘铁轮※

一九四三年，第二次远征军配合驻印军反攻缅甸日军。为填补滇康缅边境三角地区的军事真空，在当时的中缅未定界建立了一个特别游击区，策应此次反攻作战，本文概述的即该区战斗经过一节。

远征军"滇康缅边境特别游击区总指挥部"的建立

一九四三年初，美军在太平洋转入攻势，日军势力渐被击破，转入守势。二月，中、美、英在加尔各答召开三国会议，中国由何应钦出席，商讨反攻缅甸的具体计划。会议决定南北两面同时反攻，计划以中国远征军从滇西反攻密支那，中国驻印军取道列多出动，从两面包抄夹击，会师于曼德勒。中国第二次远征军组成以陈诚（后为卫立煌）、黄琪翔为正副司令长官的远征军长官司令部，指挥远征军进行反攻。

军事委员会鉴于高黎贡山以西地区尚属军事真空地带，亟应配置兵力从北面策应滇西反攻，即令驻大理的第十一集团军总司令宋希濂派出先遣部队进入片马外围地区，监视敌情。宋希濂派谢晋生率部前往，番号定为"滇西游击纵队"。军事委员会随即筹建"滇康缅边境特别游击区总指挥部"为该方面的指挥机构，任命郑坡（浙江奉化人，黄埔一期学生）为总指挥，负责筹建总指挥部。

其时，我在军事委员会军令部作战处（一厅一处）任参谋，与宗贤

※ 作者当时系滇康缅边境特别游击区总指挥部参谋课课长。

举、谢代新、赵德树、高豫章、杨达人等几位参谋主办远征军区与昆明行营战区内的作战业务，当时的缅甸、印度、越南、泰国均属于中国战区（最高统帅蒋介石）印度支那战场，也在我们主管的范围之内。该总部成立伊始，必须建立参谋业务体系，承担作战任务，我遂被派为总部参谋课上校课长，随郑坡由重庆经昆明到达大理去见宋希濂。时宋已先接受军事委员会命令协助代建总部，指定建成后由军事委员会直接领导，属于远征军第十一集团军作战序列。

宋希濂举荐滇西战干团教育长董仲笪（湖南人，黄埔四期学生）为副总指挥，拨谢晋生纵队归属总部建制，又拨配一个特务团；并由滇西战干团组成游击干部训练班，培训边区部队基层骨干。经过一段时间，总部组织初具规模，驻大理三塔寺办公。一九四三年秋开驻云龙，进一步充实组织，此时用美式武器装备建成运输第一团（使用于作战方面，团长谢绍晖），悬第二团待建，并陆续编组地方部队。总部直属基本战斗部队包括特务团、运输第一团、第二团以及特种兵营、连。游击队方面，先后建成第一纵队（谢晋生部）辖第一、第二支队；第二纵队辖第三、第四支队。收编的地方部队是：六库支队（段浩），德钦支队，维西支队，碧江支队，老街独立大队，中甸独立大队，贡山独立大队，福贡独立大队，贡西独立大队（由岗房古浪合编）。其中六库支队、碧江支队、老街独立大队为后勤运输部队。

总部驻云龙，督训基本战斗部队，并由远征军长官部拨配美军医疗队和野战医院，准备出征。

经过高黎贡山

一九四四年八月初，总指挥郑坡率领基本部队由云龙出发，经泸水古渡渡过怒江向片马进发，渡河点是三国时代诸葛亮渡泸的上游地段。这一带属于怒江河谷气候，天气变化无常，忽晴忽雨，乍冷乍热，有时又突然下雪，顷刻之间温度相差二三十度。到处有蚂蟥隐伏草丛之间，钻入腿脚。无声而形体很大的蚊蝇遍布郊野，随时叮人。蚂蟥和蚊蝇是传播疟疾的媒介，古称这一带为"瘴疠"之地。我们部队经过此地时，先期服食了防疟药片，得以安全通过。在贡山山区遇到两个傈僳族人，身背竹弓毒箭，满嘴血色令人骇异，据说他们为预防瘴气常吃石灰槟榔，染得满嘴血污颜色，以此过去误传"生番吃人"。一路经过罕无人烟的原始森林，所见飞禽走兽，奇花异草，景物奇观，十分引人入胜。

　　行军的头一天，部队在贡山东麓一个土司寨子里宿营，次日行抵贡山垭口，方至半山，人们呼吸就不自然，四肢感到疲软。垭口海拔三千米以上，我们缓步上去，口子上光秃秃的草木不生，也看不见一只飞鸟，空气稀薄，极度缺氧，擦火不燃。过垭口时，体弱者越趄不前。党政课长沈翰楠喘息过关已奄奄一息。总指挥郑坡体胖，由几个弁兵抬过垭口几至窒息。大家不敢驻足停步，继续下坡，行约一里，才听见虫鸟叫，见到草木繁茂，大自然恢复了生机。

　　段浩土司领地范围，地跨怒江两岸两百余里，东起云龙，西至片马地区；他在怒东已设县治的地方失去了政治势力，怒西则归他完全统治。距片马以东二十来里的地方，小地名叫茶坡，也有段家小衙门，先系谢晋生纵队司令部驻所，总部到达就此住下，谢晋生迁驻山上村房。沿村房再上，有一所精致的竹楼别墅，这别墅和小衙门为段浩一个侄女所有。其侄女常住昆明，闻大军到此，赶回来大摆宴席款待总部上层军官和美军医官。我们来到别墅登上石阶进入庄院，门口拴着两只大花鹿，院内养着锦鸡鹤群，有几座高低不一的竹楼参差毗连构成庄院的主体部分，结构玲珑精巧，厅堂书房均全，陈设装饰华丽。回廊曲折，帘栊掩映，全都是竹料精编细镂而成。园林花木扶疏，亭台幽雅，真是别有洞天。宴席上摆满山珍海味，美酒佳肴，有猴头、熊掌、鹿脯等菜。我十分惊讶，在这蛮荒地方而土司豪门竟如此阔绰！谢晋生告诉我段家系世袭土司，远从唐代分封段恭开始，代代相传，作为领地内的政治象征，是一个地方土王。领地内被统治的土民，年年向段家交租服役，若干年来从无改变。

攻克片马

　　总部到达片马前线，指挥所驻茶坡。参谋课除留后勤股两个参谋在云龙后方留守处工作外，各股参谋随部到达。党政课长沈翰楠同课员二人来此做地方工作。美军医疗队在茶坡开设了野战医院。副总指挥董仲笾带领各直属单位留守云龙，建立后方留守处。参谋长唐××迄今尚未到差。

　　部队进入山区以后，军需补给由于运输关系困难很大，又因远征军集中兵站运输力量供给滇西大反攻，所以滇康缅远征部队的前线供给交由总部自理。总部到此已近十天，依靠少数民夫运到一批无线电报和无线电话器材，大批美式武器装备滞积下关、云龙，连一枪一弹也没有运来。粮食暂时就地征购粗粮，副食只好挖掘野菜。形势迫切，总部召开支队长以上参加的会议来讨论研究，参谋课后勤股拟订了一个民站计划方案，拟在泸水至茶坡一段高黎贡山区建设兵站站口，日夜交替运送，以解燃眉之急。方案提出将一两支游击队改建为这一段线路的运输部队，赋予专一的任务。我提议由六库段浩游击支队八百人、老街游击独立大队五百人，合计一千三百人的队伍，再扩大编制，充实人力，达到两千人的运输力量，承担高黎贡山区的紧急运输任务，供应作战需要。会议通过了这个提议，并征得段浩和老街队的同意，迅即开展运输，初步解决了军需补给问题。

接着奉到重庆蒋介石直接电令，着令配合滇西缅北大反攻，限滇康缅边区远征部队克日攻下片马等日占区，剪除其侧翼势力。来电发自侍从室，分量较重。总指挥当即授命参谋课作战股下达作战命令，命游击第一支队队长刘智仁率队出战，进攻片马。

片马之敌系日军第十八师团所属中井加强大队，作为该师团的前进据点，北向则做进窥川康的尖兵，东迫我滇西侧背，并与密支那之敌互为声援犄角，在我军大反攻中是一个必须先行拔掉的钉子。片马地势又很险要，北控古浪、岗房，西扼江心坡要冲，东面瞰制高黎贡山西麓地区，易守难攻。敌人利用这里高原起伏地带构成纵深梯形阵地，并在周围各个要点筑上土石堡垒，凭险固守。

第一支队属当地游击区谢晋生所部，与敌周旋日久，了解敌情，熟悉地形，作战也较勇敢，所以派该支队出战。现已进攻两日，尚无进展，而负伤官兵后送茶坡美军野战医院的连绵不绝。该院向总部送来一份备忘录，说所收伤者，伤不在前身，而伤在后背，显系临阵退逃致伤。总部派人到医院查看，全院收治负伤官兵七十多人，有八人伤在后背，十与一之比。郑坡大不高兴，对刘智仁加以申斥。

晚间，总指挥突然走来向我说："你去接替刘智仁指挥作战，把他换下来。"我答道："刘支队游击日久，官兵上下相得，临战易人，士不听命。片马激战数日，敌我都已疲惫，刘支队日有伤亡，战力大减，不如考虑派部队增援，以生力军投入战斗，必可获得战果。"郑心有所动，就说："也是，也是，让我考虑。"说罢他就回去了。次晨天刚亮，林副官急匆匆到我房里，说总指挥请我谈话。见面后，郑坡命我带特务团的李仪营和运输第一团的吴若龙营到片马增援作战。郑指示说："我昨晚已打电话命李、吴两营急速赶到茶坡，由你带去好好地打一仗，全线包括刘支队在内都由你指挥督战，有临阵逃退者立毙。还带一个无线电话班去，随时同我通话，重要的话使用密语。"

我率李、吴二营连夜出发，次晨到达片马北面山地，先行隐蔽下来。我随即到第一支队去，刘智仁一见就极为兴奋地说："我已接到总部的电话，早就做好饭菜为你接风了，你到了怎么我都不知道？部队呢？"我笑道："让你知道的话，敌人也就知道了，仗就不好打了。"他又问道："你把部队放在哪里的？"我答："我带来的人马在那边山衔枚隐蔽。"说着兵士摆上两盘野菜，一碗清汤。刘智仁说道："你来，我可松口气了，敌人深沟高垒，仗不好打。总指挥责备我，说我把后背朝着敌人，干挨打。又批评我莽撞作战，劳而无功，我真有苦难言。"在谈话中我向他了解到一些作战情况，并就近观察地形。原来刘智仁求胜心切，恨不得一下子把片马拿下来，他连番组织敢死队向敌人阵地猛攻，有的人在匍匐前进中被敌人居高临下打伤后背，并非逃退受伤。唯该支队部署的攻击面过于狭小，步兵攻击前进时疏开不够，总而言之，他以打游击战的突击方式冒着敌人强大火力猛打阵地战，因此伤亡很大，毫无进展。我将这些情况用无线电话报告郑坡，郑说："现在上面严限攻下片马，你看有没有把握把片马拿下来？"我说："缺少步兵重武器，难以消灭敌人土石堡垒，这也是刘智仁不能竟功的原因，要求把迫击炮连派来，越快越好。"郑坡说："我立即命迫击炮连晚间出发，明天到。"

不一会儿参谋课人事股长打来电话说："总指挥下了手令，调课长担任运输第二团团长，即以李、吴两个营为运输第二团第一和第二两个营，另补一个营充实编制。前线全面的指挥关系仍旧不变，总部随即下达正式命令。"我问道："运输第二团早有编组计划，现在为什么临时编组？总指挥如何指示？"他答道："因为片马久攻不下，重庆大本营和大理宋总司令来电，希望从速攻下片马，不得贻误全面反攻大局。为了明确建制，便于指挥，加强战斗力量，所以总指挥作出如此决定，他一心希望攻下片马。"

总指挥殚思竭虑，全力以赴想打好这一仗我是清楚的。面对强敌，任务艰巨，敌人阵地工事坚固、火力旺盛，刘智仁的强攻硬打遭到失败，再不可蹈此覆辙，但究竟怎样打法，心中实无把握。为了寻求一个良好的作战方案，我带李、吴二营长几度去详细侦察地形。我们从北到南，再从南到北，在片马外围山前山后兜着圈子察看，对一条小谷、一个坑沟，都在眼底看个仔细，心中琢磨盘算。临近黄昏时候，看准了东北方面一片山地，层峦叠嶂，地势复杂而隐蔽，下面溪壑交错，有一条被荆棘草丛遮蔽的峡沟，曲曲折折延伸到片马方向，唯天色已暗，看不清楚。次日天刚亮，又同李、吴二人前往察看，用望远镜看到这条峡沟通向片马北面高地，看来敌方认为这一方面有天然屏障，防御措施较为薄弱，没有设置土堡。我问李、吴二人道："如果这峡谷能作为一条暗道摸进敌人阵地，动摇它的防线，打开一个缺口，让我军展开全面攻势，那就为我们指出一条进攻的道路，就决定利用这条峡沟作战斗的起点。"吴若龙接口说："让我带两个人下去侦察看看。"过了个把钟头，吴若龙回来说："这峡沟是山谷水道，完全可以接近敌人北面的阵地。这峡沟虽崎岖难行，组织体力精壮的士兵是可以过得去的。"我说："那么就辛苦你了，我把任务交给你，你挑选精干的士兵组成一个连，全部使用冲锋枪，加倍携带手榴弹，从这条峡沟摸入敌人阵地，到时突然发动袭击，打响第一枪，全线展开攻势支援你。你立刻选好一个连，带到这隐蔽处来，待命行动。"吴立即答应。

我把第一、第二（欠一连）营作为预备队，布置在东北山地隐蔽起来。等片马阵地打响，战斗展开时，不待命令，两营同时选择捷径，分别冲进片马，全面展开围歼敌人。

部署以后，我走去见刘智仁，他一见我，就说收到了总部的命令，知我已调职，要求以两个营同他换防，说他的部队太疲惫了，不堪继续作战。我慢慢向他说："眼下任务紧急，大家和衷共济，把仗打了再请示换防。"并告诉他："我已请总指挥增派迫击炮连来消灭敌人堡垒，今午不久可到，晚上发起攻势。敌人怕夜战，我们专打夜战；敌人怕近战，我们就摸到他面前去打。"又将我部署的情况告诉他，刘听后说："我就照你的计划行动。"说罢，我同他协定了当晚开始行动的时间，又规定了战斗进行中的联络信号。

七月二十九日正午，迫击炮连到达前线，令其进入预先侦定的位置，特地选在刘支队东面佯攻点直后，把敌人的注意力完全吸引到这一方面来。傍晚天气尚明，微有一层阴云，我令迫击炮连开始炮击，专打片马东南和东北两处敌堡，为我南北两面进攻部队消除火力障碍。一阵炮击过后，把两处敌堡夷为平地，敌火顿减。不意天下大雨，一时气温骤降，极为寒冷，官兵衣服皆湿，有的在寒风骤雨中哆嗦发抖。当即下令部队倚山傍崖遮蔽身体。此时我来到片马东北角一家茶山族木房子里面，这是无线电话班的位置，想与总指挥通话，无奈电话叫不出去，一时束手无策。一看腕表离预定开始行动时间只有二十分钟了，雨下得越来越大，山水流注峡谷。我担心沟中水满，吴若龙部不能通过，这一面如果受阻，则整个计划皆弃。正待叫人探看峡谷水势，忽见吴若龙冒雨前来，虽身着雨衣而内衣湿透。他说察看峡谷，山水急流而下，沟面露底可以踏脚行走，能够通过，特来请示行动。我倒杯开水给他喝后，向他说："天助我们成功，敌人怕雨，必以为我军不会冒雨进攻，他们此时一定蜷伏壕中不动，我们趁这个时候打他，势在必胜。你立即行动，遇到阻碍尽力排除。到达敌人阵地开始战斗时就发信号弹一颗，刘支队就从南面打上来了。"

吴若龙去后，我想到在大雨声中更能掩护部队行动声响，可以直抵敌人阵地面前，对此更为放心。我转到一营位置，即命传令兵二人速与刘智仁联系，通知他即刻按原定计划开始行动。

两个小时以后，雨势渐渐减弱，在蒙蒙雨丝中，忽见一道红光升空而起，紧接着一阵枪声越来越激烈，说明吴若龙已进抵敌人阵地，开始战斗。此时我连发三颗信号弹，指示刘智仁向敌速进，顷刻间又看见南方发出三道信号，刘支队已与敌人接战。一时片马枪声大作，即命预备队一齐冲进片马围歼敌人。

刘支队攻入敌人阵地勇猛搏杀；吴若龙骁勇机智，乘夜雨摸入片马北侧阵地，打响战斗第一枪，即时歼除守敌一个排；运输第一、二营投入战斗，全面对敌形成包围。战斗至拂晓，打得敌人遗尸累累，向片马西南山径小道狼狈逃走。这时，又接郑总指挥电话，命令刘支队向退却之敌追击前进。至此，我军攻克片马。

附录

远征印缅抗战大事记

一九四一年

十二月八日

△ 日军偷袭珍珠港美国海军基地。

九日

△ 英、美相继对日宣战，中国政府发表对日、德、意宣战文告。英、美、中、加、荷、澳、新（西兰）、法等国反法西斯联合阵线形成。太平洋战争爆发。

二十二日

△ 蒋介石令第五、第六两军入缅，归第五军军长杜聿明指挥。

二十三日

△ 签订《中英共同防御滇缅路协定》，成立中英军事同盟，筹建中国远征军，准备入缅作战。

二十六日

△ 蒋介石又令第五、第六两军暂勿入缅。

三十一日

△ 罗斯福电蒋介石，提议组织中国战区①，由蒋任统帅，蒋同意接受。并拟组联军参谋处，在统帅指挥下进行工作。

一九四二年

一月四日

△ 蒋介石电请罗斯福指定一亲信将领，担任中国战区联军统帅部参谋长。

---

① 中国战区是由英美参谋长联席会议建议设立的。战区范围当初除包括中国、泰国和越南一部分之外，还包括北缅。后来又将北缅划归东南亚战区。东南亚战区受英美参谋长联席会议管辖，中国战区则受本战区统帅管辖。

十四日

△ 经马歇尔推荐，由史迪威担任联军统帅部参谋长。

二月一日

△ 蒋介石令第六军入缅后归该军军长甘丽初指挥。

二日

△ 蒋介石又令第六军入缅后归英国方面指挥。

二十五日

△ 蒋介石令第五军由滇西进入缅甸之同古及其以南地区，第六军由昆明经保山从泰缅边境前进，两军均由第五军军长杜聿明统一指挥。杜由英缅军总司令胡敦指挥。不久，胡敦改任参谋长，总司令由亚历山大接任。

三月一日

△ 蒋介石由昆明飞抵缅甸腊戍。

三日

△ 史迪威在腊戍会见到此视察的蒋介石。

四日

△ 蒋介石面告杜聿明："你归史迪威指挥，对史要绝对服从。"

八日

△ 中国远征军先头部队第二〇〇师到达同古。

△ 蒋介石任命史迪威为中国战区参谋长。

△ 日军侵占仰光。

十一日

△ 骑兵团附工兵、步兵一部，推进至皮尤河南岸一带。

十二日

△ 中国远征军第一路司令长官司令部成立。由卫立煌任司令长官，卫未到任，先由副司令长官杜聿明代理，后由罗卓英继任。

中旬

△ 第六军到达毛奇、孟畔、猛东地区；第六十六军进驻腊戍、曼德勒，协助英军作战。

十八日

△ 日军到达皮尤河南岸，与我军发生激烈的前哨战。

二十日

△ 同古序战开始，激战十二日，予敌重创。此时新编第二十二师

由叶达西方面向敌猛烈反击，敌势受挫。

二十九日

△ 远征军放弃同古，突围北撤。

三十日

△ 日军进占同古。

四月一日

△ 西路英军放弃普罗美，日军继续北犯。

二日

△ 蒋介石令罗卓英任远征军第一路司令长官。

五日

△ 蒋介石偕罗卓英到腊戍，次日到梅苗亲自部署，决定平满纳会战，增调第六十六军入缅。

△ 敌第十八师团一部攻叶达西，并以千余人渡西汤河迂回我军侧背，激战数日，我军转移斯瓦河北岸抵抗，敌渡河北犯。

七日

△ 第六十六军开始入缅。

十四日

△ 敌陷马格威，英印军退守仁安羌。

十六日

△ 敌陷仁安羌。

△ 我军转移平满纳主阵地。

十七日

△ 英缅军第一师及装甲第七旅共七千余人被包围于仁安羌以北地区。

十八日

△ 中国远征军以新编第三十八师之一部驰援仁安羌被围之英缅军，将敌第三十三师团先头部队击溃，英缅军全部解围，救出被俘英军、美教士和记者五百余人，以及驮马千余匹。捷报轰动英伦三岛，以后英方曾向新编第三十八师师长孙立人、团长孙继先等颁发勋章。

△ 右翼英军撤退，我阵地形成突出，遂放弃原拟在平满纳会战之计划。

二十日

△ 敌占罗衣考。

二十一日

△ 第五军第二〇〇师及军直属部队一部，奉命由西路乔克巴当调

371

回梅克提拉，转向棠吉运输，进击由罗衣考北进之敌。

△ 英缅军撤退至宾河北岸。

二十三日

△ 我先遣骑兵团及第二〇〇师一部向棠吉推进中与敌发生激战。

△ 英缅军退乔克巴当。

二十四日

△ 我第二〇〇师克复棠吉，敌大部东窜。

二十五日

△ 敌攻陷雷列姆、猛脑、孔海坪等地，分两路向腊戍突进。

二十六日

△ 我军自动放弃棠吉，远征军之主要阵地腊戍因而失去屏障。

△ 敌先后占领细胞，南马。

二十七日

△ 西路英缅军撤至伊洛瓦底江以西，向印度英帕尔撤退。我第六十六军阻敌北进，伤亡较重。

二十九日

△ 我放弃腊戍。

五月一日

△ 新维失守。

二日

△ 贵街失守。

三日

△ 敌陷畹町，继占八莫，向密支那进犯。遮放、芒市、龙陵相继失守。

四日

△ 为阻止日军东进，我军炸毁惠通桥。

五日

△ 敌陷松山，进至惠通桥，由上游渡过怒江东犯，滇西告急，昆明震惊。第三十六师由西昌驰援，与过江之敌激战，东岸高地为我军控制。

△ 四、五两日敌机狂炸保山，适逢集市贸易，城乡居民死伤千人以上。

八日

△ 敌占缅北重镇密支那。

九日

△　我有力部队于怒江上游渡河，威胁敌侧背。

十日

△　敌攻陷腾冲。我预备第二师全部渡河，迎击该敌。

十八日

△　第二〇〇师师长戴安澜在突围中负重伤，团长柳树人、刘杰阵亡。

十九日

△　我军主力继续渡江，攻击敌侧背。第八十八师由惠通桥下游渡河，进出镇安街、龙陵一带，破坏敌后方公路，阻敌增援。

二十六日

△　戴安澜师长伤重不治殉国。

三十一日

△　我军改取守势，准备而后之反攻。此后，滇西边境形成长期隔江（怒江）对峙局面。远征军之西路军已向印度撤去，东路军撤至滇西与敌对峙，中路军分头撤退：一路经打洛、新平洋到达印度列多；一路经孟拱、孟关、葡萄、高黎贡山返国；一路渡南盘江，经梅苗、南坎以西返国。

六月十日

△　林蔚率参谋团人员离保山回昆明。中国远征军此次入缅作战以失败告终，损失奇重，计入缅时约十万兵员，此时仅余四万左右。

一九四三年

四月

△　中国远征军司令长官司令部在楚雄成立，陈诚任司令长官。十月，陈诚病，由卫立煌接任。

五月

△　军事委员会驻滇干训团在昆明成立。原大理的滇西战时工作干训团，改称驻滇干训团大理分团。同时在印度设立兰姆伽训练学校。当时美国根据租借法案，决定给予中国军队十二个军（一说十三个军）的美械装备。

六月二十九日

△　中国驻印军总指挥部成立，史迪威任总指挥，罗卓英任副总指挥。

十月十日

△　史迪威令中国驻印军向大龙河西岸敌据点进攻，随军派出工兵

部队，修筑中印公路。

十一月一日

△　新编第三十八师第一一二团占领拉加苏、新平洋等地。

十二月十八日

△　新编第三十八师经月余苦战，攻占敌重要据点于邦。

十二月下旬

△　新编第三十八师向敌加强攻击，敌向大龙河东岸退去，西岸敌各据点先后被我攻克，中国驻印军取得第一次反攻作战的胜利。中印公路亦修通至新平洋。同时，新编第二十二师第六十五团向打洛推进。

一九四四年

一月九日

△　中国驻印军右路新编第二十二师渡过大奈河，沿左岸开路前进。

二十三日

△　新编第二十二师向敌发起猛攻，经数日激战，毙敌官兵约二百人。

三十一日

△　新编第二十二师攻占打洛。

△　本月，左路之新编第三十八师先后渡过大奈河和大龙河，肃清孟阳河之敌。

二月一日

△　新编第三十八师进占太伯卡及甘卡，夺取敌交通要点。

二十三日

△　新编第二十二师先后攻克腰班卡、拉征卡、拉貌卡等敌据点。至此，孟关外围之敌皆被我肃清。

二十四日

△　我军分左右两翼继续向南推进，战车营也同时配合行动。美军一个支队（约步兵一个团）亦在我左侧向瓦鲁班推进。

三月五日

△　新编第二十二师从正面猛攻孟关，经激烈战斗后攻占孟关，毙伤敌八百余。战车营亦攻抵宁库卡，先后共歼敌一千四百余，敌第十八师团主力被击破。

六日

△　新编第三十八师一部占领瓦鲁班东北之拉干卡，随即与攻占孟

关之新编第二十二师协同围攻瓦鲁班。

九日

△ 激战两昼夜，我军占领瓦鲁班和秦诺。

十五日

△ 战车营和新编第二十二师攻占丁高沙坎。继之向坚布山隘进攻。

十九日

△ 攻克天险坚布山隘。

二十八日

△ 我军攻占高鲁阳。

二十九日

△ 我军进占沙杜渣。至此，胡康河谷战役胜利结束。

自一九四三年十月至一九四四年三月底，中国驻印军南进一百五十余公里，先后击毙敌军官六十余名，士兵四千一百余名，其伤亡人数总计一万二千余名。我军伤亡总数为六千四百九十五人。

四月四日

△ 我军向孟拱河谷守敌部署进攻，经十五天激战，新编第二十二师、新编第三十八师先后攻占瓦康至丁克林之线。

△ 是月，第十四师和第五十师空运印度。

五月三日

△ 美飞机三十六架配合作战，新编第二十二师在战车掩护下，向英开塘守敌包围攻击。

四日

△ 新编第二十二师攻占英开塘。

十一日

△ 中国远征军为配合驻印军缅北反攻作战，打通中印公路，决定强渡怒江，向入侵滇西之敌发动反攻。远征军攻击部队第二十集团军之第五十三军和第五十四军，及防守部队第十一集团军之新编第三十九师、第七十六师和第八十八师之各一加强团，于本日自双虹桥至栗柴坝间，分七处强渡怒江。

十二日

△ 新编第三十九师一部攻占红木树；第一九八师由栗柴坝渡江后攻占桥头、马面关，主力围攻腾北重镇北斋公房；第三十六师在双虹桥附近渡江后，对敌发动进攻。我军越过高黎贡山，进至瓦甸、江苴街以

东之线。

五月十七日

△ 驻印军第五十师第一五〇团和新编第三十师第八十八团，在美军支队配合下，攻占密支那西机场。

六月一至三日

△ 远征军第二军及第七十一军配属新编第三十九师，分由惠通桥、毕寨渡、三江口各附近渡江。

四日

△ 远征军新编第二十八师攻克松山外围据点腊孟后，立即围攻松山。

九日

△ 第八十七师攻克镇安街。

十日

△ 第八十七、八十八师一度攻入龙陵，敌增援反扑，我军退据龙陵东北郊，与敌对峙。

十四日

△ 我军攻克北斋公房。

十六日

△ 驻印军两翼协力猛攻卡盟，经多次冲杀，终于攻占卡盟。

十八日

△ 新编第三十八师第一一四团强渡孟拱河，向敌攻击，解救被围英军第七十七旅，并占领孟拱外围各据点。

二十日

△ 远征军第三十六师攻克瓦甸，第五十三军攻占江苴街。

二十四日

△ 远征军第九师攻克象达，向芒市前进。

二十五日

△ 驻印军新编第三十八师经两昼夜激战，占领孟拱。孟拱河谷战斗历时三个月，至此胜利结束。此役歼灭敌第十八师团，重创其第二师团第四联队、第五十三师团第一二八、一五一联队，第五十六师团第一四六联队。先后毙敌一万一千五百余，其伤亡总数约二万六千人，生俘田代一大尉以下一百十七人。我军伤亡官兵四千五百九十一人。从此中国驻印军控制了缅北整个战局，奠定了反攻作战的胜利基础。

七月六日

△ 密支那攻防战已达四十余日，驻印军新编第一军军长郑洞国到密城前线视察，决定于"七七"抗战七周年纪念日向守敌发动全面进攻。

八月五日

△ 中国驻印军在盟军协同下，攻克密支那，全歼守敌。此役历时三个月，守敌第十八师团第一一四联队主力、第五十六师团第一四八联队主力、工兵第十二联队一部及其他部队共三千余人全部消灭，俘敌官兵六十九人。我军伤亡六千余人，其中阵亡官兵两千余人。至此，驻印军第一期反攻任务胜利完成，开始对部队进行整顿。整顿期间，驻印军奉令改编为两个军，即新编第一军与新编第六军。

中旬

△ 第二军第七十六师主力攻占放马桥，切断龙陵、芒市间敌之交通线。第七十一军第八十七、八十八师和第八军荣誉第一师主力等部，对龙陵再次发动围攻。第一一六、一三〇、一九八师和预备第二师向腾冲守敌猛攻。敌第五十六师团得到第二师团的增援，向我反扑，我军进展迟缓。

九月八日

△ 我军攻占松山。新编第二十八师自六月四日起，对松山守敌发动五次围攻，未克；继由第八军自六月下旬起接替攻击任务，又连续发动九次攻击，费时三月余，终于攻克松山。

十四日

△ 我军攻克腾冲。远征军自渡江至攻克腾冲止，共历大小战役四十余次，毙敌军官一百余和士兵六千余，俘敌军官四人和士兵六十余。我军伤亡官佐一千三百三十四人，士兵一万七千二百七十五人。

十月初

△ 中国驻印军陆续向八莫地区推进。

二十九日

△ 新编第三十八师主力攻占庙堤，太平江北岸之敌已全部肃清。

十一月三日

△ 中国远征军各部协力攻克龙陵，续向芒市推进。

△ 新编第三十八师进抵不兰丹及新龙卡巴之线，向八莫迂回进击。

十九日

△ 我军将八莫外围敌阵全部摧毁。同时新编第三十师主力分成三

纵队绕道向南坎攻击。

二十日

△　中国远征军第六军攻克芒市。

二十一日

△　新编第二十二师攻克东瓜。

十二月一日

△　第七十一、五十三军主力，第二军一部及第二〇〇师等部协同攻克遮放。

上旬

△　第十四师及新编第二十二师奉令空运回国。

十五日

△　新编第三十八师主力攻占八莫。敌守城司令原好三大佐被我军击毙。自十月十五日由密支那向八莫发动攻势以来，经七十多次战斗，毙敌官兵两千四百余人，生俘二十余人，我军伤亡官兵一千余人。

一九四五年

一月十五日

△　驻印军新编第三十师和新编第三十八师一部攻占南坎。

二十日

△　远征军第九师、第八十八师克畹町。

二十二日

△　远征军第五十三军与驻印军新编第一军先头部队取得联系。

二十七日

△　中国远征军和驻印军会师于畹町附近之芒友。中印公路完全打通。

二十八日

△　中国远征军、驻印军和盟军于畹町举行会师典礼。

二月二十日

△　新编第三十师主力攻克新维。

二十三日

△　第五十师攻占南图（南都）。

三月二日

△　新编第三十八师攻克朋朗、温塔。

六日

△ 新编第三十八师攻占老腊戍。

八日

△ 新编第三十八师攻克腊戍。

十六日

△ 第五十师攻克细胞。

二十七日

△ 新编第三十师攻占猛岩。

三十日

△ 第五十师与英军在乔梅会师。

我军在滇西及缅北反攻作战至此胜利结束，中印公路修筑完成。

此次反攻作战，是抗战以来中国军队取得彻底胜利的一次歼灭战，对中国抗日战争和第二次世界大战的胜利都起了重要作用。由于战场地势险峻和敌军拼死顽抗，战斗至为惨烈。敌死伤官兵四万八千五百余人。中国驻印军伤亡官兵一万七千七百一十一人；中国远征军自强渡怒江至战斗结束，伤亡官兵四万余人。

图书在版编目（CIP）数据

远征印缅抗战/ 杜聿明，宋希濂等著. —北京：中国文史出版社,2013.1

（正面战场：原国民党将领抗日战争亲历记）

ISBN 978 - 7 - 5034 - 3696 - 3

Ⅰ. ①远… Ⅱ. ①杜… ②宋… Ⅲ. ①国民党军 - 抗日战争时期战役战斗 - 史料 - 缅甸 Ⅳ. ①K265.210.6

中国版本图书馆 CIP 数据核字(2012)第 286477 号

责任编辑：马合省　卢祥秋

出版发行：**中国文史出版社**

社　　址：北京市海淀区西八里庄 69 号院　邮编：100142

电　　话：010 - 81136606　81136602　81136603（发行部）

传　　真：010 - 81136655

印　　装：北京新华印刷有限公司

经　　销：全国新华书店

开　　本：720×1020　1/16

印　　张：24.5　　　　字数：400 千字

版　　次：2013 年 1 月第 1 版

印　　次：2020 年 9 月第 6 次印刷

定　　价：83.00 元